家づくりの裏ワザアイデア図鑑

逆転の発想が
暮らしを豊かにする

編著／ソフトユニオン
SOFT UNION

X-Knowledge

目次

1章 楽しくなる移動空間……7

玄関

玄関にイスは必要 段差は不要……8

玄関収納は 階段下も利用する……10

遠くにいても 開閉カンタン玄関引込み戸……12

使い勝手よい 大開口の玄関戸……14

ハンガー式片引き戸で 魅せる玄関……16

玄関

別荘の玄関戸は 開放感×防犯……18

玄関収納が雰囲気のある 間接照明に……20

廊下

ただの通路じゃない 廊下がほしい……22

階段

板1枚が階段の 意匠を決める……24

カットTで浮遊感のある 側桁階段……26

階段

制約を減らし 魅力を添える 力桁階段……28

空間に華を添える 階段もある……30

旗竿敷地でも 光と風を通したい……32

2章 居心地のよい部屋づくり……35

居間・食堂
吹抜けで団らんが縦につながる……36
暖炉のある居間がほしい!……38
窓を使って多様性のある空間をつくる……40
居間にほしいとっておきの木製ガラス戸……42
開閉可能なハイサイド引違い窓……44
大開口の引込み戸も1本溝がいい……46

居間・食堂
居間に置く仏壇はオーダーメイド……48
バルコニーを第2の居間として使う……50

寝室・子供室
ドア上の欄間窓で風通しよく……52
光や熱を調節できるトップライト……54
引戸で間取りを自由に……56

防音室
防音室の答えは千差万別……58

洋室全般
幅木は既製の見切りで軽やかに……60

和室
繊細な障子が和室を際立たせる……62
和風にも洋風にもあう板戸……64
大開口は既製サッシのアレンジで……66
アルミサッシに木製建具をプラスする……68

3章 キッチンと収納は使い勝手よく……71

台所

ローコストオーダーキッチン……72

見せたいけど見せたくない対面キッチン……74

造作レンジフードでおしゃれに……76

愛犬を見ながらクッキング……78

家電は隠したまま使おう……80

炊飯器は隠しながらも使い勝手よく……82

台所

専用引出しで使いやすい米びつ……84

簡単 野菜貯蔵庫でエコライフ……86

地下収納の床扉を楽に開閉する方法……88

収納・家具

効果的に使いたい床下・天井裏……90

ロングカウンターが人を集める……92

収納・家具

構造材を利用して本棚をつくる……94

書庫は可能式本棚で収納量アップ……96

パネル1枚で引出しが使いやすく……98

着物だってクロゼットに収納したい……100

4章

水廻りには工夫がいっぱい……103

洗面脱衣室

みなが集まるサニタリー・ホール……104

水廻りこそ手を抜かずデザインする……106

鏡裏収納はスライド式で一石二鳥……108

家事がはかどる動く洗濯かご……110

浴室

ガラリ付き扉でカラッと浴室……112

浴室ドアは万一の事故に備えておく……114

浴室

浴室は床段差なしのバリアフリー……116

浴室に外装材を使い露天気分……118

トイレ

廊下をトイレにする間仕切り建具……120

トイレは秘密の隠し部屋……122

設備

配管ルートで決まるエアコン設置……126

5章

美しい外廻りには秘密がある……129

外部仕上げ

囲ってしまえばウッディハウス……130

サイディング出隅はすっきりと……132

素材感を強調して窓に魅力を……134

積雪地の天窓には要注意……136

駐車スペース

普段使わないガレージを美しい水盤に……138

緑化して駐車スペースを庭にする……140

外構

アプローチはくずして落ち着きを……142

狭い庭では樹種を限定しよう……144

機能性も楽しみもあるパーゴラを……146

簡単メンテ！庭に癒やしの水辺をつくる……150

COLUMN

1 大きな建物も小さなジョイントから……34

2 環境を考えると家の価値が高まる……102

3 民家に潜む暮らしの知恵……128

執筆者プロフィール……153

1章

楽しくなる移動空間

玄関、廊下、階段を移動のためだけにつくってしまうとただ歩くだけの苦痛な場所になってしまいます。

そこにひと工夫＝裏ワザを入れることで、移動が楽しくなるだけでなく、快適で居心地のよいプラスアルファの場所にもなるのです。

玄関にイスは必要 段差は不要

バリアフリー化に対応し、玄関に段差がなくなりつつあります。ところが靴を履く際にはやや不便、腰掛けがほしくなります。狭い玄関にイスを置くのも邪魔――そんなときには、土間部分にスライドレールを使った「引出しイス」を造り付けるのがおすすめです。

引出しイスは、引出しに無垢《むく》板《いた》の収納蓋《ふた》を載せた簡単なもので十分。玄関収納と合わせてつくり、収納全体で十分な強度をもたせます。見栄えもよく一石二鳥です。

小さな腰掛け、大きな役割

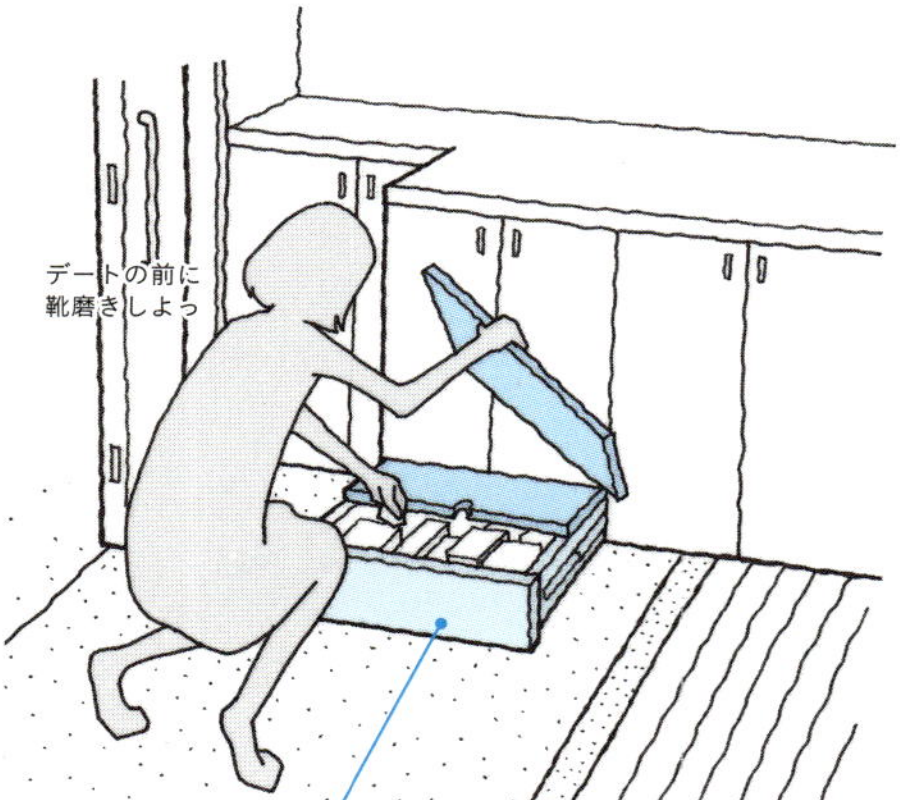

引出しイスは靴磨き用具の収納も兼ねています。収納蓋（座板）を外すと、中には靴クリームや布、ブラシなどが！

引出しイスは玄関収納の一部。靴を履くときに引き出し、イスとして使います

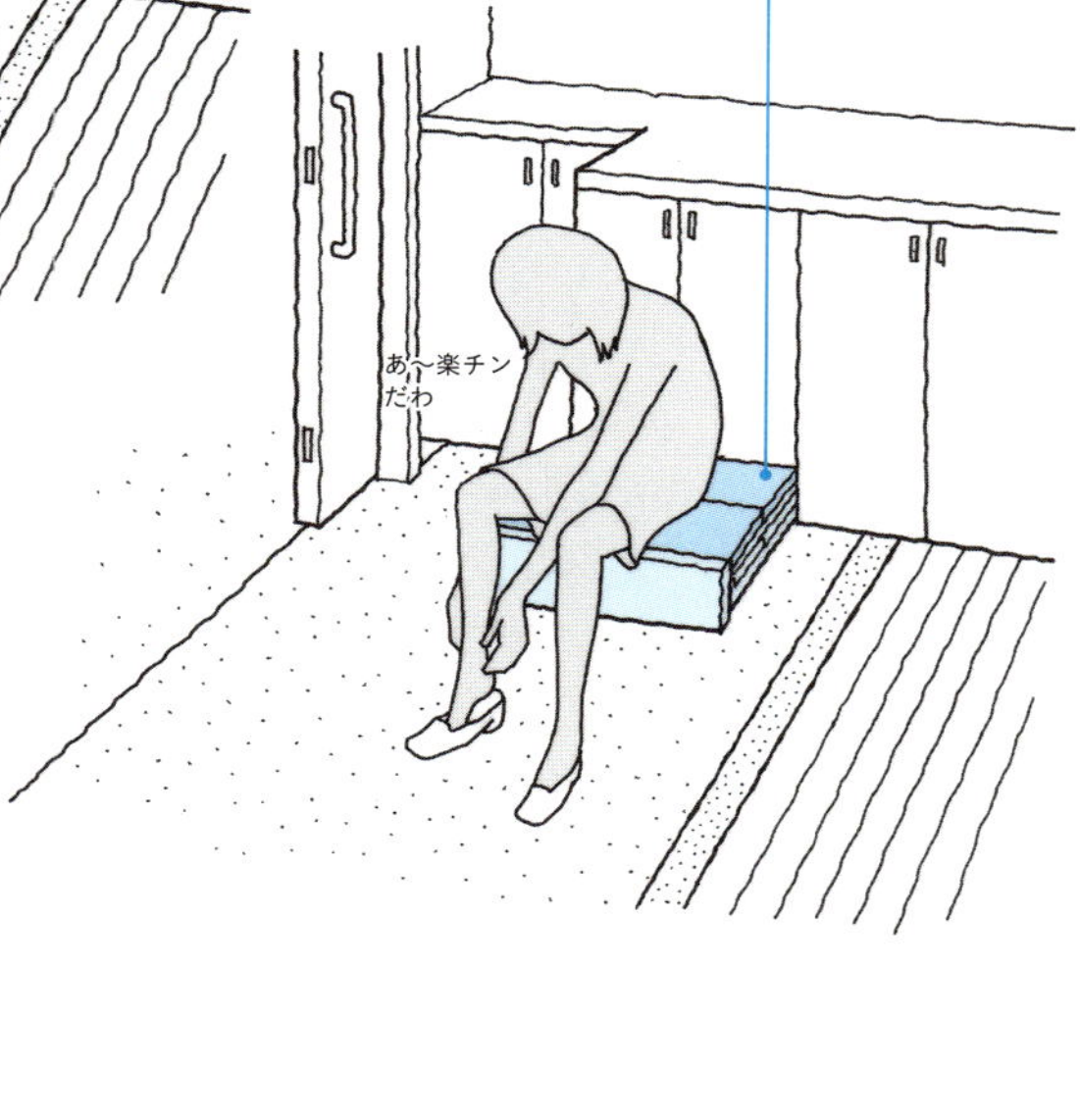

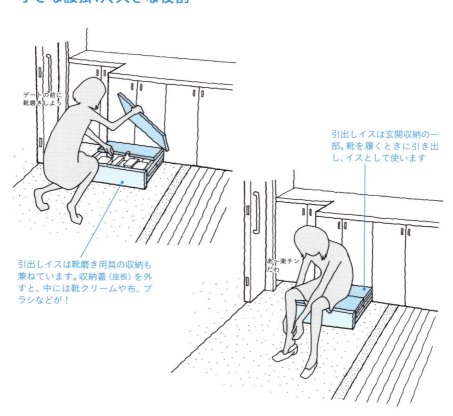

安全第一　見えない工夫

引出しイスを支えるスライドレールは、住人の体重を考慮し、十分な耐荷重をもつものを選びます。スライドレールに加わった力が家具全体にきちんと伝わるようなつくりにし、引出しイスの側板はビスの保持力を得られるようナラ材などの堅木にします。収納家具（箱）の側板にはランバーコアを使いましょう。

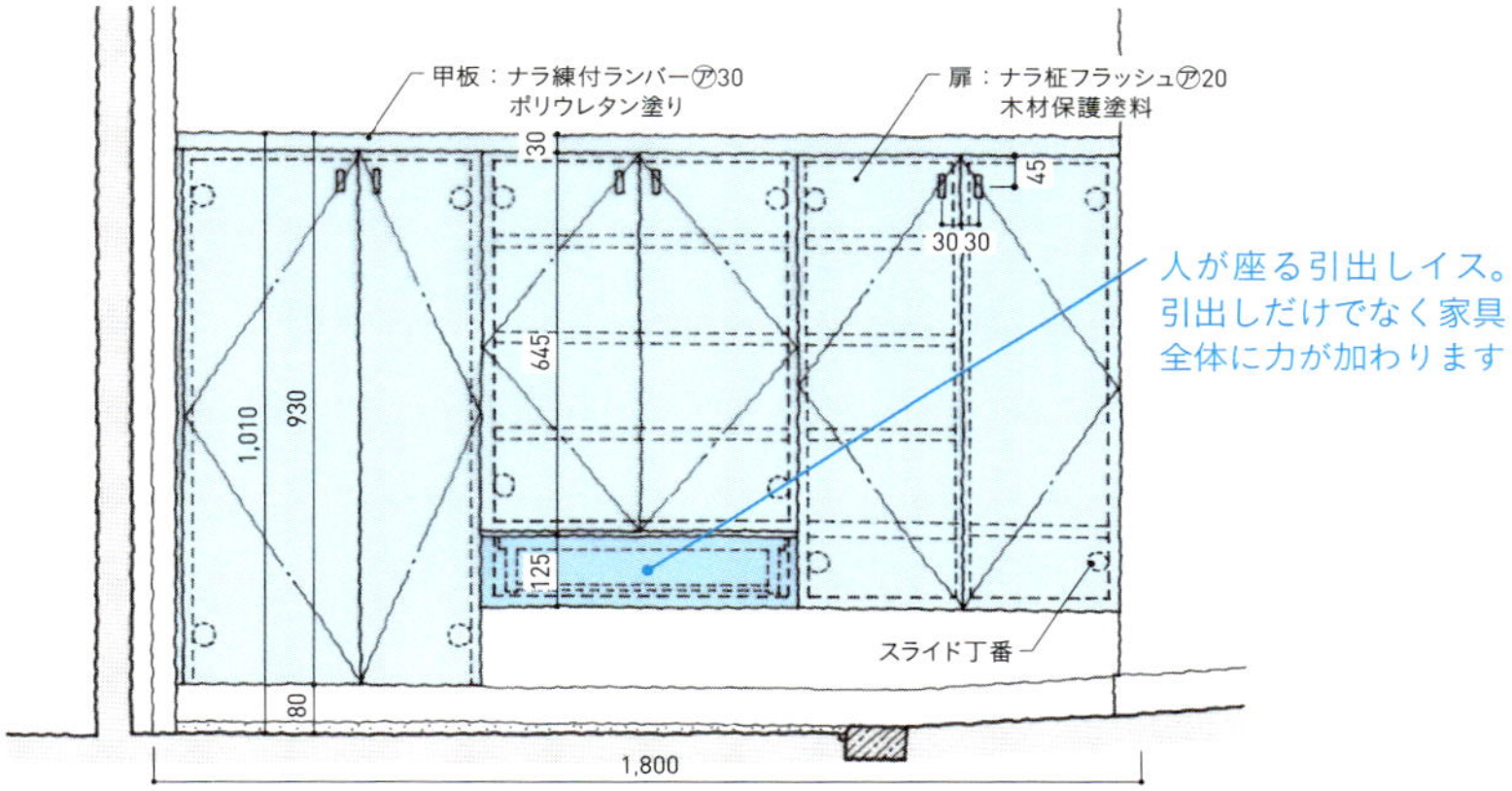

立面図

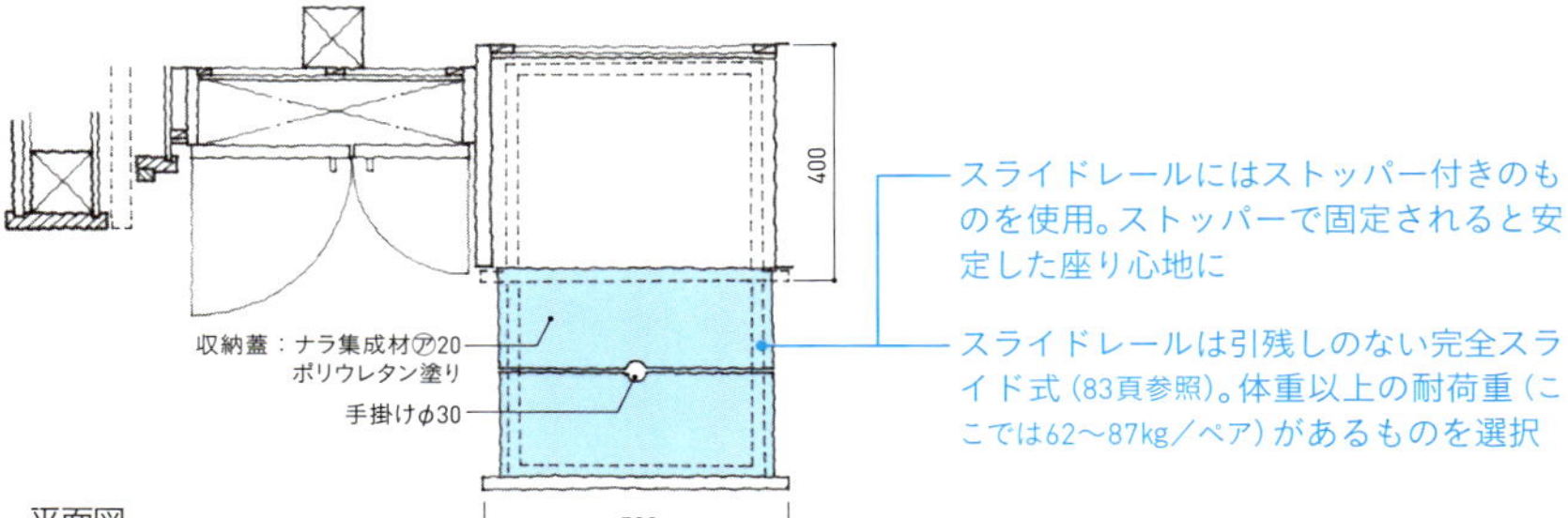

平面図

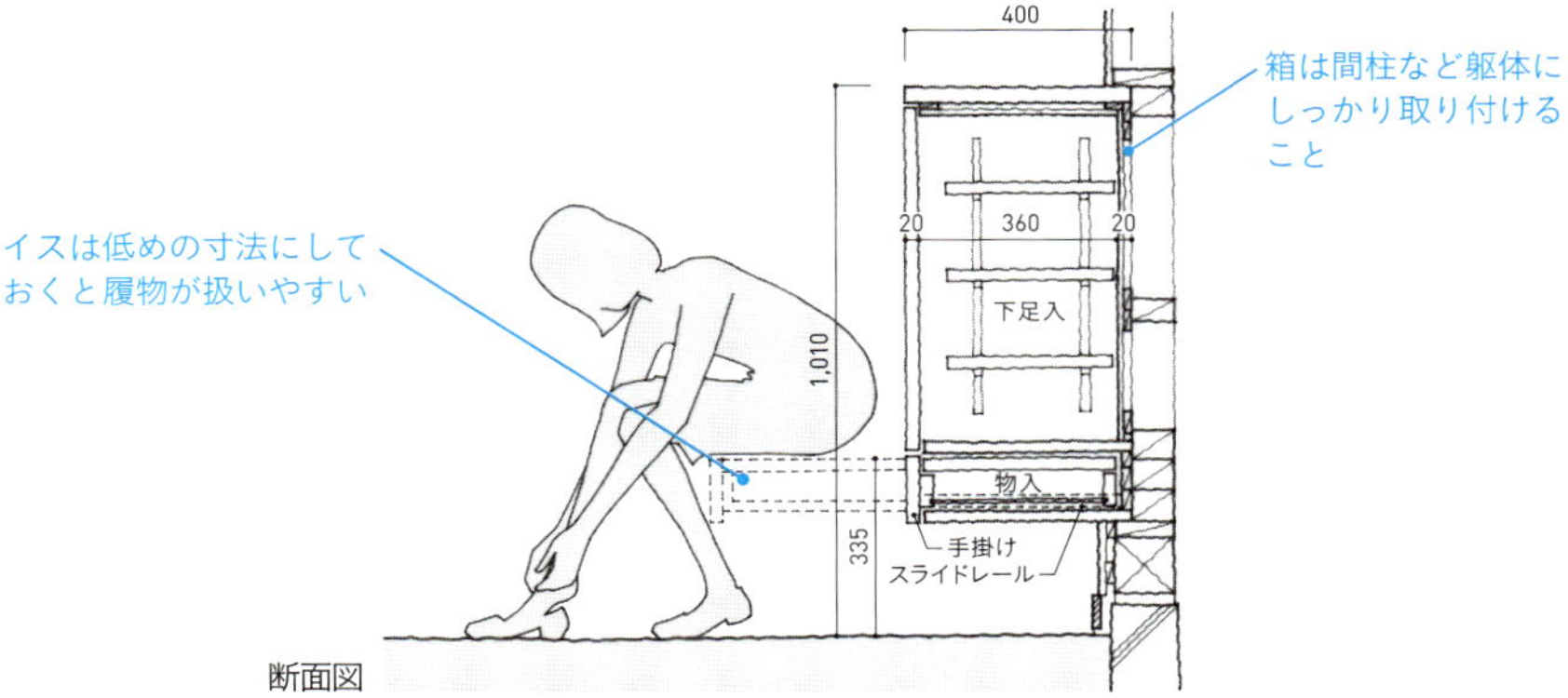

断面図

玄関収納は階段下も利用する

玄関につきものなのが、靴や傘などの収納スペース。狭い玄関でもデッドスペースを利用すれば、十分な収納量を確保することができます。たとえば階段下。玄関土間から階段下の空間を利用できれば※、奥行きの深い収納がつくれます。一般的に玄関収納の奥行きは、靴のサイズに合わせて40cm程度と浅め。奥行きがあれば、手前と奥を使い分け、季節に応じた収納も可能です。引出し形状にし、奥の収納物も取り出しやすいようにしておきます。

すっきりと見える階段下収納

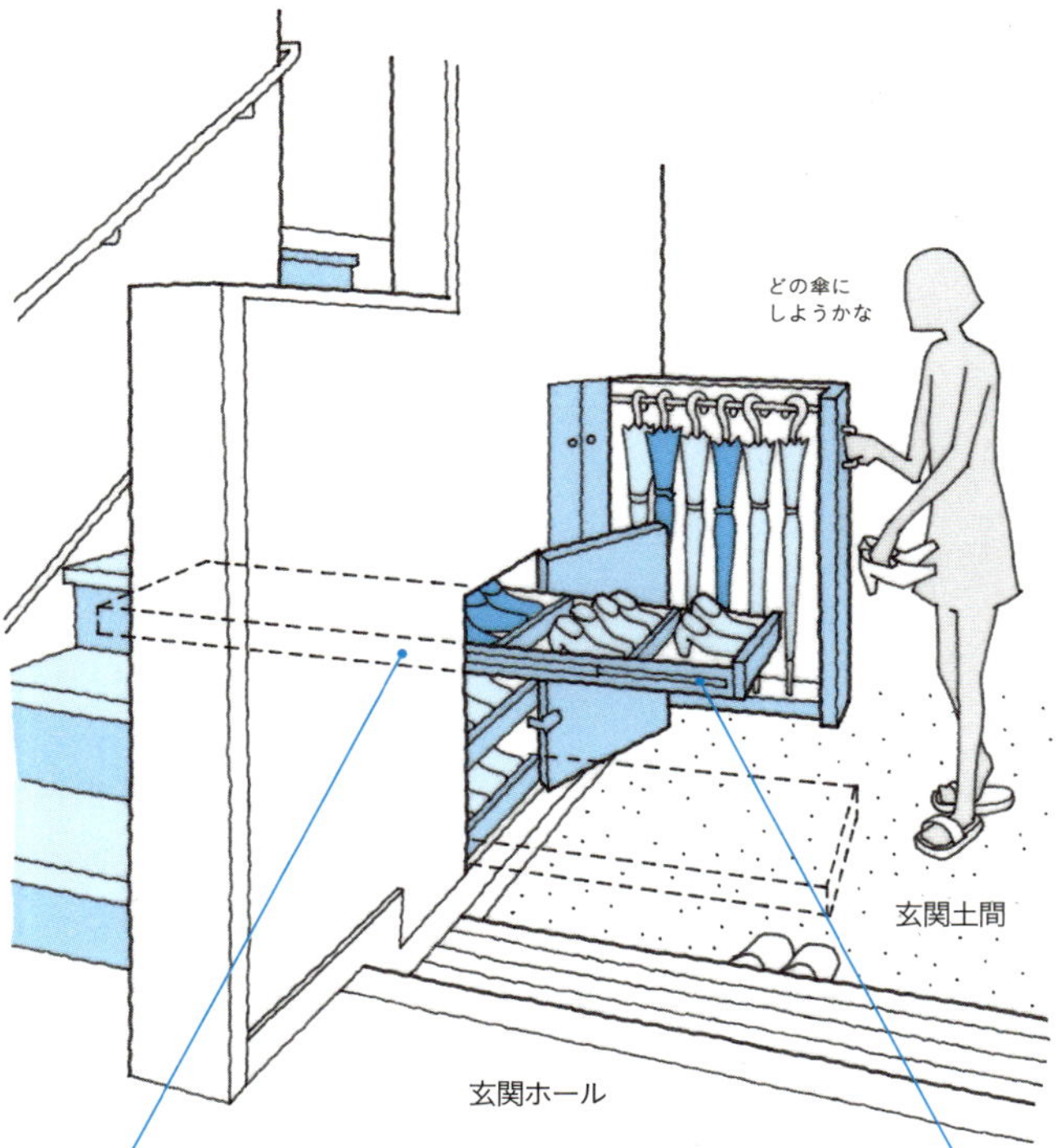
どの傘に
しようかな
玄関土間
玄関ホール

土間に隣り合う階段の床下を利用した玄関収納。引き出して使うので、奥の靴も取り出しやすい！

すっきりと壁に納まった玄関収納のおかげで、狭い玄関も広く使えます

※：玄関土間と階段が隣り合うなどプランにもよります

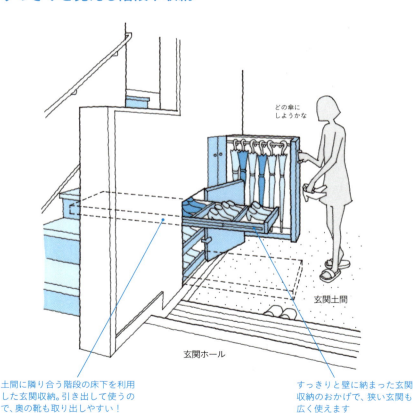

奥行きの深い収納を使い勝手よく

奥行きの深い玄関収納は、奥まで使いやすい「スライドレールを用いた引出し式」にします。家族全員の靴を採寸し、仕切り板を前後に設けておきましょう。

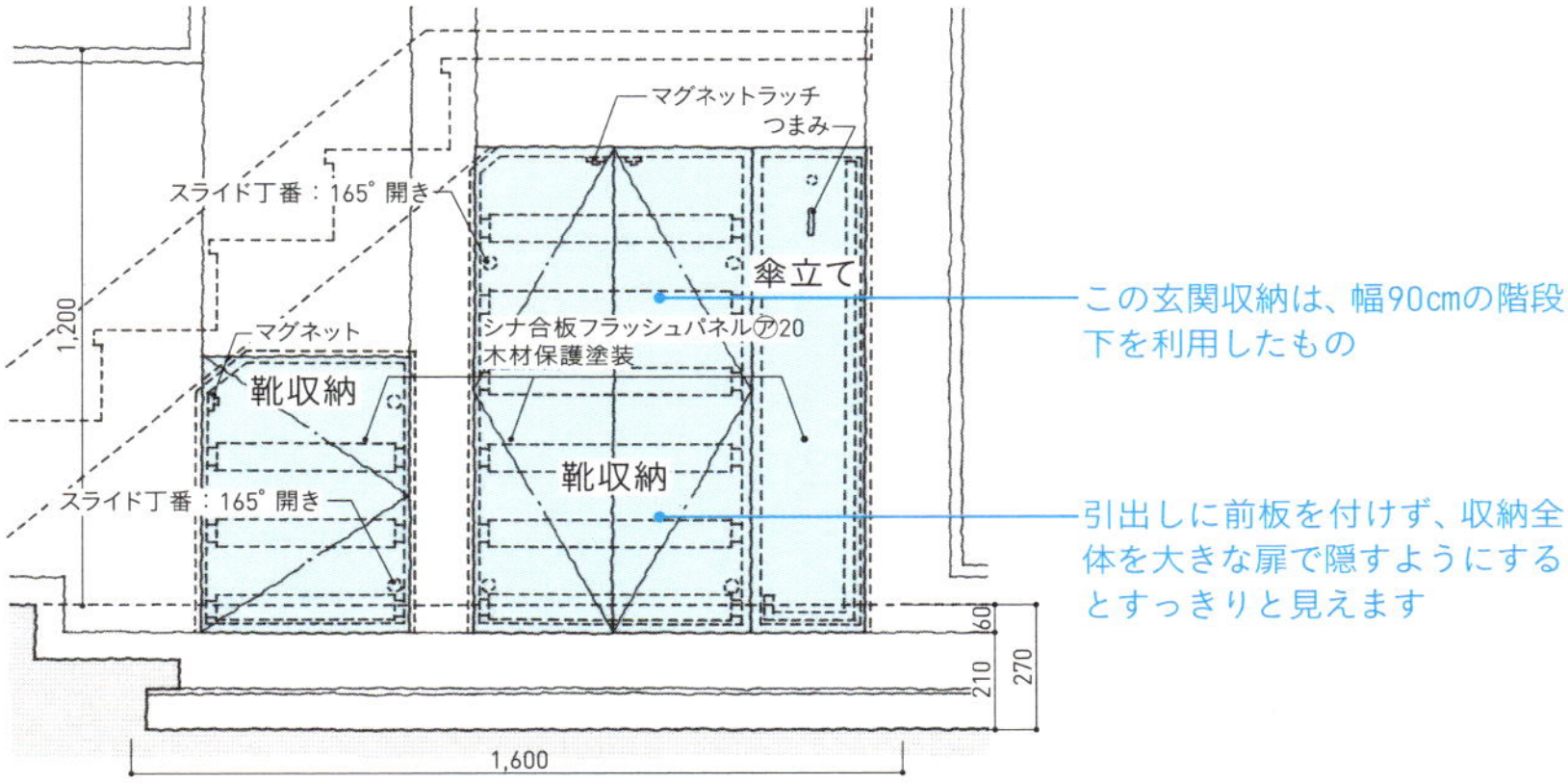

正面図

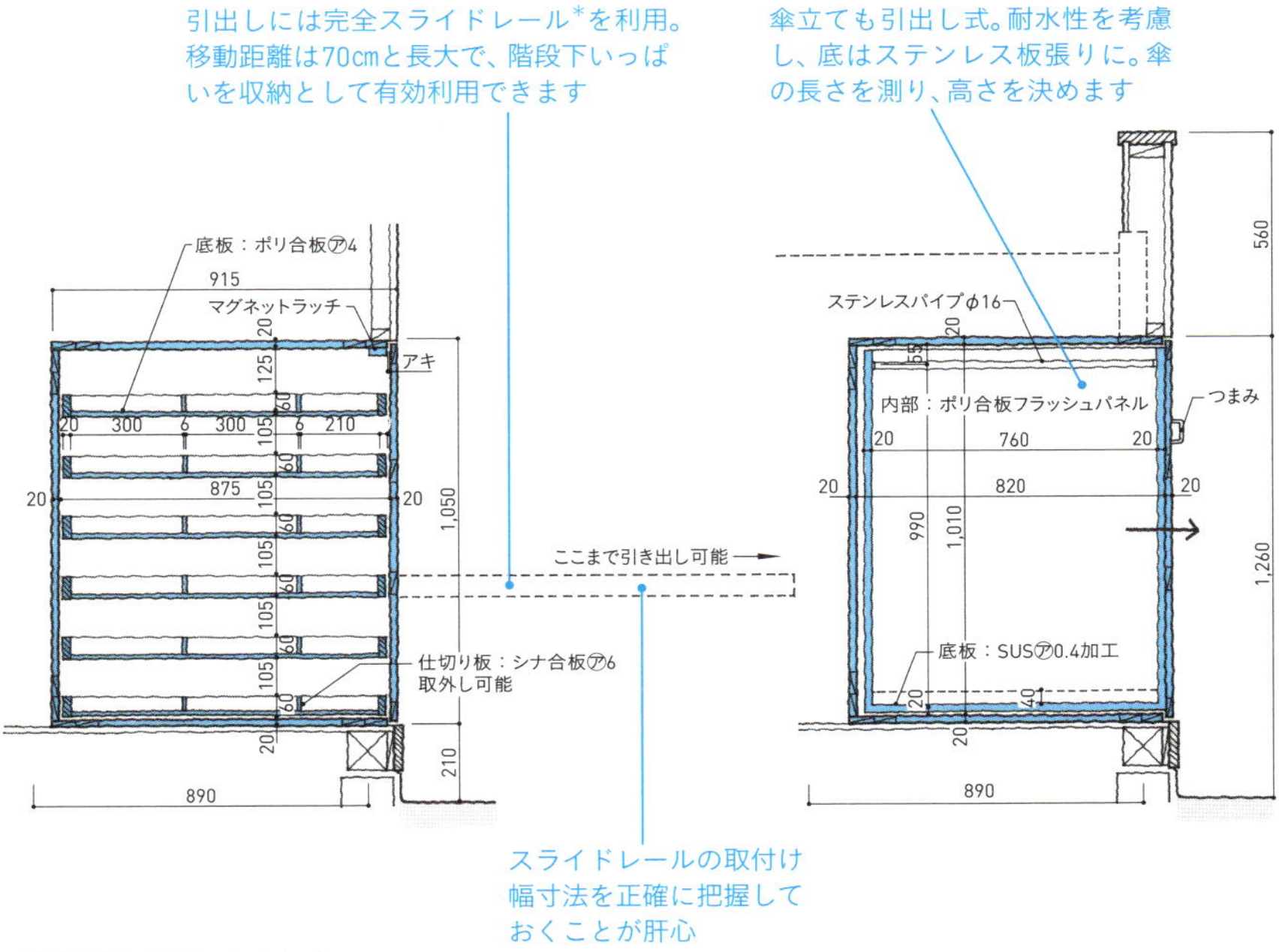

断面図（左:靴収納、右:傘立て）

＊：引残しがなく、完全に引き出せる3段引きのスライドレール

遠くにいても開閉カンタン玄関引込み戸

居間や食堂を2階に設けるケースが多くなりました。玄関の呼び鈴が鳴るたび、1階へ下りるのは大変。インターホンの親機を2階に設置し、その場で解錠・施錠ができる「電気錠」にしておくと便利です。平屋でも高齢者向けや車イス対応の住宅には電気錠がおすすめです。

電気錠で注意を要するのが電源経路の確保。開き戸は片側が固定され通線が可能ですが、引戸は動くので通線できません。電気鎌錠※を埋め込んだ方立《ほうだて》が必要です。

引戸のどこに鎌錠を付ける？

一般錠なら建具本体に

引戸の框に鎌錠を組み込みます

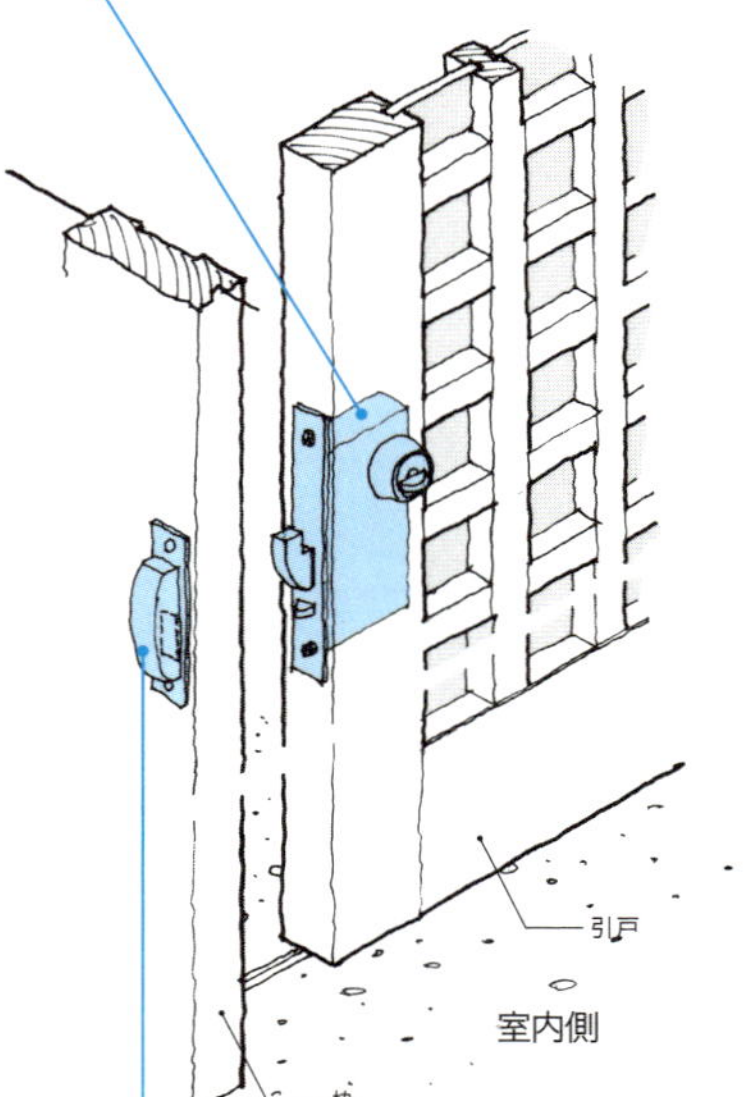

枠には受け座のみを設けます

電気錠の場合は方立に

電気鎌錠は、固定部分のない引戸本体には通線できず、設置不可。枠に方立を取り付け、電気錠を設けます

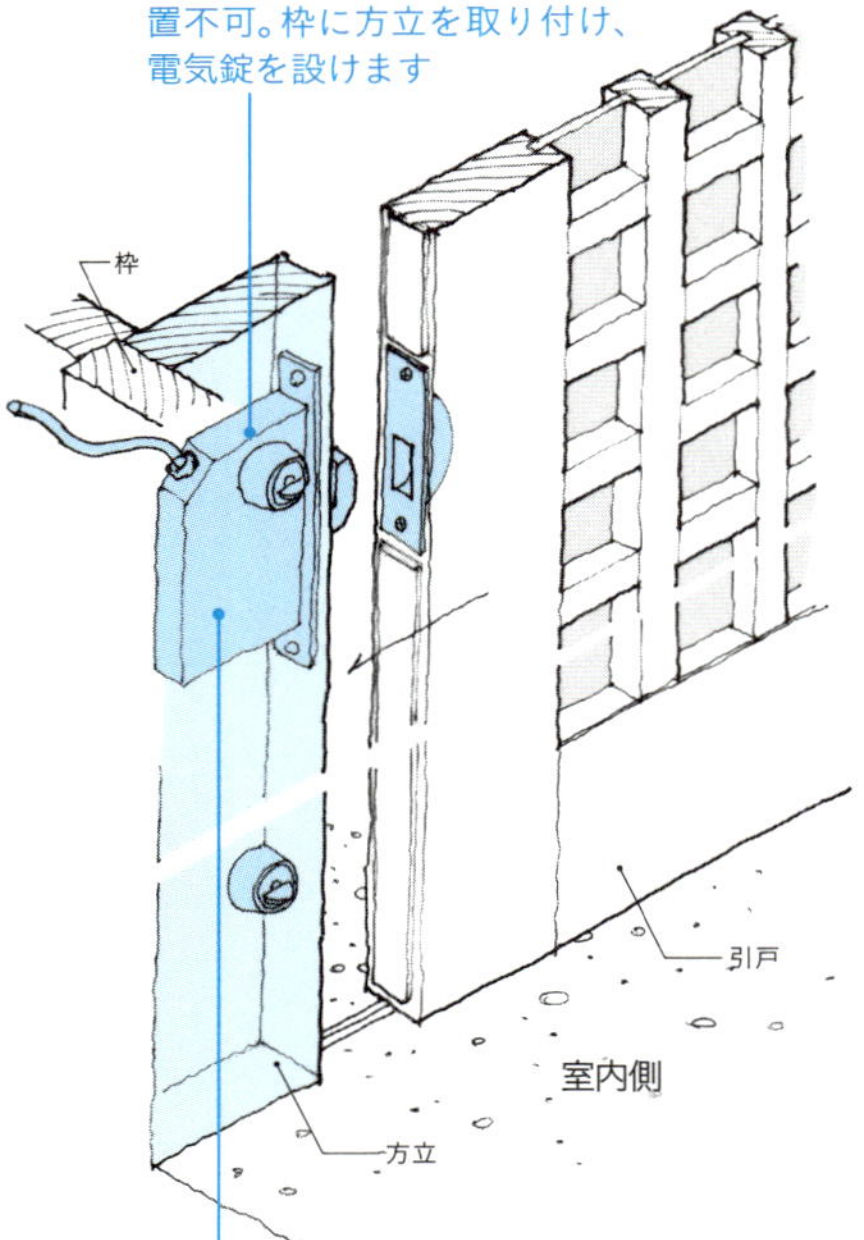

枠に電気錠を埋め込むという手もありますが、材が大きくなり無骨な雰囲気になりがち

※：鎌錠とは引戸用の錠。鎌状の形をしています

電気錠ならではの注意点

錠の開閉を電気的に遠隔操作できる電気錠。電気錠の本体は水の浸入に弱いので、玄関戸に使う場合は雨が掛からないような工夫が必要です。

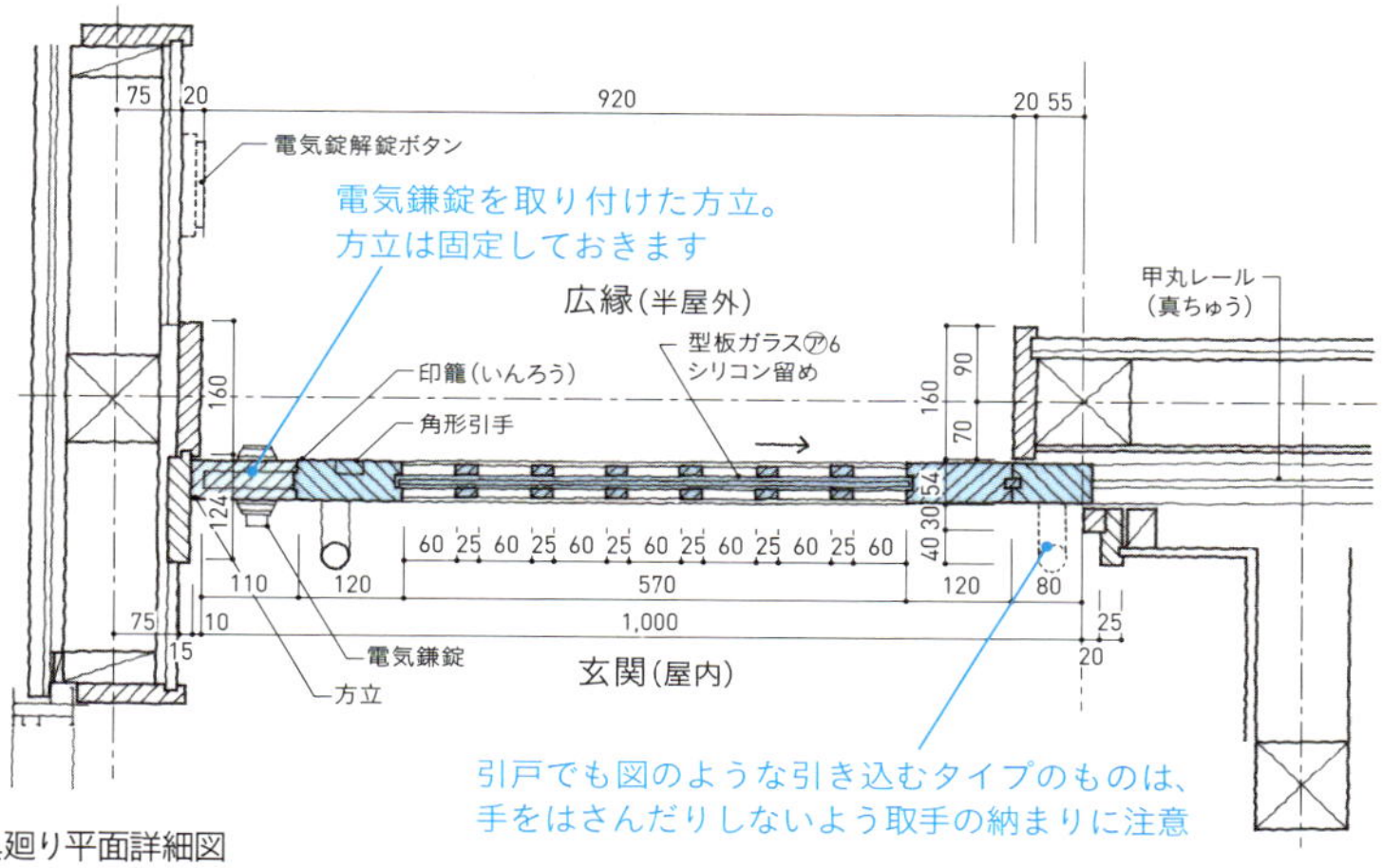

建具廻り平面詳細図

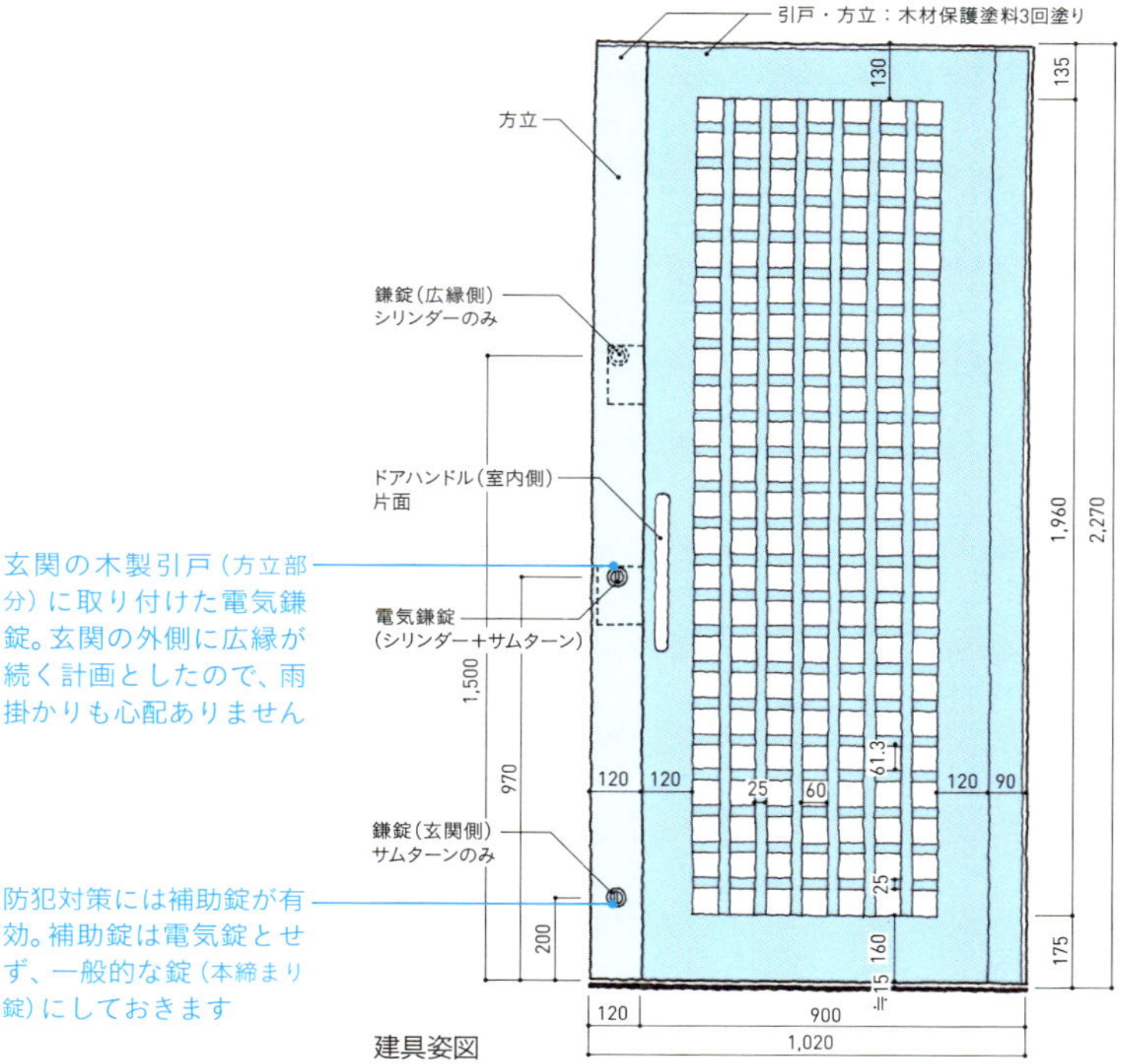

建具姿図

使い勝手よい大開口の玄関戸

玄関ドアの幅といえば90cm程度、親子扉※にしても120cmくらいが一般的です。家具や大きな物の搬出入が多い住宅では、もっと幅の広い建具（出入口）が必要になるでしょう。

3枚引戸なら建具2枚分の大開口が容易に実現できますが、玄関扉としては施錠や開け閉めの点で不便です。そんなときにおすすめなのが、3枚引戸の1つに開き戸を仕込んだ玄関戸。普段は利便性の高い開き戸を、必要になれば戸を全部引いて使います。

引戸と開き戸のハイブリッド

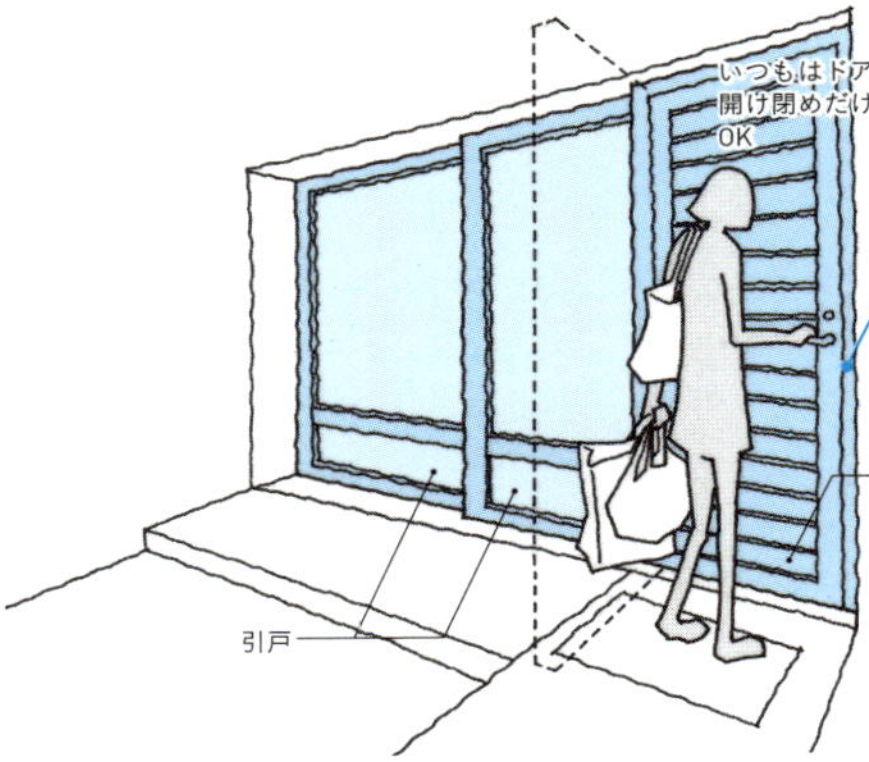
いつもはドアの開け閉めだけでOK
引戸が複数枚あるときは施錠が大変です。通常は引戸を施錠・固定したままにして、開き戸から出入りします
開き戸を仕込んだ引戸
引戸

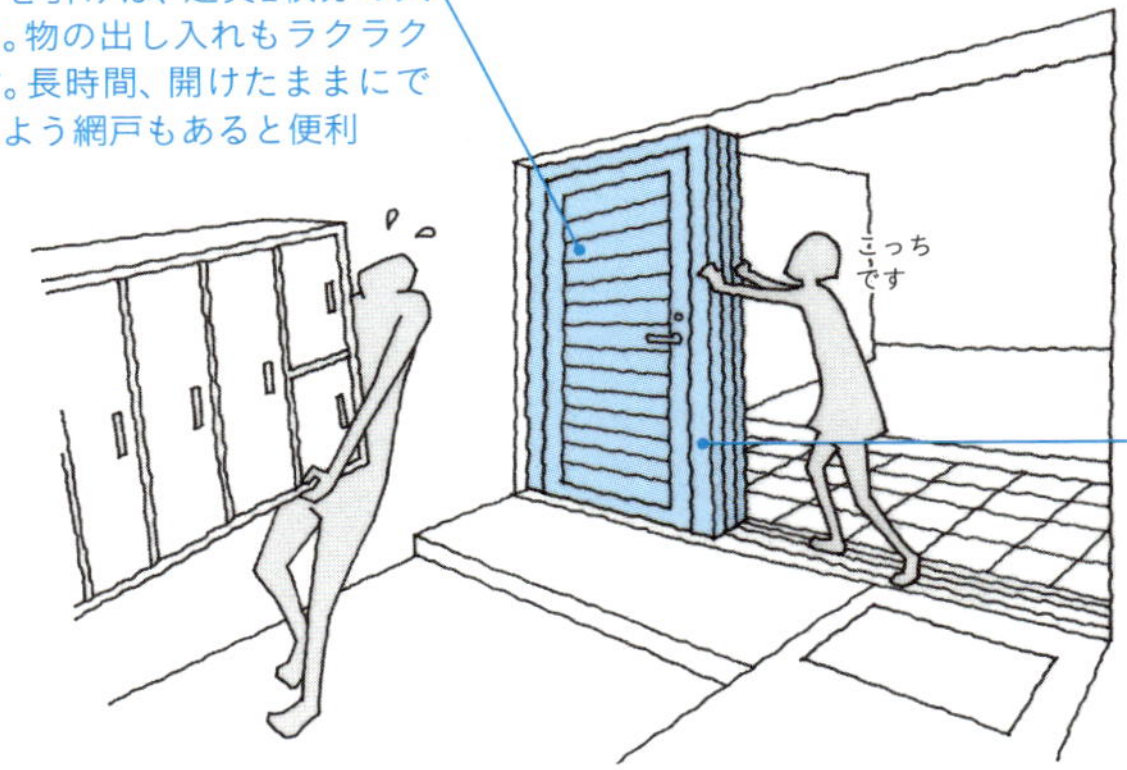
引戸を引けば、建具2枚分の大開口。物の出し入れもラクラクです。長時間、開けたままにできるよう網戸もあると便利
こっちです
引戸の框に開き戸を取り付けているので、開き戸もスライド可能に

※：大小2枚の扉からなる両開きドア

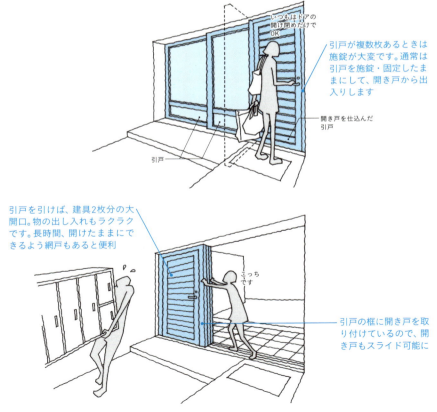

開き戸を引戸に仕込ませる工夫

開き戸を仕込んだ引戸は部材寸法も大きくなり、重量も増すので、注意が必要です。

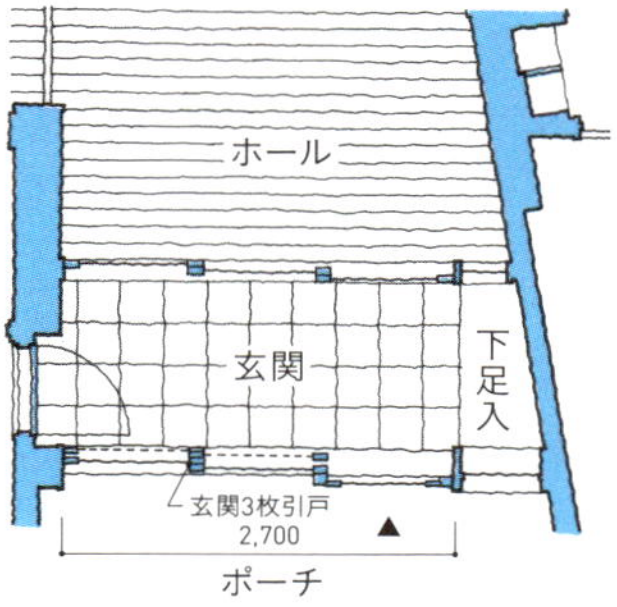

玄関平面図

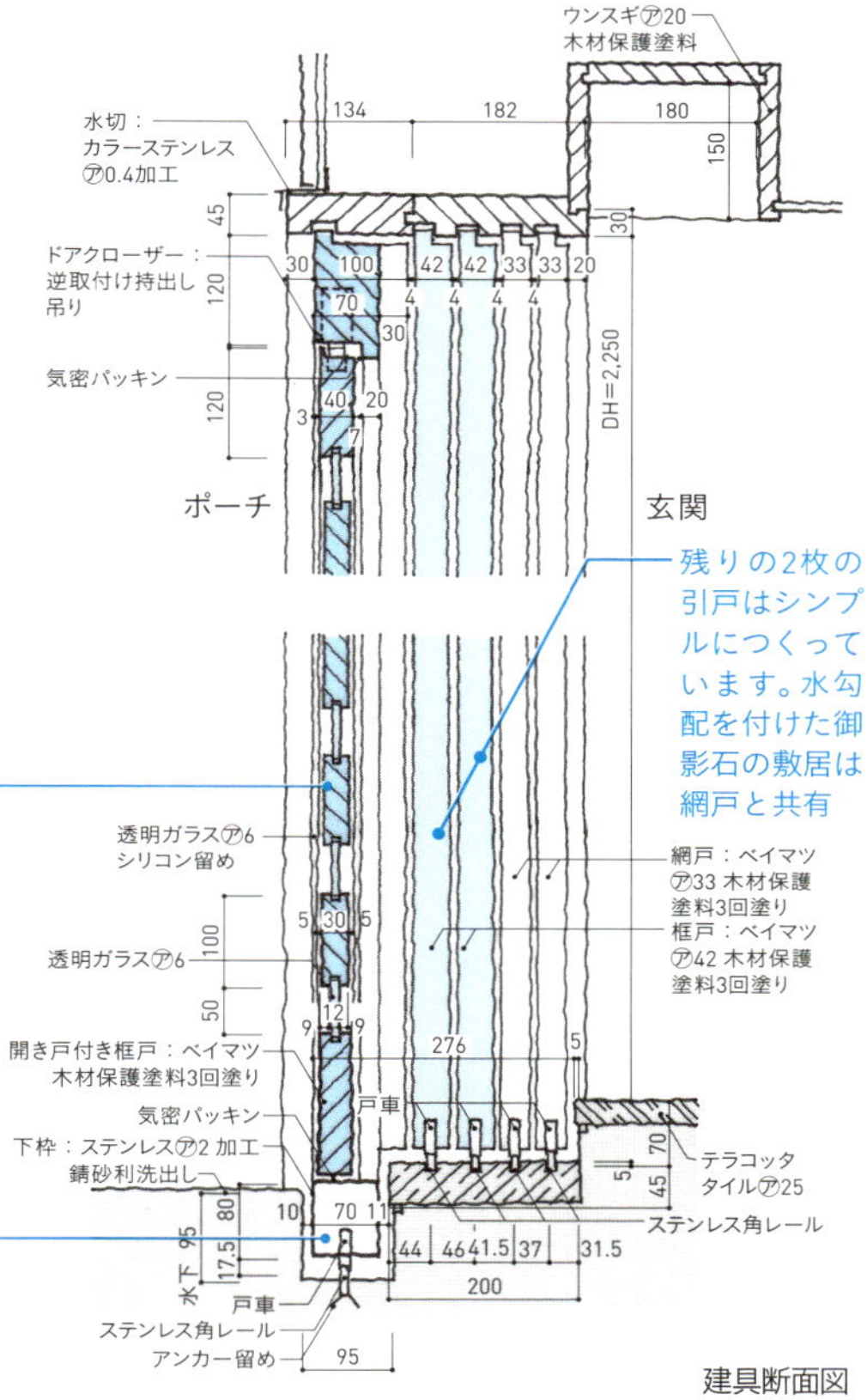

残りの2枚の引戸はシンプルにつくっています。水勾配を付けた御影石の敷居は網戸と共有

開き戸を吊り込む引戸には強固さが必要。ここでは戸厚100mmとしています

開き戸が納まる引戸の下枠は、水掛かりになるので、厚さ2mmのステンレス加工品でつくります

建具断面図

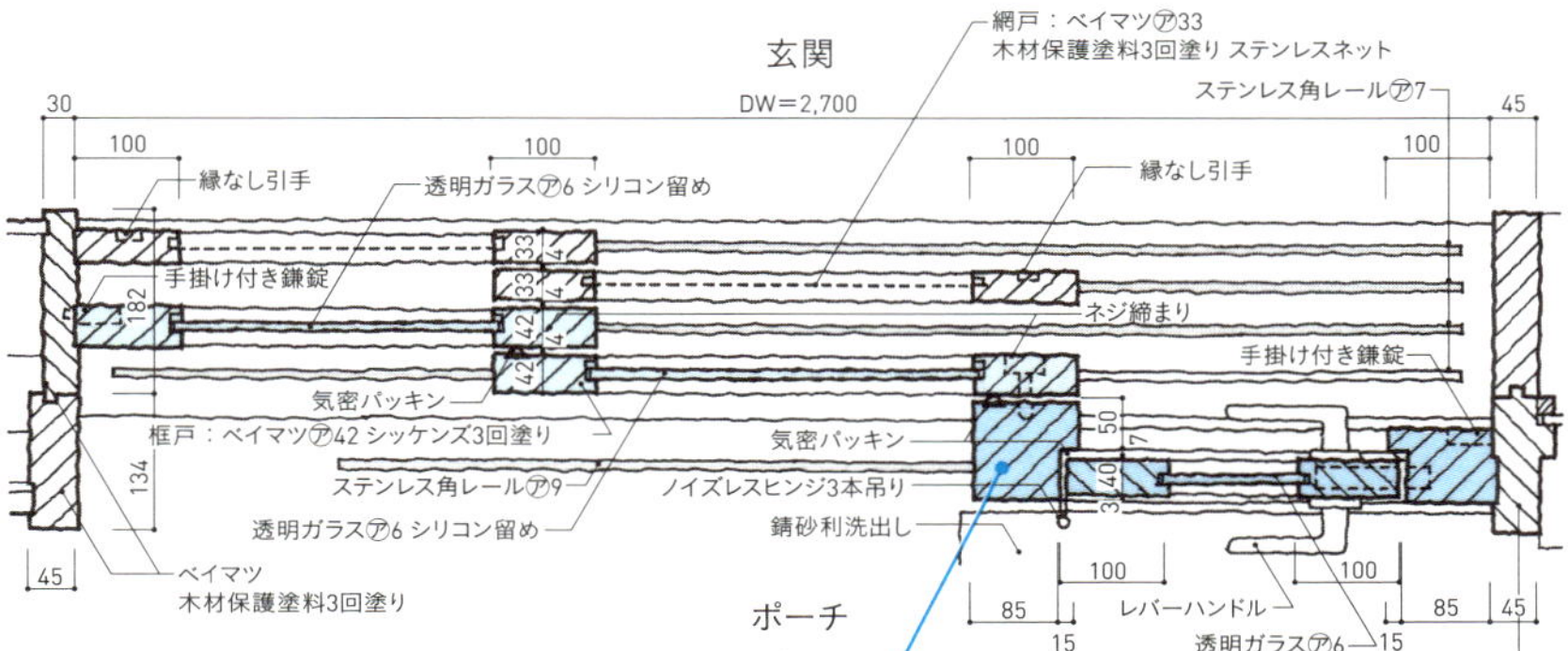

レバーハンドルがほかの引戸にぶつからないよう、建具の見込み寸法は十分に余裕をもたせます

建具平面図

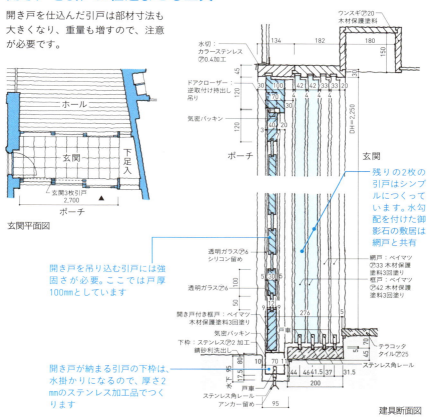

① 楽しくなる移動空間

ハンガー式片引き戸で魅せる玄関

コンクリート打放し建物に設ける、戸を開けても閉めても美しい「開口部」を紹介します。

外壁に設けた開口に取り付けるのはスチール製のハンガー式[※1]片引き戸。建具を開口より一回り大きくしておくのがポイントです。内側からは框が消えたように見え、開口の形も自由に設定できます。ハンガー式片引き戸の欠点は気密性が低いこと。躯体を欠き込んでスチール枠をセットし、そこに取り付けたクレセント[※2]で建具を引き寄せるなど工夫が必要です。

茶室の火《か》灯口《とうぐち》がヒント

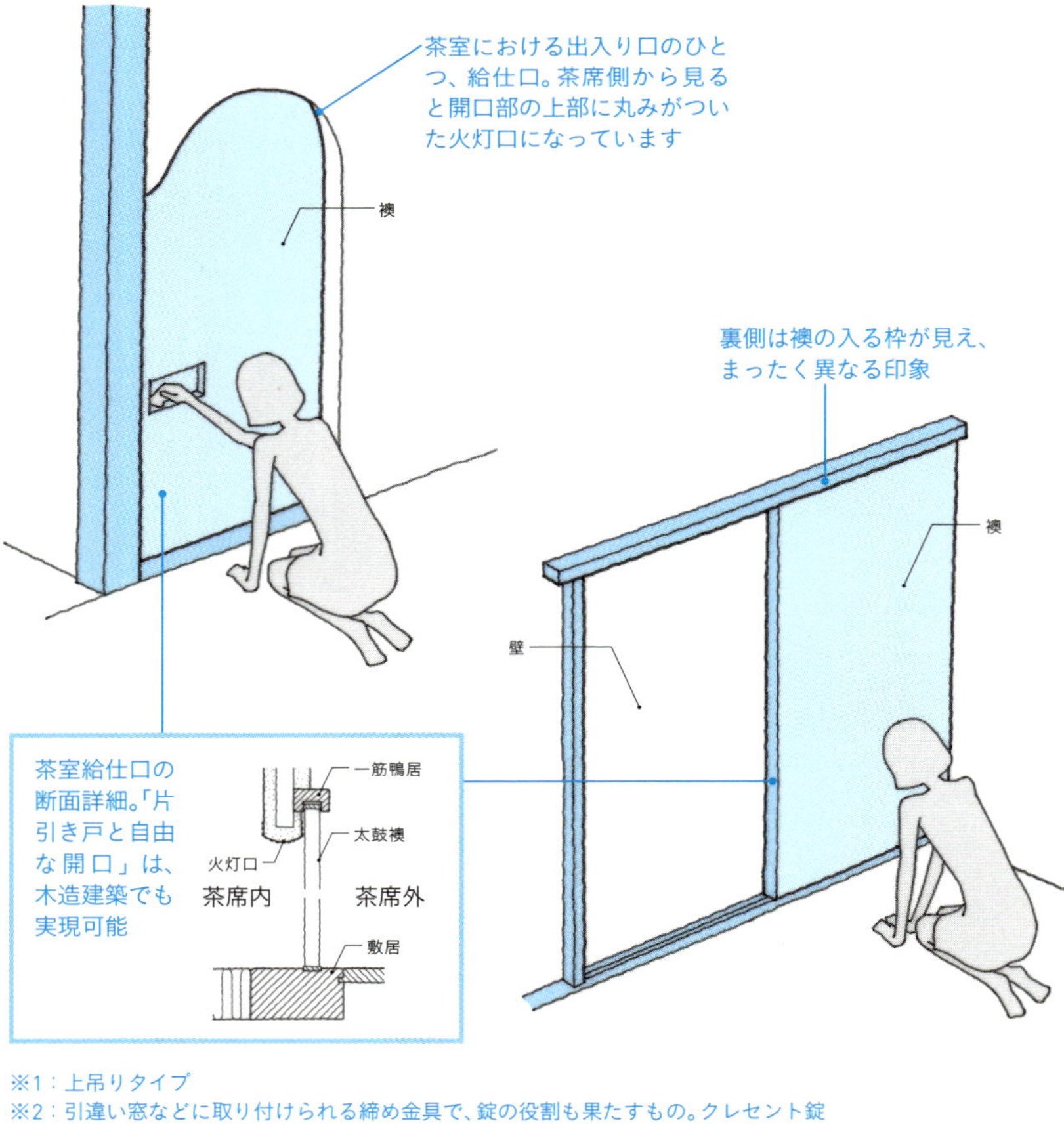

茶室における出入り口のひとつ、給仕口。茶席側から見ると開口部の上部に丸みがついた火灯口になっています
襖
裏側は襖の入る枠が見え、まったく異なる印象
襖
壁
茶室給仕口の断面詳細。「片引き戸と自由な開口」は、木造建築でも実現可能
一筋鴨居
太鼓襖
火灯口
茶席内
茶席外
敷居

※1：上吊りタイプ
※2：引違い窓などに取り付けられる締め金具で、錠の役割も果たすもの。クレセント錠

RC建築の片引き戸＋自由な開口

鉄筋コンクリート（RC）躯体の開口は自由にデザインし、既製ハンガー式片引き戸は框が躯体で隠れるようにセット。戸を開けたときも閉めたときも美しい開口です。

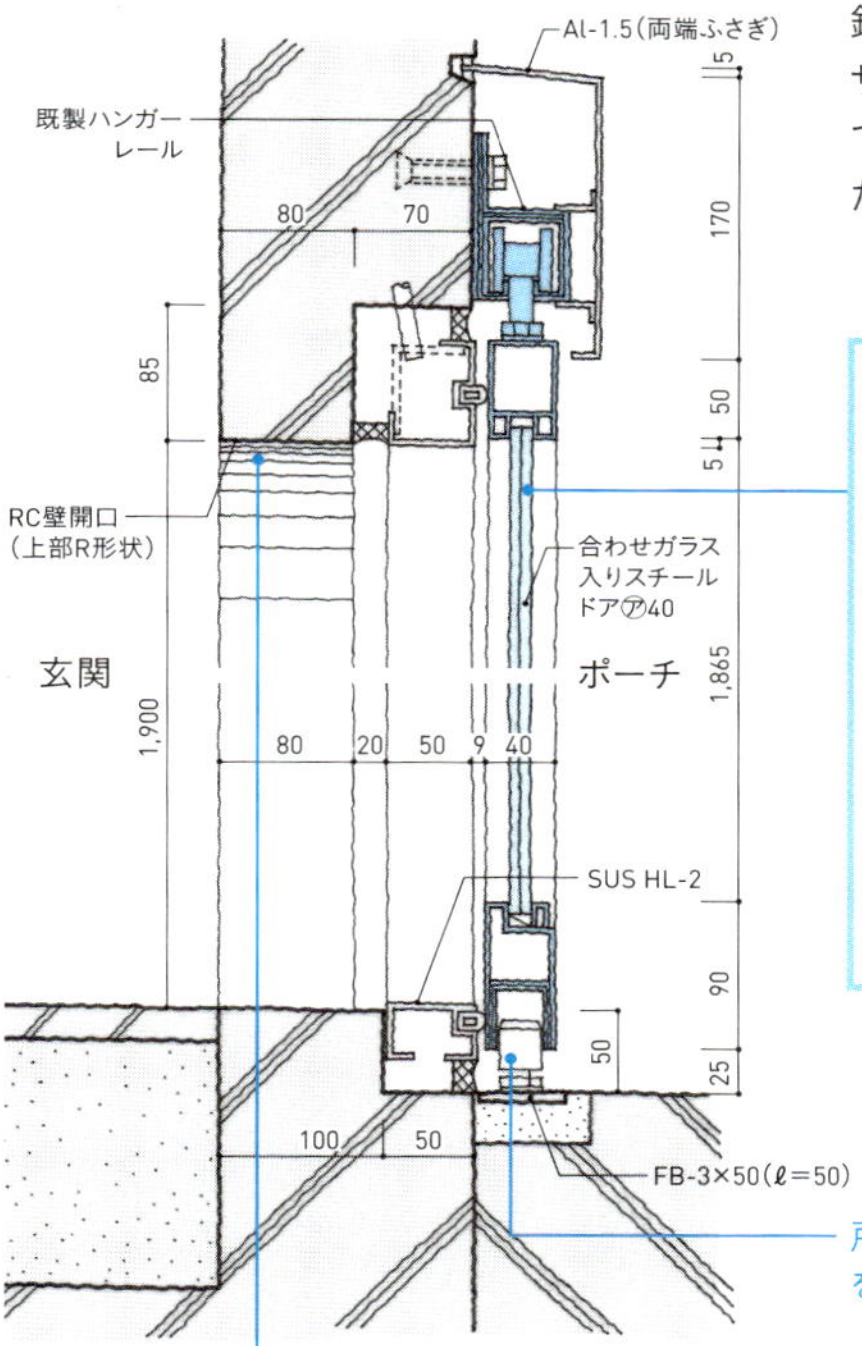

開口の形状は自由。ここでは開口上部を半円形にしています。火灯口のようなデザイン

戸尻にはガイドローラーを取り付けます

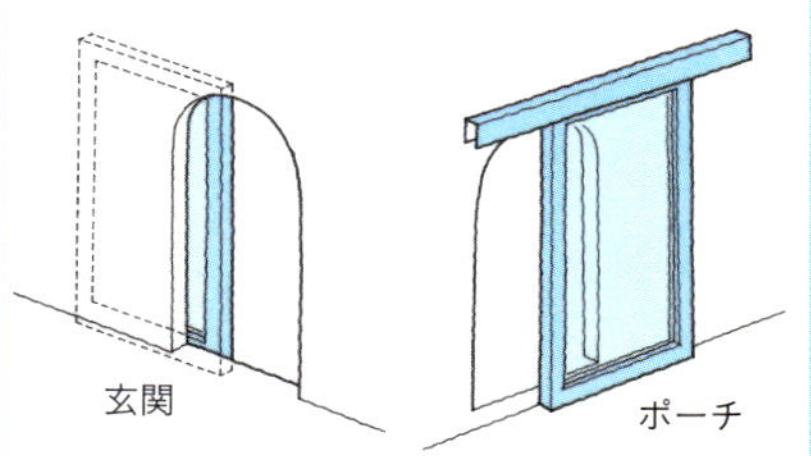

屋内側（左）から見ると、デザインされた開口部が特徴的。戸の框が見えないような納まりです。右は屋外側からの見え方

開口部断面詳細図

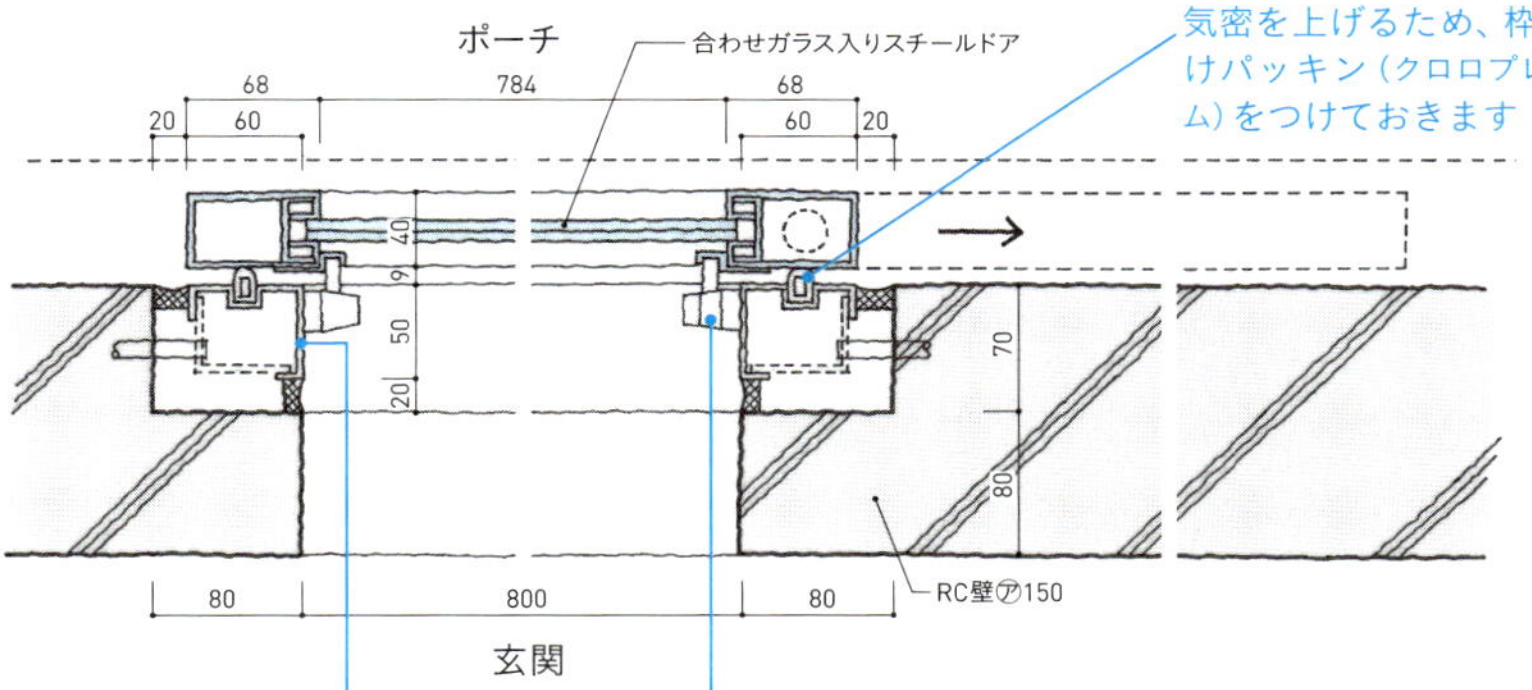

気密を上げるため、枠を設けパッキン（クロロプレンゴム）をつけておきます

スチールの枠は、躯体を欠き込んでセットしているので、内部からは見えません

クレセントは引寄せタイプのものを選択

開口部平面詳細図

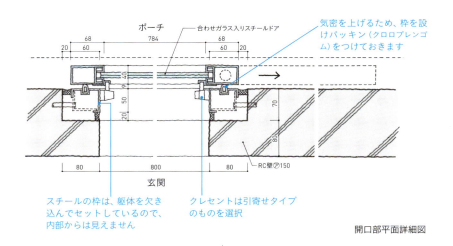

別荘の玄関戸は開放感×防犯

高原など避暑地に建つ別荘では、豊かな自然を身近に感じられる、開放的なプランが好まれます。とはいえ、別荘に防犯対策は必須[※1]です。

ここでは、開放感がありつつも、防犯に配慮した玄関折戸を紹介します。フルオープンできる折戸を開け放つと、玄関は心地よい「風の通り道」に早変わり。閉めきっても、折戸にはめ込んだ半透明のFRP板[※2]を通して光が入るので、防犯上の弱点となる「暗がり」をつくりません。

開放的な玄関をつくる折戸

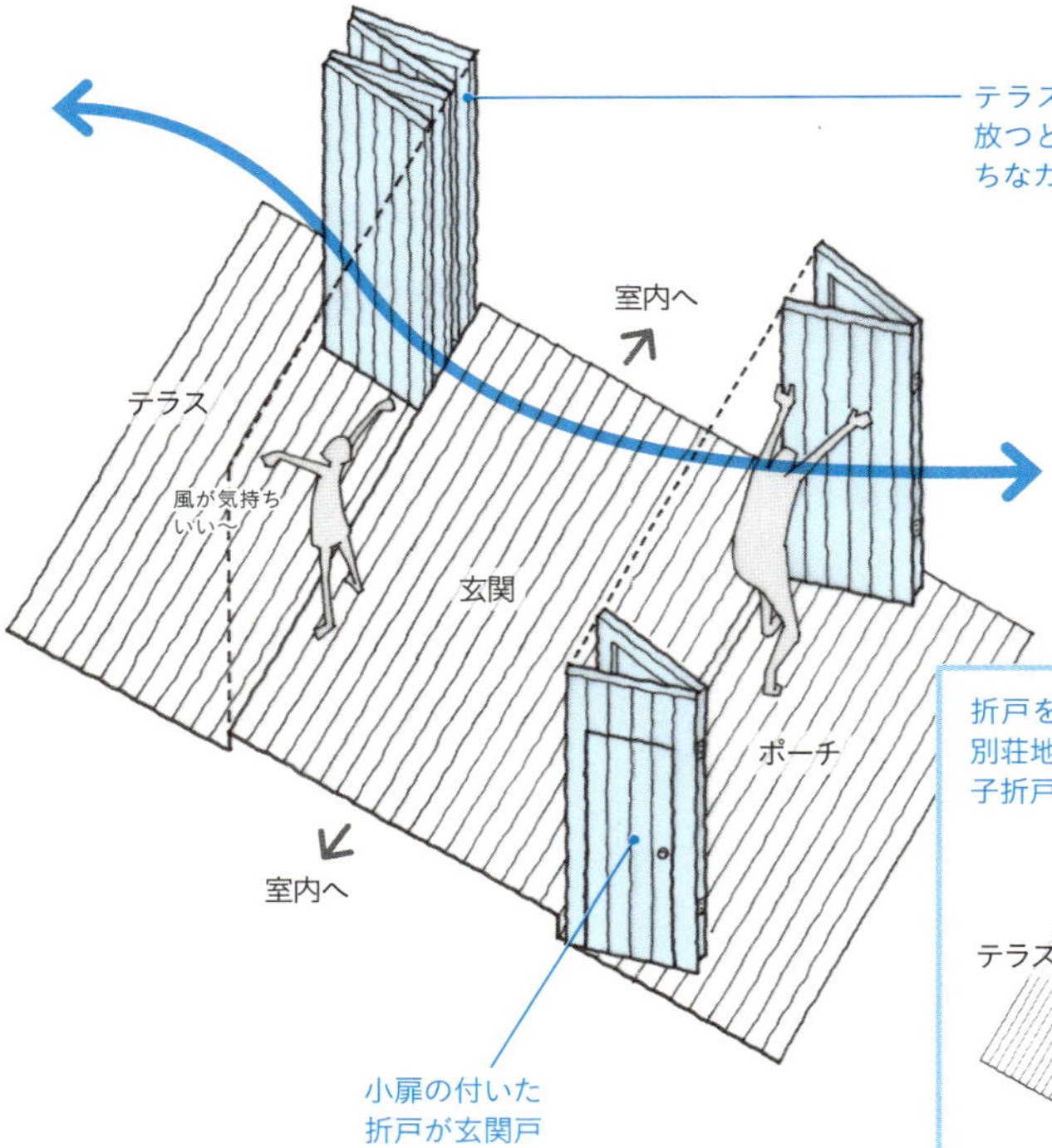

テラスへ続く扉も4枚の折戸。開け放つと風が通り抜け、別荘にありがちなカビ臭さとお別れできます
室内へ
テラス
風が気持ちいい〜
玄関
ポーチ
室内へ
小扉の付いた折戸が玄関戸

折戸を閉めるとまっ暗……だと、別荘地ではやや不安。FRP板の格子折戸であれば光が通ります

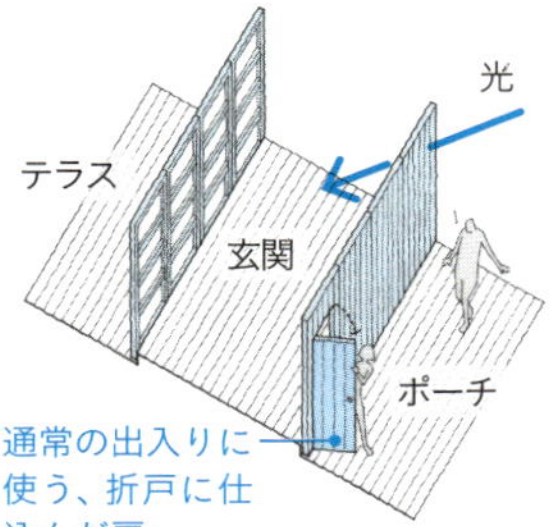

光
テラス
玄関
ポーチ
通常の出入りに使う、折戸に仕込んだ扉

※1：別荘地は人が不在になる期間も多く、その時期を狙った泥棒も少なくないといいます
※2：高強度で耐熱性能のある繊維強化プラスチック板

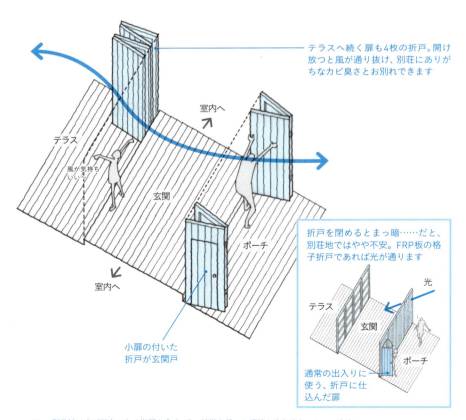

小扉付きで出入りも楽々

玄関戸に用いたのは、幅2間（約3.64m）の4枚折戸。耐衝撃性のあるFRP板を落とし込んだ格子折戸なので、明かり採りが可能です。在宅時の出入りは、折戸の1枚に仕込んでおいた小扉で行います。

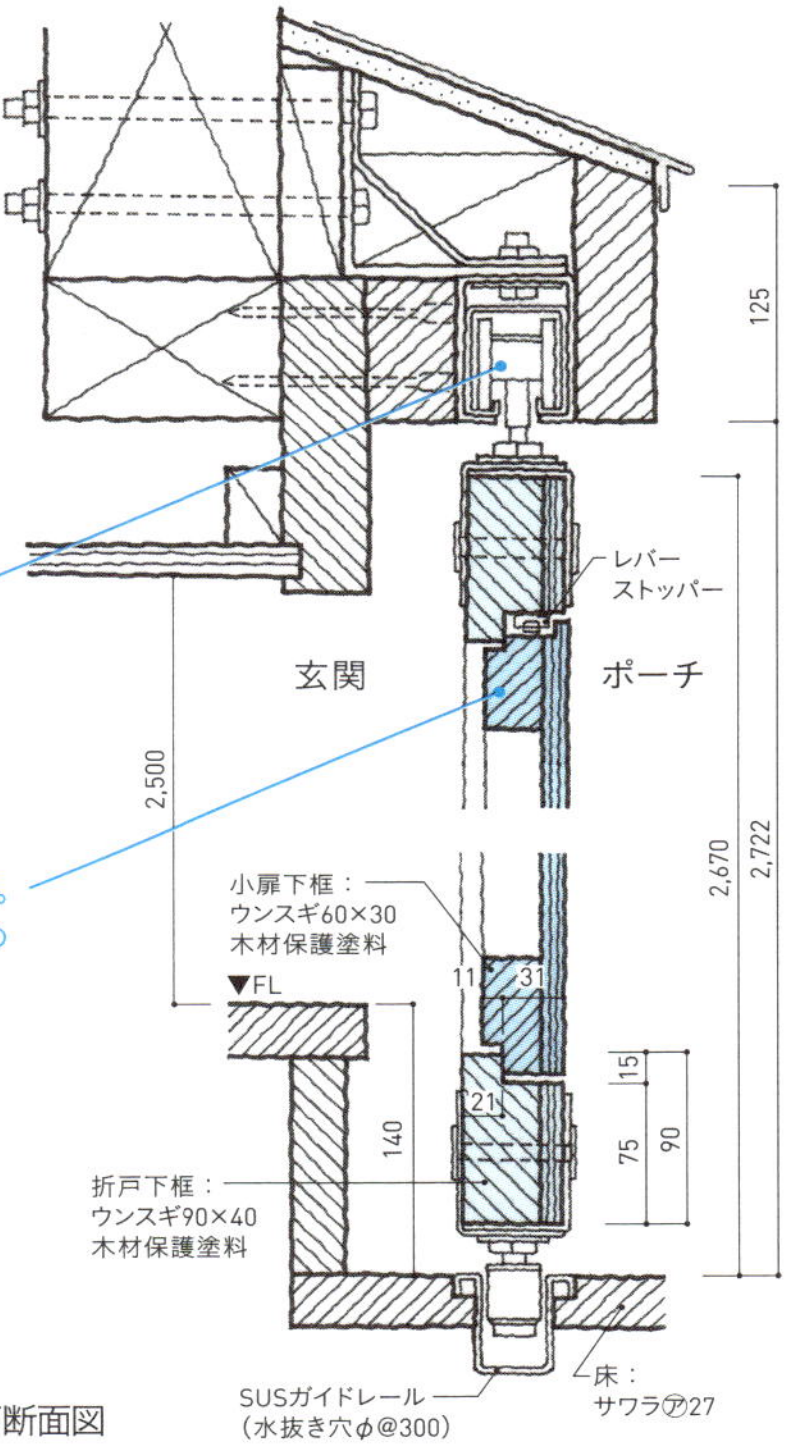
高さ2.6mの大きな折戸は、吊戸式なので、開け閉めは容易
折戸に仕込んだ小扉。小扉には補助錠を含め2つの錠があります
125
レバーストッパー
玄関
ポーチ
2,500
2,670
2,722
小扉下框：ウンスギ60×30 木材保護塗料
▼FL
11
31
21
15
75
90
140
折戸下框：ウンスギ90×40 木材保護塗料
SUSガイドレール（水抜き穴φ@300）
床：サワラ㋐27
折戸断面図

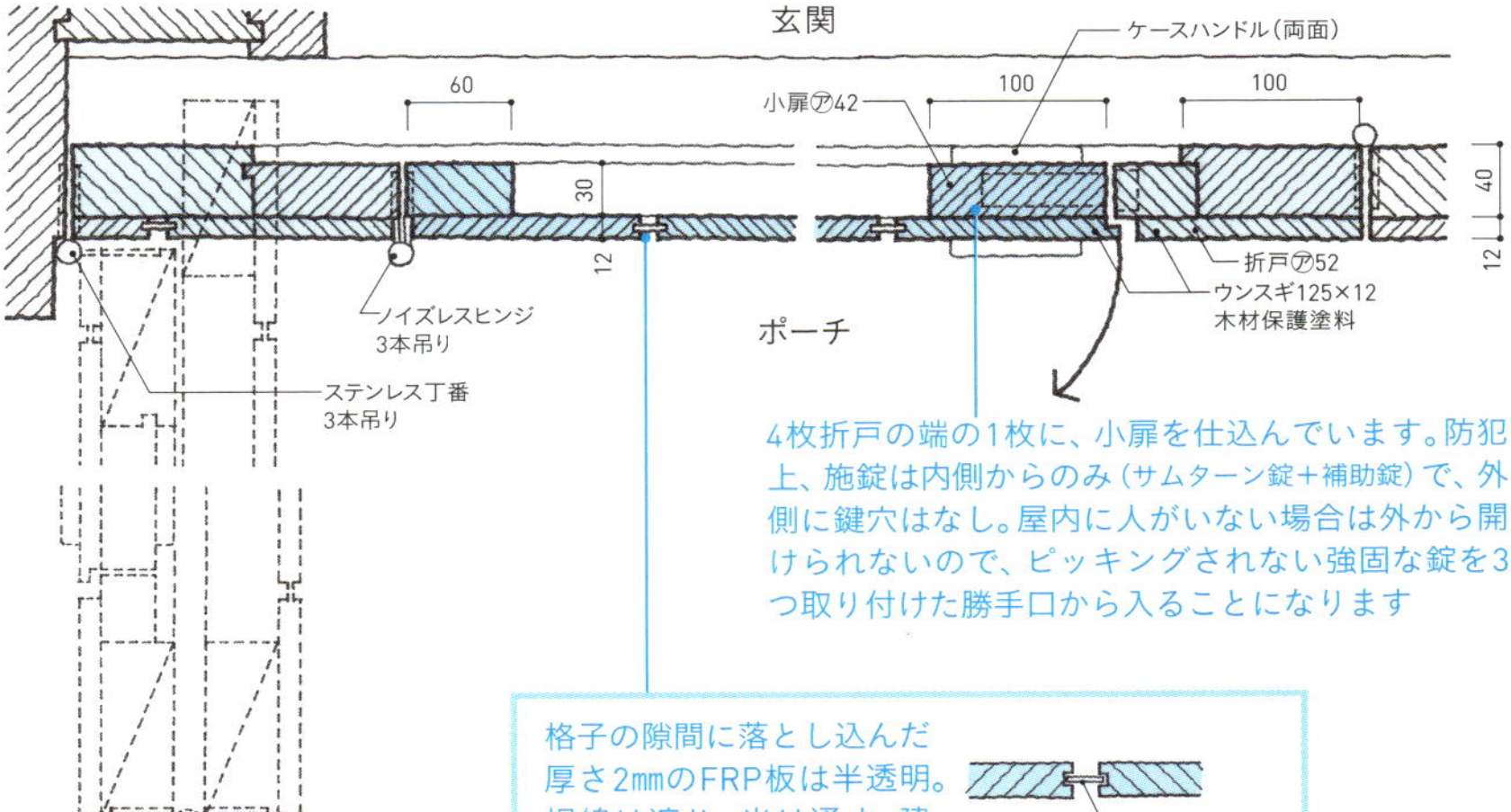
玄関
ケースハンドル（両面）
60
100
100
小扉㋐42
30
40
12
12
ノイズレスヒンジ 3本吊り
ステンレス丁番 3本吊り
ポーチ
折戸㋐52
ウンスギ125×12 木材保護塗料
4枚折戸の端の1枚に、小扉を仕込んでいます。防犯上、施錠は内側からのみ（サムターン錠＋補助錠）で、外側に鍵穴はなし。屋内に人がいない場合は外から開けられないので、ピッキングされない強固な錠を3つ取り付けた勝手口から入ることになります
折戸（一部）平面図

格子の隙間に落とし込んだ厚さ2mmのFRP板は半透明。視線は遮り、光は通す。建具全体も軽くなります

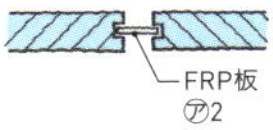
FRP板 ㋐2

玄関収納が雰囲気のある間接照明に

壁や天井を利用した間接照明[※1]（建築化照明）をつくるのは大変です。手間を極力減らすなら、家具を利用するのが一番です[※2]。たとえば、壁面収納に蛍光灯を仕込んで天井や床を照らす。収納扉を長めにしておけば、光源は見えません。

家具を利用した間接照明は、建築化照明に比べ、球替えも容易です。寿命の長いLEDランプを使ってもよいでしょう。蛍光灯のようにに使えるライン照明の器具も増え、価格も下がっています。

間接照明のつくり方

扉で隠すだけの簡単間接照明

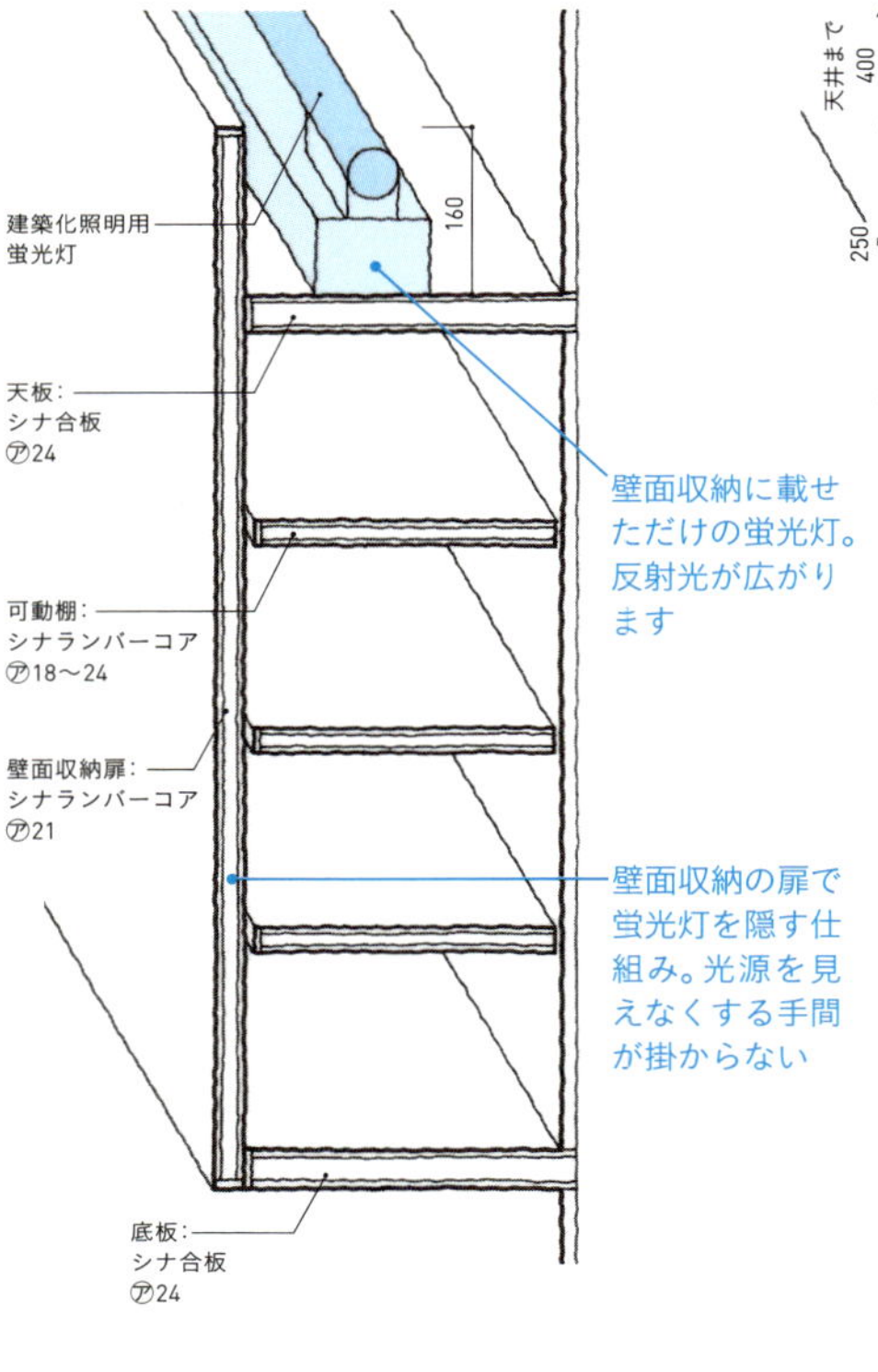

建築化照明用
蛍光灯
160
天板：
シナ合板
㋐24
可動棚：
シナランバーコア
㋐18～24
壁面収納扉：
シナランバーコア
㋐21
底板：
シナ合板
㋐24
壁面収納に載せただけの蛍光灯。反射光が広がります
壁面収納の扉で蛍光灯を隠す仕組み。光源を見えなくする手間が掛からない

手間が掛かる建築化照明

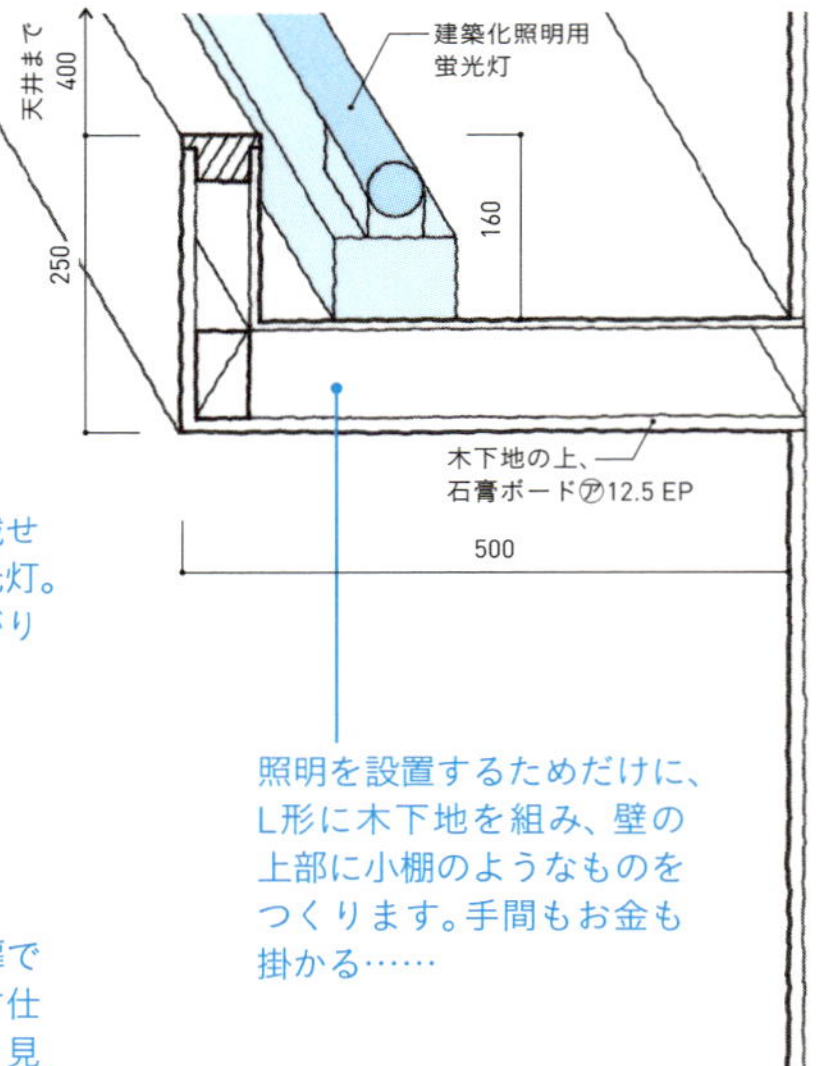

天井まで
400
250
建築化照明用
蛍光灯
160
木下地の上、
石膏ボード㋐12.5 EP
500
照明を設置するためだけに、L形に木下地を組み、壁の上部に小棚のようなものをつくります。手間もお金も掛かる……

※1：間接照明とは、光を天井や壁などに当て、その反射光を利用すること
※2：家具は、工場でつくる「家具工事」によるものと、現場で棚を造り付け、建具を後から設置する「大工＋建具工事」によるものがあります。いずれも間接照明を組み込むことが可能

収納扉を利用した間接照明

玄関の壁面収納の上下に隙間を設け、間接照明をつくっています。収納扉の上下を長めに製作し、照明器具を取り付けます。

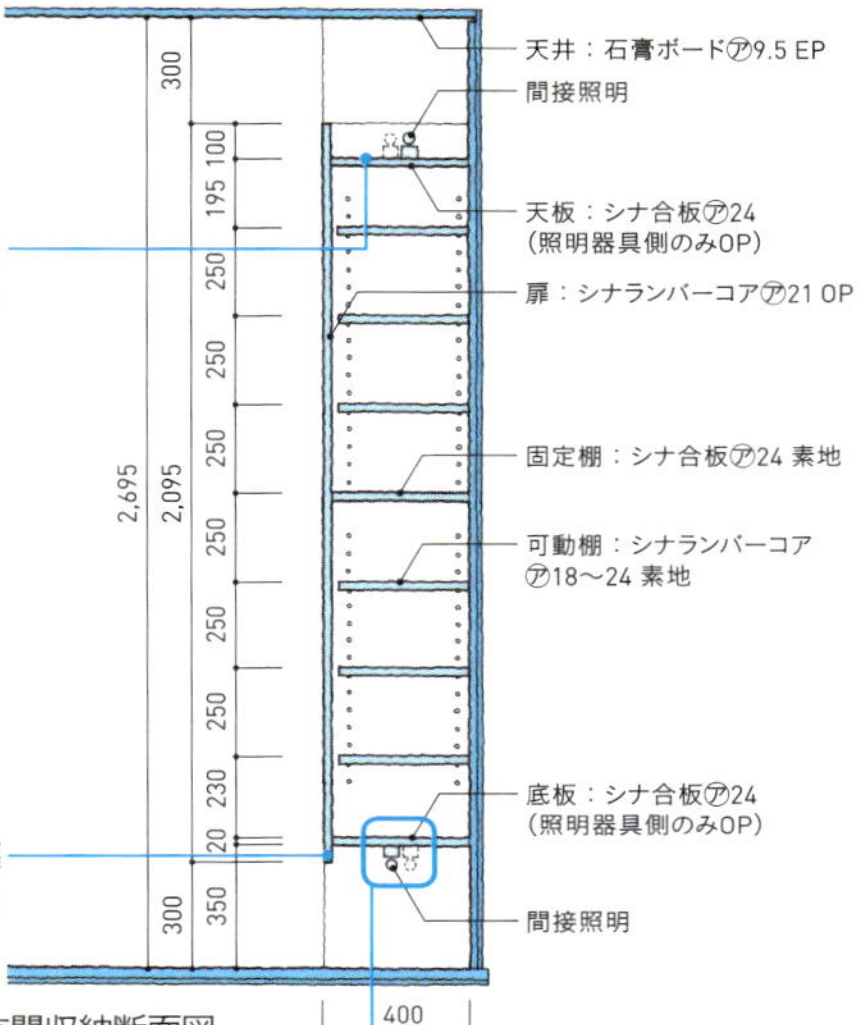

収納天板の一部に穴をあければ、内部を照らすこともできます

光源が隠れるよう、扉の上下を長くしておきます

玄関収納断面図

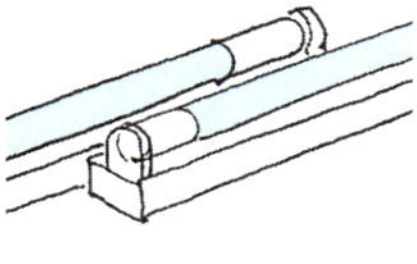

蛍光灯の場合

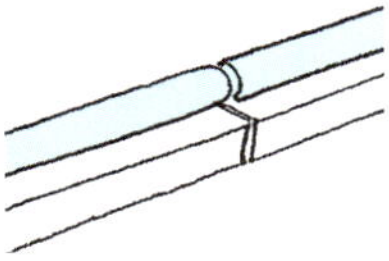

シームレス蛍光灯の場合

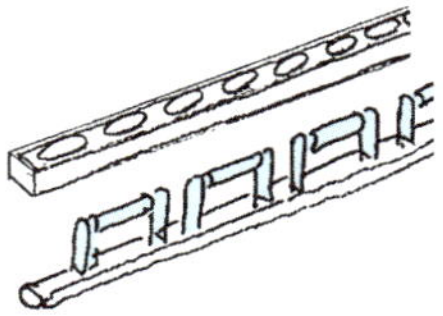

LEDランプの場合

建築化照明用のランプ(左図)を設置。端部は、影にならないよう、器具を重ねるようにして配置します

壁や天板上部は照明の反射を考慮した仕上げにします

家具工事による壁面収納の場合は、箱状にして分割納品されるので、接合部で光が途切れてしまう可能性があります。家具をまたいで照明器具が設置できるか、あらかじめ検討が必要

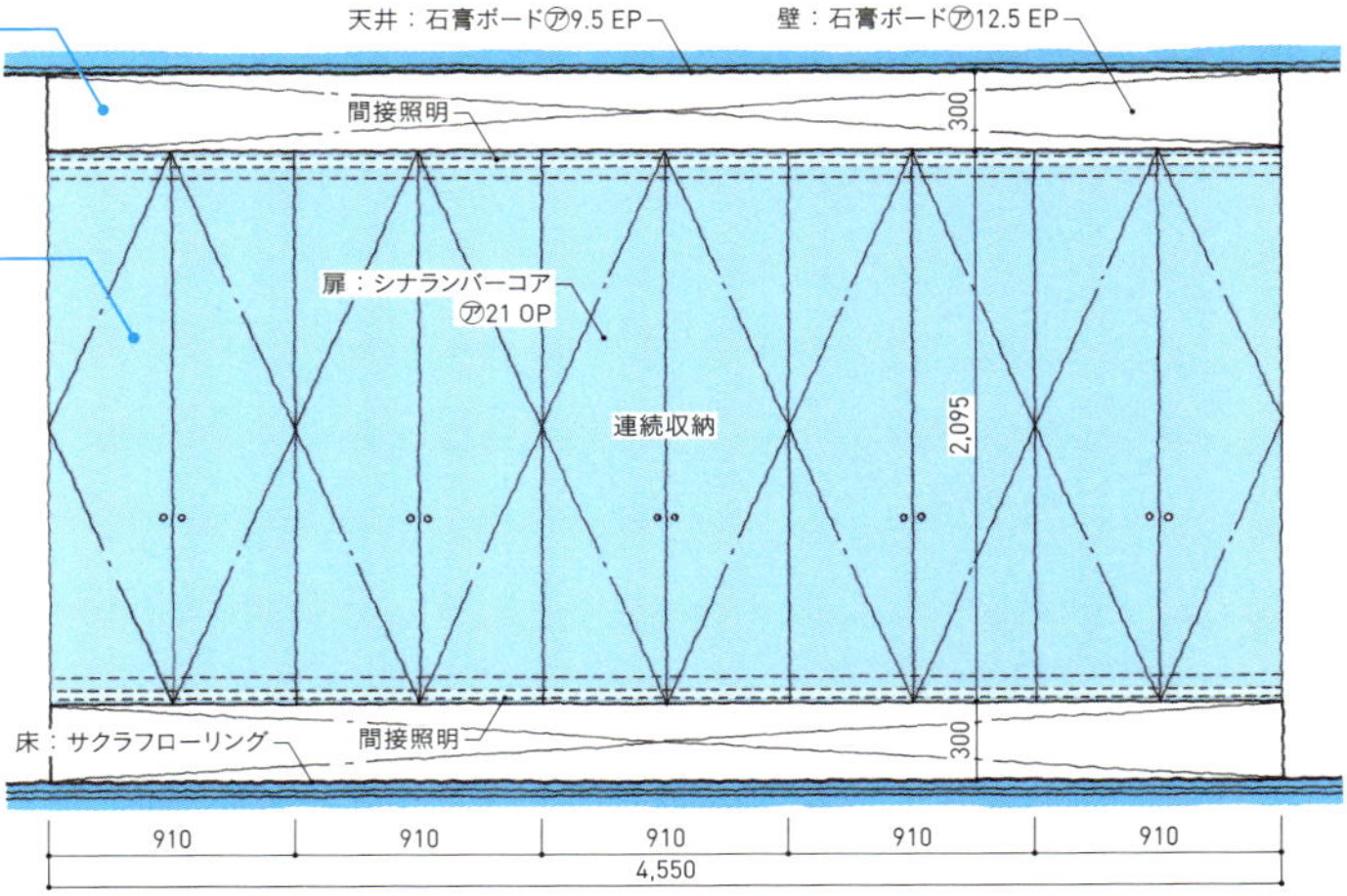

玄関収納姿図

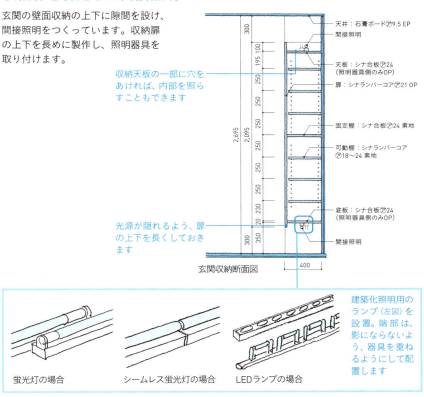

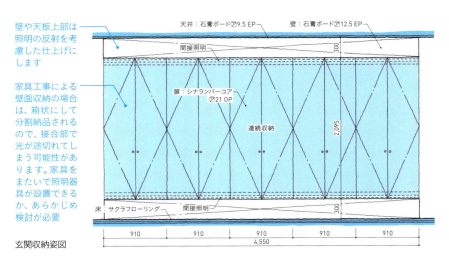

ただの通路じゃない廊下がほしい

廊下を「ただの通路」と考えると、無駄なスペースになります。そこで「お気に入りの散歩道」と考えてみるのはどうでしょう。一休みできる場所や、楽しみを見出せるしつらえをつくることで、廊下の価値は大きく変わります。

　いつもよりも廊下の幅を大きくとって、ベンチや小さなのぞき窓を各所に設けます。廊下に家族それぞれのお気に入りスペースがあると「ちょっと立ち寄りたくなる」そんな特別な廊下になるはずです。

廊下を特別な場所に

台所側の壁には75cm角程度のぞき窓。窓を開けて匂いを嗅げば、今日の夕食が分かるかも

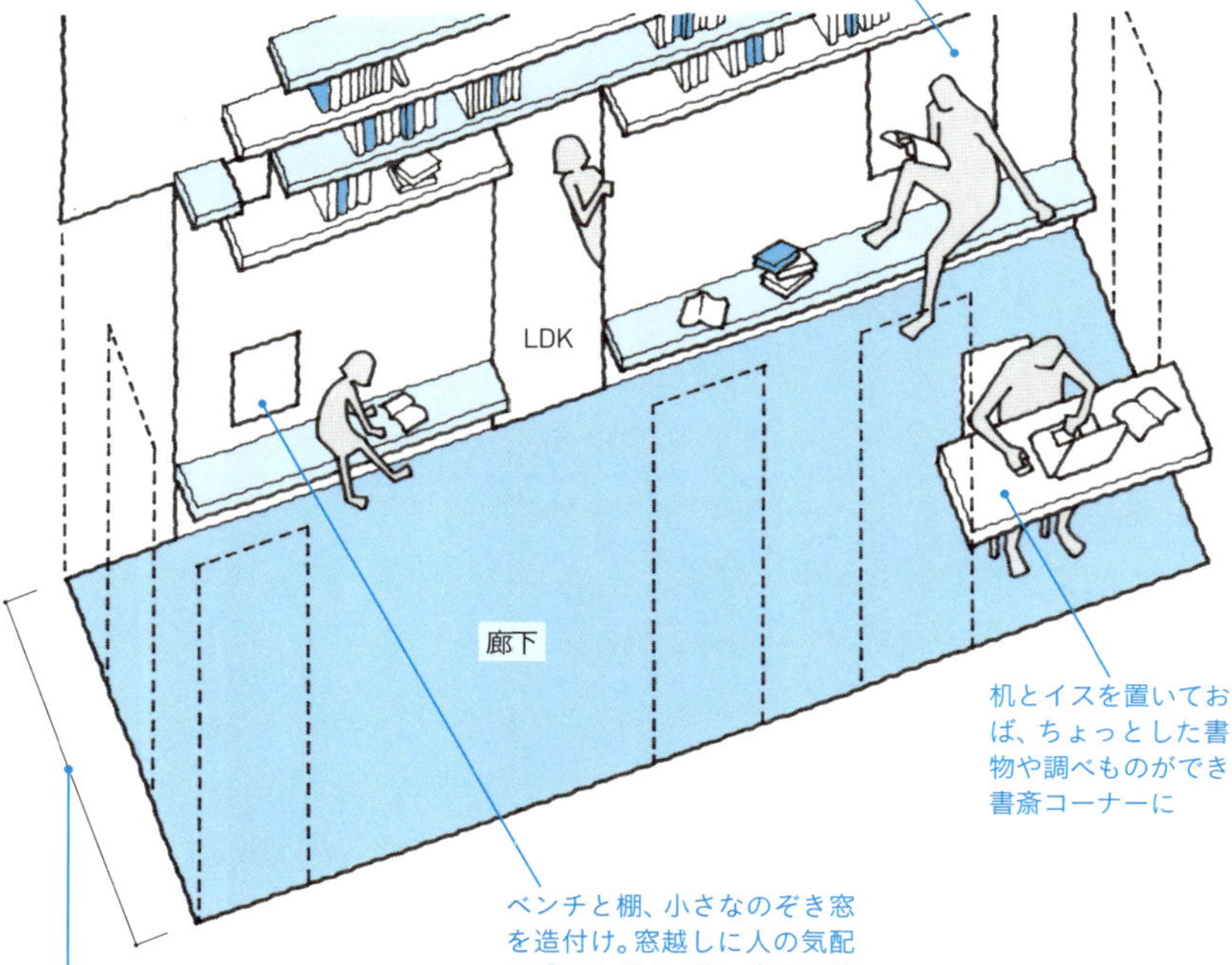

机とイスを置いておけば、ちょっとした書き物や調べものができる書斎コーナーに

ベンチと棚、小さなのぞき窓を造付け。窓越しに人の気配を感じながら、狭い廊下で読書するのもオツなもの

幅227cmの廊下。一般的なものより136cm程度広く、部屋的なしつらえが可能に

断面的にも工夫を施す

魅力ある中廊下《なかろうか》をつくるために、平面的な工夫だけなく、上下方向の断面的な工夫も考えます。

中廊下は、居間などのパブリックスペースと寝室のようなプライベートスペースをつなぎ、交じり合う緩衝帯

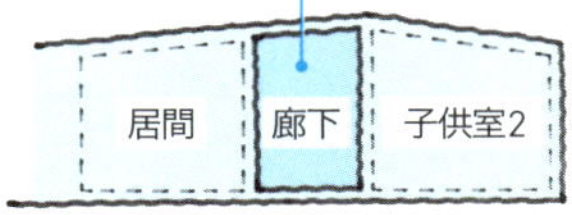

部分的に上方向へと拡張し、よりプライベート感の強い部分をつくり出すことで第三の部屋に。ハイサイドライトから光も採り込みます

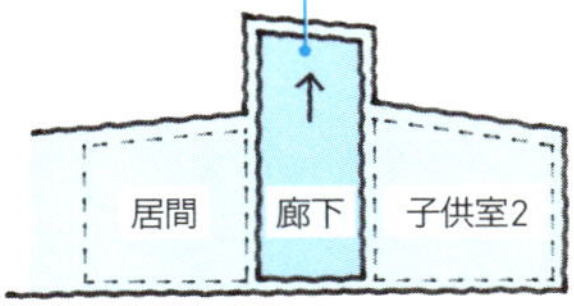

すべての部屋にアクセス可能な「中廊下」。外部に面した壁もないので、ただの「通路」になりがち

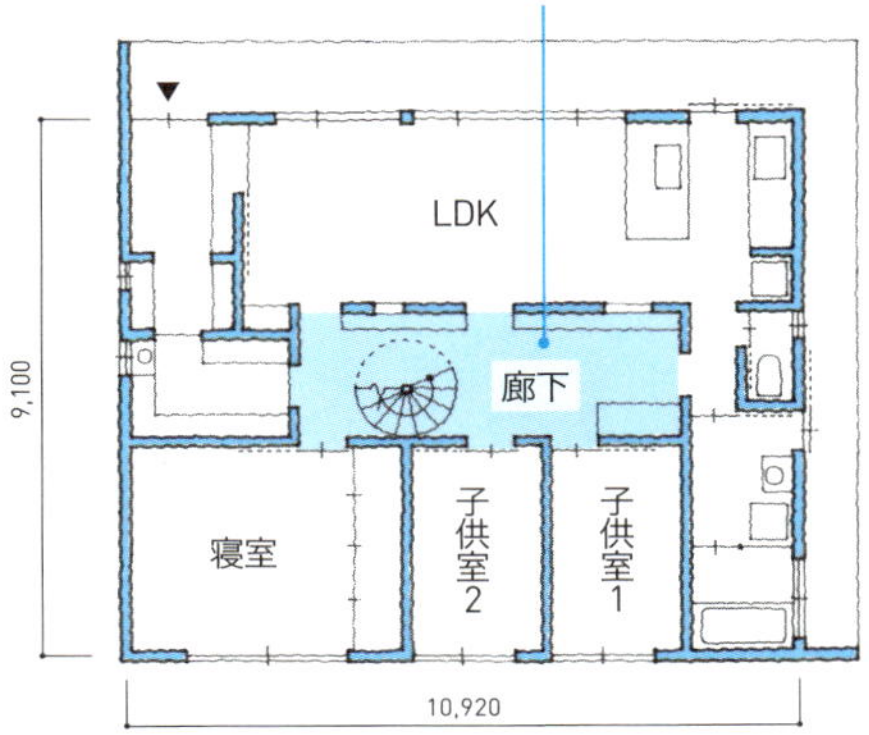

平面図

中廊下にあって外への眺めが楽しめる唯一のスペース

屋根から突き出た書斎は、離れのような「隠れ家」。平屋の建物にあってここだけがロフト階

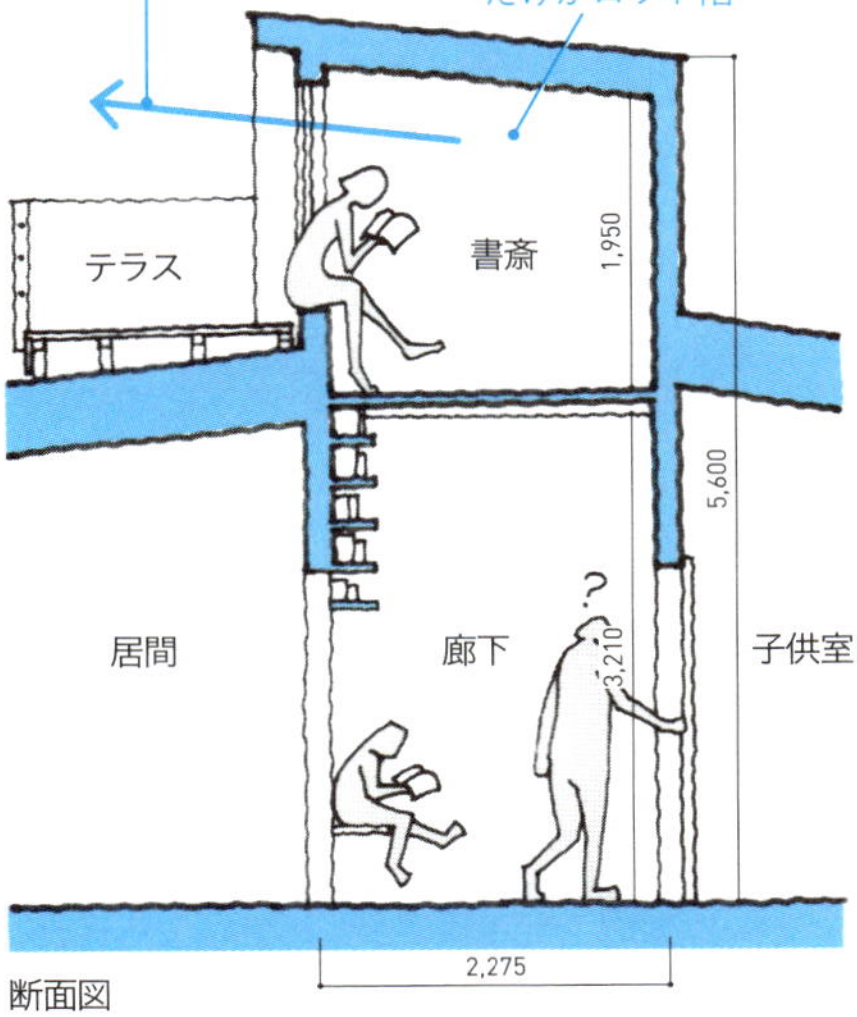

断面図

1人になりたいときには、らせん階段を上りとっておきの隠れ家へ

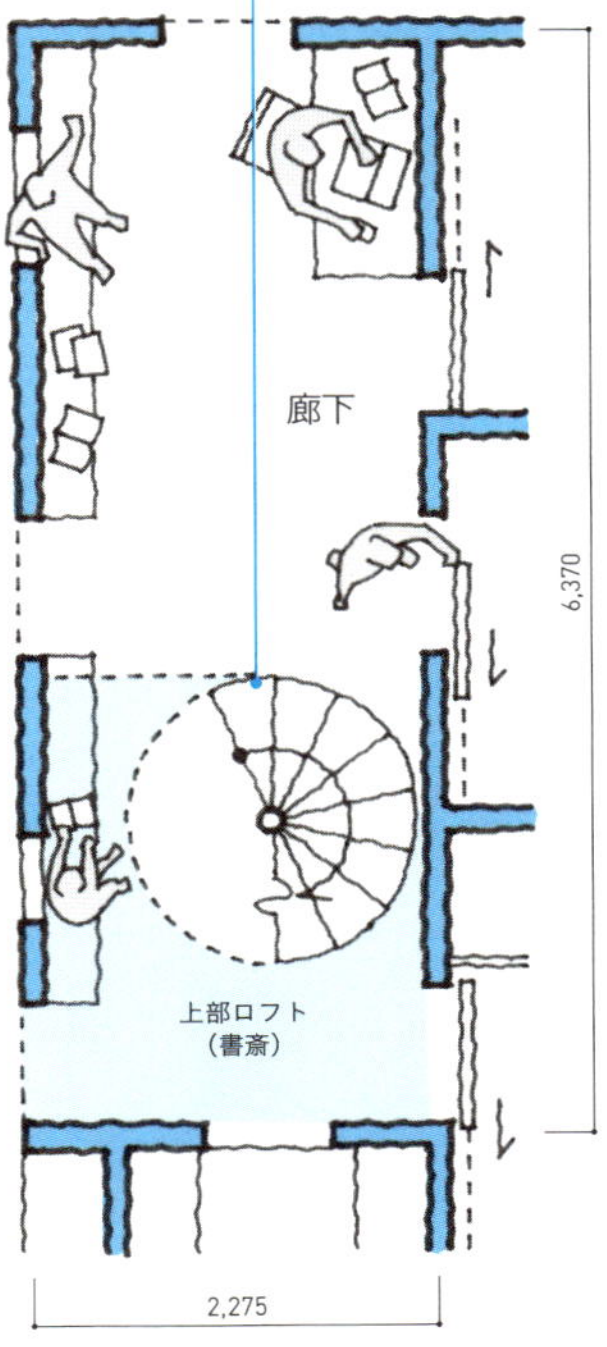

廊下平面図

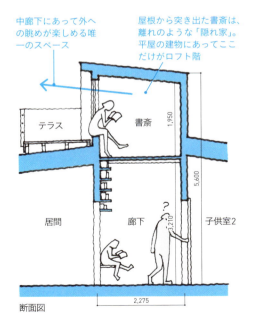

板1枚が階段の意匠を決める

階段の蹴込《けこ》み板は、側桁《がわけた》や踏《ふみ》板《いた》と違い、その多くが荷重を受けていません※。ですので、薄板を使うことも、板そのものを省略することも可能です。

ここで紹介するのは、蹴込み板にアクリル板を使用したささら桁《げた》階段です。アクリル板は乳白色タイプのものを選んで、階段の上下に広がる空間に光を通しています。階段下は洗面脱衣室の洗濯機置き場として有効活用していますが、光る階段のおかげで閉塞感はありません。

階段の主な種類

側桁階段

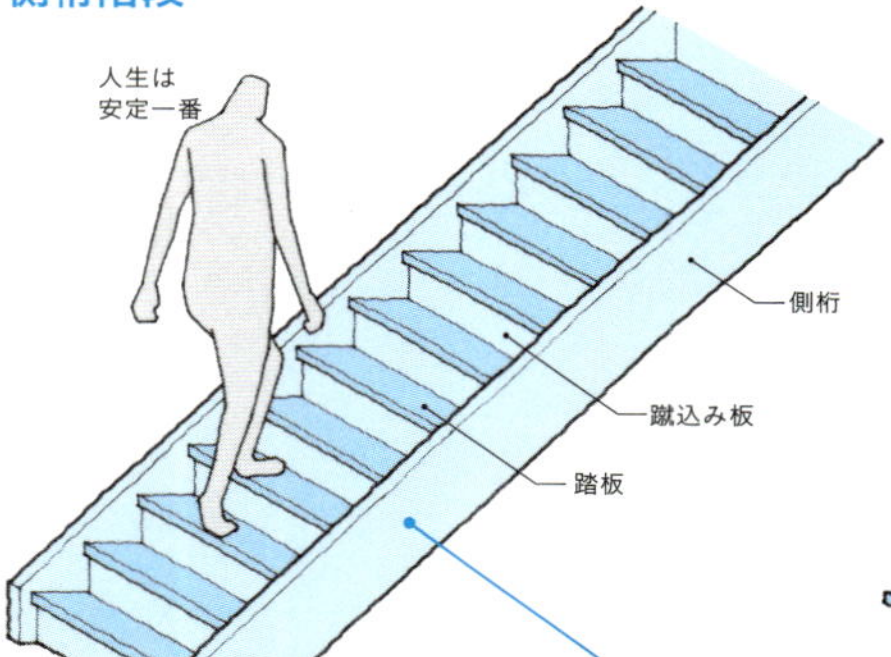
人生は
安定一番
側桁
蹴込み板
踏板

階段の両側の桁（側桁）で段板を受ける階段。蹴込み板を省略することも可

ささら桁階段

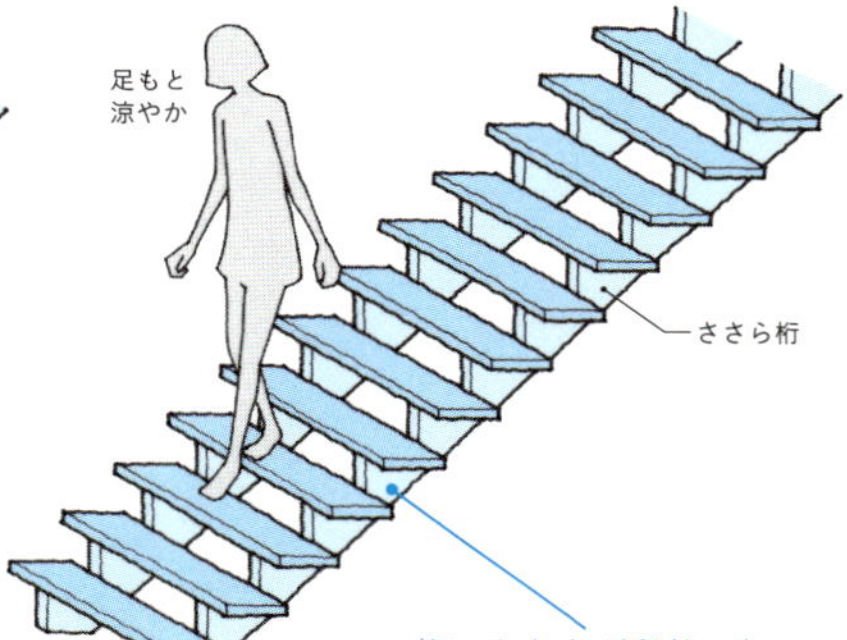
足もと
涼やか
ささら桁

桁のかたちが段状に加工されていて（ささら桁）、その上に踏板を載せる階段

力《ちからげた》桁階段

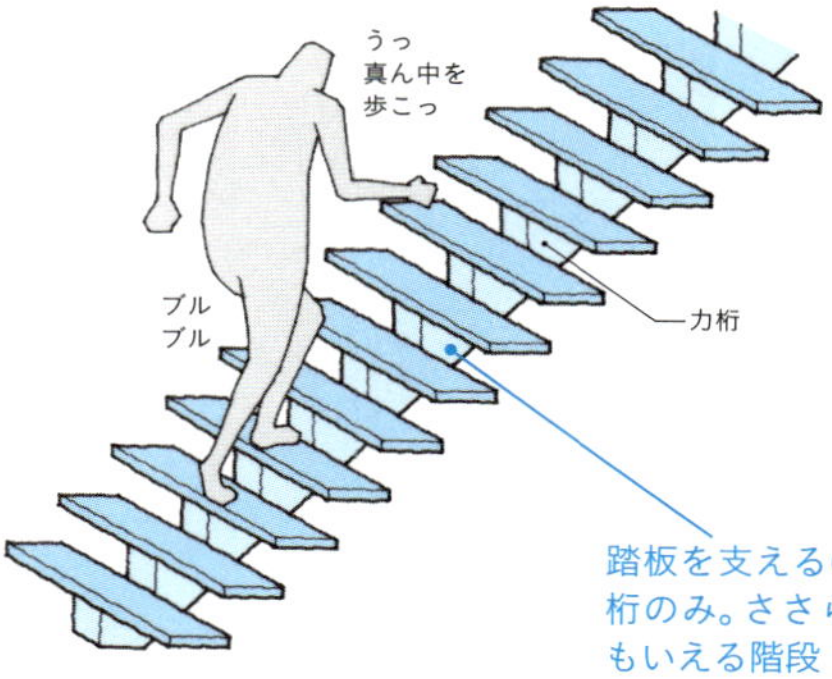
うっ
真ん中を
歩こっ
ブル
ブル
力桁

踏板を支えるのは、1本の太い桁のみ。ささら桁階段の1種ともいえる階段

※：階段の構造・形式によっては、力を受けている蹴込み板もあります

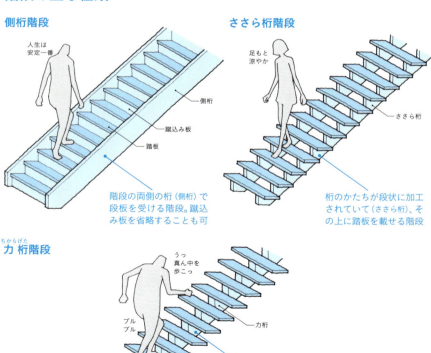

光を通し、視線を遮る蹴込み板

階段室下の洗面脱衣室。ささら桁階段の裏側は天井板を張らず、蹴込み板をアクリル板にすることで、光のやり取りが可能に。

光を通す階段は、正面から見ると階段らしさがなく、光る壁のよう

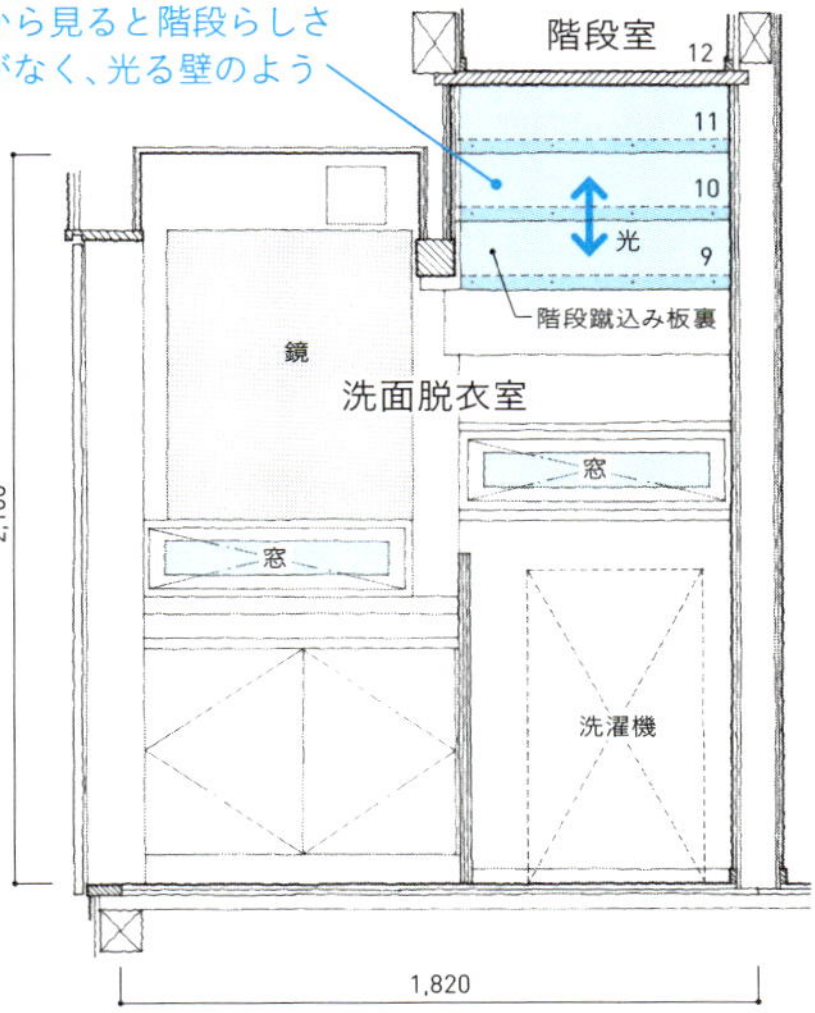

洗面脱衣室　展開図

洗面脱衣室の明かりは階段のフットライトにもなります

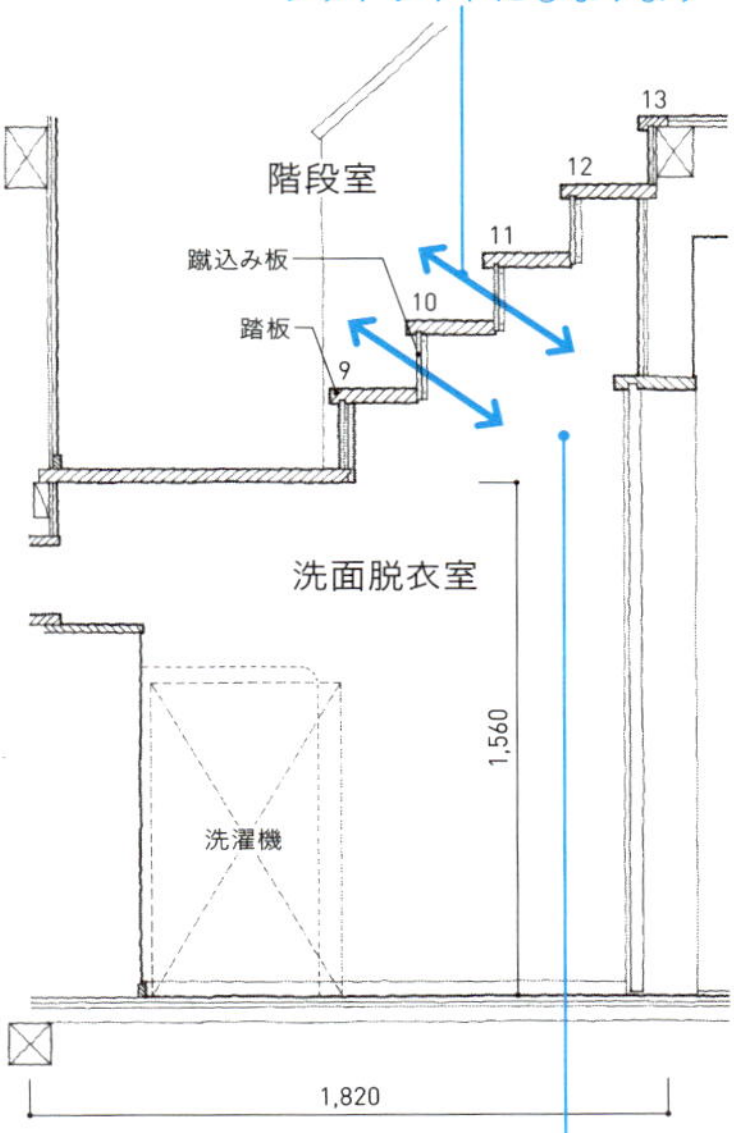

階段室の明かりが洗面脱衣室に漏れてくると、低い天井も気になりません

階段を上る際につま先が当たることもある蹴込み板。外れて落ちたりしないように、裏側に押縁を回しておきます

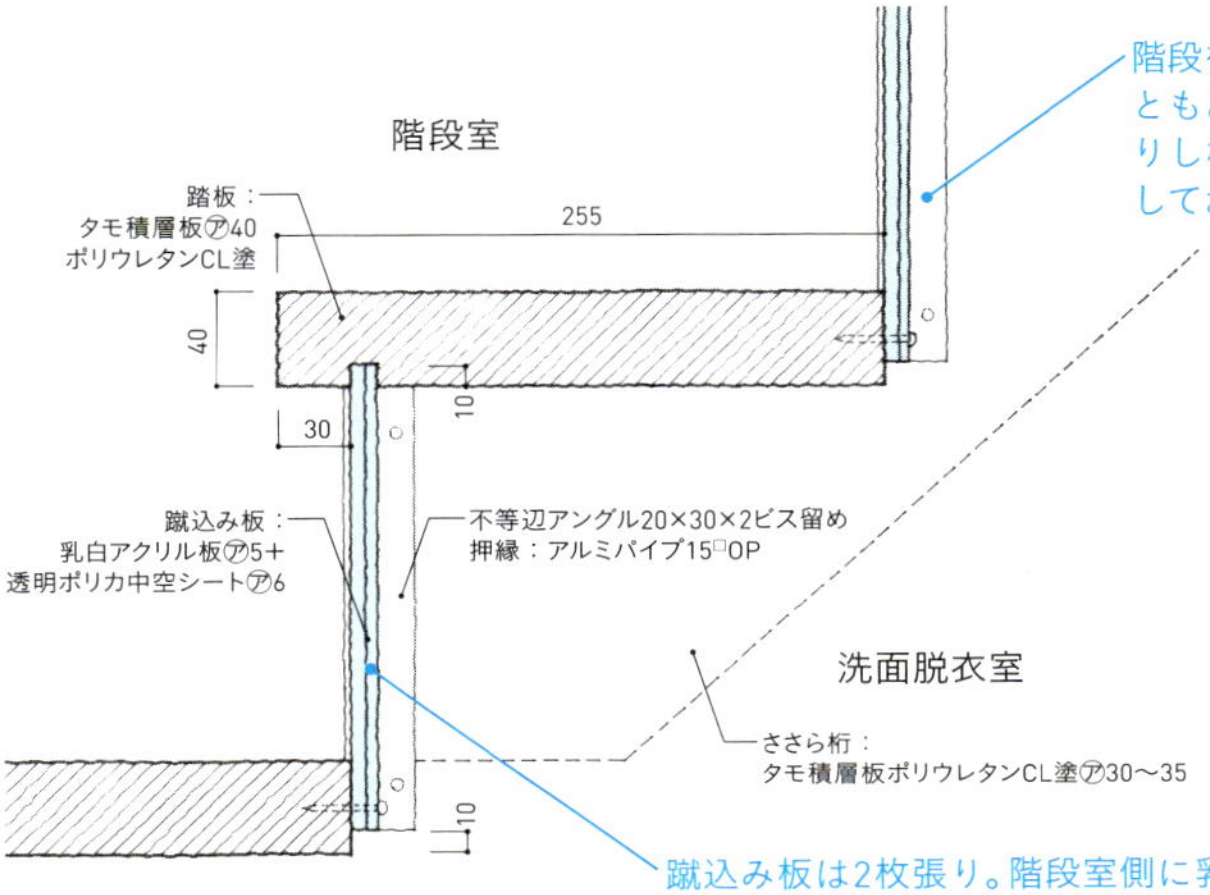

蹴込み板は2枚張り。階段室側に乳白のアクリル板、奥にポリカ*の中空シートとすることで、光が差し込んだとき影が出ず、奥行きが生じます

階段詳細図

＊：ポリカーボネート

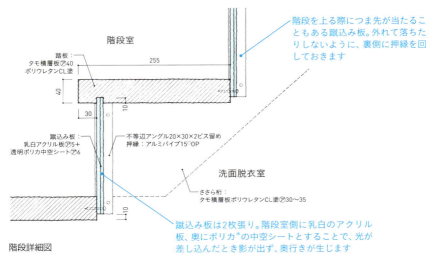

カットT《ティー》で浮遊感のある側桁《がわけた》階段

階段室は上下階をつなぐ吹抜け空間。吹抜けが生む「開放感」を生かすよう、階段を設計したいものです。

ここではカットT（CT鋼）※を使った側桁階段を紹介します。踏《ふみ》板《いた》をカットTに載せることで、蹴《け》込《こ》み板をなくし、側桁と踏板の間にスリットをあけることができます。各所に生まれた隙間は、天窓の光を下階まで届け、視線を通し、空気も動かします。下から見上げた階段の様子からは、浮遊するかのような軽さが感じられます。

透かし階段をもっと透かして

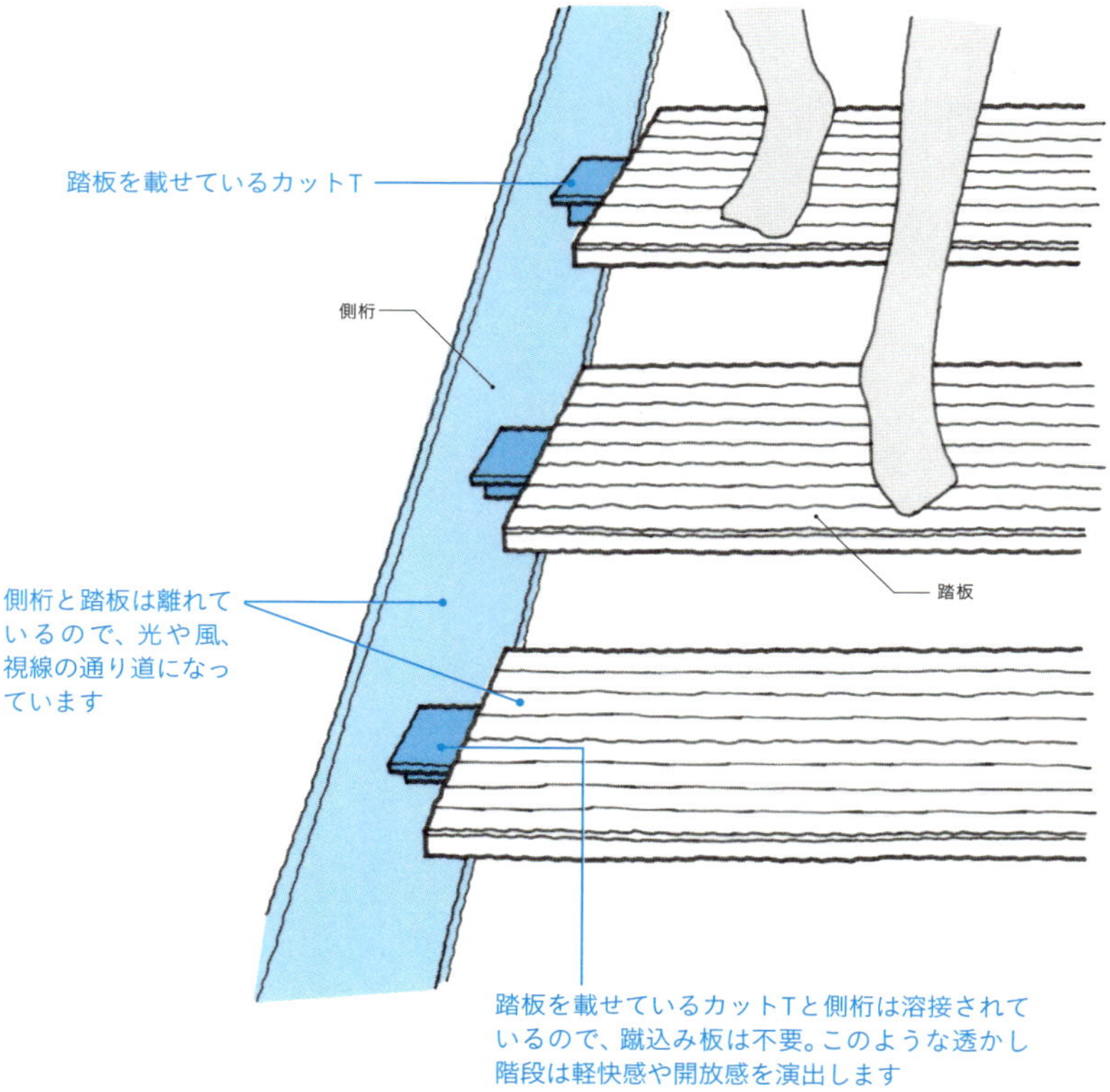
踏板を載せているカットT
側桁
踏板
側桁と踏板は離れているので、光や風、視線の通り道になっています
踏板を載せているカットTと側桁は溶接されているので、蹴込み板は不要。このような透かし階段は軽快感や開放感を演出します

※：CT鋼は、H形鋼のウェブ部分を中央でカットし、T形断面形状にした鋼材。一般にカットTといいます

軽快さと安全性を両立させる

蹴込み板を省略した透かし階段は構造的に弱くなりやすいもの。構造を強固にしつつ、軽快さを失わないようディテールの工夫が必要です。

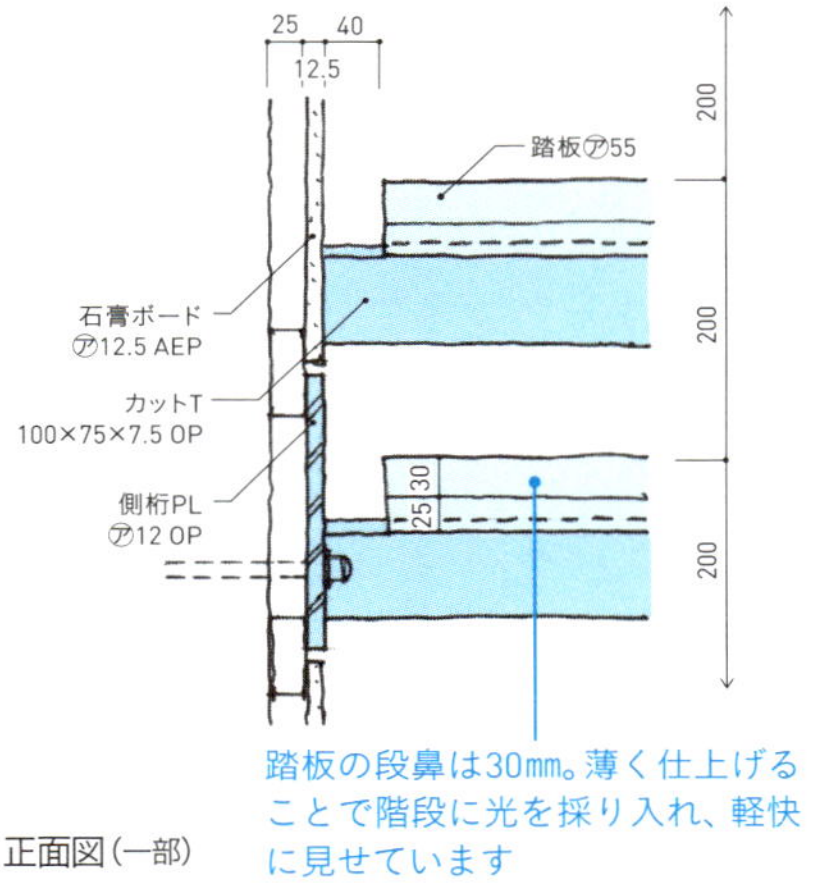

正面図（一部）

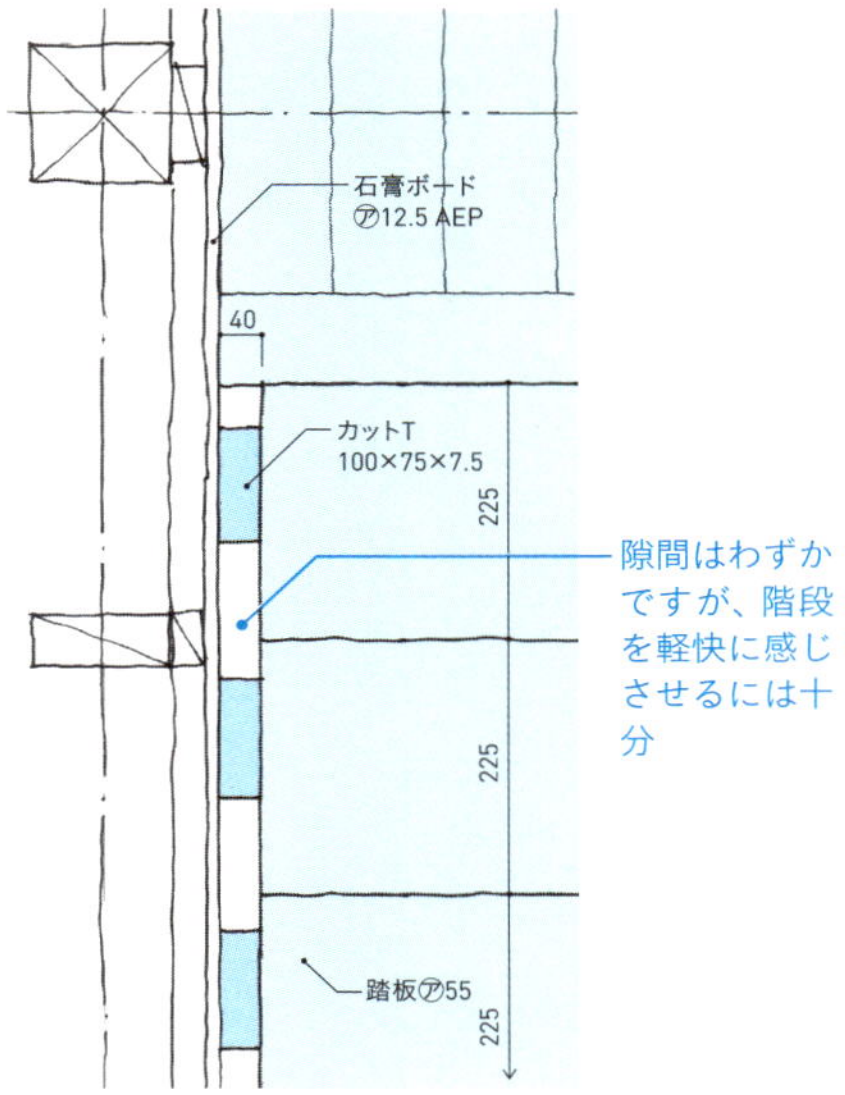

平面図（一部）

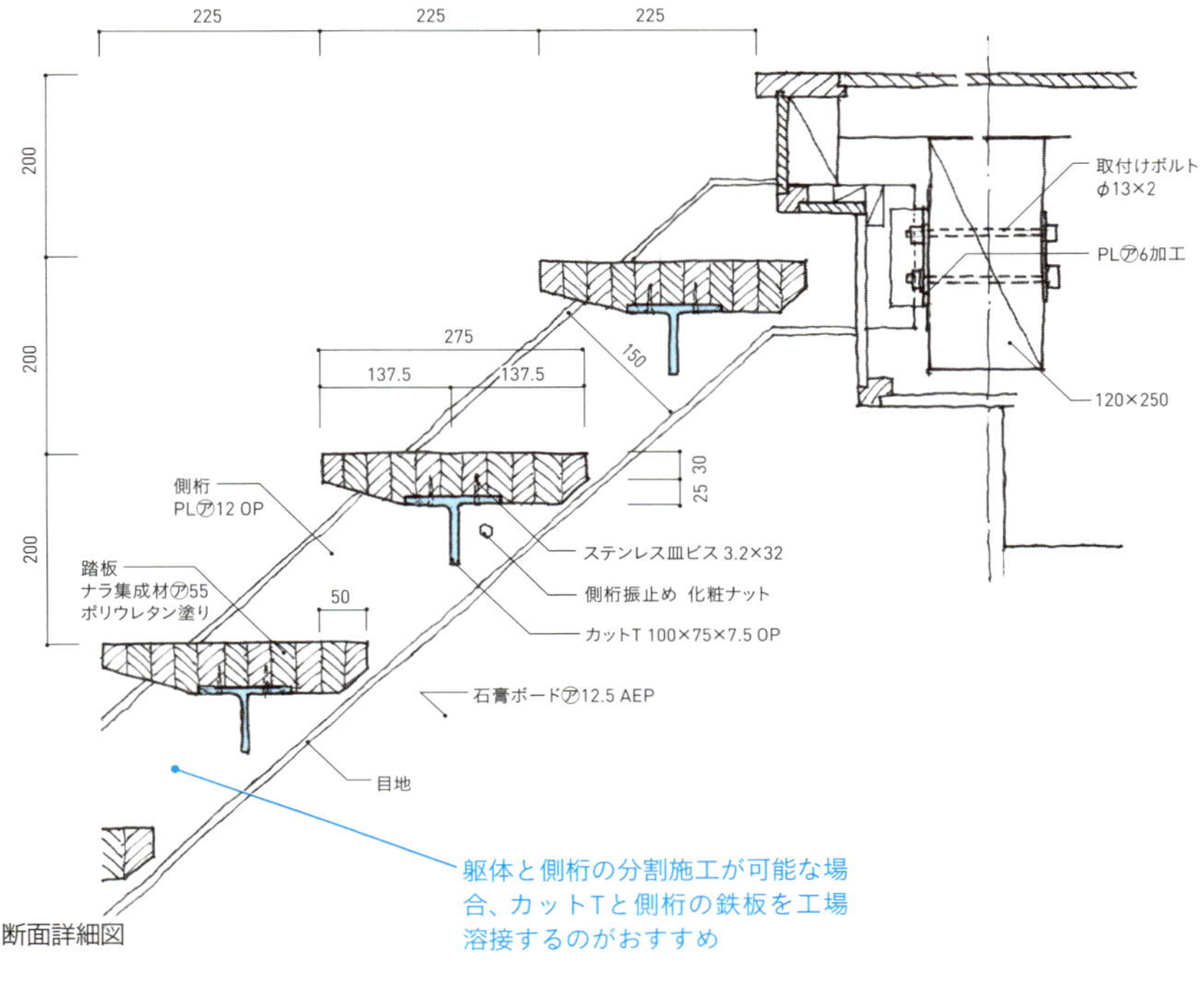

断面詳細図

制約を減らし魅力を添える力桁《ちからげた》階段

住宅の計画は「階段」の位置に大きく左右されるといっても過言ではありません。構造上、壁や柱を必要としない階段であれば、配置の自由度が増し、プランニングもしやすくなります。

たとえば、1本の太い桁（力桁）と踏板からなる「力桁階段」は蹴込み板がなく、ダイナミックかつ開放的。空間の印象を変える力を秘めた階段です。ただし、踏板を力桁だけで支えるので、構造的なバランスが重要です。踏板の片方を壁で支持するとより安定します。

力桁と壁で支える階段

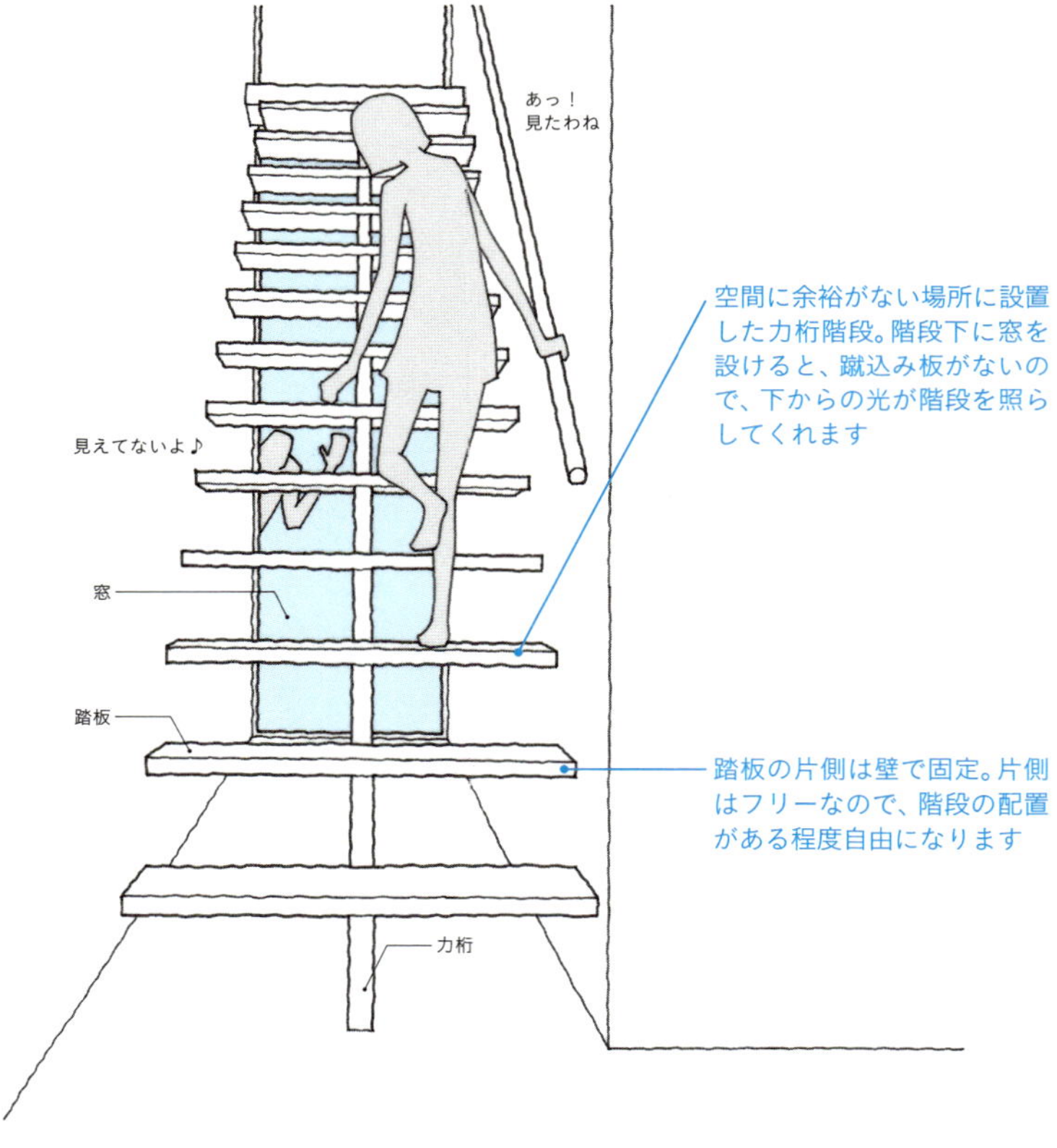
あっ！
見たわね
見えてないよ♪
窓
踏板
力桁
空間に余裕がない場所に設置した力桁階段。階段下に窓を設けると、蹴込み板がないので、下からの光が階段を照らしてくれます
踏板の片側は壁で固定。片側はフリーなので、階段の配置がある程度自由になります

力桁階段は構造的バランスが重要

構造上不安定にならざるを得ない力桁階段。1本の桁で段板を支えるには、構造的なバランスと強度が重要です。

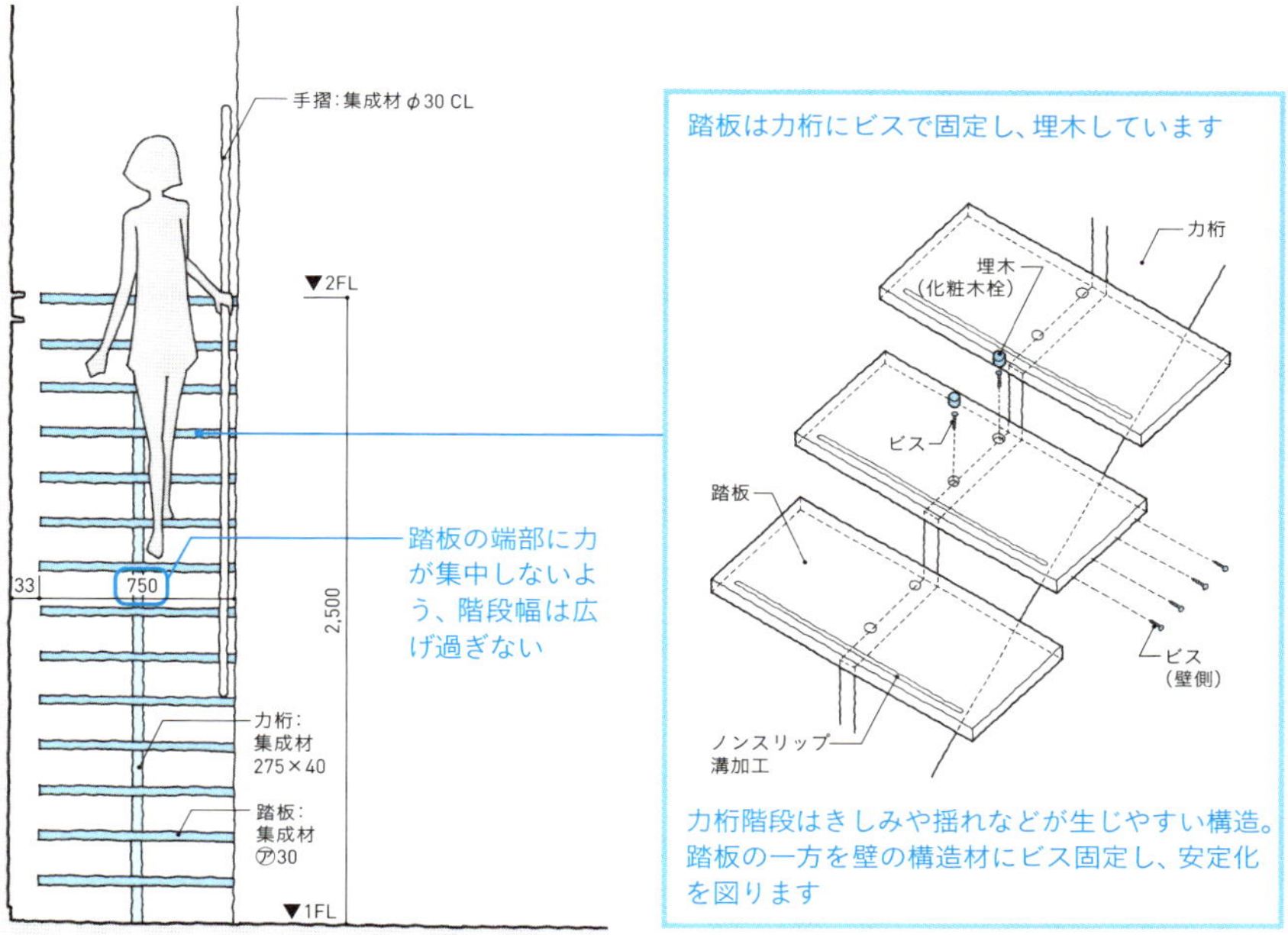

階段正面図

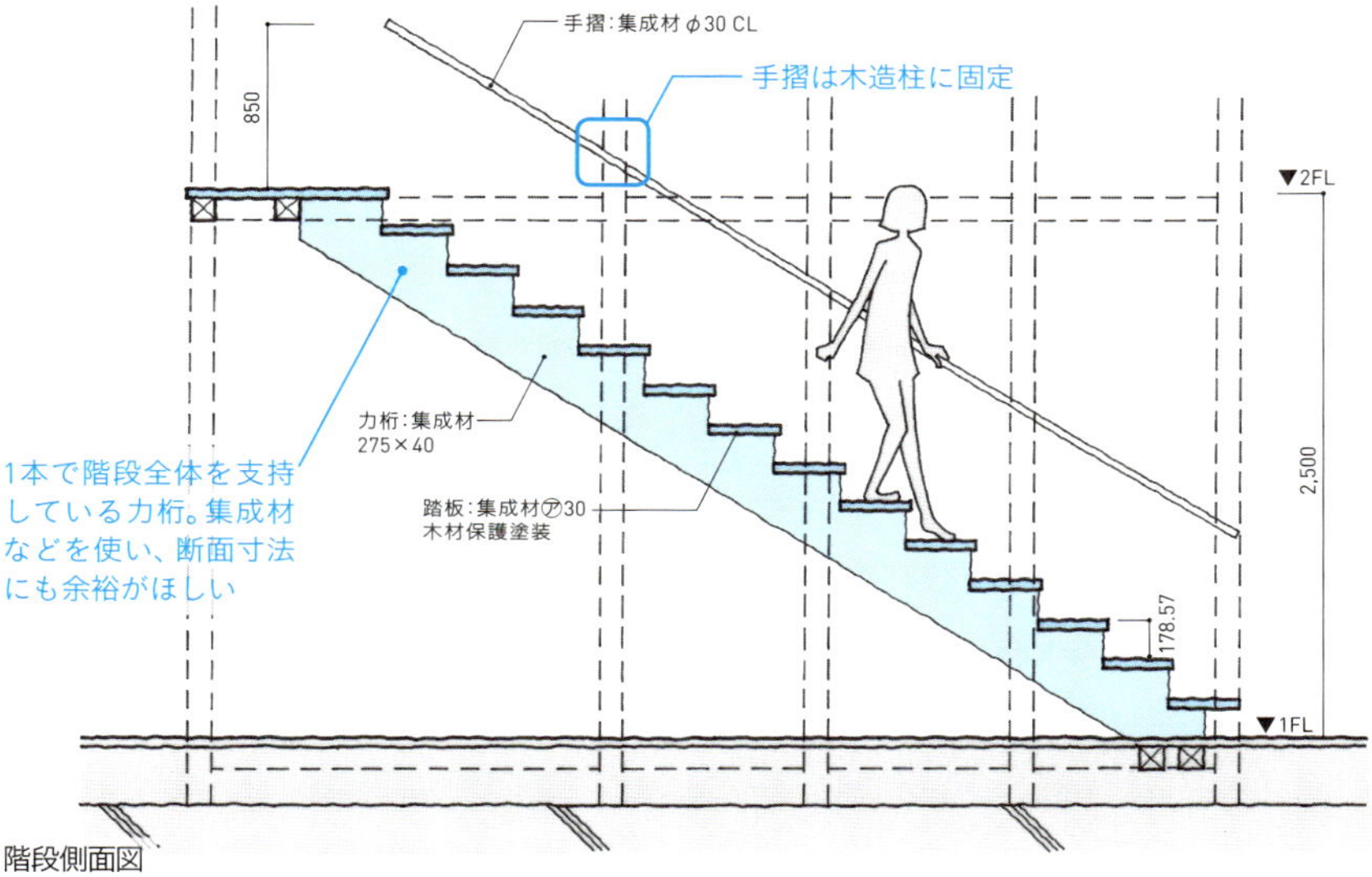

階段側面図

空間に華を添える階段もある

階段はときに空間を分断させ、圧迫します。一方、見せ場となる空間に華を添える、そんな階段も存在します。

ここで紹介する階段は、仕上げ・構造材として木をふんだんに使った住宅に設けたもの。ダイナミックな空間の魅力がさらに増すような、木の透かし階段です。開放感と力強さを兼ね備えています。

幼児がいる住宅で開放的な階段をつくる場合には、落下対策として下部にネットなどを設けることを忘れずに。

空間を際立たせる木製階段

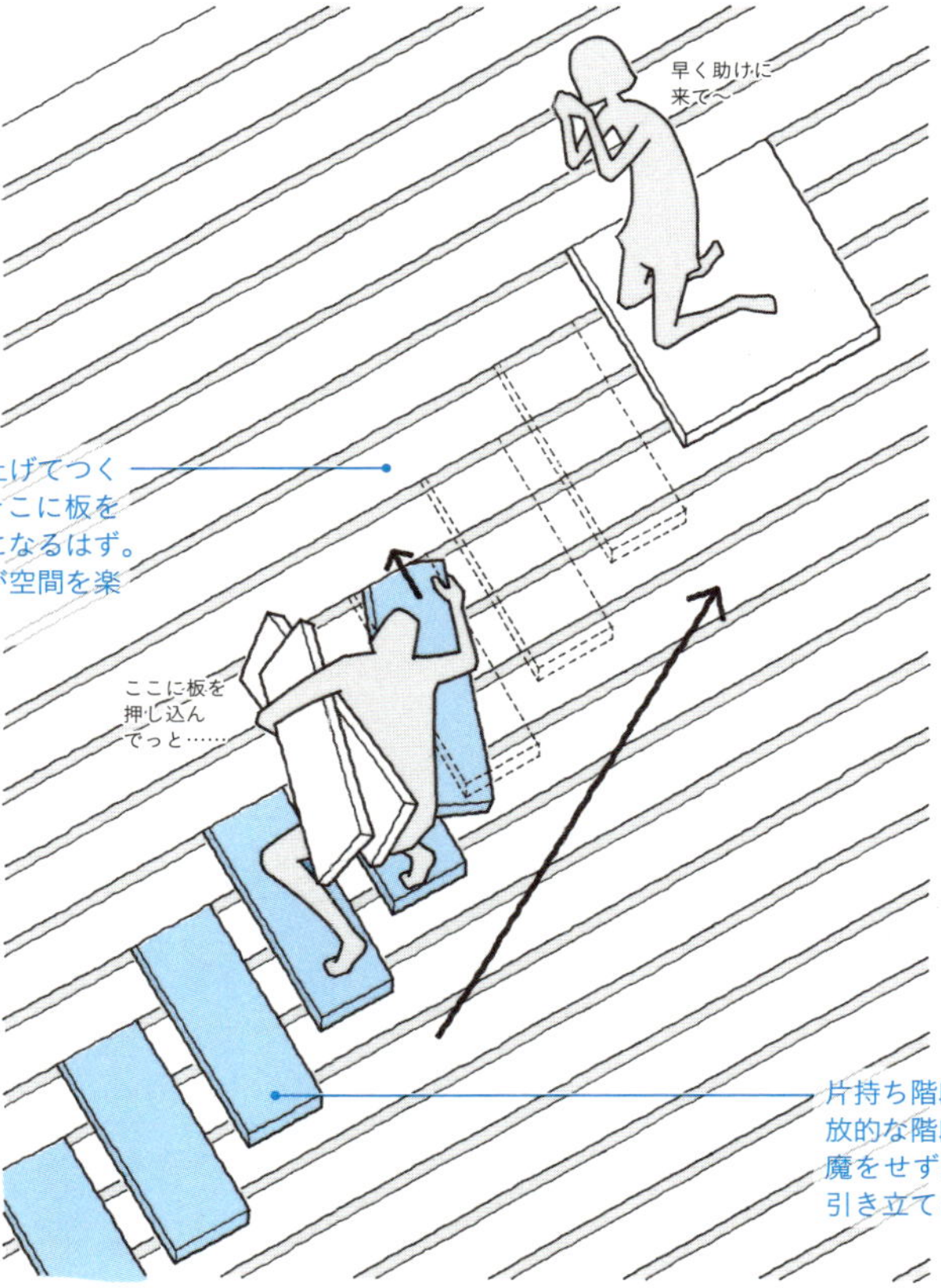
早く助けに来て〜
大小の木を積み上げてつくられた壁なら、そこに板を差し込めば階段になるはず。シンプルな発想が空間を楽しくします
ここに板を押し込んでっと……
片持ち階段のような開放的な階段は空間の邪魔をせず、その魅力を引き立てます

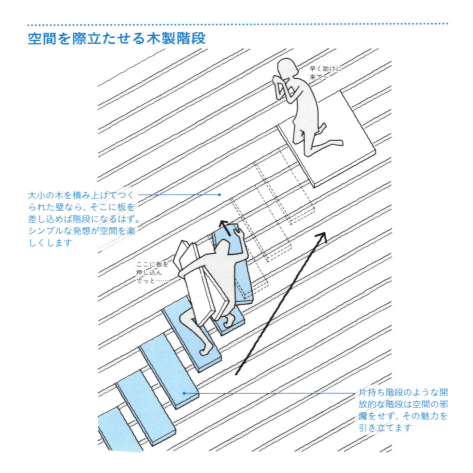

細部に工夫を凝らす

スギの4寸（120㎜）角材と2寸（60㎜）角材を交互に積み上げた「木の壁」で2寸厚の踏板を挟み込んだ階段。踏板の一方は上下階通しの鋼棒で固定しています。

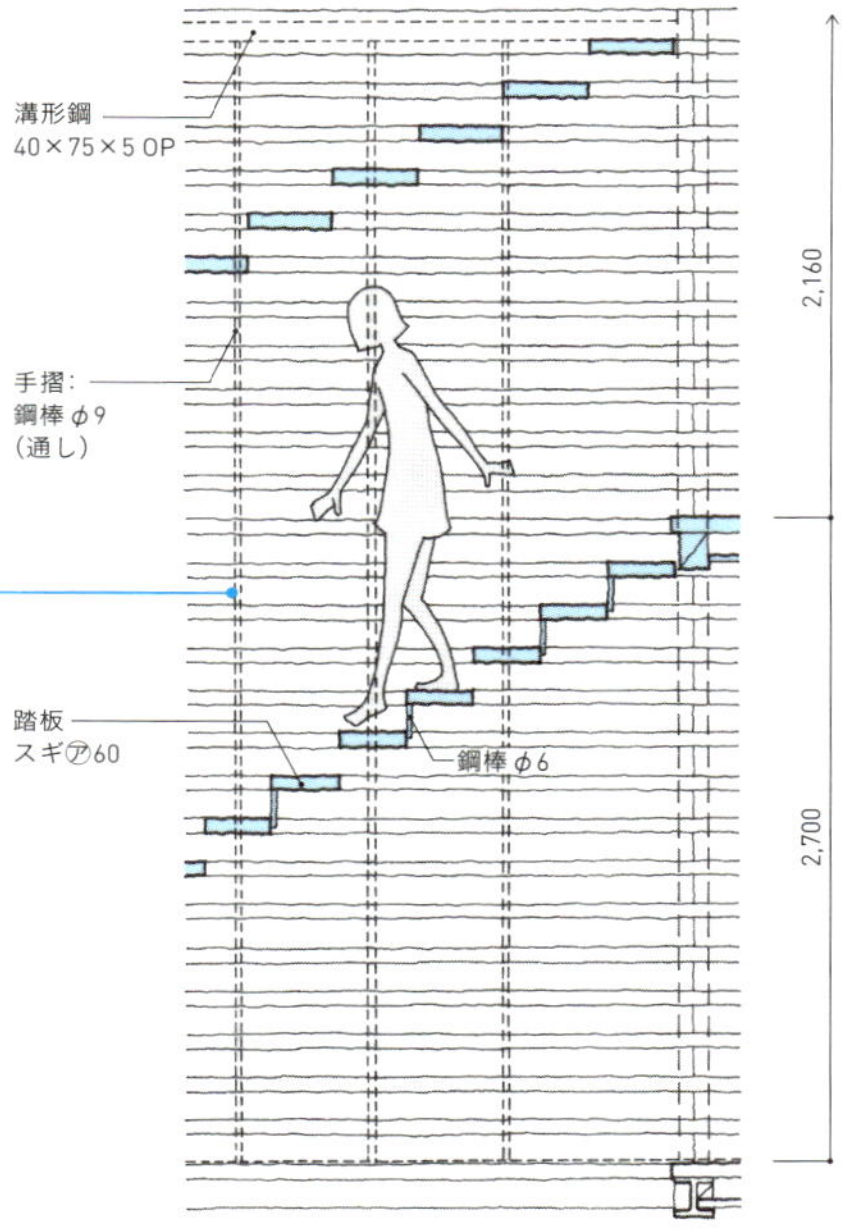

階段側面図

手摺と構造材を兼ねた通しの鋼棒。踏板2枚につき1本ですむのは、短い鋼棒で踏板どうしをつなぎ力を伝えているから

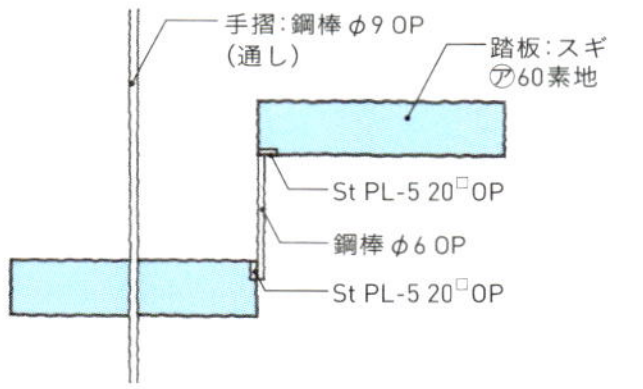

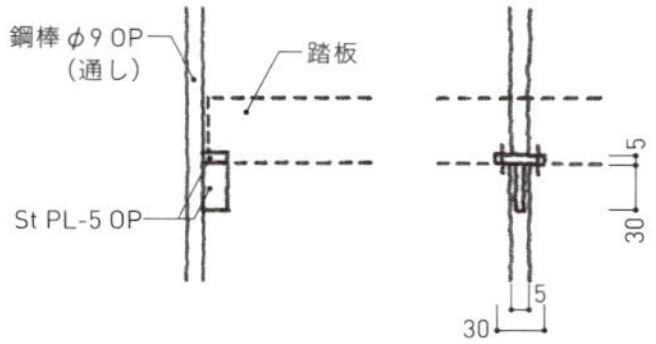

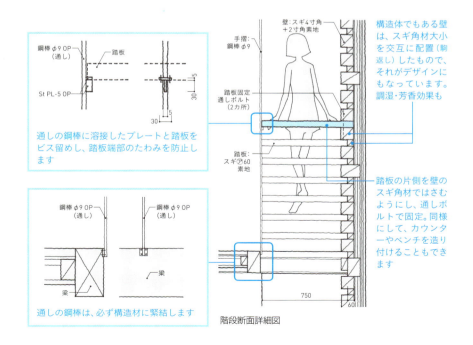

通しの鋼棒に溶接したプレートと踏板をビス留めし、踏板端部のたわみを防止します

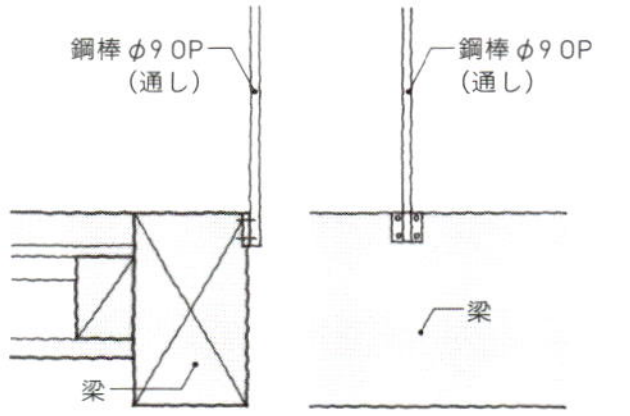

通しの鋼棒は、必ず構造材に緊結します

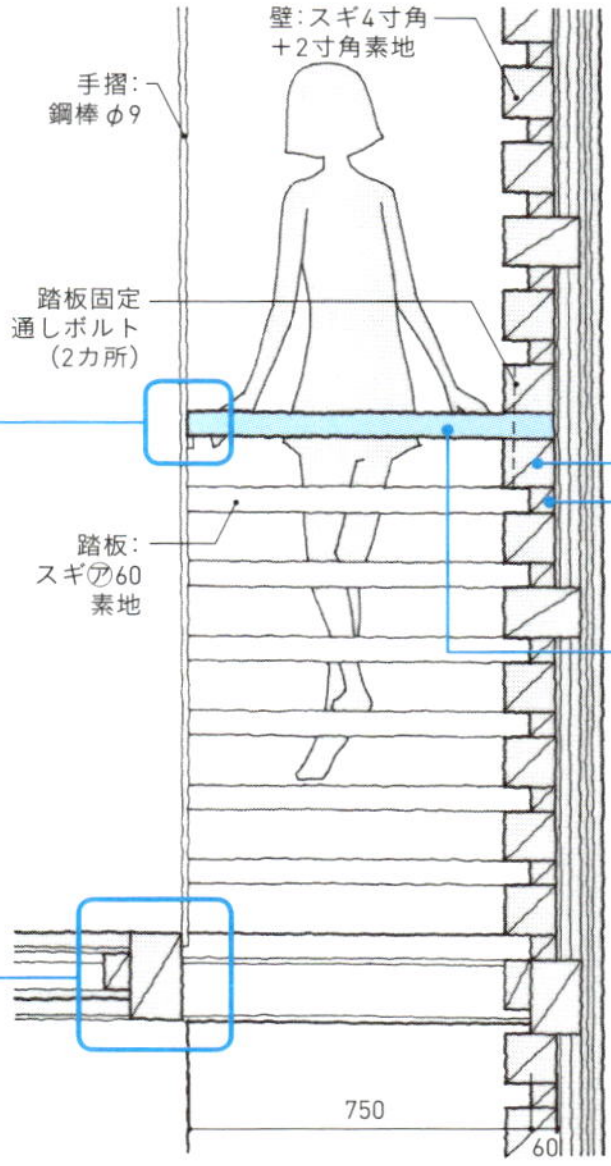

階段断面詳細図

構造体でもある壁は、スギ角材大小を交互に配置（駒返し）したもので、それがデザインにもなっています。調湿・芳香効果も

踏板の片側を壁のスギ角材ではさむようにし、通しボルトで固定。同様にして、カウンターやベンチを造り付けることもできます

旗竿《はたざお》敷地でも光と風を通したい

旗竿状敷地※は、敷地全体の形状が旗竿に似ていることからそう呼ばれています。道路に面しているのは、竿状に長い通路部分だけ。建物を建てるのは主に、ほかの土地・建物に囲まれた旗状部分です。

都市部では特に、通路部分から採光・通風することになります。狭小な敷地なら、通路部分に階段室を設けるのがおすすめ。採光・通風のための空間にできるだけでなく、旗状部分を有効に使うことができます。

旗竿状敷地はこうして生まれた

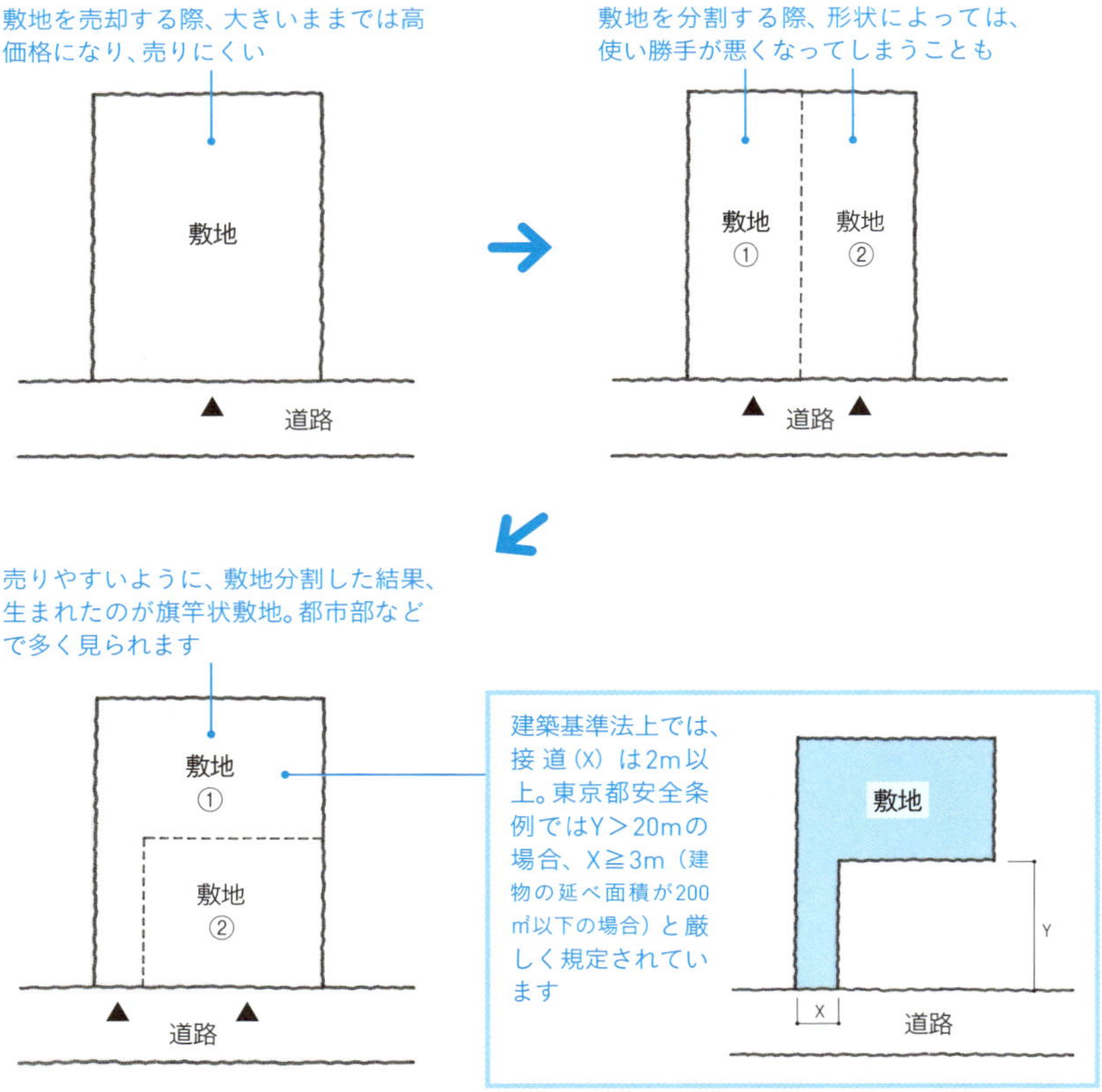

敷地を売却する際、大きいままでは高価格になり、売りにくい
敷地
道路
敷地を分割する際、形状によっては、使い勝手が悪くなってしまうことも
敷地①
敷地②
道路
売りやすいように、敷地分割した結果、生まれたのが旗竿状敷地。都市部などで多く見られます
敷地①
敷地②
道路
建築基準法上では、接道(X)は2m以上。東京都安全条例ではY＞20mの場合、X≧3m(建物の延べ面積が200㎡以下の場合)と厳しく規定されています
敷地
Y
X
道路

※：単に旗竿敷地、旗竿地とも。路地状敷地という場合もあります

狭小な旗竿状敷地は階段室を使え

通路部分に突き出るように設けた階段室は、外装がガラスのカーテンウォール。光や風は、透かし階段を抜け、各部屋へと届けられます。

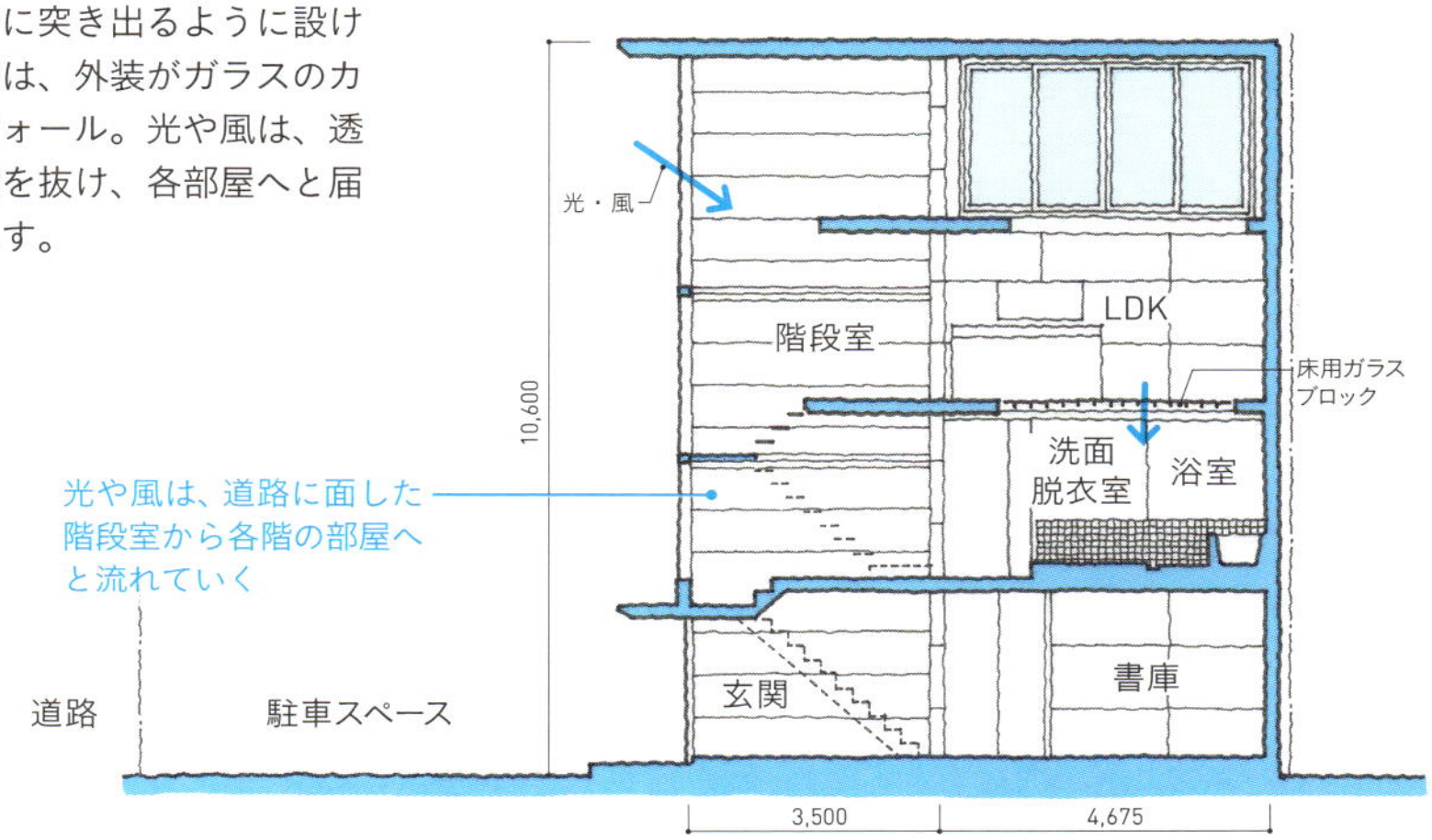
光・風
階段室
LDK
床用ガラスブロック
洗面脱衣室
浴室
光や風は、道路に面した階段室から各階の部屋へと流れていく
玄関
書庫
道路
駐車スペース
10,600
3,500
4,675

断面図

蹴込み板をなくした踏板のみの階段は、採光と通風を促します。鉄板の踏板は22㎜という薄さ

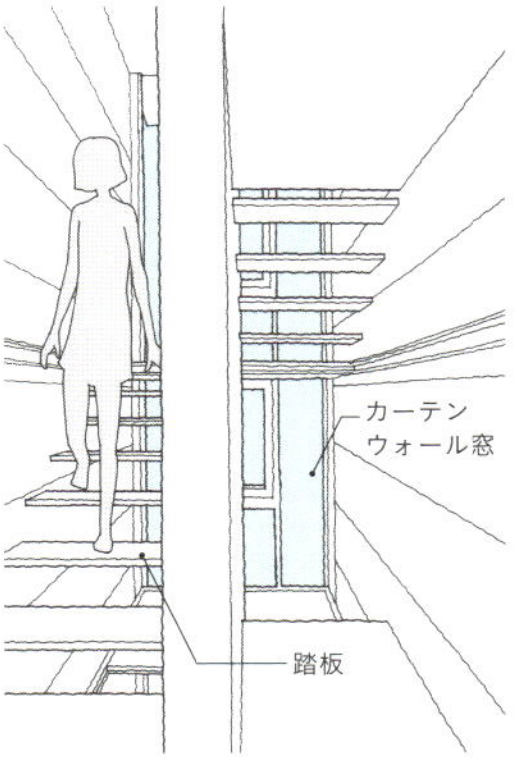
カーテンウォール窓
踏板

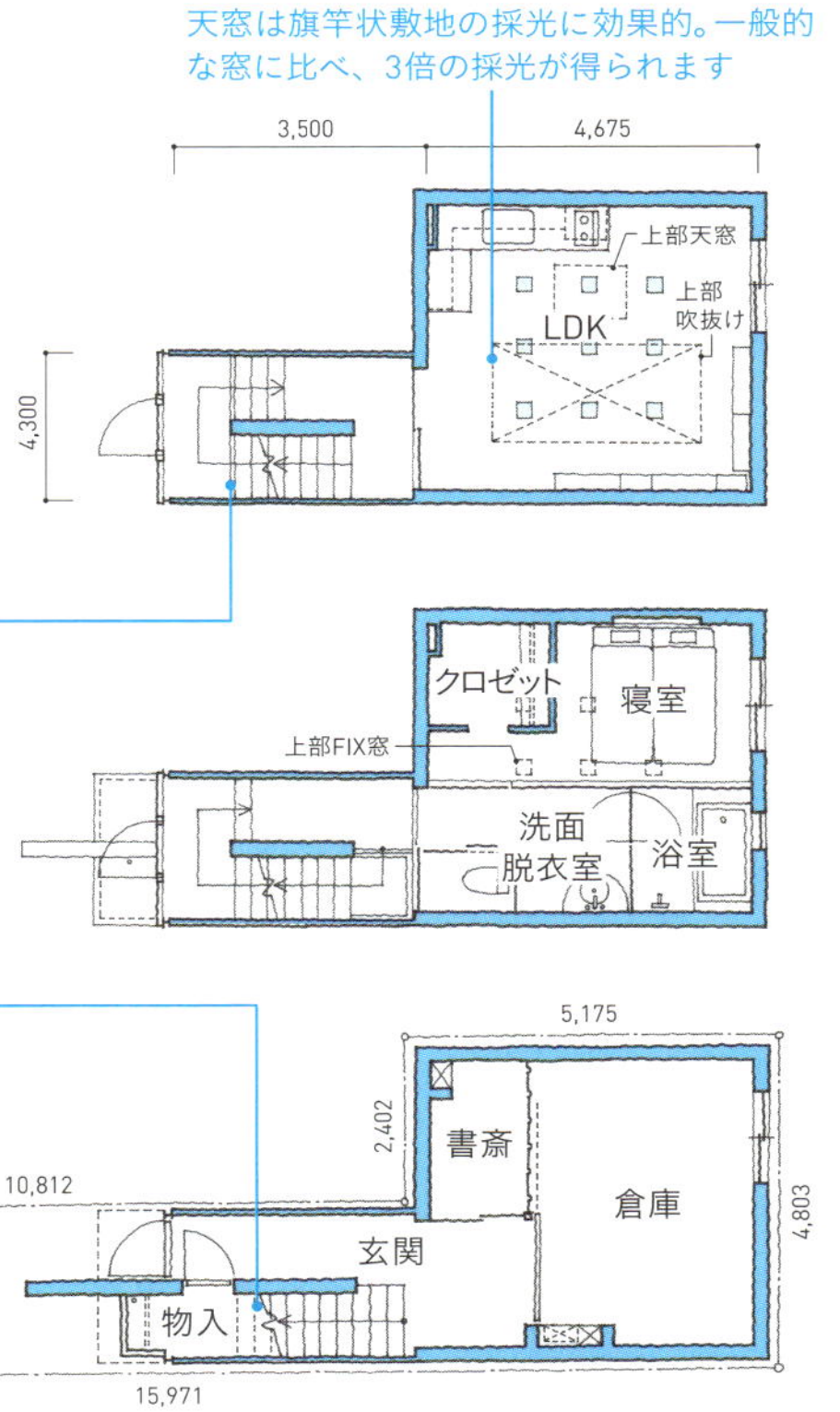
天窓は旗竿状敷地の採光に効果的。一般的な窓に比べ、3倍の採光が得られます
3,500
4,675
上部天窓
上部吹抜け
LDK
4,300
クロゼット
寝室
上部FIX窓
洗面脱衣室
浴室
旗竿敷地の通路部分に設けた階段室。道路に面したスチール枠のガラスカーテンウォールから最大限に採光を採り入れます
5,175
2,402
書斎
10,812
倉庫
4,803
玄関
道路
2,401
駐車スペース
物入
15,971

平面図（下から1～3階）

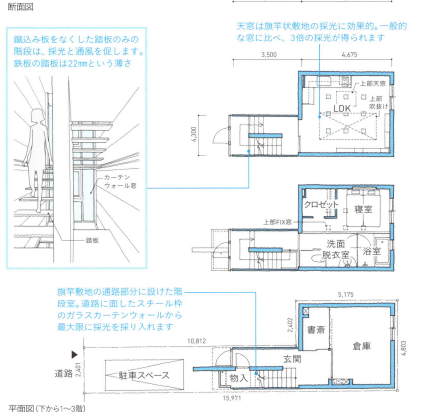

COLUMN 1

大きな建物も小さなジョイントから

建築の材料といえば木やコンクリート、それに金属、ガラスなど……。材料を加工して部材をつくり、それらをつなぎ合わせることで住宅はつくられます。

部材をどうつなぎ合わせるか、つまり「ジョイント（接合部）」の納まりを考えるのが設計者です。納まりは機能性や見た目はもちろん、使い心地を含めてリアルに検討する必要があります。ここが設計者の腕の見せどころでもあるのです。家全体からするとジョイントはとても小さい部分ですが、住宅の性能に大きくかかわります。ジョイントの納まり1つで生活に新たな利便性と美しさがもたらされることもあるのです。

建具や家具の引出しなどのように動きを伴うジョイントは、よい納まりであることはもちろん、材質の吟味から取付けに至るまで正確に行うことで耐久性も兼ね備えた100％の性能を発揮します。ジョイントを設計する際には、つなぎ合う素材の特性を知り、裏方的に使われる部材（建築金物など）についても性能をしっかり把握しておくことが大切です。

2章

居心地のよい部屋づくり

ここでは、居間・食堂をはじめ、寝室・子供室や和室など一般的に部屋といわれる場所を取り上げます。長時間滞在する「部屋」だからこそ、居心地のよさにこだわりたい。建具1枚、部材1つまで気を抜けません。

吹抜けで団らんが縦につながる

上下をつなぐ吹抜けは居間に設けるのがおすすめです。空間が立体的に使え、豊かになります。上部にハイサイドライト[※1]があれば、光の移り変わりを楽しめ、効率的な換気[※2]も期待できます。

吹抜けは上下階の人々を結ぶこともできます。上階に開口を設ければ、上下階の部屋どうしが吹抜けを介して緩やかにつながります。引戸や折戸を設置しておけば、つながり度合いも自由にコントロールできます。

吹抜けに向かって開く窓

居間の吹抜け。見上げてもただ大きい壁が広がるだけ……
?
?
いったいどこに
行っちゃったん
だろう……

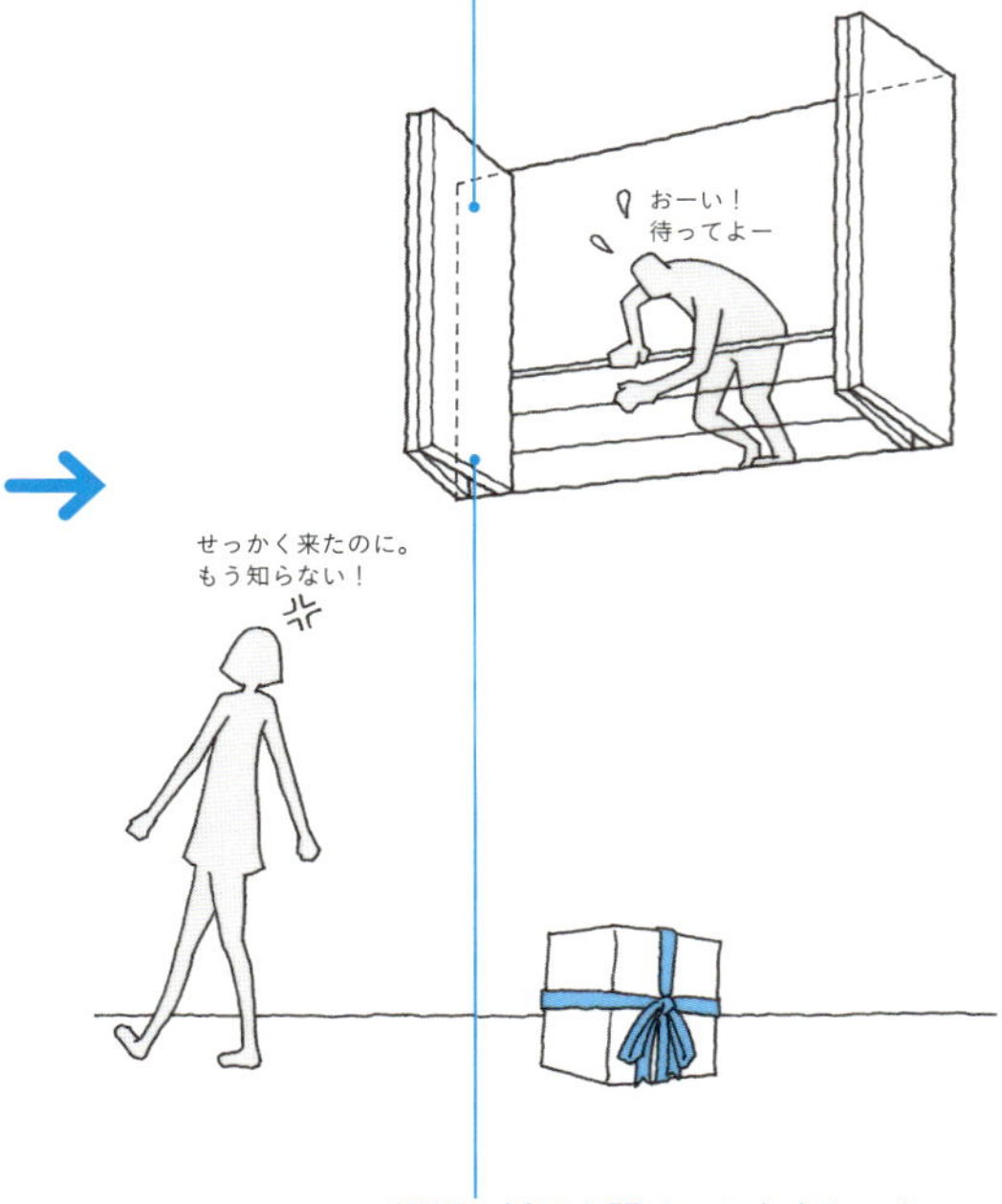
吹抜けに面して開口を設ければ、吹抜けを介して居間とつながります
おーい！
待ってよー
せっかく来たのに。
もう知らない！
昼間は折戸を開けておきましょう。2階の個室を居間の延長として利用、夜間は閉めて寝室として使います

※1：壁の高い位置に設けた窓。高窓
※2：上下の空気に温度差ができることで換気が促されます（重力換気、温度差換気）

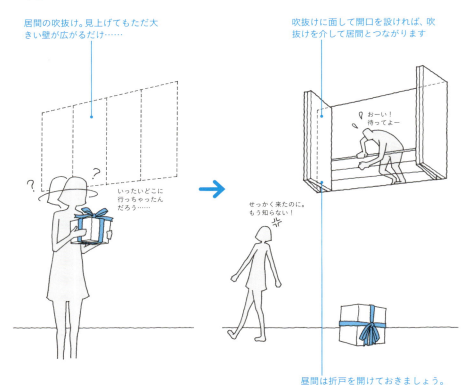

大きな建具と手摺壁の組合わせ

吹抜け上部に面する部屋に開口を設ける場合、手摺壁が必須です。建具と合わせて納まりを検討します。

扉を天井いっぱいの高さでつくる場合、天井の仕上げ材がたわむことを考慮し、10〜20mmのクリアランスを確保します

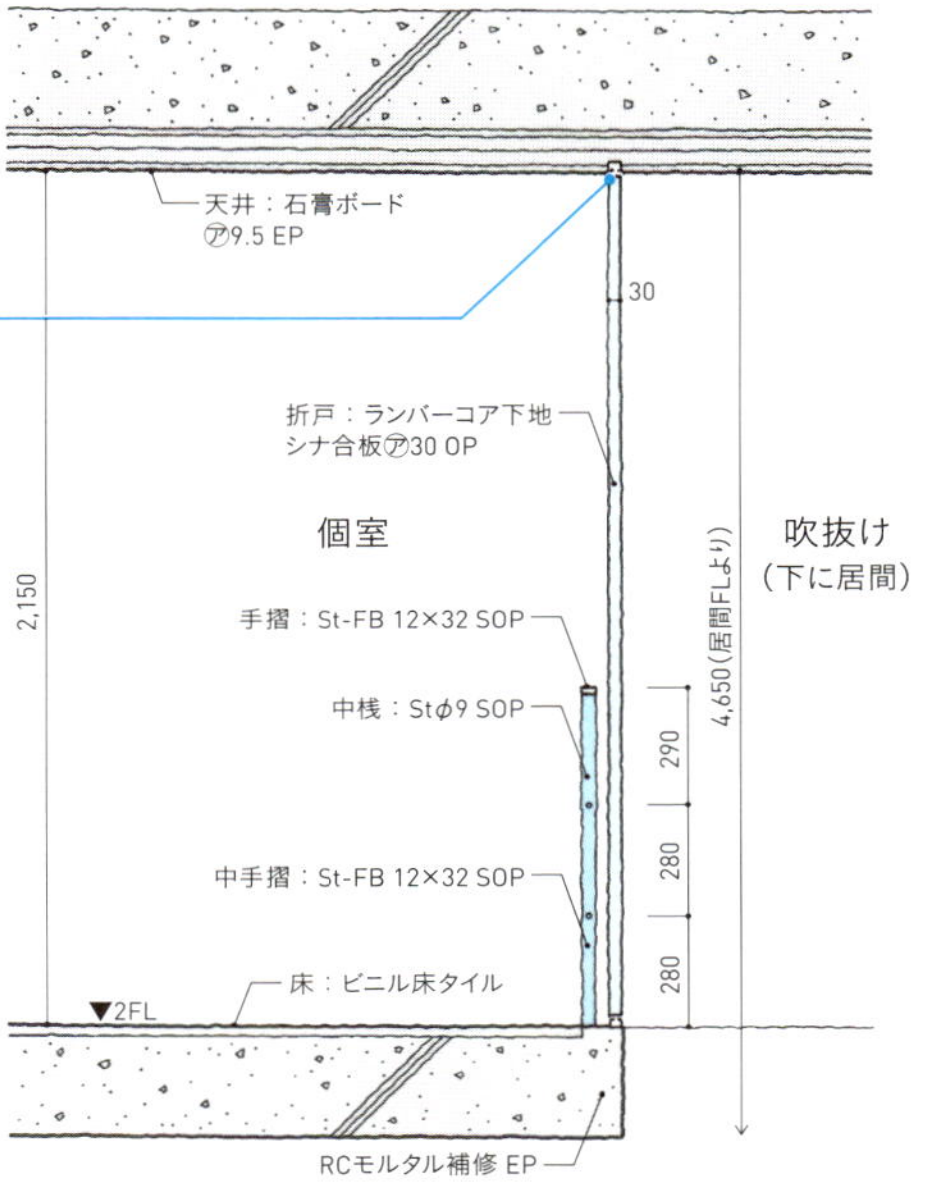

吹抜け開口断面図

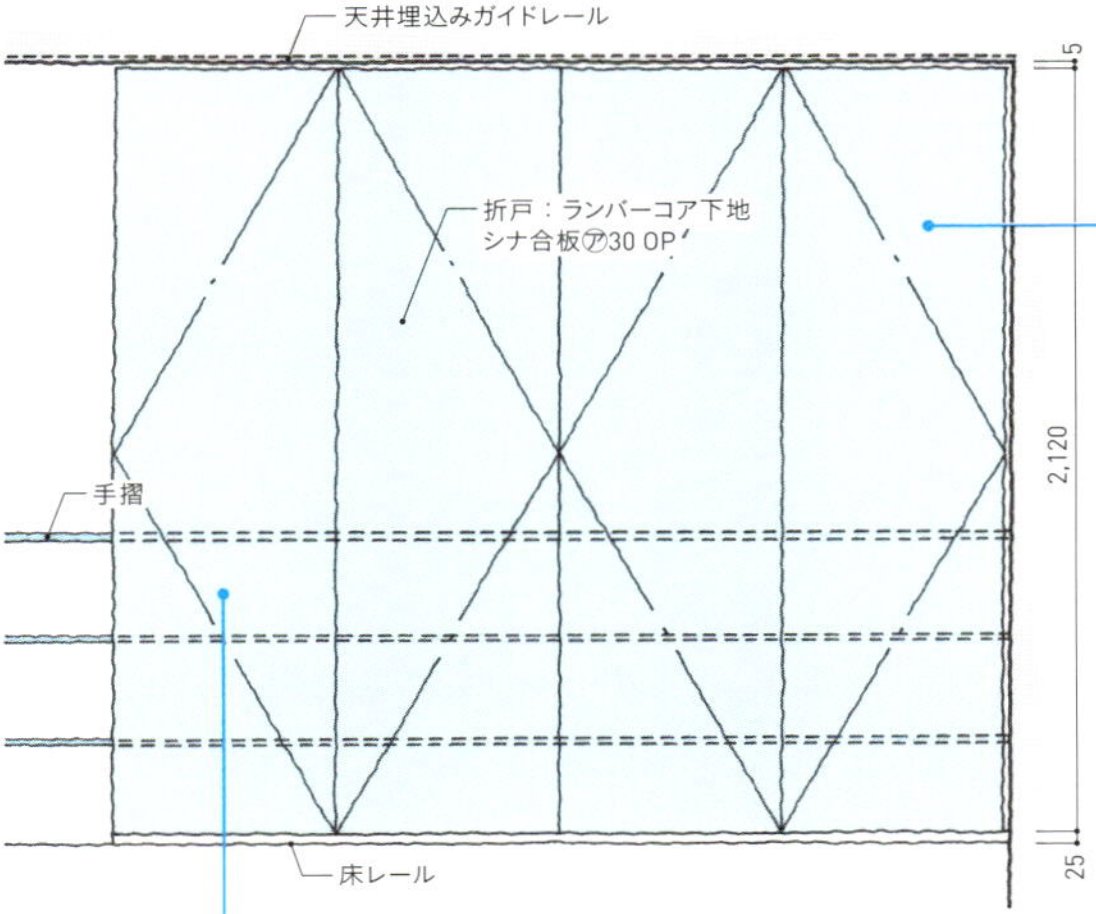

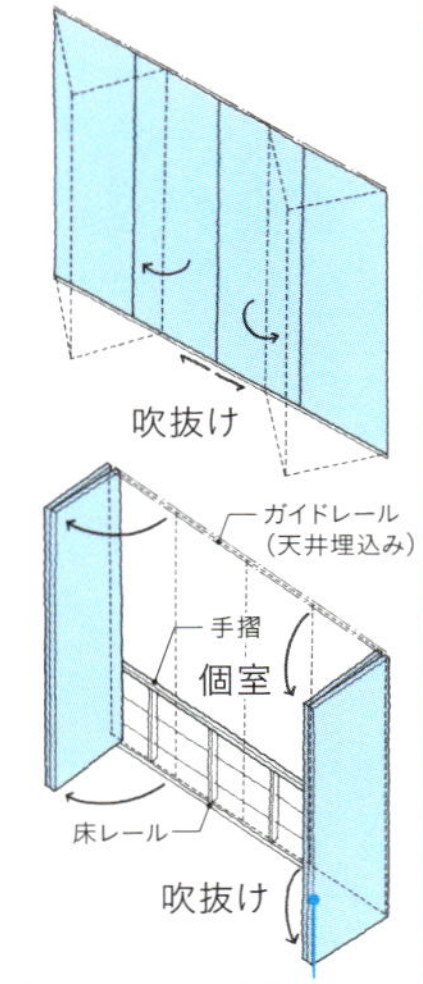

折戸の軌跡が照器器具に当たらないことを確認しておきます。ダウンライトの場合も、照明器具の枠の出があるので要注意

吹抜け開口正面図

支障なく折戸を畳めるように、引手金物は埋込み式の薄いものを選び、個室側の建具中央に取り付けます

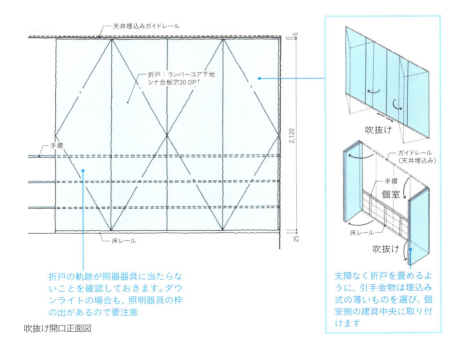

暖炉のある居間がほしい！

暖炉は木造住宅にも設置することが可能です。製品化された暖炉ユニットもありますが、耐火・耐震上の配慮は必須です。点検口なども必要になるので、事前にカタログなどで確認しておきましょう。

薪ストーブと違い、暖炉は壁面に造り付けるため、部屋のインテリアに調和させやすいのが特徴です。埋込み型にすれば、表に出る凸凹も最小限ですむので、すっきりした印象になり、掃除も比較的容易です。

暖炉と薪ストーブはどう違う？

建築に溶け込む暖炉

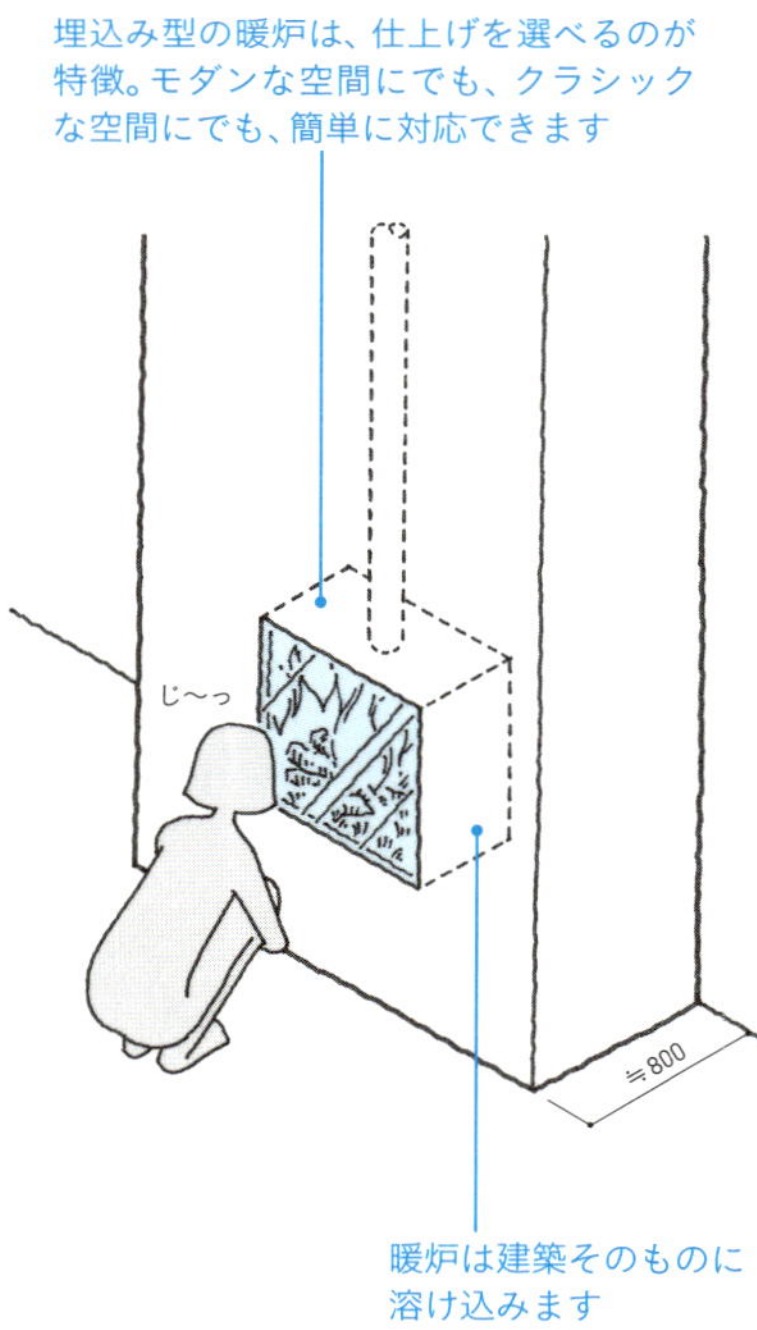
埋込み型の暖炉は、仕上げを選べるのが特徴。モダンな空間にでも、クラシックな空間にでも、簡単に対応できます
じ～っ
≒800
暖炉は建築そのものに溶け込みます

本体が見える薪ストーブ

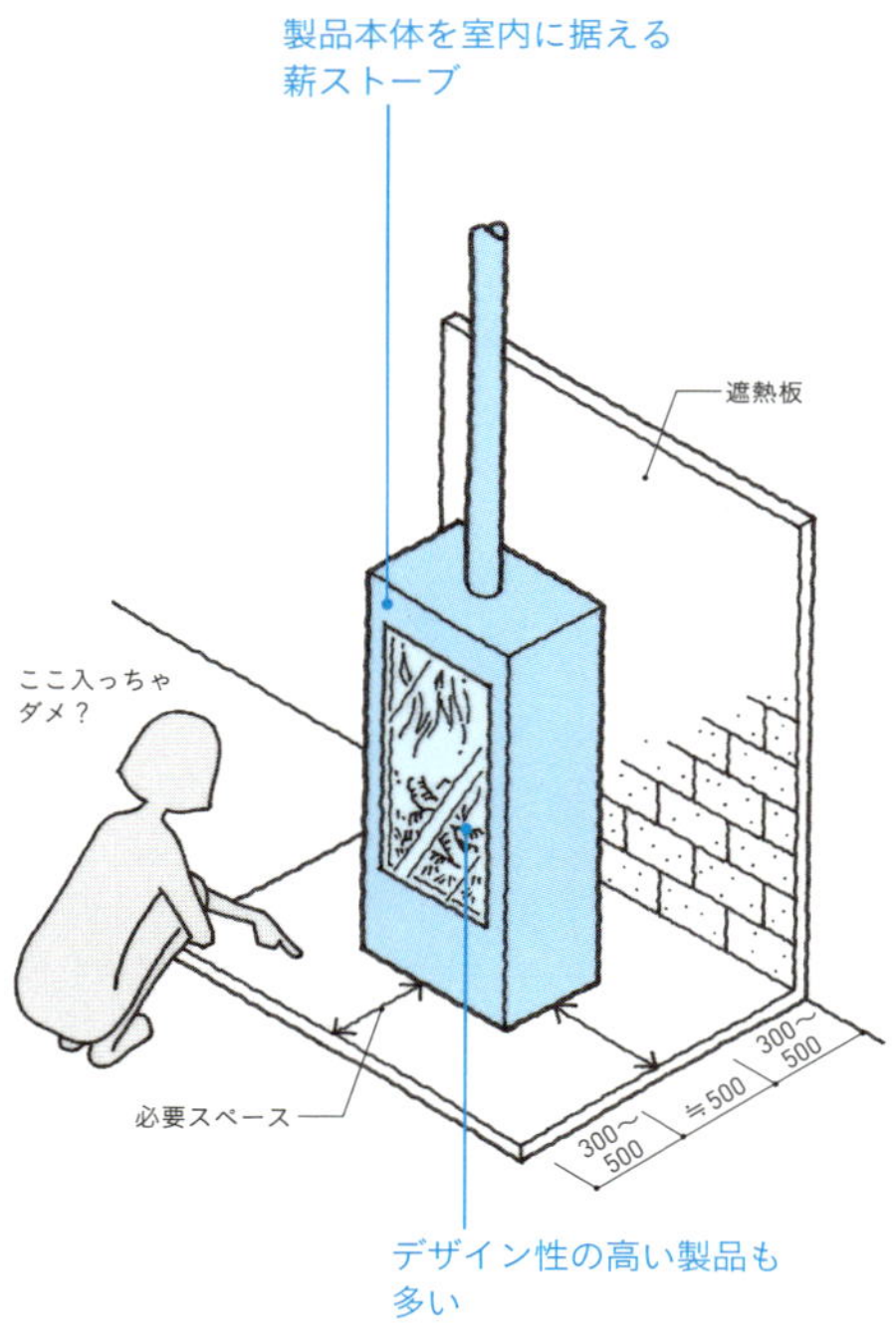
製品本体を室内に据える薪ストーブ
遮熱板
ここ入っちゃダメ？
必要スペース
300～500
≒500
300～500
デザイン性の高い製品も多い

安全第一！　耐火・耐震上のポイント

居間の見せ場となる暖炉。暖炉ユニットはコンクリート基礎に設置し、4周をコンクリートブロックなどで区画して安全を確保します。

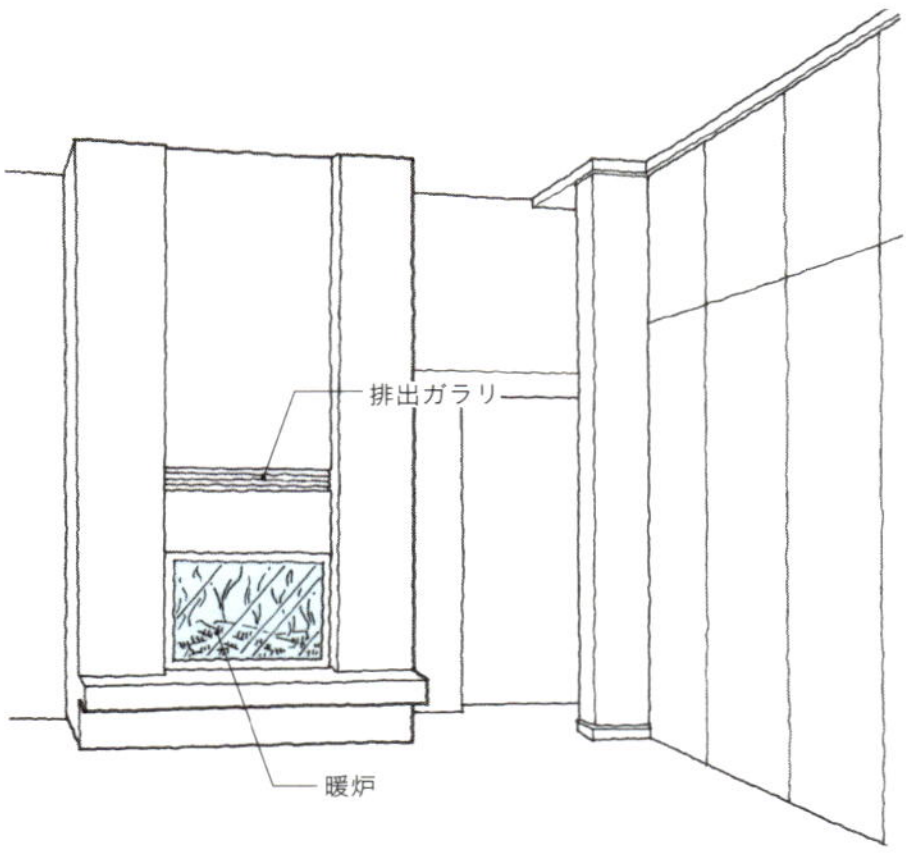
排出ガラリ
暖炉

暖炉や薪ストーブの設置は、建築基準法や消防法などの制約を受けます*

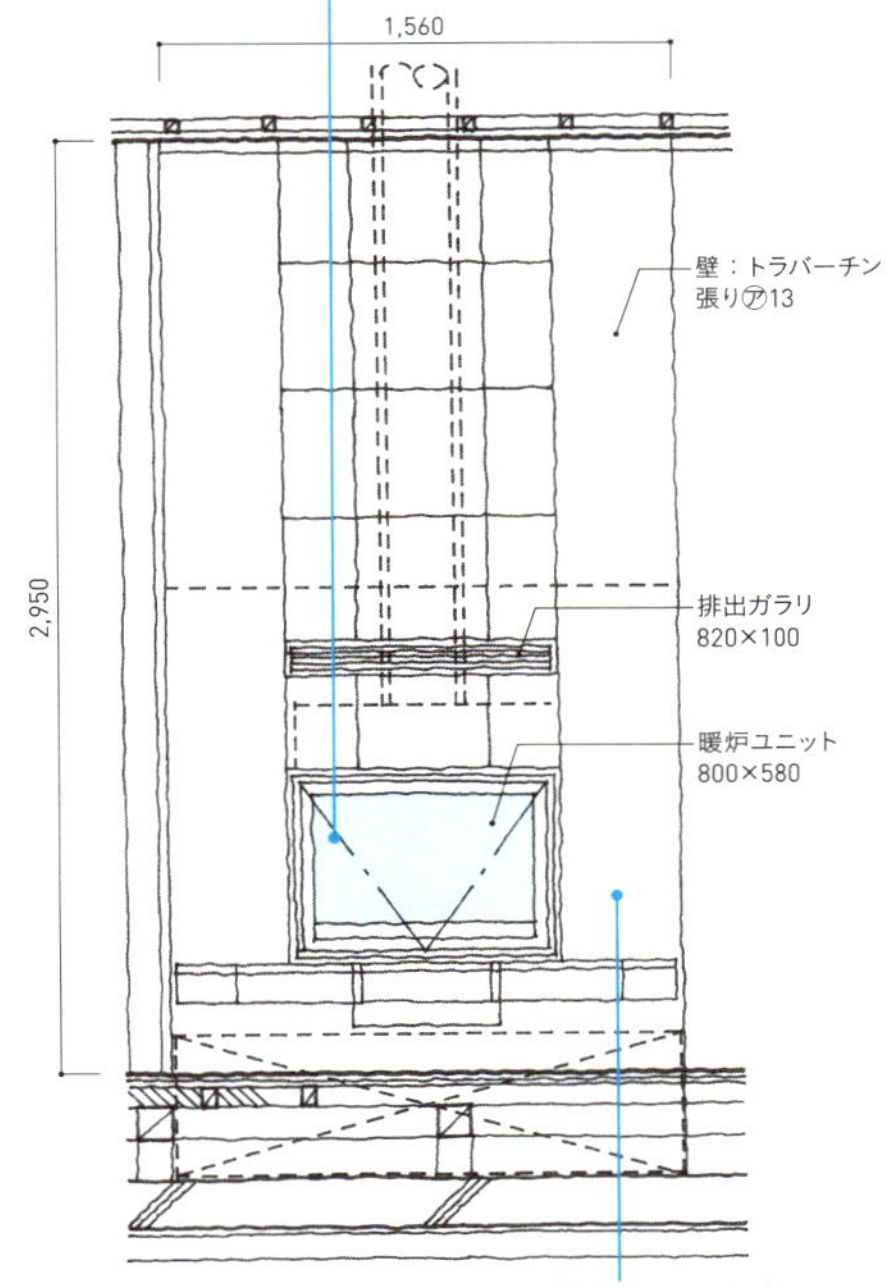
1,560
2,950
壁：トラバーチン張り㋐13
排出ガラリ 820×100
暖炉ユニット 800×580

サンピエトロ大聖堂（バチカン）などで使われてきた大理石「トラバーチンロマーノ」で仕上げると、高級感のあるクラシックな暖炉に

暖炉の4周に防火コンクリートブロックを積んで区画

壁面内の機器周辺にも防火処理を施します

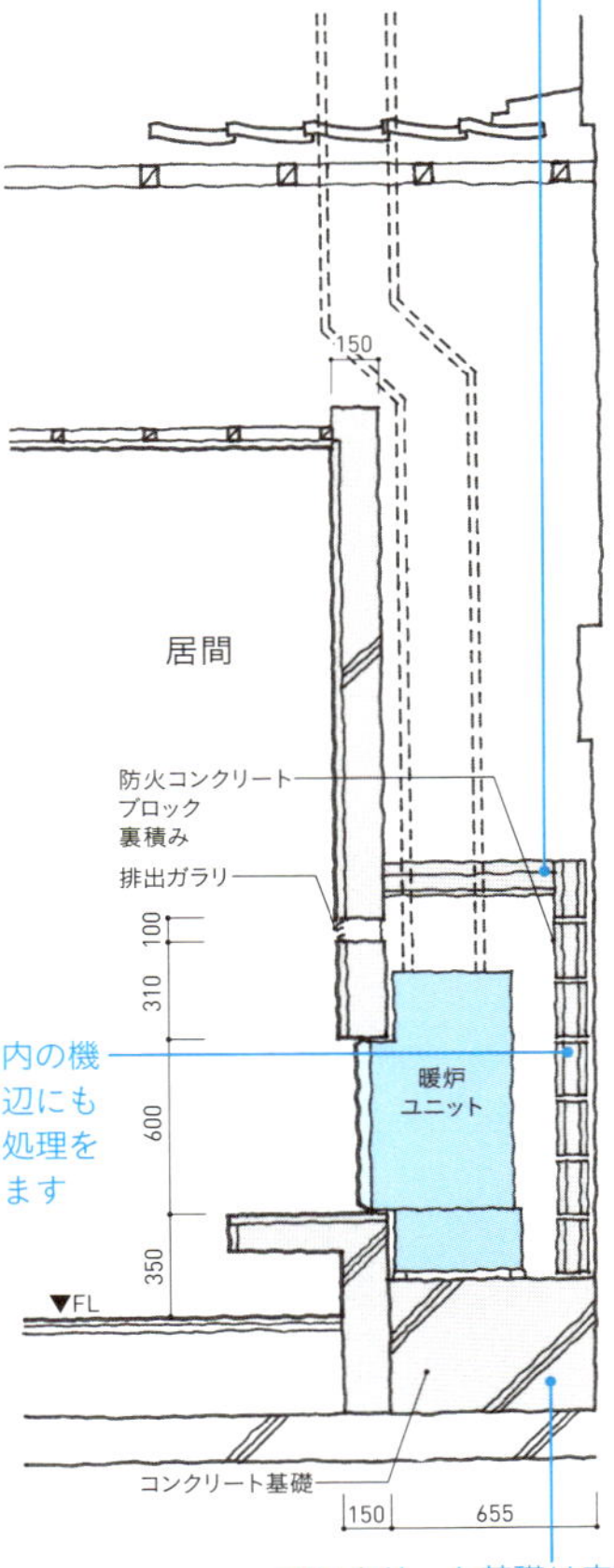
150
居間
防火コンクリートブロック裏積み
排出ガラリ
100
310
600
350
▼FL
暖炉ユニット
コンクリート基礎
150
655

コンクリート基礎は床下から立ち上げて、そこにユニットを設置します

暖炉詳細図（左:正面、右:断面）

＊：機器の仕様や構造により、必要となる「機器と仕上材との離隔距離」や「仕上材の耐火性能」が異なるので、メーカーや行政などと事前に協議して下さい

② 居心地のよい部屋づくり

窓を使って多様性のある空間をつくる

家での過ごし方はさまざまです。大人数で楽しく盛り上がるときもあれば、1人で何かに打ち込みたいときもあります。そのときどきの「気分」に応じた「居場所」が家の中にあるのがベストです。

とはいえ部屋の数は限られています。そこで有効に使いたいのが窓。同じ景色でも切り取り方を変えるだけで、性格の異なる空間をつくることができます。「居場所」の多さは、居心地のよさにつながるものです。

景色を切り取り、空間をつくる窓

メインとなる庭や見晴らしに向かって、すべての窓を配置する必要はありません。ちょっとよそ見をした窓のほうが、「気分」に合うときだってあるのです

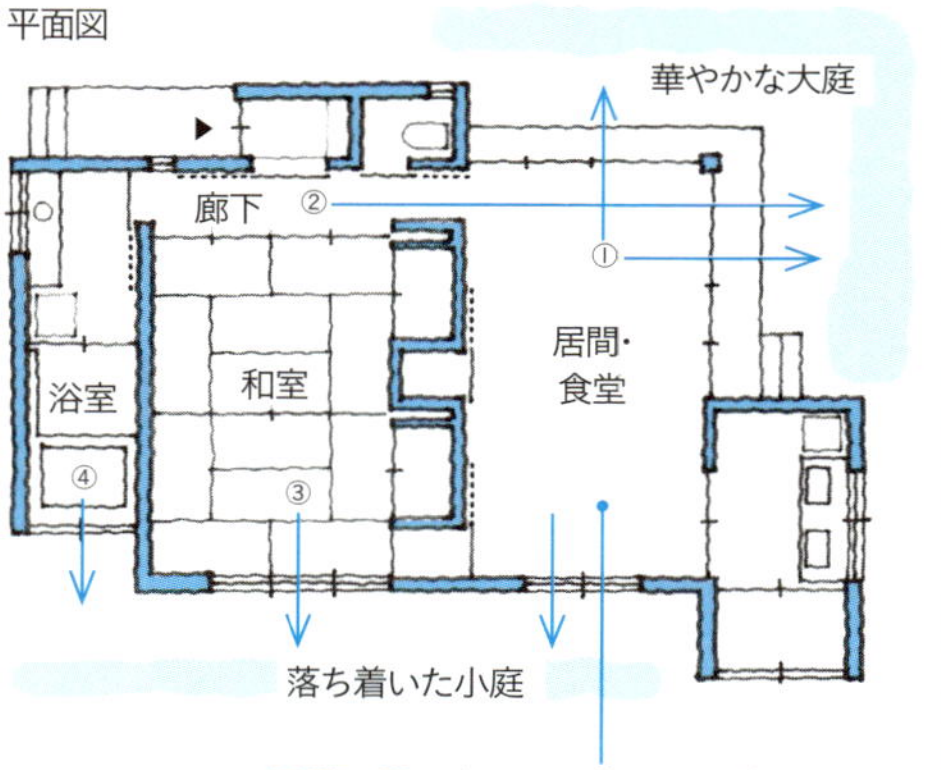

平面図
華やかな大庭
廊下
②
①
居間・
食堂
和室
浴室
④
③
落ち着いた小庭
居間に設けたのは、華やかな庭に面した大開口と落ち着いた庭に面した小さな窓。座る場所によって、雰囲気が異なります

浴室は小さいからこそ大きな窓を(④)

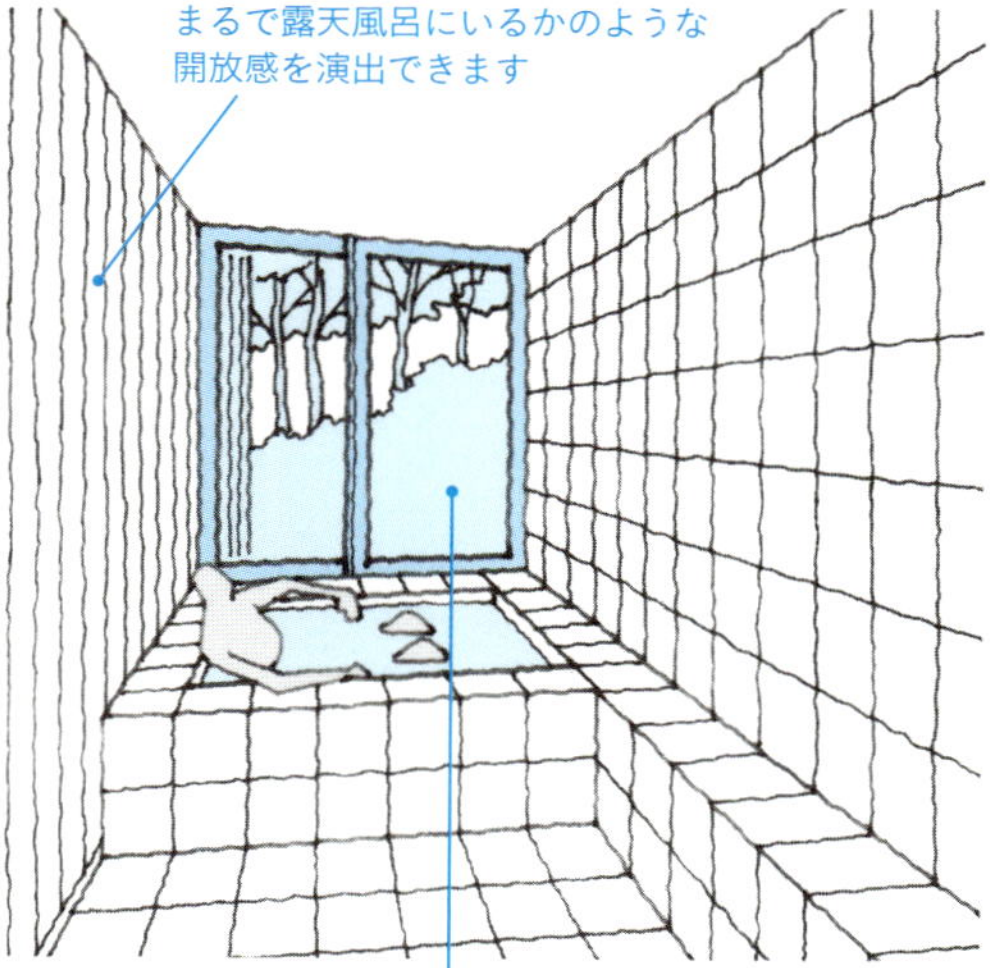

外壁と同じ仕上げを浴室で使えば、まるで露天風呂にいるかのような開放感を演出できます
トンネルの出口のように開いた窓を見ていると、外へと吸い込まれるよう

視界が広がる居間の大開口(①)

部屋の出隅に大開口を設けると、外へ向かって視界が広がり、開放感が生まれます
大開口は、季節や時間によって見え方が大きく変わるのが特徴
外部とのつながりを強調するため、室内床が延長したようなテラスをつくります

廊下では大開口をのぞかせる(②)

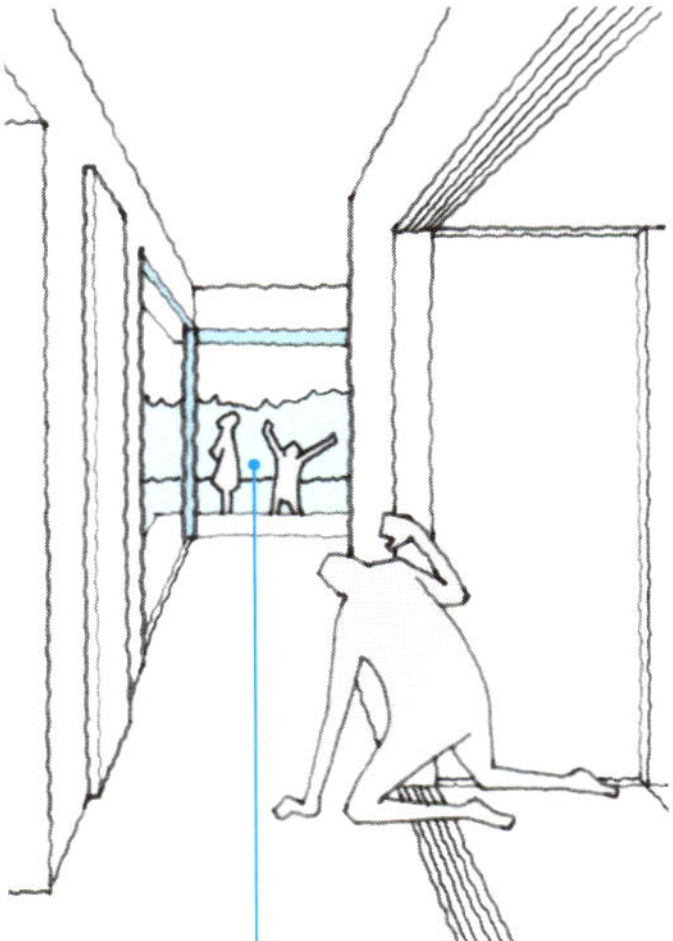
居間の大開口も、廊下から見れば違った景色をつくり出します。景色の切り取り方はさまざま

静かな庭へ導く和室の開口(③)

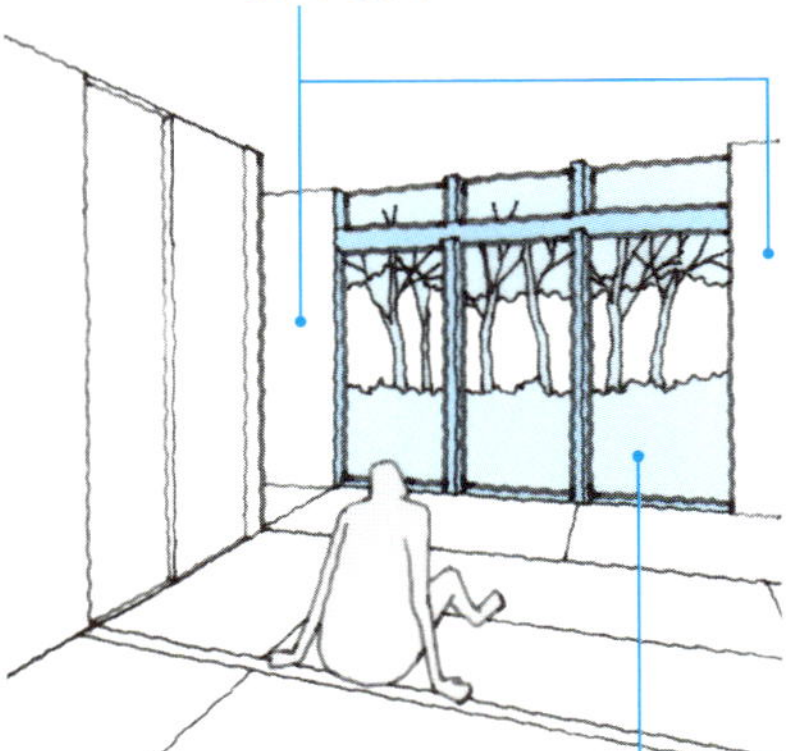
余計な景観要素は袖壁でトリミング
2室がつながる和室は暗がりの空間。そこから明るい庭を見ると、自然と心が落ち着きます。そのほか、あえて開口を絞り、坪庭を見せるという手法も

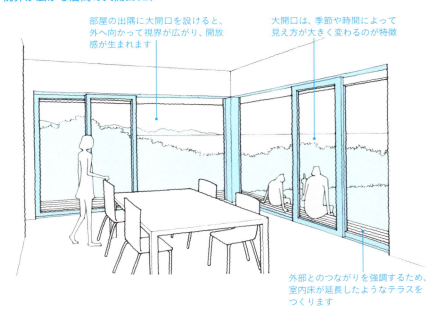

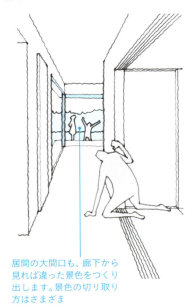

居間にほしいとっておきの木製ガラス戸

窓といえば、アルミサッシを思い浮かべる人も多いでしょう。省エネという点では、木製建具のほうが熱を伝えにくく、優れもの。意匠性も申し分ありません。ペアガラス※1などを使うと断熱性能がさらに向上しますが、同時に、気密性を高めるよう納まりの工夫が欠かせません。

ペアガラスは、シングルガラスに比べ、厚みも重量も大幅に増します。木製建具の桟・框は、使用するガラスに合わせて、部材の大きさや仕口※2を決めましょう。

木製ペアガラス戸の部材を知ろう

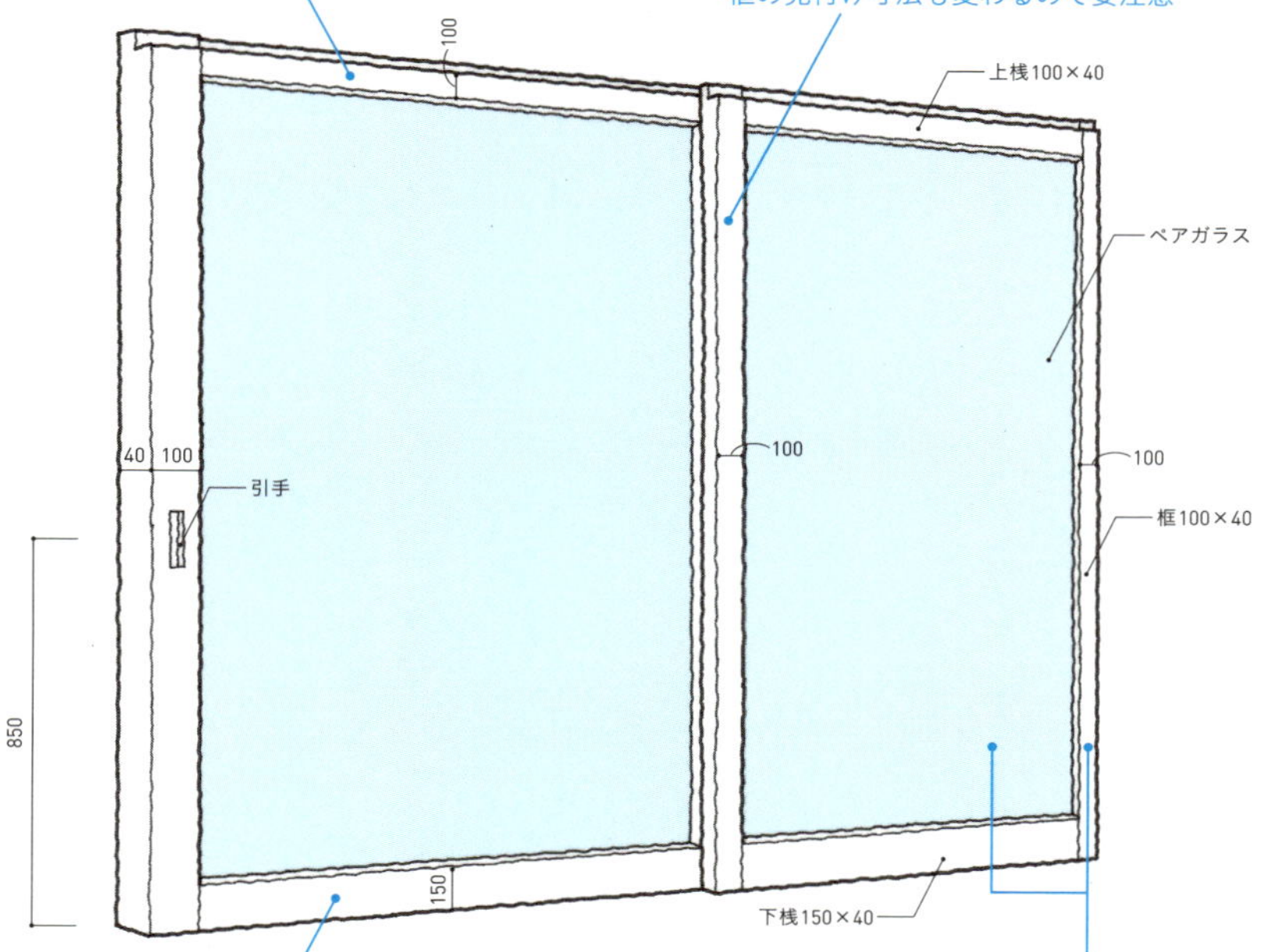
記載の部材寸法は、建具1枚の大きさが幅90cm、高さ180cmのときの目安
気密性は錠金物によっても異なり、引寄せタイプだと気密アップ。錠金物によって、框の見付け寸法も変わるので要注意
100
上桟100×40
ペアガラス
40
100
引手
100
100
框100×40
850
150
下桟150×40
下桟の見付けが上桟より大きくなるのは、ガラス重量を考慮するため。シングルガラスなら下桟90mm、上桟75mm程度で十分
内部用の建具ならシングルガラスでOK。その場合框は75×36mm程度

※1：複層ガラス。一定間隔に保持した2枚の板ガラスの間に乾燥空気を入れて密閉したもの。断熱性が高い
※2：接合方法

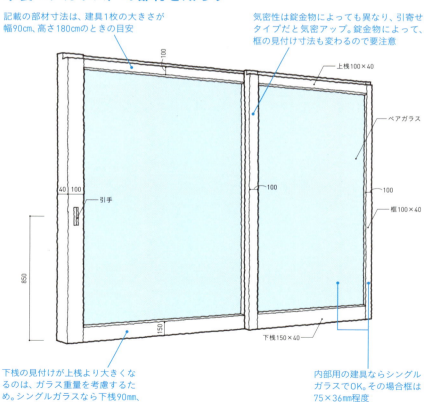

気密・断熱性能をアップさせる

細部の工夫で気密アップ

枠に戸しゃくりを施しておく。引違い・引込みなど引戸（窓）全般で有効

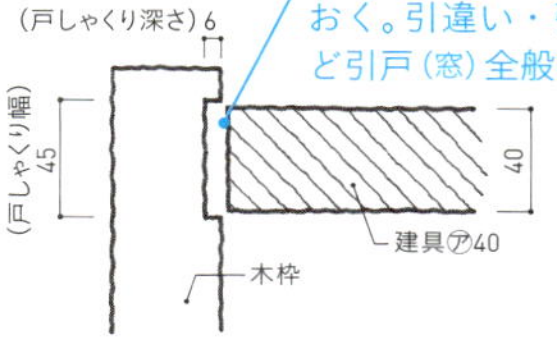

戸しゃくり加工図

引分け戸（窓）の場合、建具の召し合わせ部分に印籠（いんろう）を施します。雄側は面取り（坊主面）しておけばスムーズ

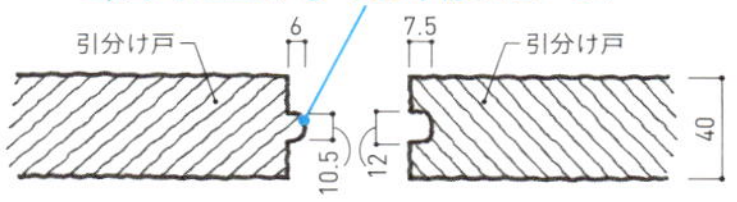

印籠加工図

ペアガラスを収める

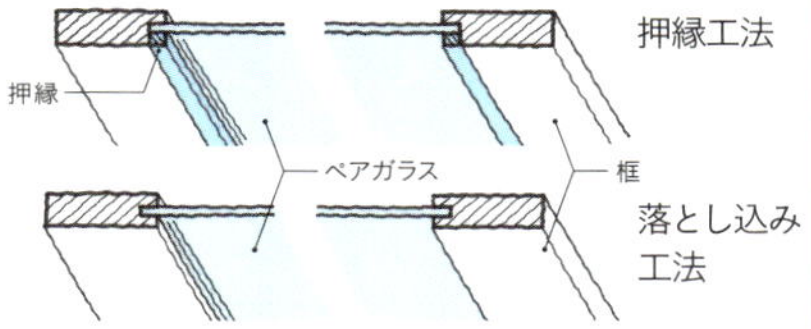

ガラスを押さえる押縁（4周）は、防犯上、内側に回します。ガラスは落とし込みでも納められますが、建具強度を考慮すると押縁工法がおすすめ

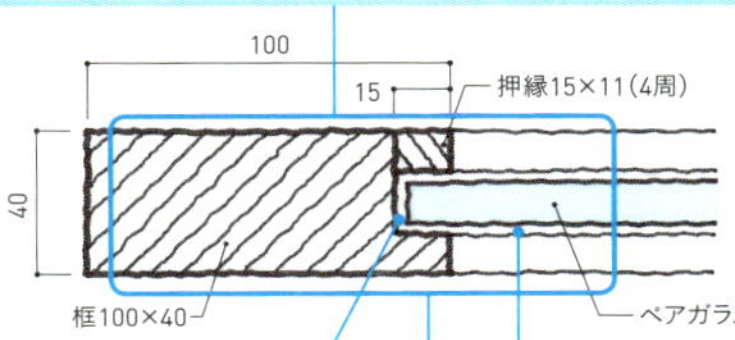

ガラスをスムーズに入れるためのクリアランス3㎜。木の動きにはここで対応

外部に面するガラスは雨仕舞いのため内外にシーリングします

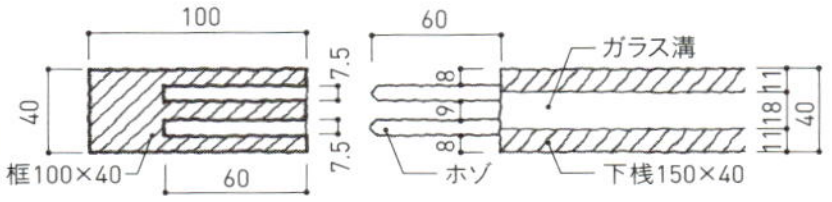

ペアガラスを納めるために、框と桟は接合強度の高い2枚ホゾでつなぎます

建具と敷・鴨居

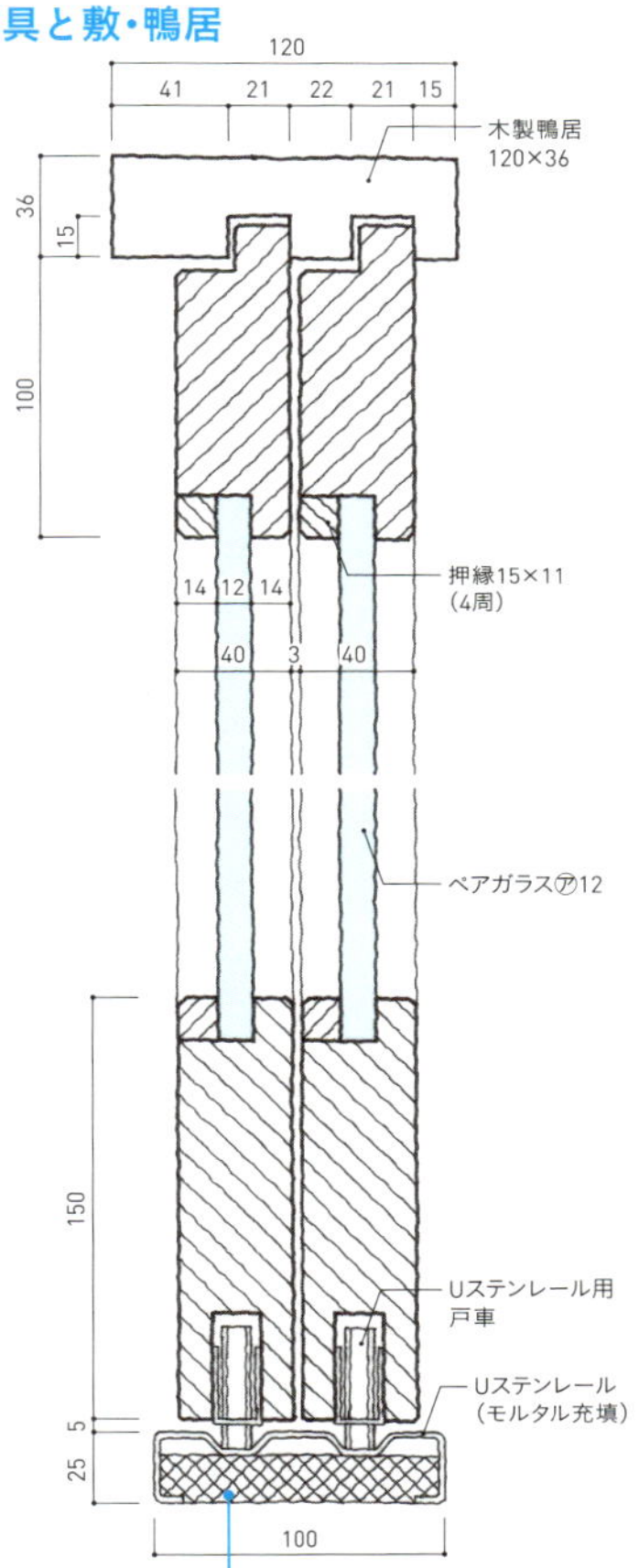

シングルガラス戸なら木製敷居（下図）でもいいのですが、ペアガラス戸のような重い建具の敷居はUステンレール（内部モルタル充填）がおすすめ。長持ちします

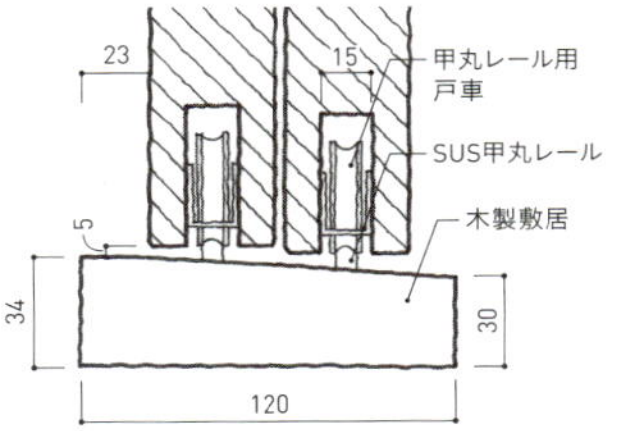

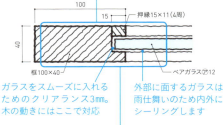

②居心地のよい部屋づくり

開閉可能なハイサイド引違い窓

高所の窓は、開け閉めが問題になります。採光目的なら「はめ殺し窓」で十分ですが、換気が目的なら遠隔操作できる開閉装置が必要です。

市販のサッシなら、チェーンや電動ユニット付きの窓を選びます。

滑り出しや外倒し、オーニングやルーバー窓など開閉形式は多岐にわたりますが、意外にも引違い窓は対応していません。ここでは、木製建具でつくる「遠隔操作が可能な引違い窓」を紹介します。単純な仕組みなので、調整も容易です。

建具を引っ張るロープは、開けるとき用（左）と閉めるとき用（右）の2本。堅牢なヨット用ロープを使用

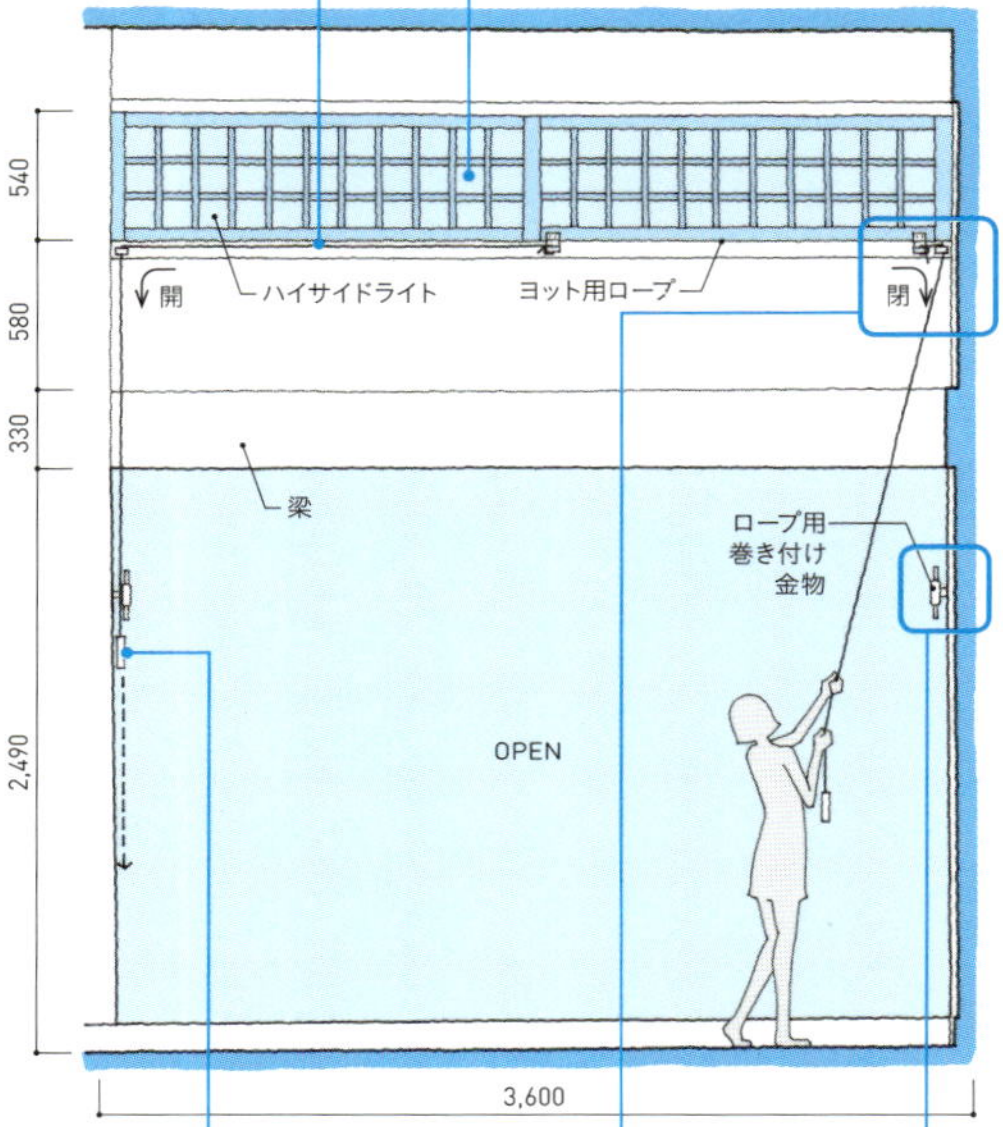

片側の建具は固定
540
580
330
2,490
開
ハイサイドライト
ヨット用ロープ
閉
梁
ロープ用
巻き付け
金物
OPEN
3,600

重さのあるものをロープの端に取り付けておくと、ロープがまっすぐに下がります

ロープはふさ掛け金物に巻き付けておきます。ここで固定され、錠の役目も果たします

正面図

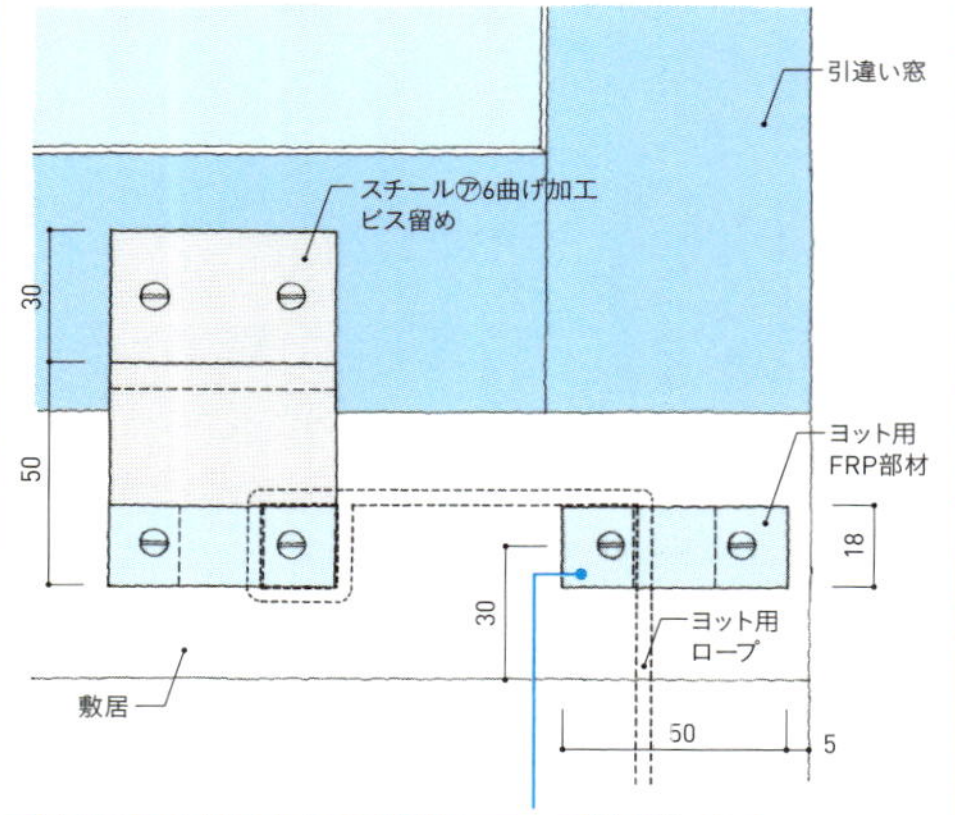

引違い窓
スチール㋐6曲げ加工
ビス留め
30
50
ヨット用
FRP部材
18
30
ヨット用
ロープ
敷居
50
5

敷居に取り付けたFRP部材にロープを通します

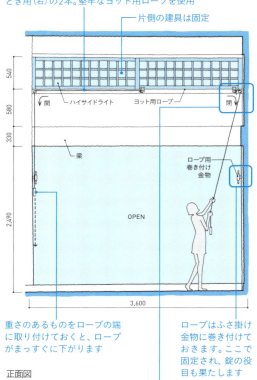

木製引違い窓の古典的な遠隔開閉

高所にある木製建具の引違い窓。開閉はロープで行います。手前側の建具に「開けるときのロープ」と「閉めるときのロープ」を取り付けるという単純な仕組み。操作性はロープの堅牢さと滑りやすさによるので、ヨットの帆を操作するための部品を使います。サイズ的にも最適です。

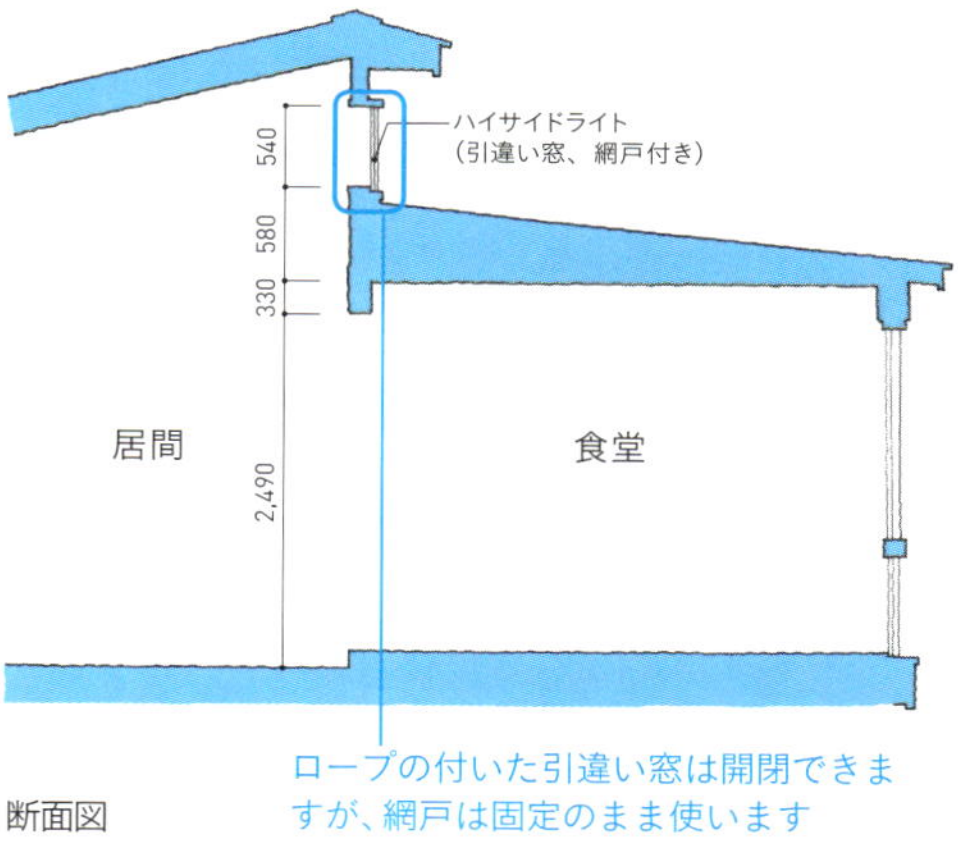
ハイサイドライト
(引違い窓、網戸付き)
540
580
330
2,490
居間
食堂
ロープの付いた引違い窓は開閉できますが、網戸は固定のまま使います

断面図

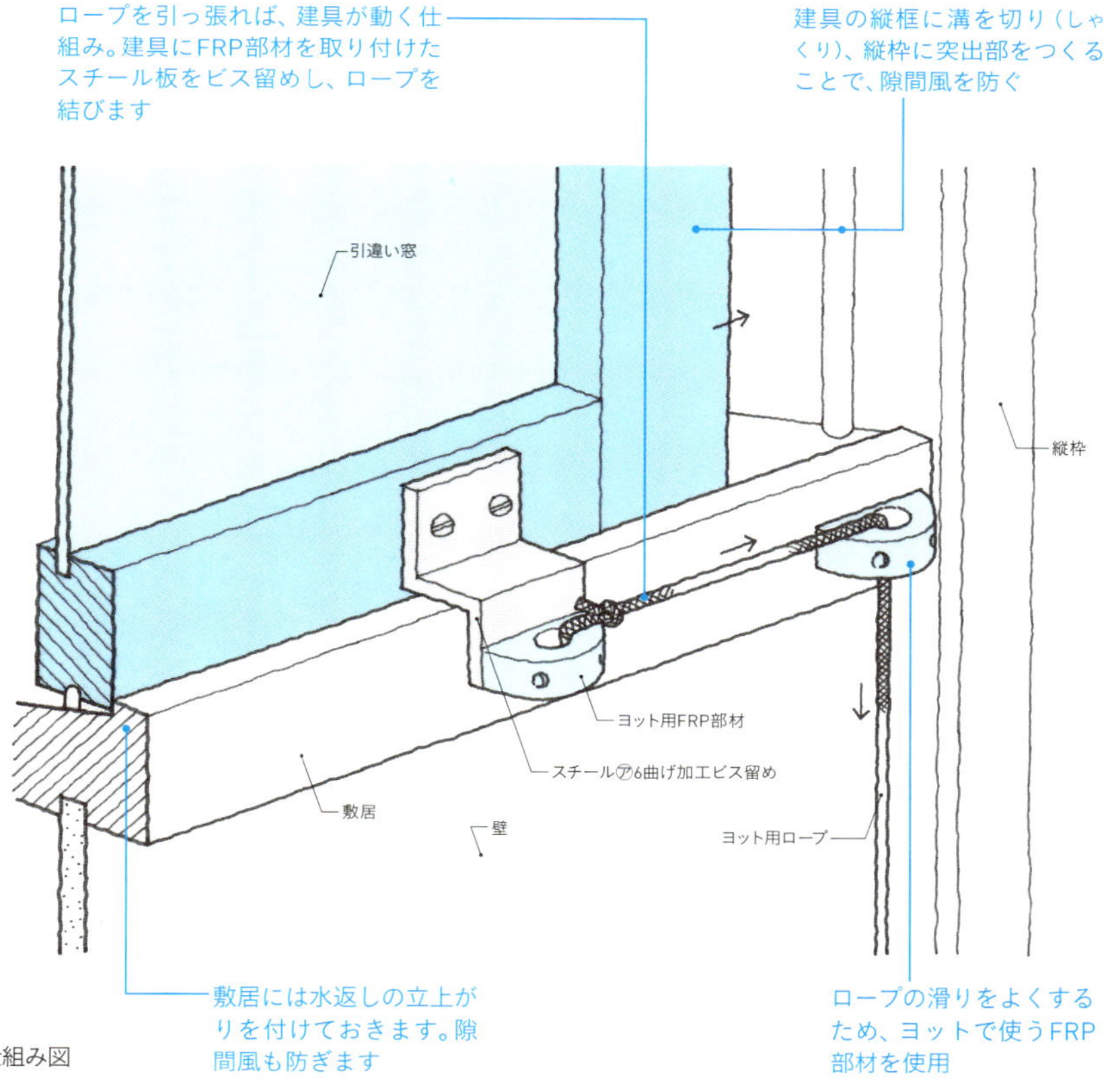
ロープを引っ張れば、建具が動く仕組み。建具にFRP部材を取り付けたスチール板をビス留めし、ロープを結びます
建具の縦框に溝を切り(しゃくり)、縦枠に突出部をつくることで、隙間風を防ぐ
引違い窓
縦枠
ヨット用FRP部材
スチール㋐6曲げ加工ビス留め
敷居
壁
ヨット用ロープ
敷居には水返しの立上がりを付けておきます。隙間風も防ぎます
ロープの滑りをよくするため、ヨットで使うFRP部材を使用

仕組み図

大開口の引込み戸も1本溝がいい

戸を壁の中にしまいこめる引込み戸。とても便利なのですが、居間の大開口など戸の枚数が多いと敷居の溝が何本にもなり、引き込むための壁も厚くしておかなくてはなりません。

1本の溝に複数の建具を納めると、壁は薄くてすみます。建具全体の面がそろうのですっきりと見えるのも利点。ただし、戸の引出し方を考える必要があります。ここでは、一度に複数枚の建具が引き出せるよう、框《かまち》に磁石を埋め込むという方法をご紹介します。

「つらいち」ですっきり建具

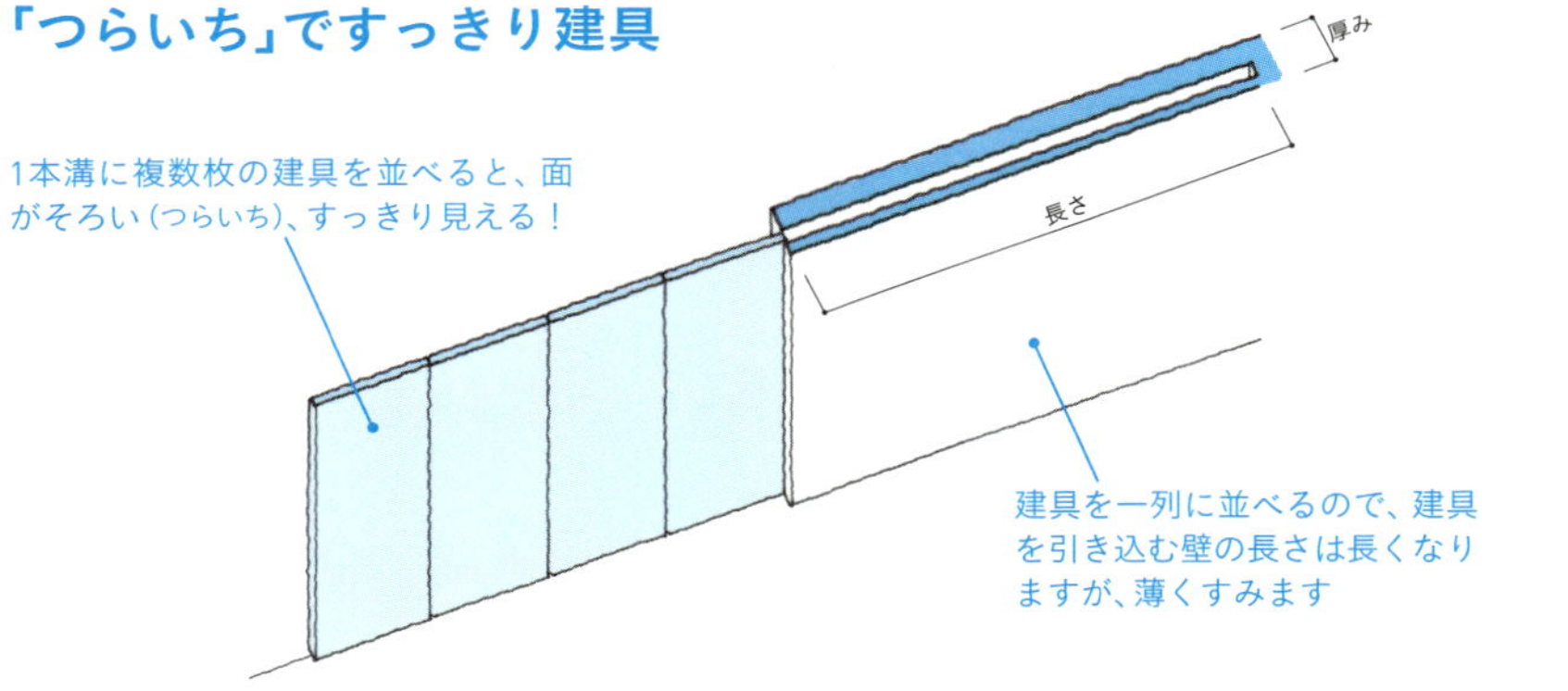
厚み
1本溝に複数枚の建具を並べると、面がそろい(つらいち)、すっきり見える!
長さ
建具を一列に並べるので、建具を引き込む壁の長さは長くなりますが、薄くすみます

建具4枚・溝1本の場合

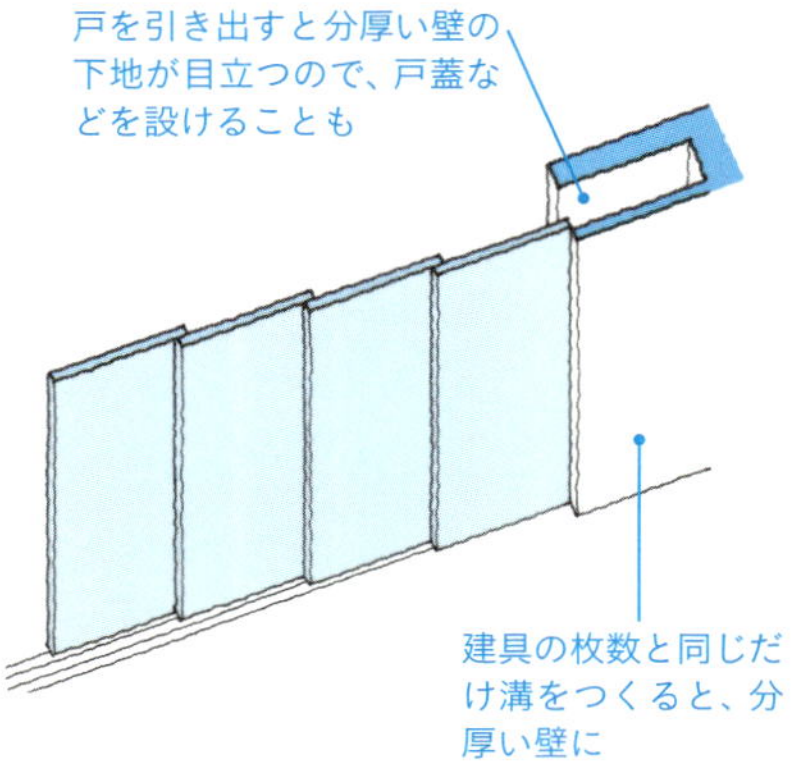
戸を引き出すと分厚い壁の下地が目立つので、戸蓋などを設けることも
建具の枚数と同じだけ溝をつくると、分厚い壁に

建具4枚・溝4本の場合

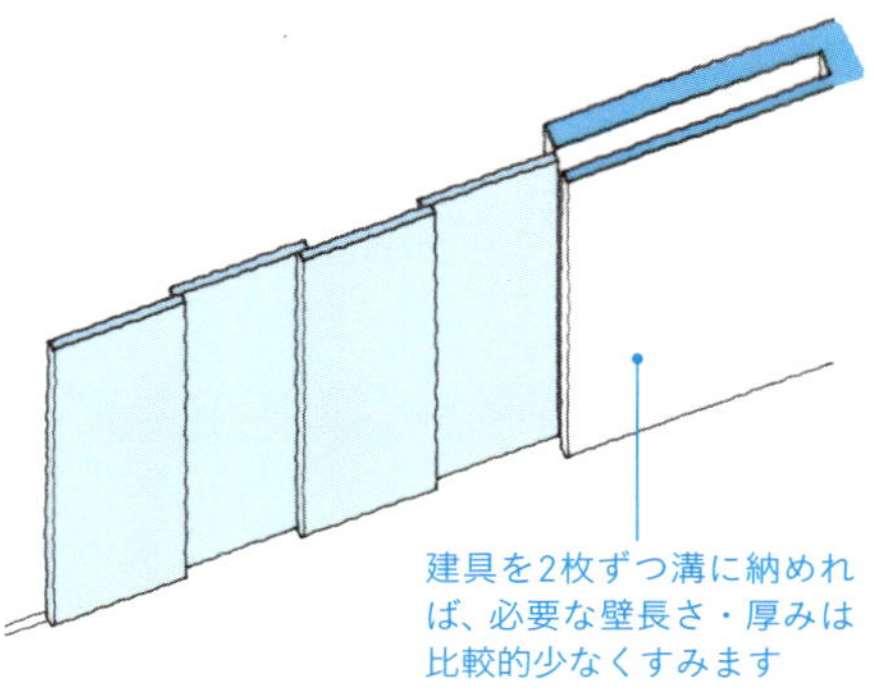
建具を2枚ずつ溝に納めれば、必要な壁長さ・厚みは比較的少なくすみます

建具4枚・溝2本の場合

4枚障子を2本溝で引き込む

建具を引き込む壁の幅によっては、1本溝では納まらないこともあります。ここでは4枚の紙張り障子を2本の溝で納めています

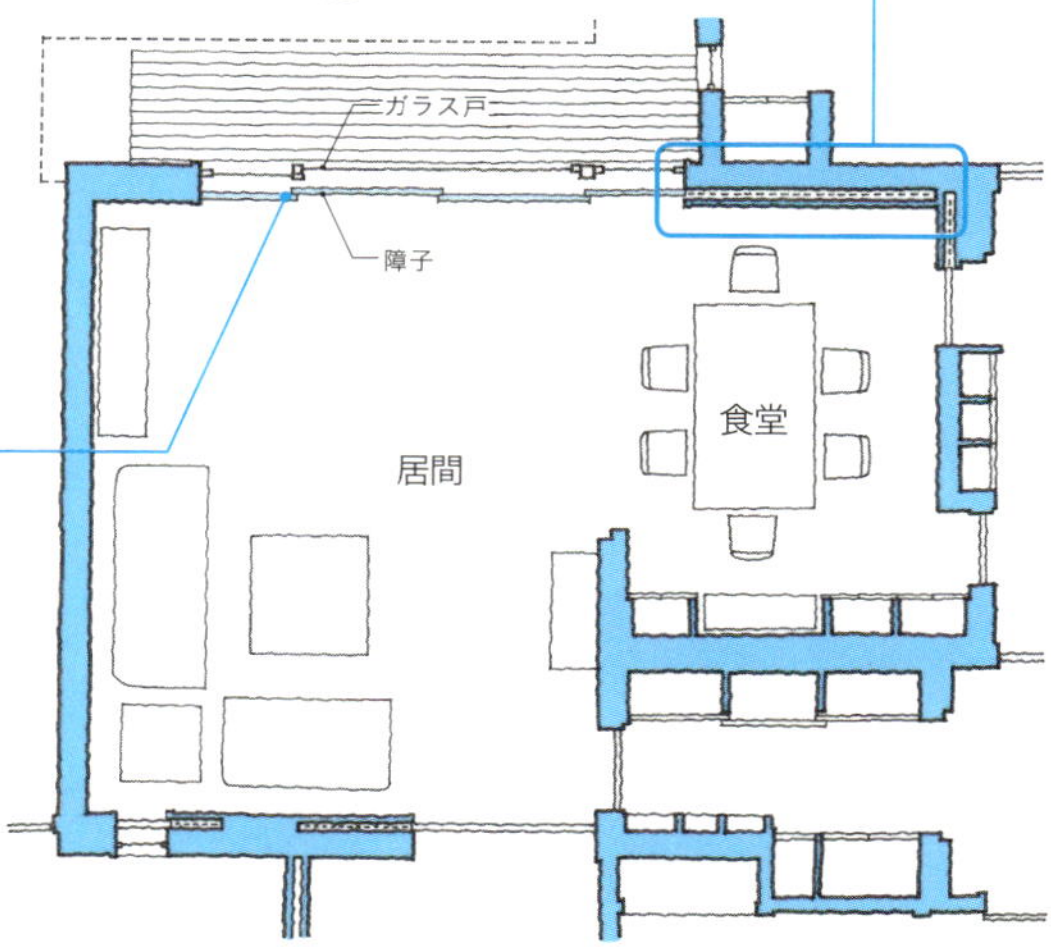
間取りによって建具を引き込める壁の長さが決まります
庭
ガラス戸
障子
食堂
居間
庭に面するガラス戸と障子。緑を楽しむため、障子を引込み式に

平面図（部分）

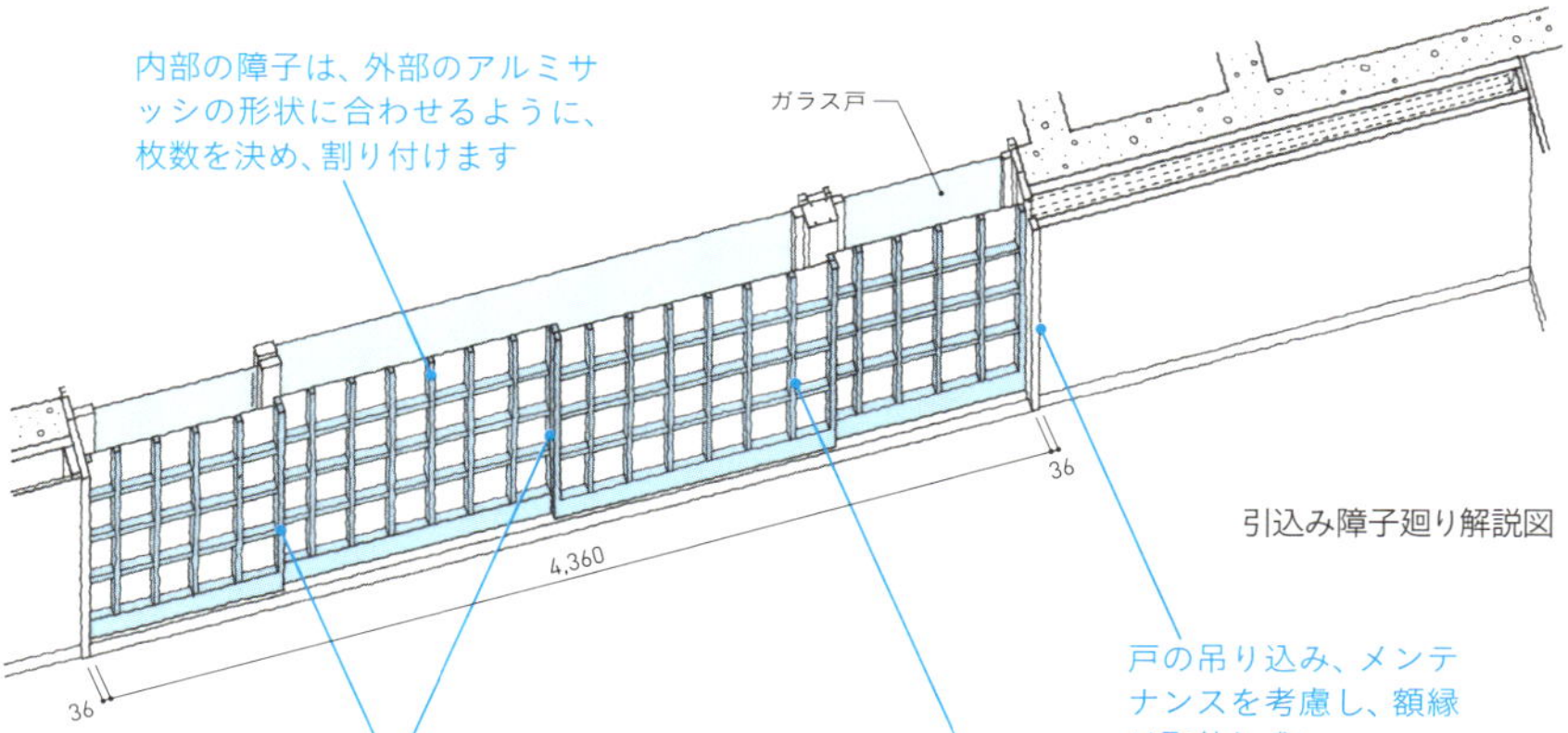
内部の障子は、外部のアルミサッシの形状に合わせるように、枚数を決め、割り付けます
ガラス戸
36
4,360
36
戸の吊り込み、メンテナンスを考慮し、額縁は取外し式に
引込み戸は、壁の中に引き込むもの。建具自体に反りなどの狂いが生じないように、注意します。この事例の障子は、戸袋にしまっている間マグネットで互いにくっついているので、狂いにくくなっています

引込み障子廻り解説図

框の大手側にマグネット本体もしくは受け板を埋め込み、同じ溝を通る建具どうしがくっつくようにします。マグネットの数や強度は、建具の大きさ・重量・戸車の有無などを考慮して決めます

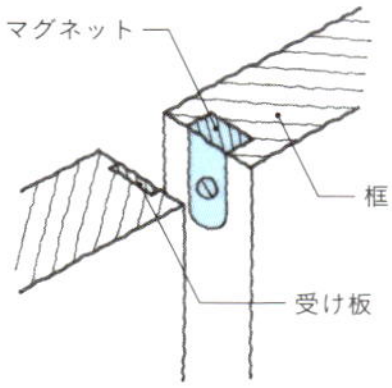
マグネット
框
受け板

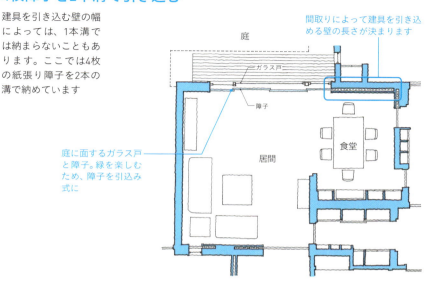

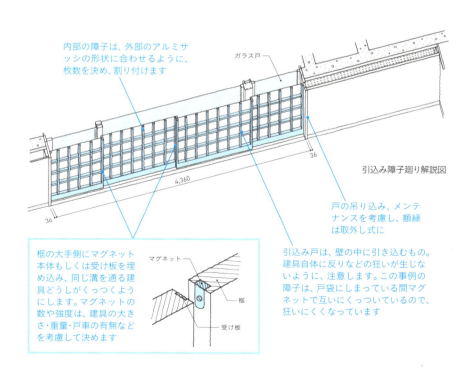

居間に置く仏壇はオーダーメード

小さな仏像や位牌《いはい》などを安置する仏壇。最近では、仏間が少なくなり、家族の集う居間や食堂に仏壇を置くことが増えています。スペースを設けて仏壇を据えてもよいのですが、住空間全体とのつながりを考慮し、仏壇を家具として造り付けるという手もあります。仏壇には寺の山門に見立てたという「中折れ扉」がつきものですが、これを「開き戸」にして引き込めるようにするだけで、ほかのしつらえとそろい、居間ともなじみます。

現代の家になじむ仏壇家具

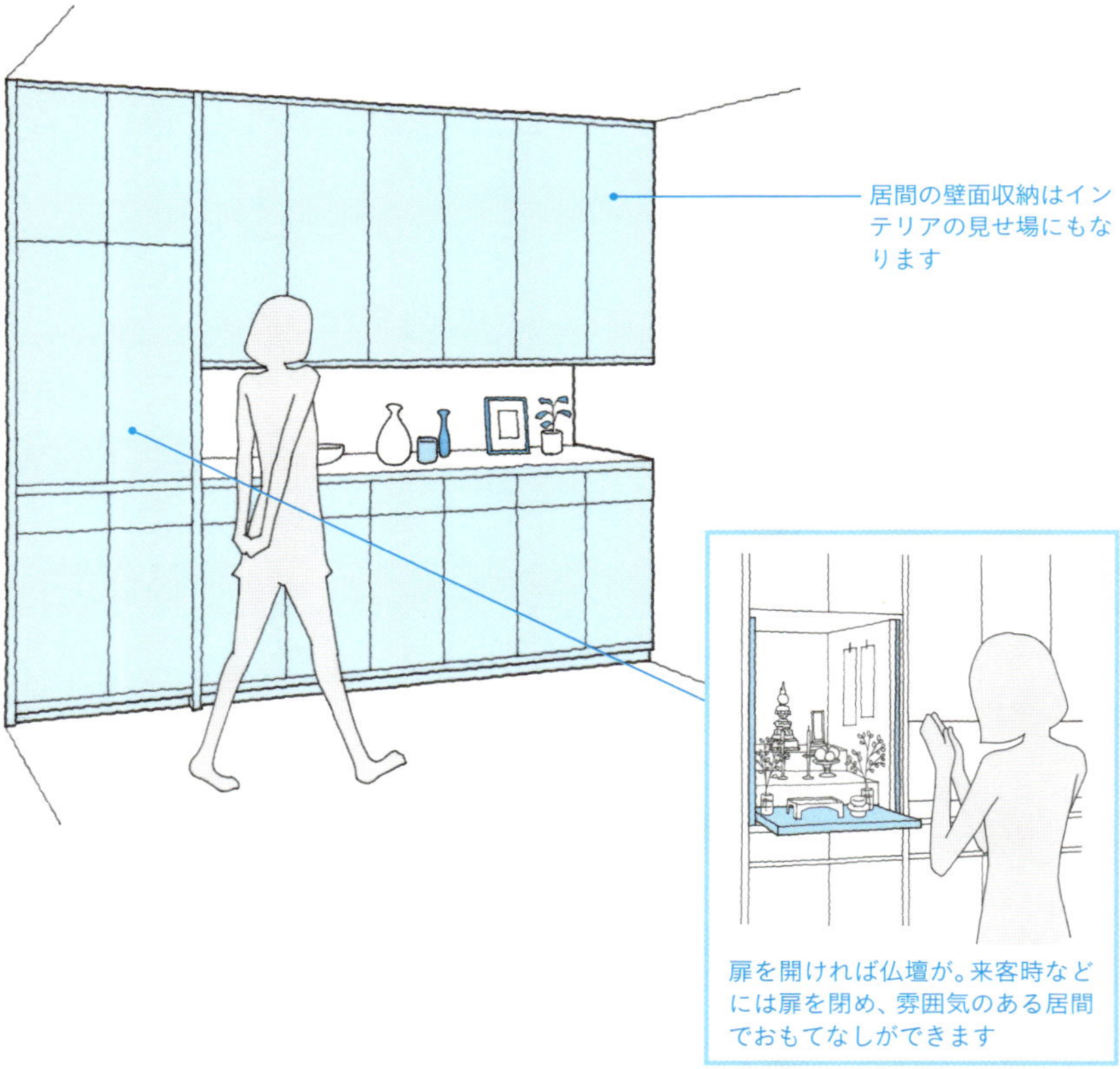
居間の壁面収納はインテリアの見せ場にもなります
扉を開ければ仏壇が。来客時などには扉を閉め、雰囲気のある居間でおもてなしができます

引込み両開き戸の仕組み

仏壇の扉に使うのが引込み両開き戸。スライドレールとスライド丁番が合体した「ヒンジ付きスライドレール」を使えば、開いた扉を奥にしまいこむことができます。

開けたままにしておくことの多い仏壇。開いた扉をキャビネット側板内側の戸袋にしまいこめるので、建具が邪魔になることもありません

引込み開き戸の奥には、祭壇に使える引出し棚、仏具などをしまうための引出しを設けています

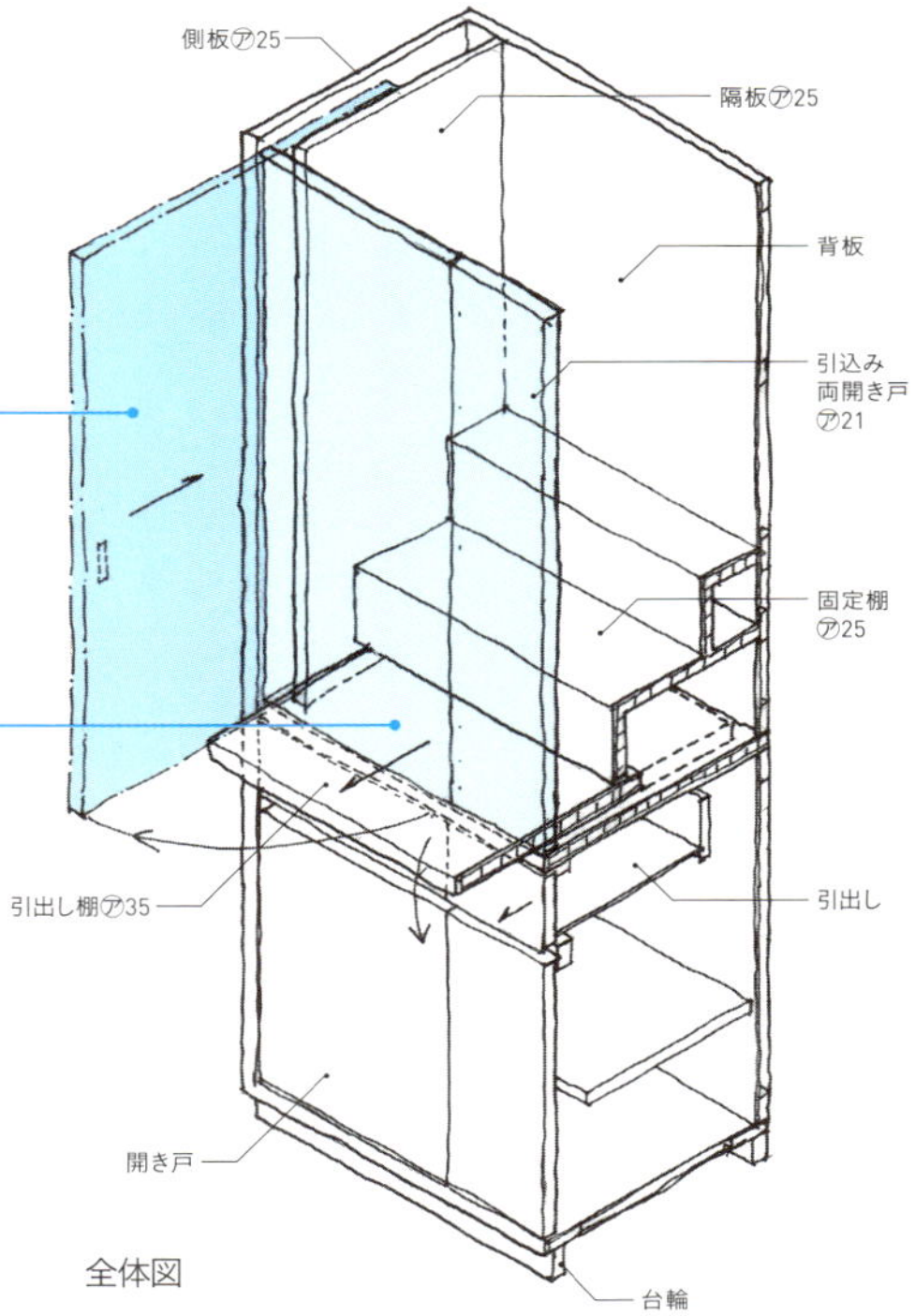

全体図

スライドレール自体の長さと移動距離によって、建具の幅が決まります

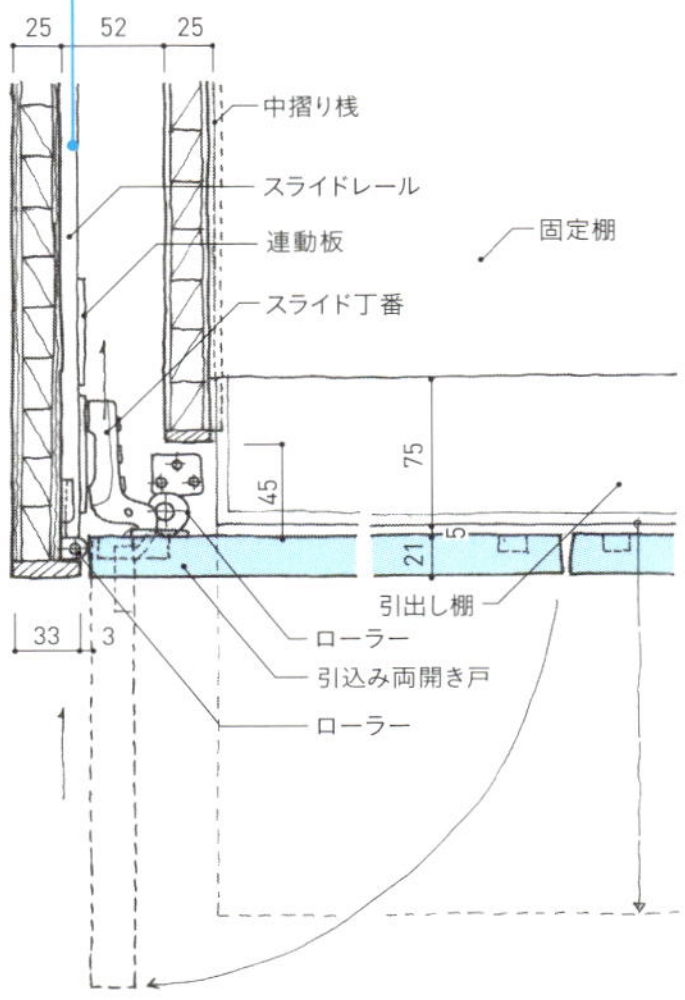

戸袋廻り平面詳細図

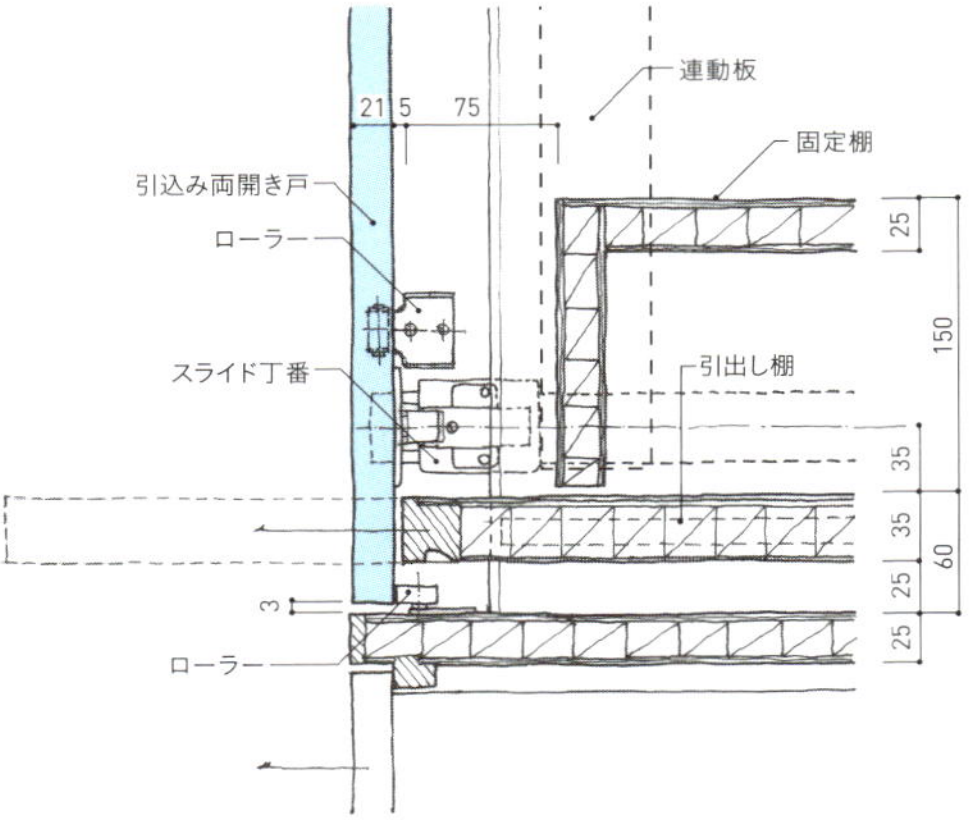

引出し棚廻り断面詳細図

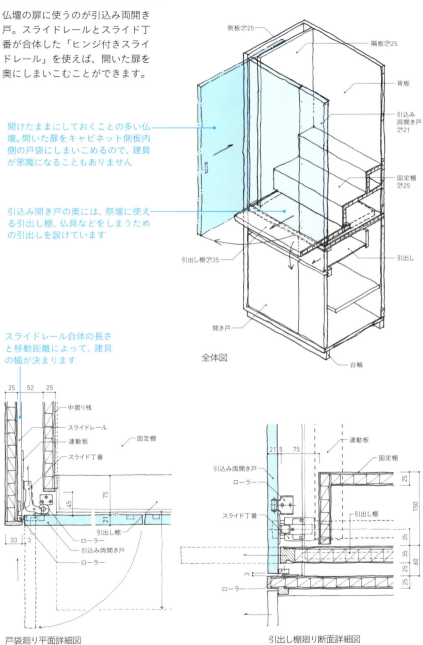

バルコニーを第2の居間として使う

2階に居間を配置する場合、大きめのバルコニーをつくると、居間の延長として使うことができます。軒を出し、床にウッドデッキを敷くだけでなく、ベンチや昼寝ができるスペースをつくるとさらに居心地はアップします。

ここで紹介するバルコニーは真下に部屋があります。ベンチは、腰掛けるのにちょうどいい幅と高さのある「防水層の立上がり」を利用。デッキ材で覆うことで、笠木は保護され、手摺もすっきり見えます。

デッキバルコニーで寝る、座る

立上がり上部の笠木にデッキ材をかぶせるようにして、ベンチをつくっています
ウッドデッキの隙間から、手摺子が立ち上がって見えるので、見た目もきれい
今度ここでバーベキューしようよ
おっ いいね
ベンチの一部を広くすると、昼寝ができるスペースにもなります
手摺子の間隔は、デッキの板幅から割り出します。デッキの隙間は、手摺子が入る寸法とします

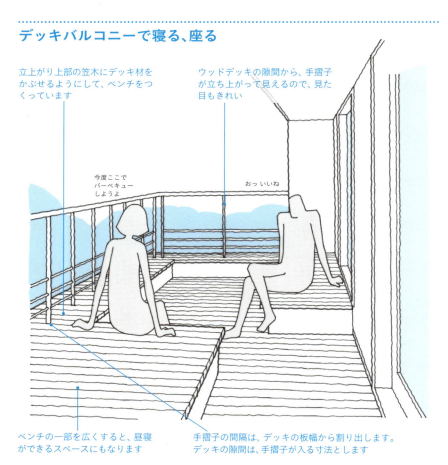

すっきり見えるデッキバルコニー

手摺子が取り付けられた立上がりに、幅広で無骨な笠木。いつものバルコニーは、第2のリビングとして、あまり美しくない……。床だけでなく笠木もデッキ材で覆えば、見栄えも使い勝手もよいバルコニーが出来上がります。

ベンチ部分は、デッキ材の下地となる脚と手摺子を緊結した後にデッキ材を張ります

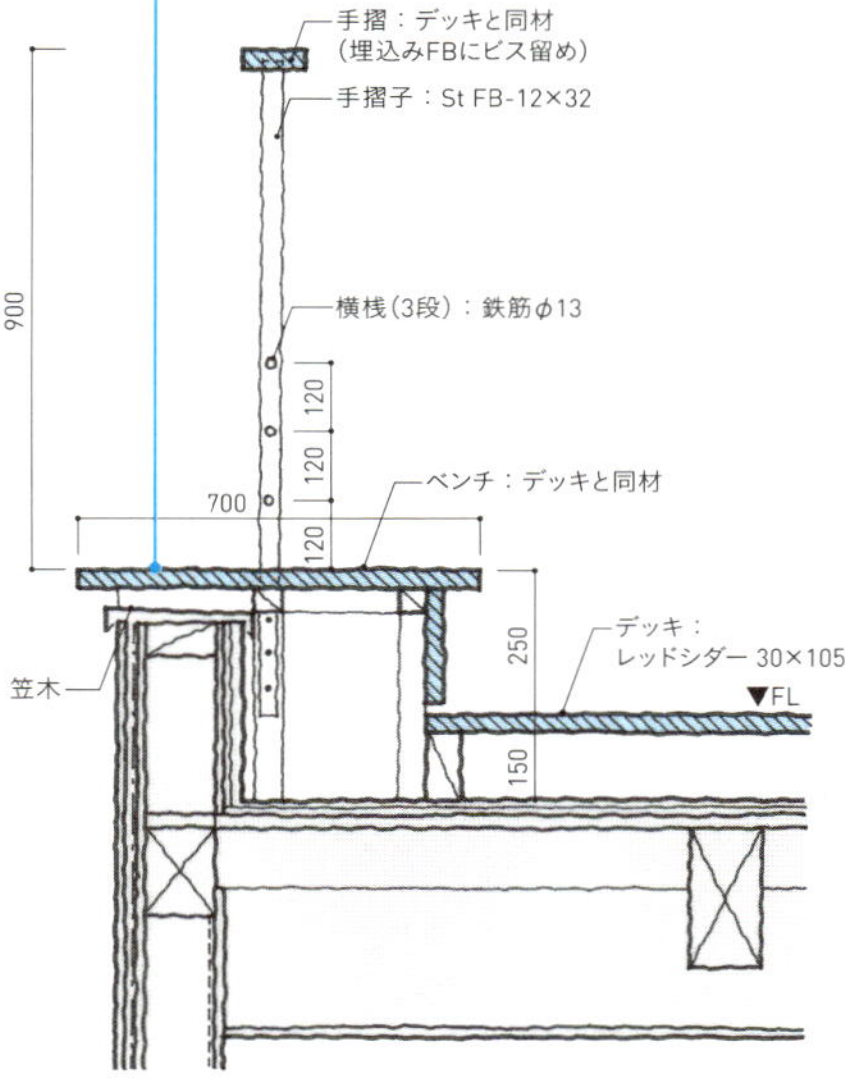

立上がり断面詳細図

一般的なバルコニーの手摺。手摺子は防水層よりも高い部分に取り付けます。笠木への腰掛けはNG

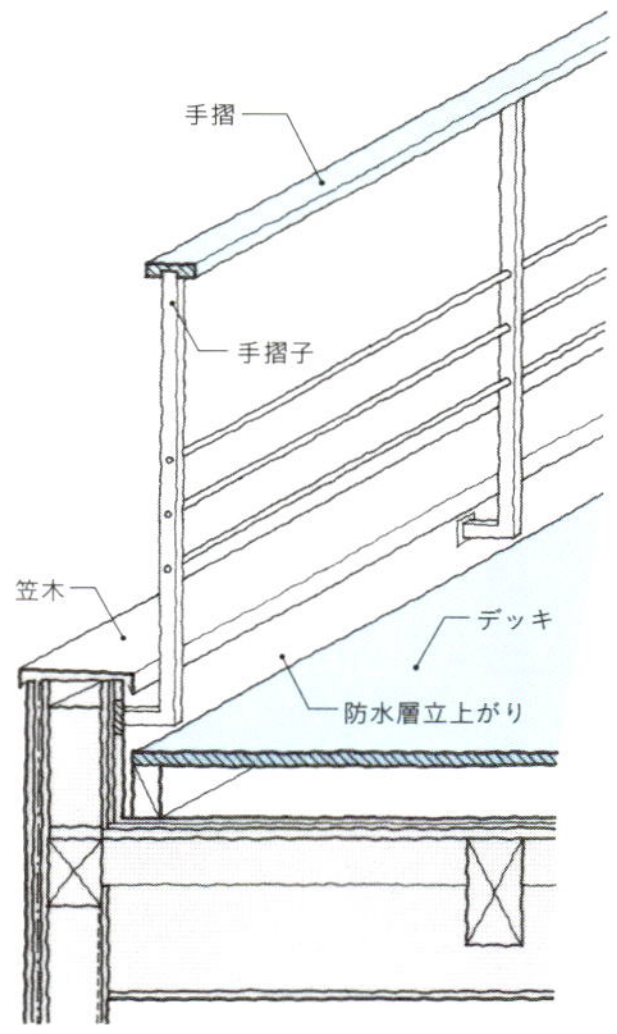

和室の前は、縁側としてベンチを延長。和室の床（畳）を居間より250mm高くしているので、畳とベンチのレベルがそろいます

ウッドデッキは室内床と同じレベル。防水層は、掃出し窓の下端（水上側）から120mm以上の立上がりを確保します

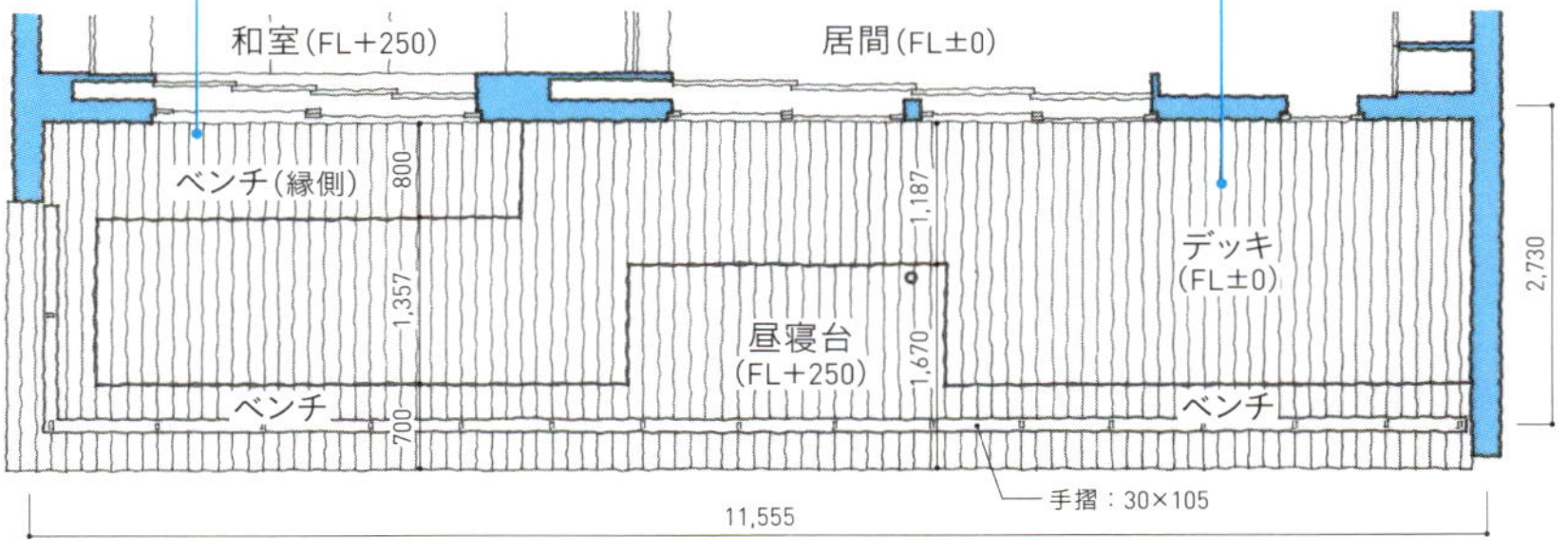

バルコニー平面図

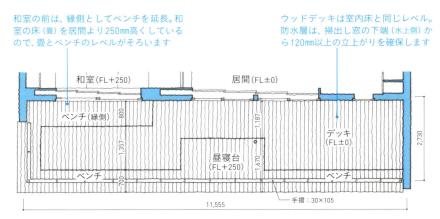

ドア上の欄間《らんま》窓《まど》で風通しよく

窓が1カ所しかない部屋では、ドアを閉めたままだとうまく通風できません。ドアの上に開口を設ければよいのですが、通常は無目《むめ》という枠を介することになり、見栄えがあまりよくありません。

そんなときに使いたいのが、ホイトコ※と呼ばれるステー金物。無目なしでドアの上部に滑り出し窓を設置できるので、2つの建具に一体感が生まれます。機能性とデザイン性は両立したいものです。

1枚に見える、2枚の建具

ドアは通行用、滑り出し窓は通風用。プライバシーを保ちつつ、通風を確保することができます

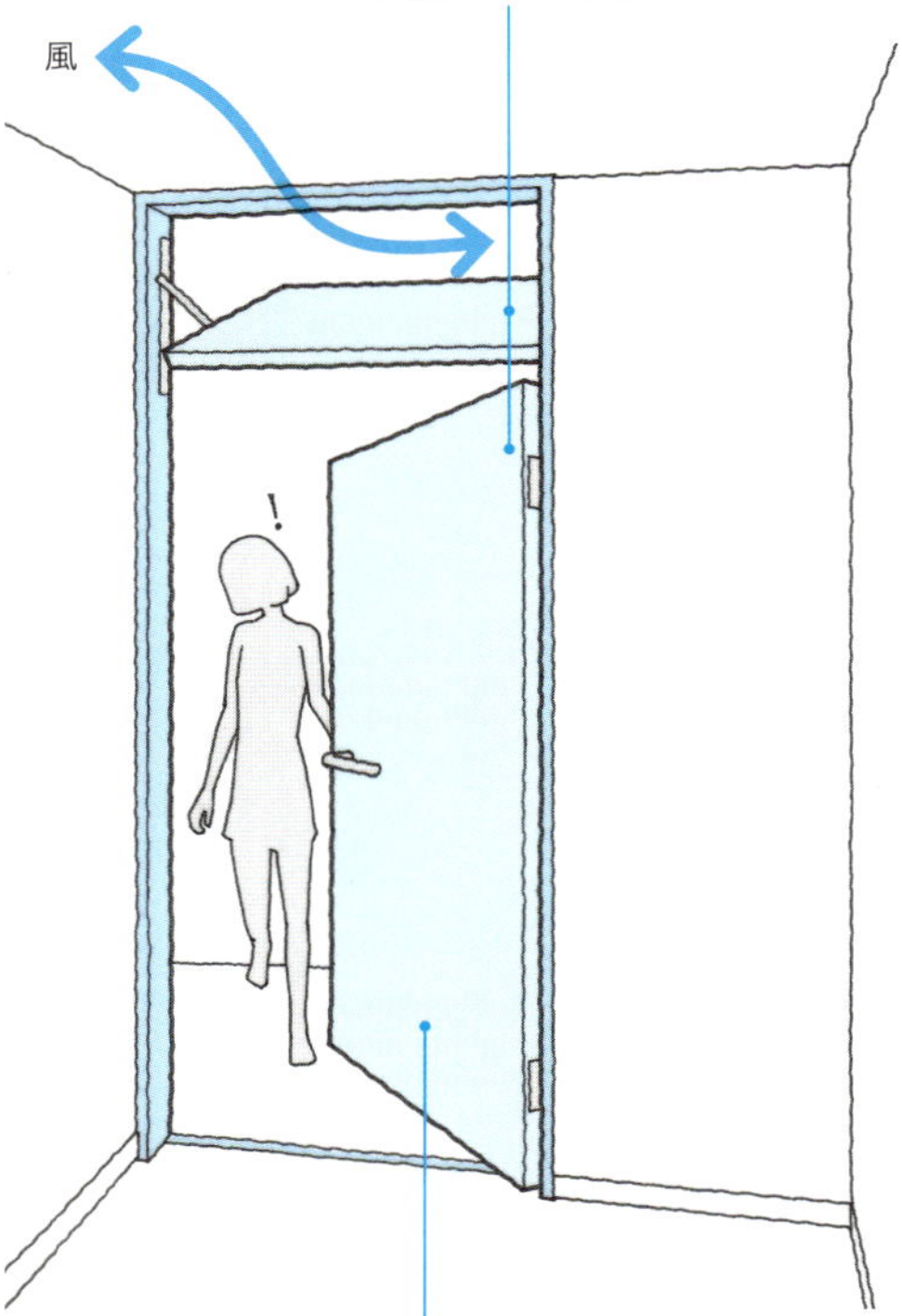

上は滑り出し窓、下はドア。下左図なら閉めていれば1つの大きなドアに見えます。本来なら下右図のように無目が必要になるのですが、ホイトコ金物なら不要です

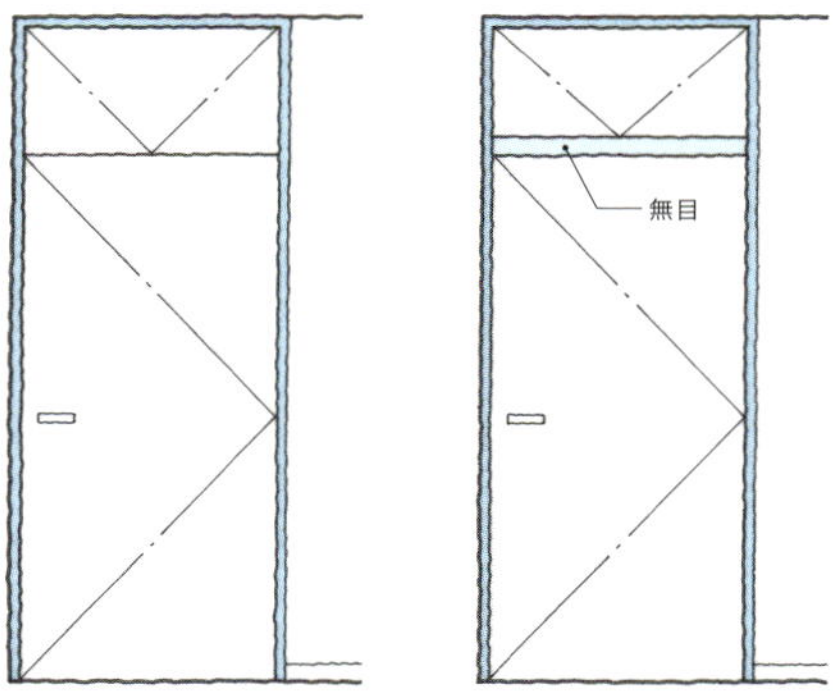

※:「ホイトコ」という名は、オーストラリアの建築金物メーカー・Whitco 社の考案であることから付いた、ともいわれています

こんなに便利なホイトコ金物

ホイトコ金物を使った窓は、水平近くまでの開放が可能で、開閉角度を自由に設定できます。

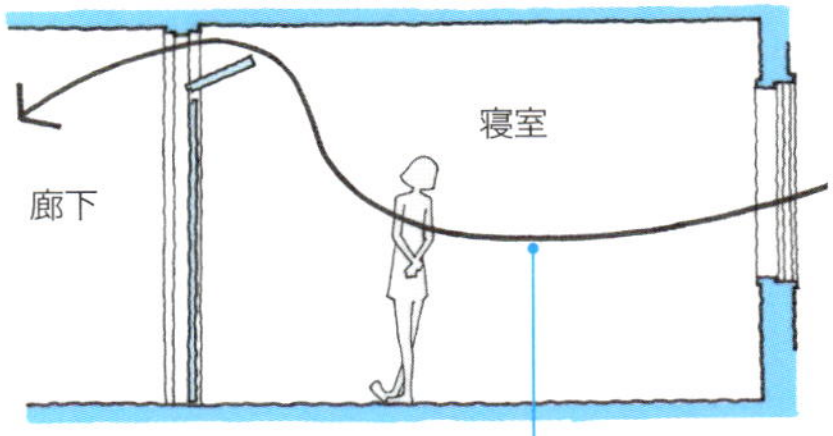

展開図

効率的な通風には、対面する2カ所（窓と出入口上部欄間）に開口を設けるのが一番

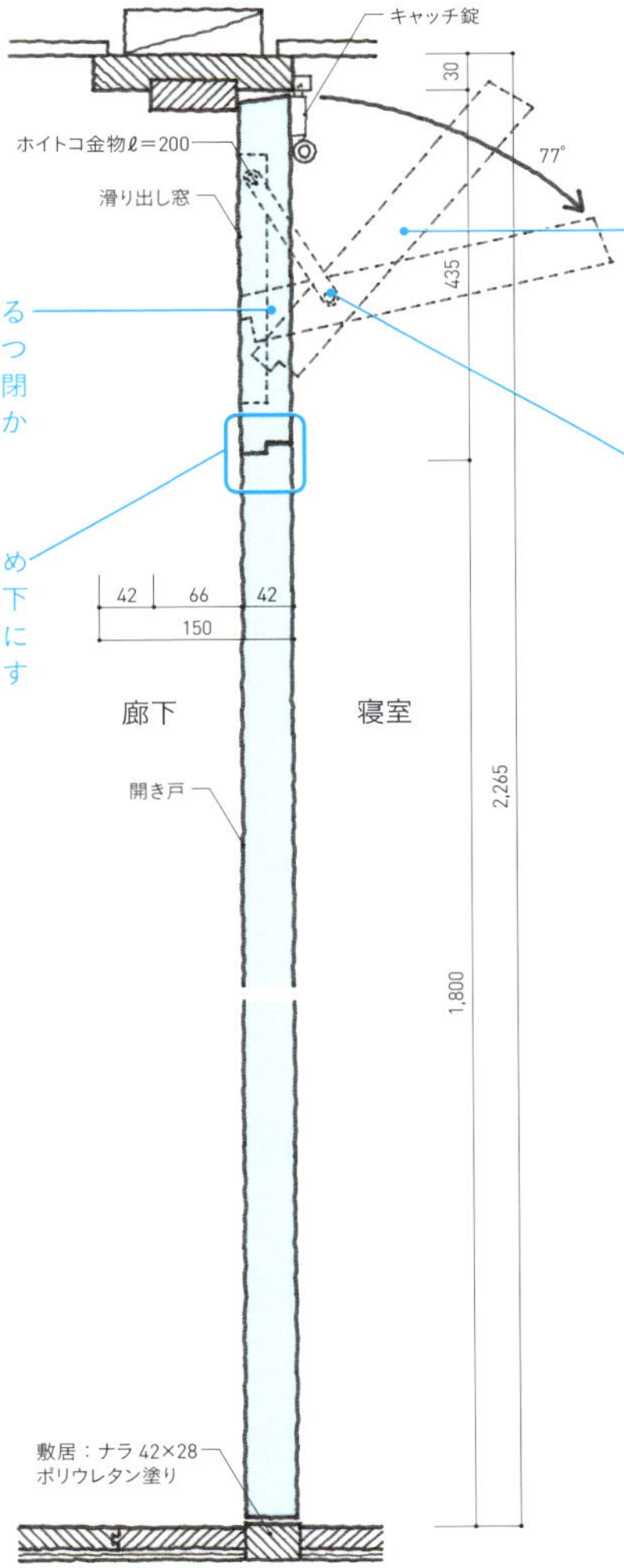

滑り出し窓を開けるときはキャッチのつまみを引っ張り、閉めるときは個室側から押せばOK

光の漏れを防ぐために、滑り出し窓の下端、開き戸の上端にしゃくりを入れます

個室のドアは、プライバシーの観点から閉めたままにしておくことが多いもの。ドア上に通風用の開口があるのがベスト

断面図

開き戸と一体感をもたせることもあり、ホイトコ金物を使用。貴重な建具金物の1つ

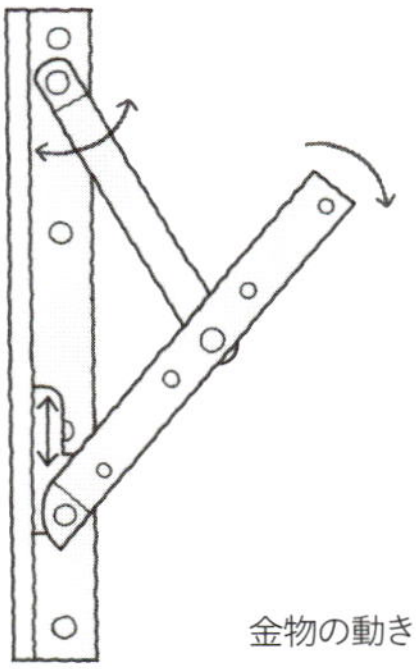

金物の動き

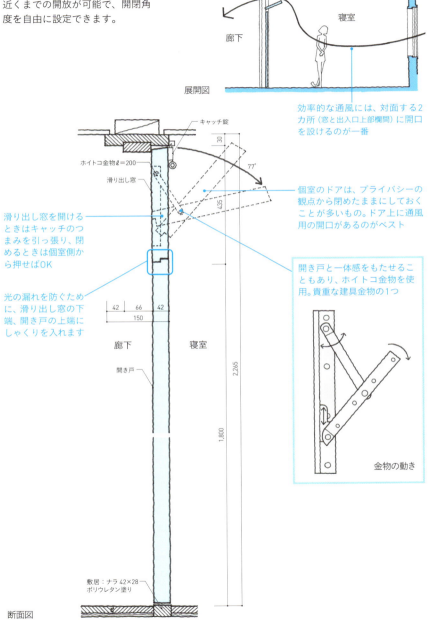

光や熱を調節できるトップライト

トップライト（天窓）は効率的な採光が望めます※。ただし、まぶしさと暑さへの対策が必要になります。

　トップライト下の天井面に、調光のための引込み戸を設けておくのも1つの手です。引き込む量を調整することで、光や熱の量をコントロールできます。さらに、光と影のパターンに変化をつけることもでき、空間全体の表情も豊かになります。引込み戸は内外で温度差が大きいので、断熱性の高い素材を使いましょう。

光の量をあやつる引込み戸

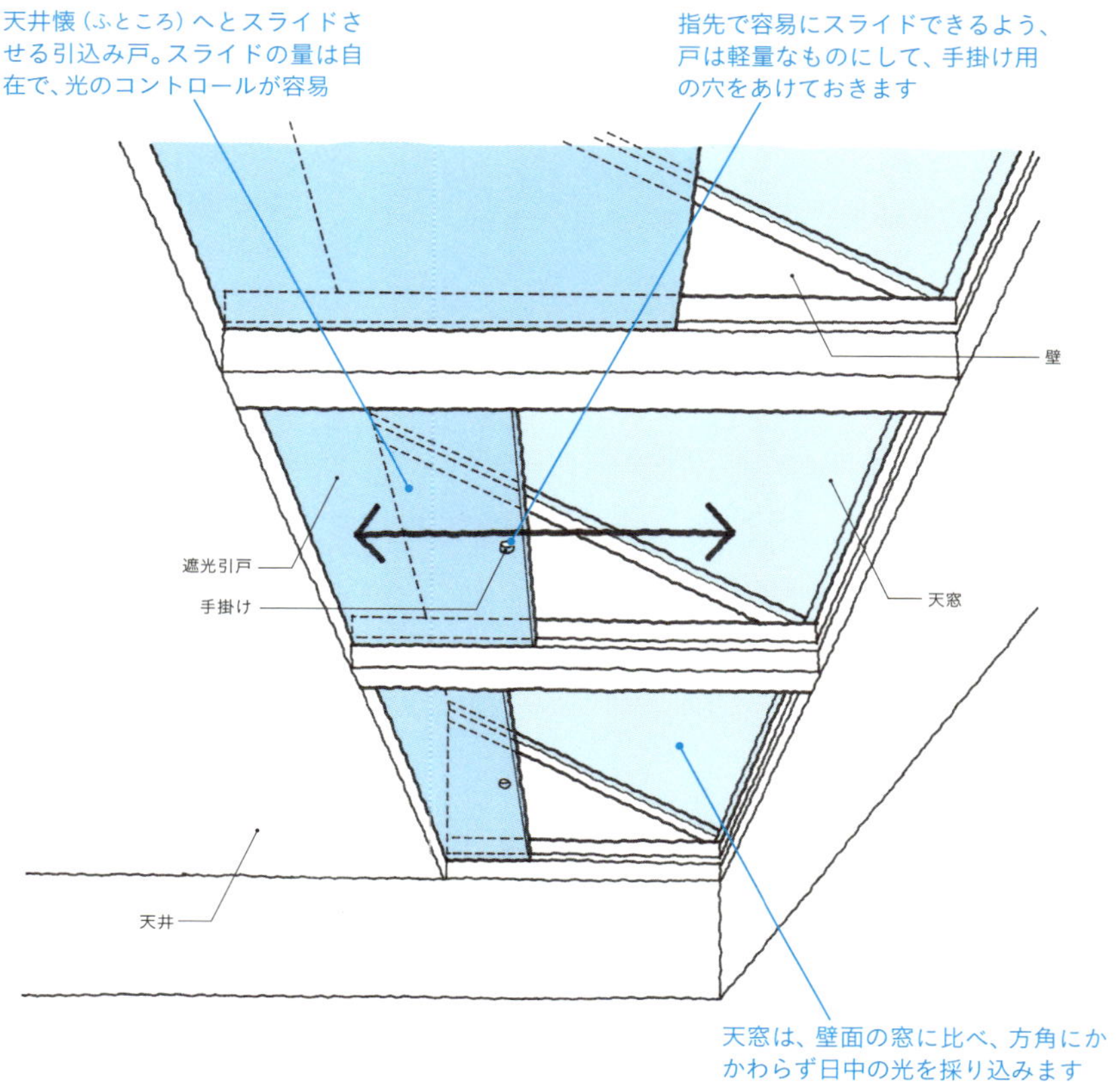
天井懐（ふところ）へとスライドさせる引込み戸。スライドの量は自在で、光のコントロールが容易
指先で容易にスライドできるよう、戸は軽量なものにして、手掛け用の穴をあけておきます
壁
遮光引戸
手掛け
天窓
天井
天窓は、壁面の窓に比べ、方角にかかわらず日中の光を採り込みます

※：建築基準法でも、トップライト（天窓）は壁面に設けた窓の3倍もの採光効果があると規定されています

寝室のトップライトには必須

寝室のトップライトは要注意。その位置によっては、安眠を妨げることもあるからです。窓にカーテンを取り付けるように、トップライトには引込み戸を設けたいもの。

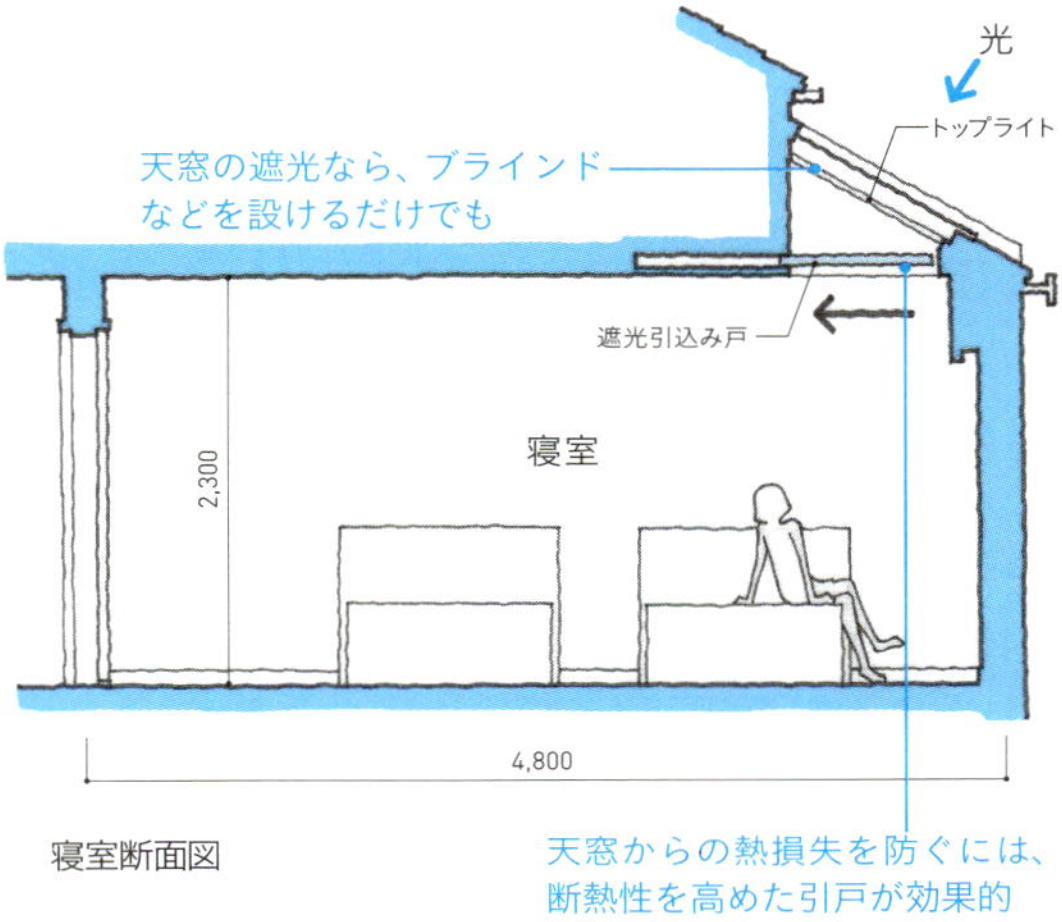

寝室断面図

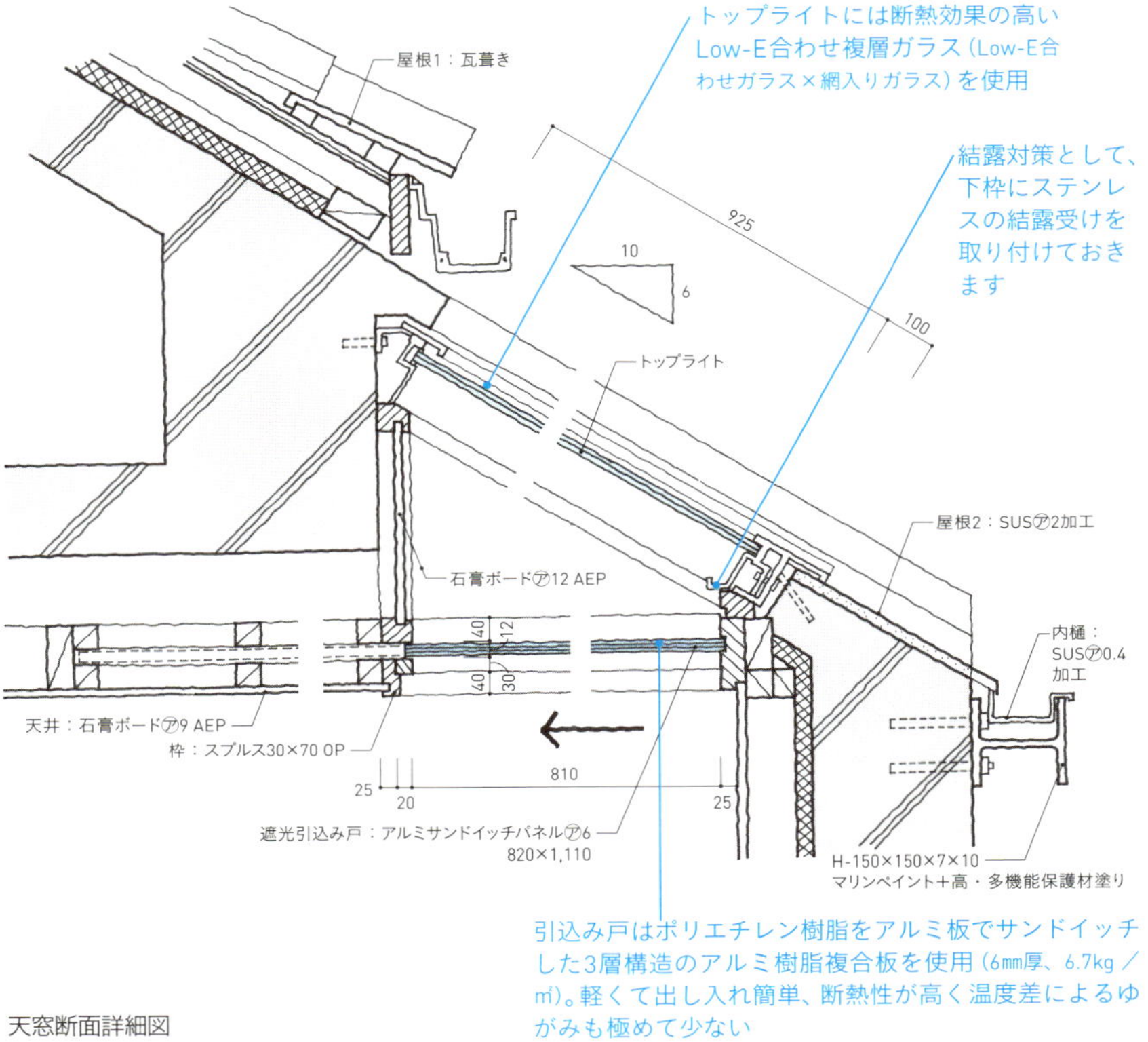

天窓断面詳細図

引戸で間取りを自由に

開口部に設ける開き戸や引戸。いずれも建具ですが、大きく異なるのが壁との関係。壁なしで開き戸は使えませんが、引戸は使えます。引戸そのものが壁になるからです。壁にも建具にもなる引戸は、取外しや移動も可能。この特長を生かせば、空間をフレキシブルに利用できます。

たとえば、小割りした子供部屋は、子どもが独立した後、使い方に迷うもの。引戸で間仕切っておけば、間取りを簡単に変えられて、部屋の用途も広がります。

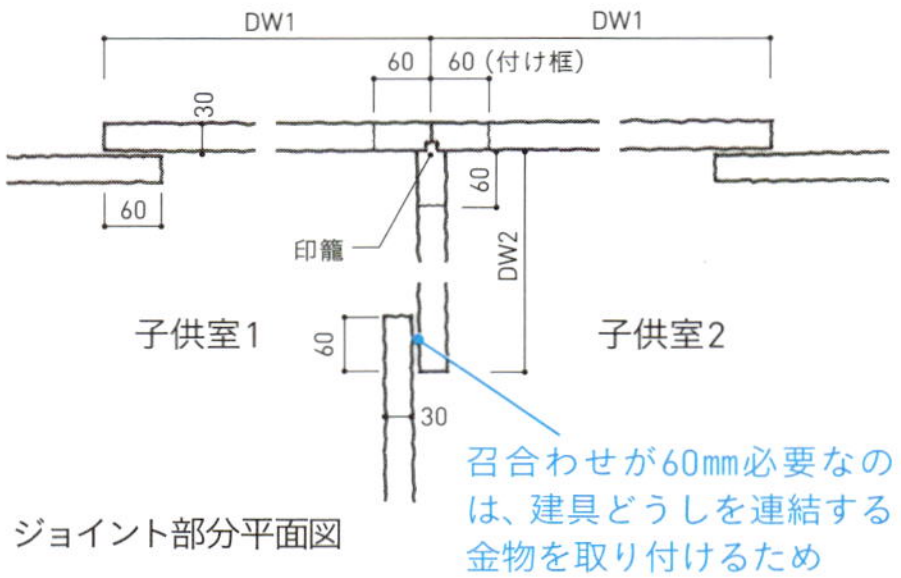
DW1
DW1
60
60（付け框）
30
60
60
印籠
DW2
子供室1
子供室2
60
30
召合わせが60mm必要なのは、建具どうしを連結する金物を取り付けるため

ジョイント部分平面図

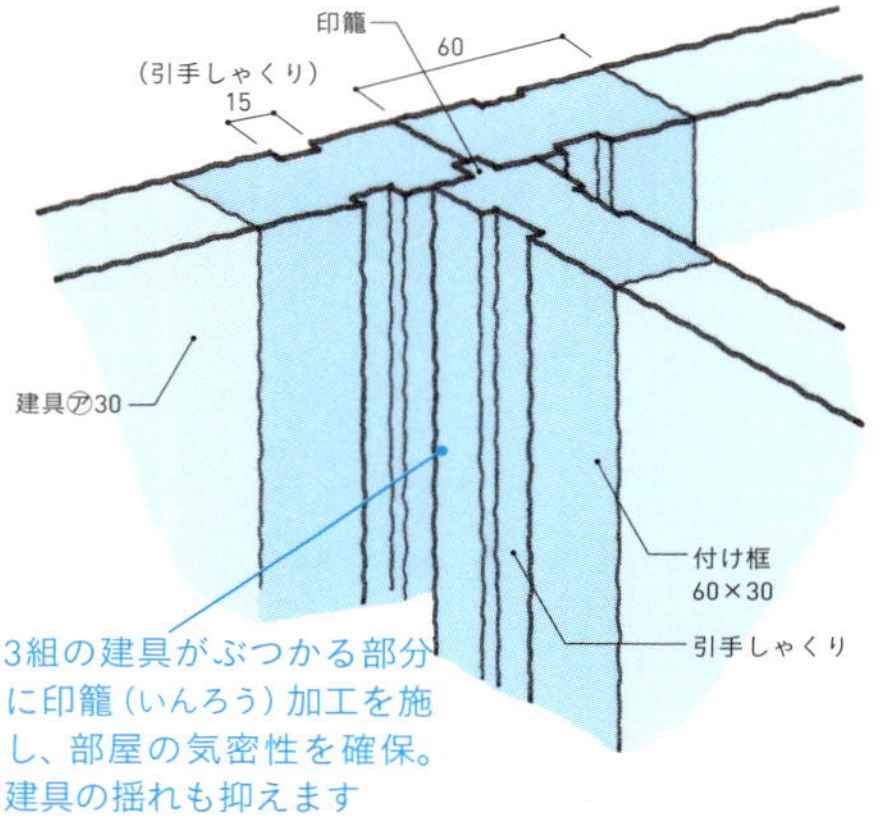
印籠
60
（引手しゃくり）
15
建具㋐30
付け框
60×30
引手しゃくり
3組の建具がぶつかる部分に印籠（いんろう）加工を施し、部屋の気密性を確保。建具の揺れも抑えます

ジョイント部分詳細図

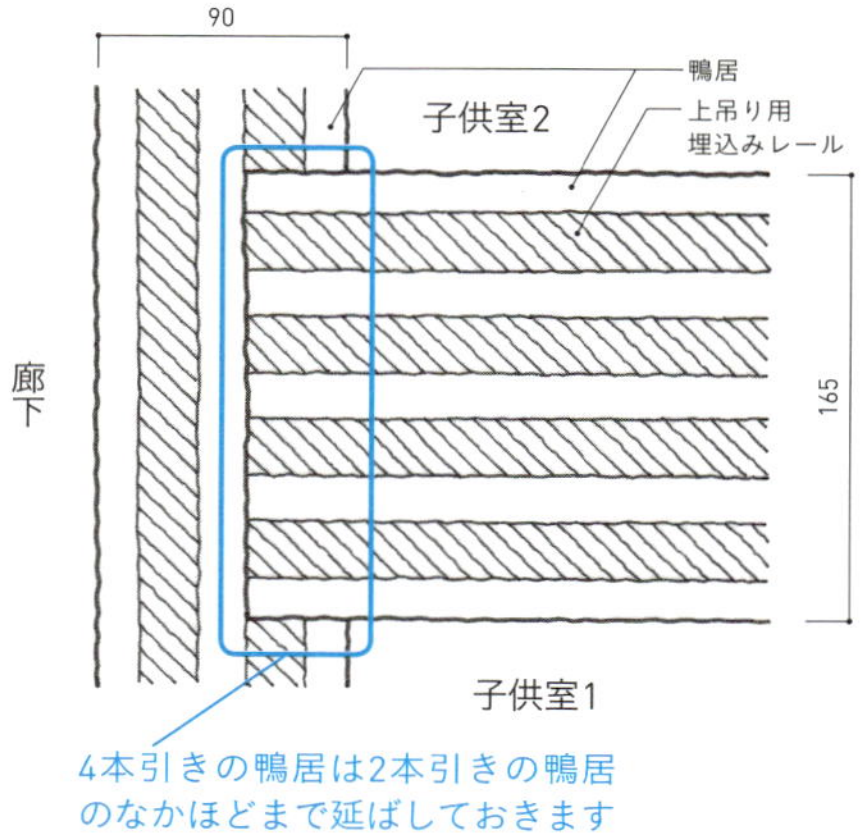
90
鴨居
上吊り用
埋込みレール
子供室2
廊下
165
子供室1
4本引きの鴨居は2本引きの鴨居のなかほどまで延ばしておきます

ジョイント部分鴨居見上げ図

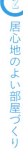

引戸で間仕切る子供室

間仕切る壁を引戸にすれば、空間を大きく使うこともできます。床にレールが出てこないよう、引戸は上吊りにしておきます。

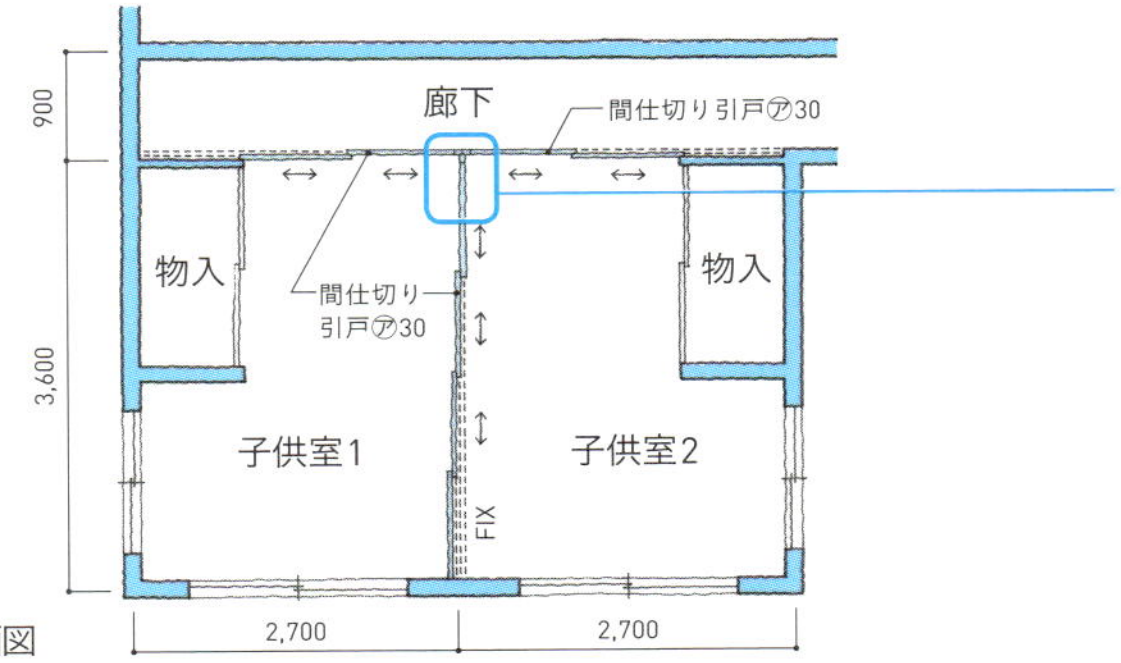

平面図

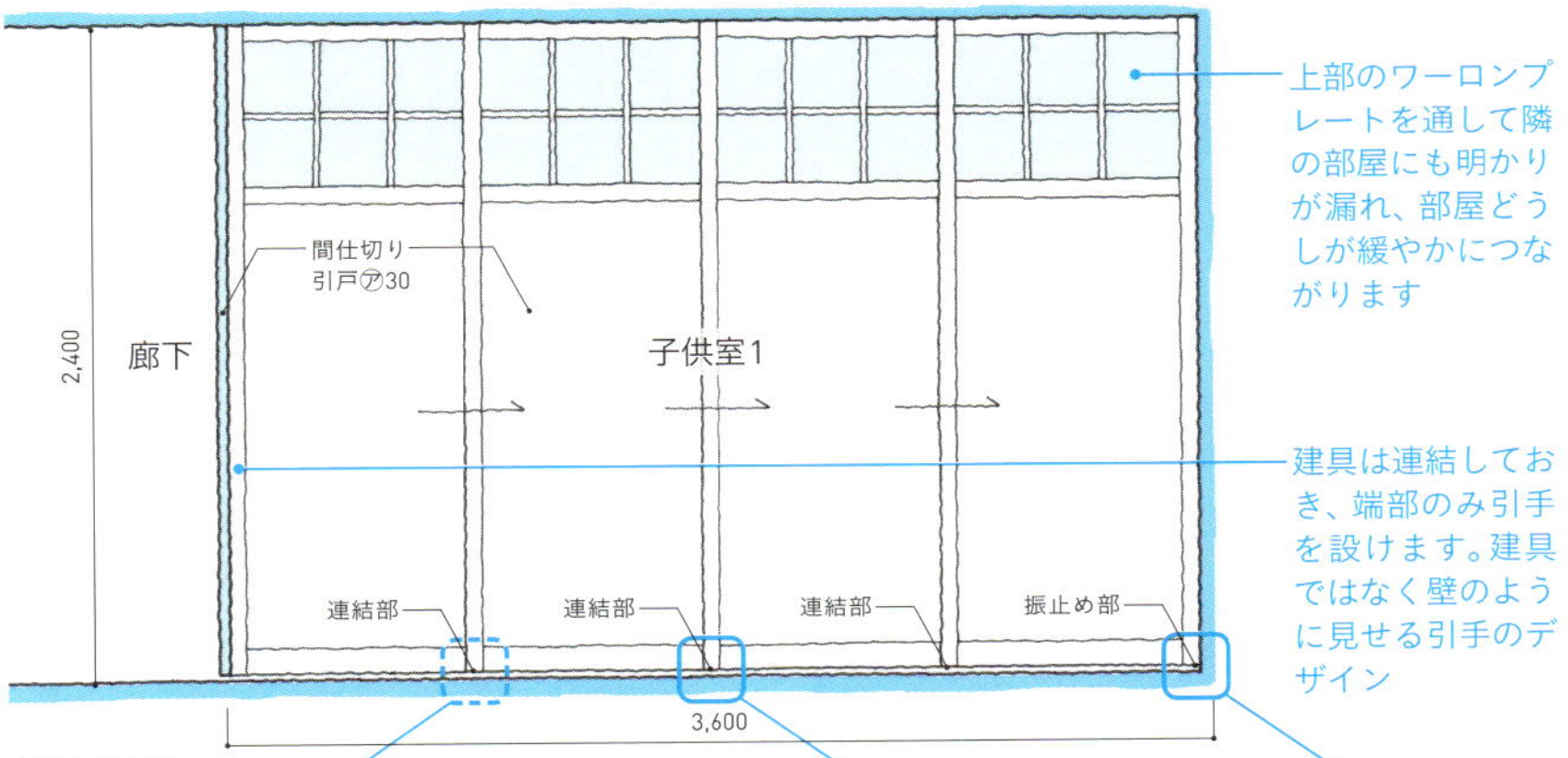

建具正面図

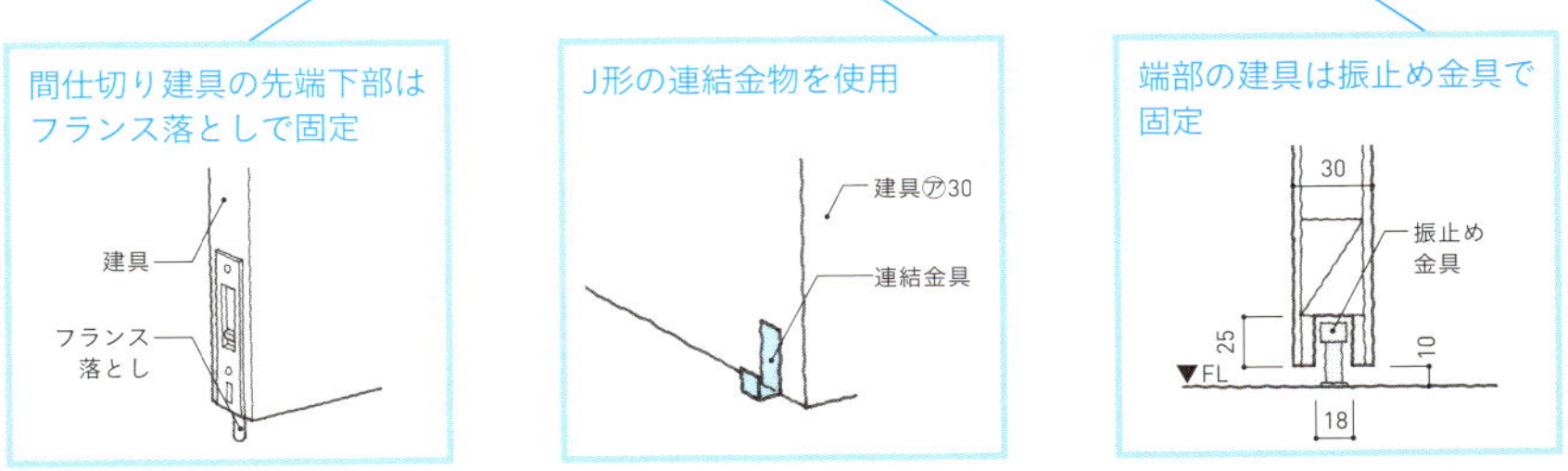

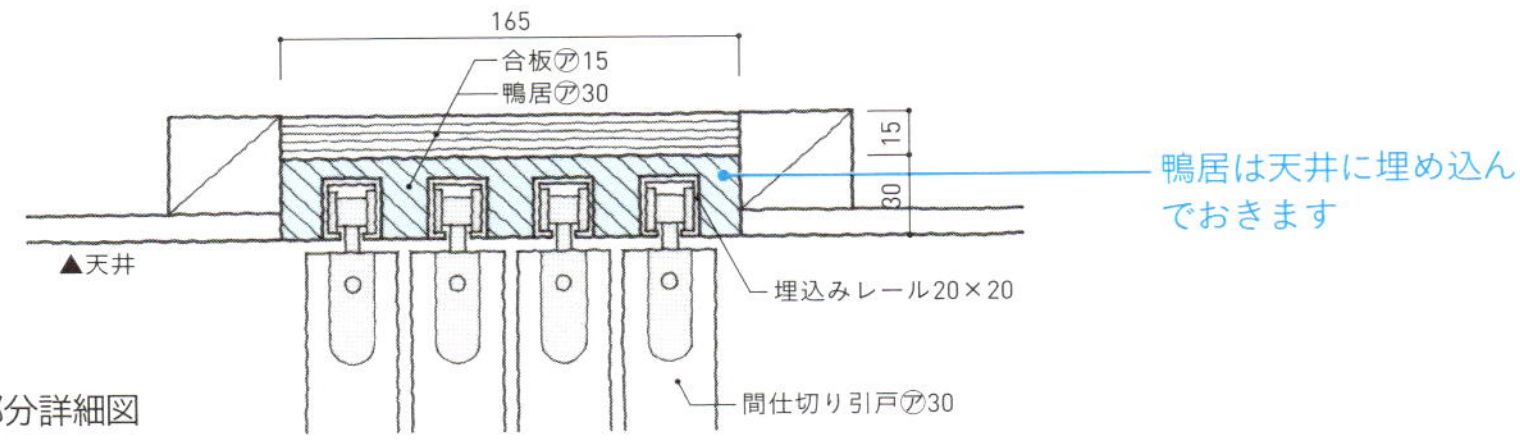

鴨居部分詳細図

防音室の答えは千差万別

木造の住宅はRC造に比べて軽量です。遮音性が低い※1ので、楽器を演奏する場合は、部屋の防音性能※2を高めておくとよいでしょう。防音するには遮音材と吸音材を用い、防振対策も施します。空気層を設けると遮音性が高まるので、天井裏などを有効に使います。仕様は期待する防音の程度などにより異なります。音響設計で最適な遮音と吸音のバランスを見つけることが肝心です※3。

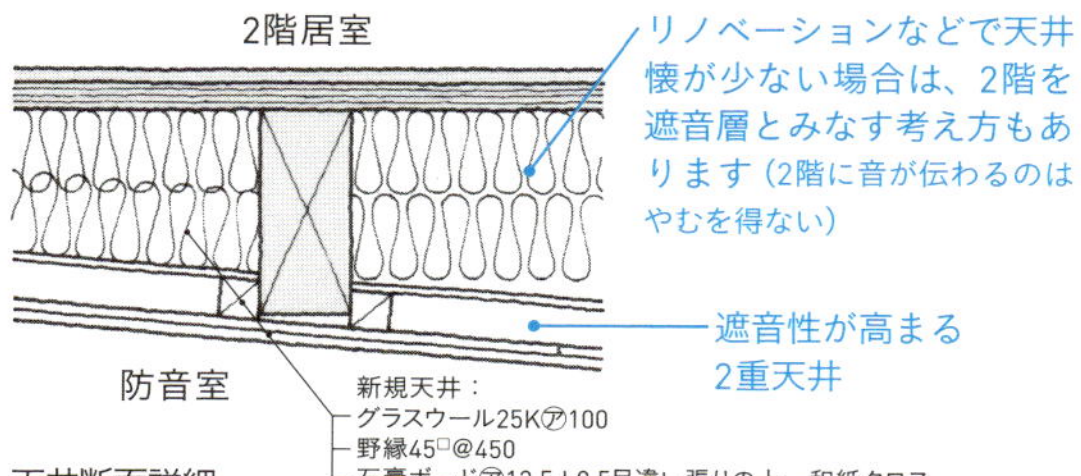
2階居室
リノベーションなどで天井懐が少ない場合は、2階を遮音層とみなす考え方もあります（2階に音が伝わるのはやむを得ない）
遮音性が高まる2重天井
防音室
新規天井：
グラスウール25K㋐100
野縁45□@450
石膏ボード㋐12.5+9.5目違い張りの上、和紙クロス

天井断面詳細

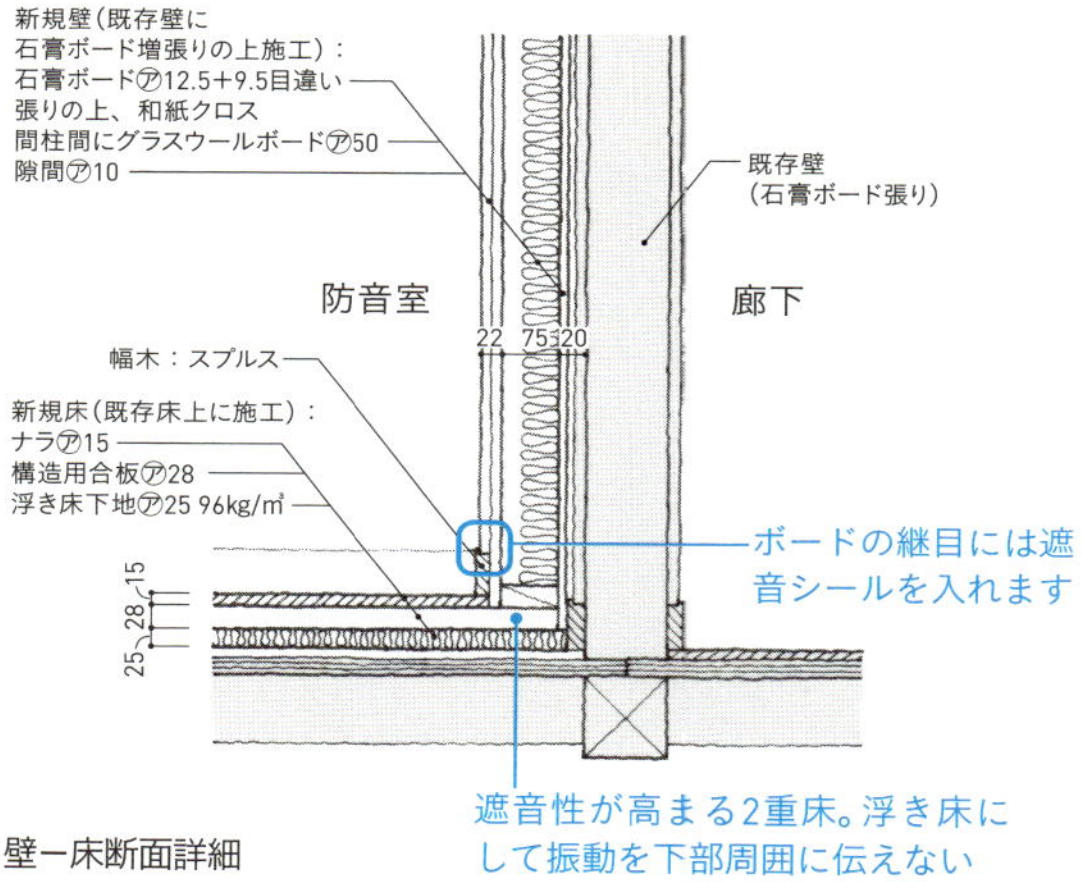
新規壁（既存壁に石膏ボード増張りの上施工）：
石膏ボード㋐12.5+9.5目違い張りの上、和紙クロス
間柱間にグラスウールボード㋐50
隙間㋐10
既存壁（石膏ボード張り）
防音室
廊下
22 75 20
幅木：スプルス
新規床（既存床上に施工）：
ナラ㋐15
構造用合板㋐28
浮き床下地㋐25 96kg/㎥
ボードの継目には遮音シールを入れます
25 28 15
遮音性が高まる2重床。浮き床にして振動を下部周囲に伝えない

壁ー床断面詳細

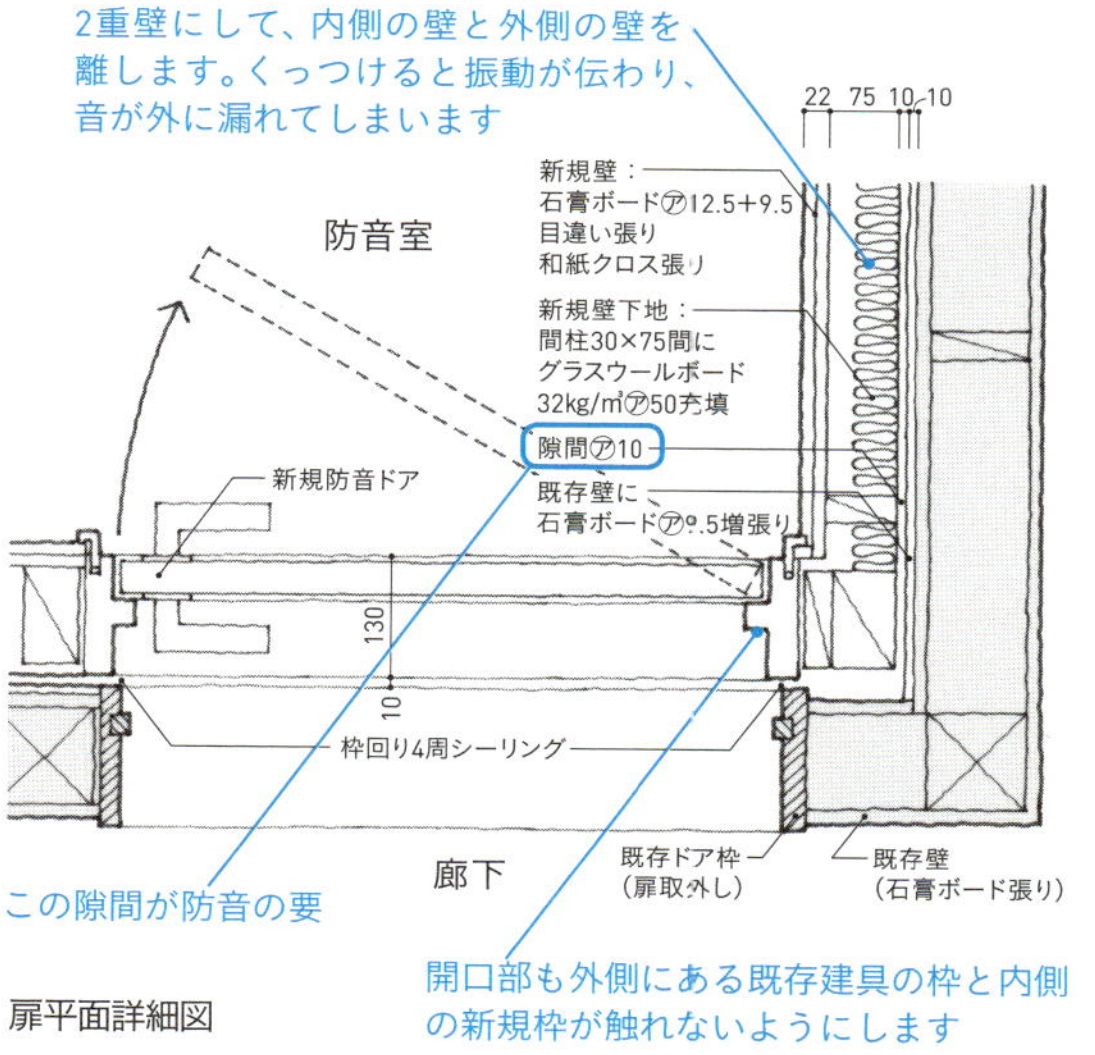
2重壁にして、内側の壁と外側の壁を離します。くっつけると振動が伝わり、音が外に漏れてしまいます
22 75 10 10
防音室
新規壁：
石膏ボード㋐12.5+9.5目違い張り
和紙クロス張り
新規壁下地：
間柱30×75間に
グラスウールボード
32kg/㎥㋐50充填
隙間㋐10
新規防音ドア
既存壁に
石膏ボード㋐9.5増張り
130
10
枠回り4周シーリング
廊下
既存ドア枠（扉取外し）
既存壁（石膏ボード張り）
この隙間が防音の要
開口部も外側にある既存建具の枠と内側の新規枠が触れないようにします

扉平面詳細図

※1：一般に単位面積当たりの重量が増すほど遮音性は高くなります
※2：簡単にいうと、防音とは、音の反響を吸収し（吸音）、音を遮断する（遮音）すること

リノベーションで防音室をつくる

音の波（振動）を伝えない、それには入れ子（2重）構造にして
防音室内と外との縁を切ることが必要です。

図のように防音扉を内側に1枚取り付ける場合もあれば、さらに一般扉を外側にプラスする場合も。後者の場合、重い防音扉は通常あけておき、出入りには一般扉を使います

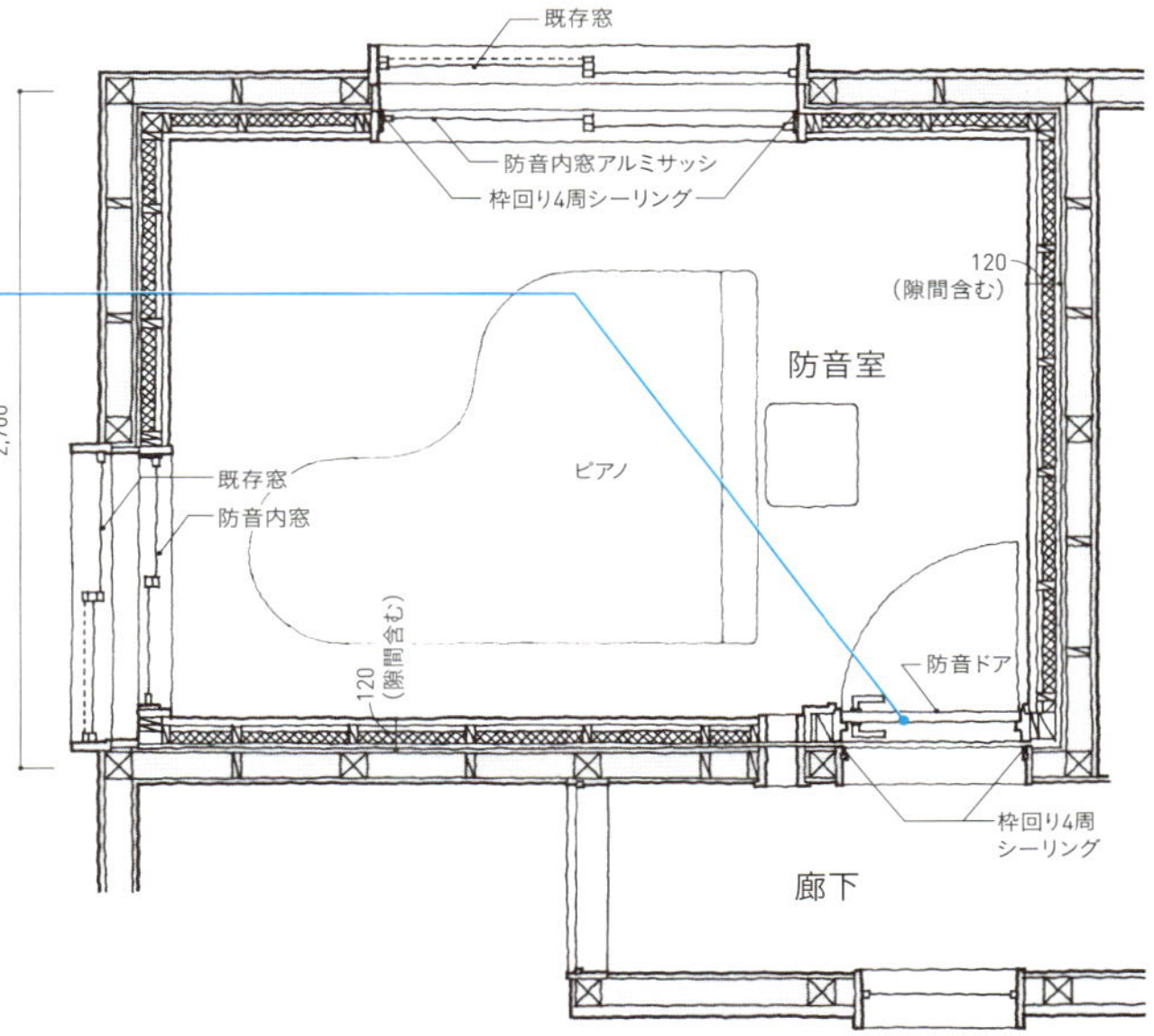

防音室平面図

ここでは斜め天井にして音のバランスを取っています。音響設計は反響の程度をデザインすることでもあります

天井内で音が増幅すると太鼓状態になるので、断熱材を密に入れて防ぎます

開口部は気密性を上げるため、2重（2重サッシ、2重ドア）にしシーリングを施します。ハンドルなども気密性が高いものを

重量のある楽器などを設置する場合は束を増やして補強

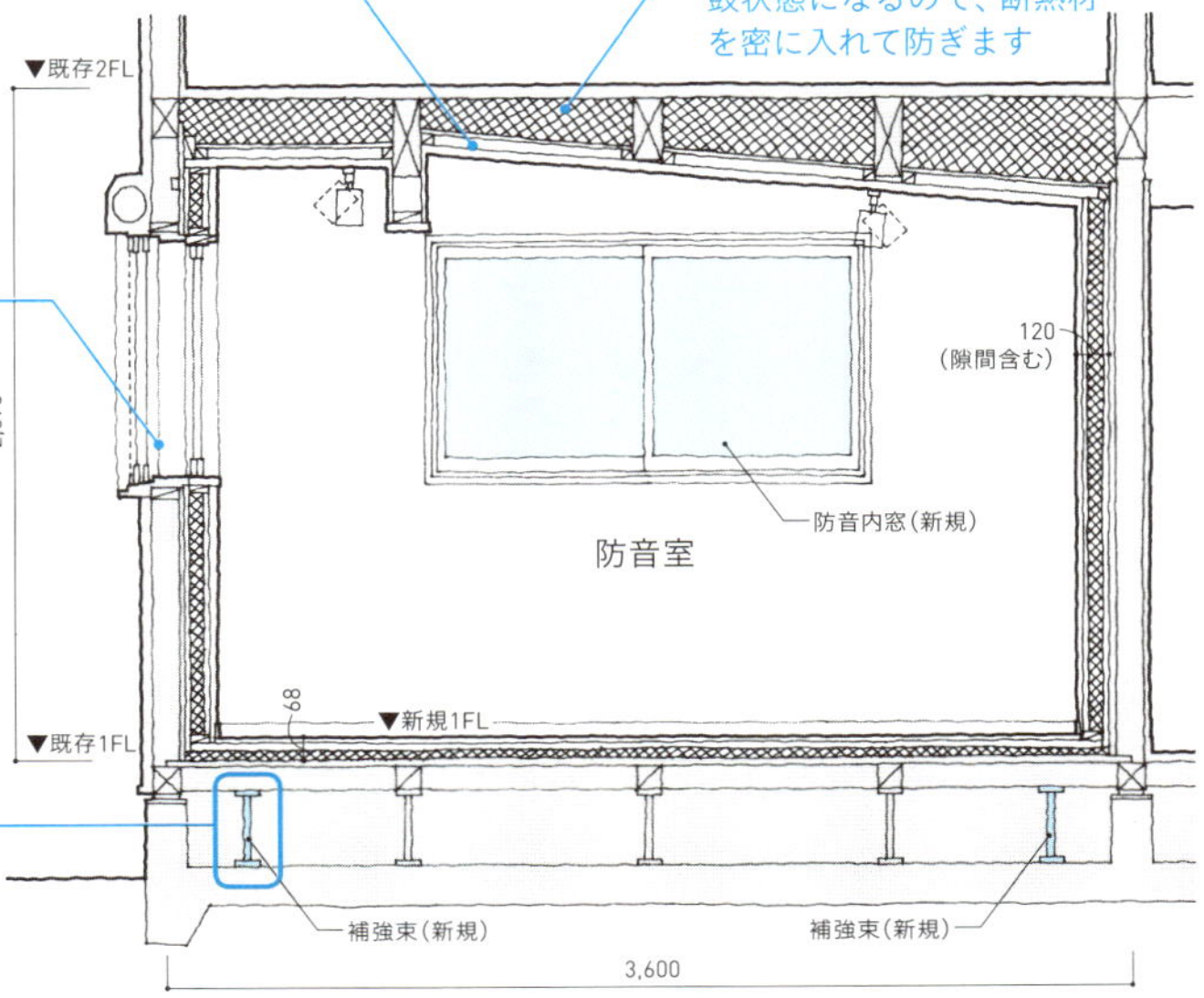

防音室断面図

※3：壁・天井の吸音・反射比率は使用する楽器によっても異なります。完成時に実演奏を行ったうえで、カーテンを吊るしたり、吸音パネルを取り付けるなどして補正することも想定しておきましょう

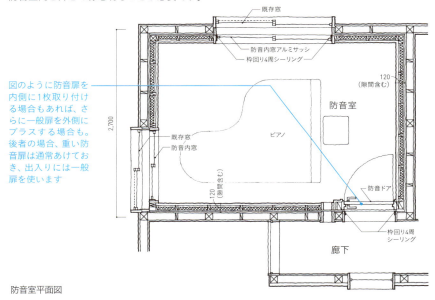

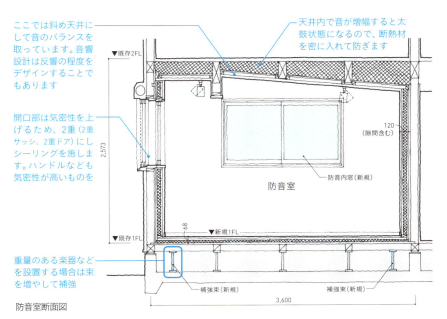

幅木《はばき》は既製の見切りで軽やかに

幅木とは、床材と壁材を見切る部材のこと。壁端部を保護する役目もありますが、室内をすっきり見せるには、あまり目立たせたくないものです。

　シンプルに納めるには、幅木に「既製の天井見切り材」※を使う方法があります。天井では目障りになりがちなこの製品も、壁や床に用いると軽やかな印象となり、なかなかよいのです。樹脂製とアルミ製がありますが、いずれも塗装が可能で、内装と合わせることができます。

横を縦に使う？　発想は柔軟に

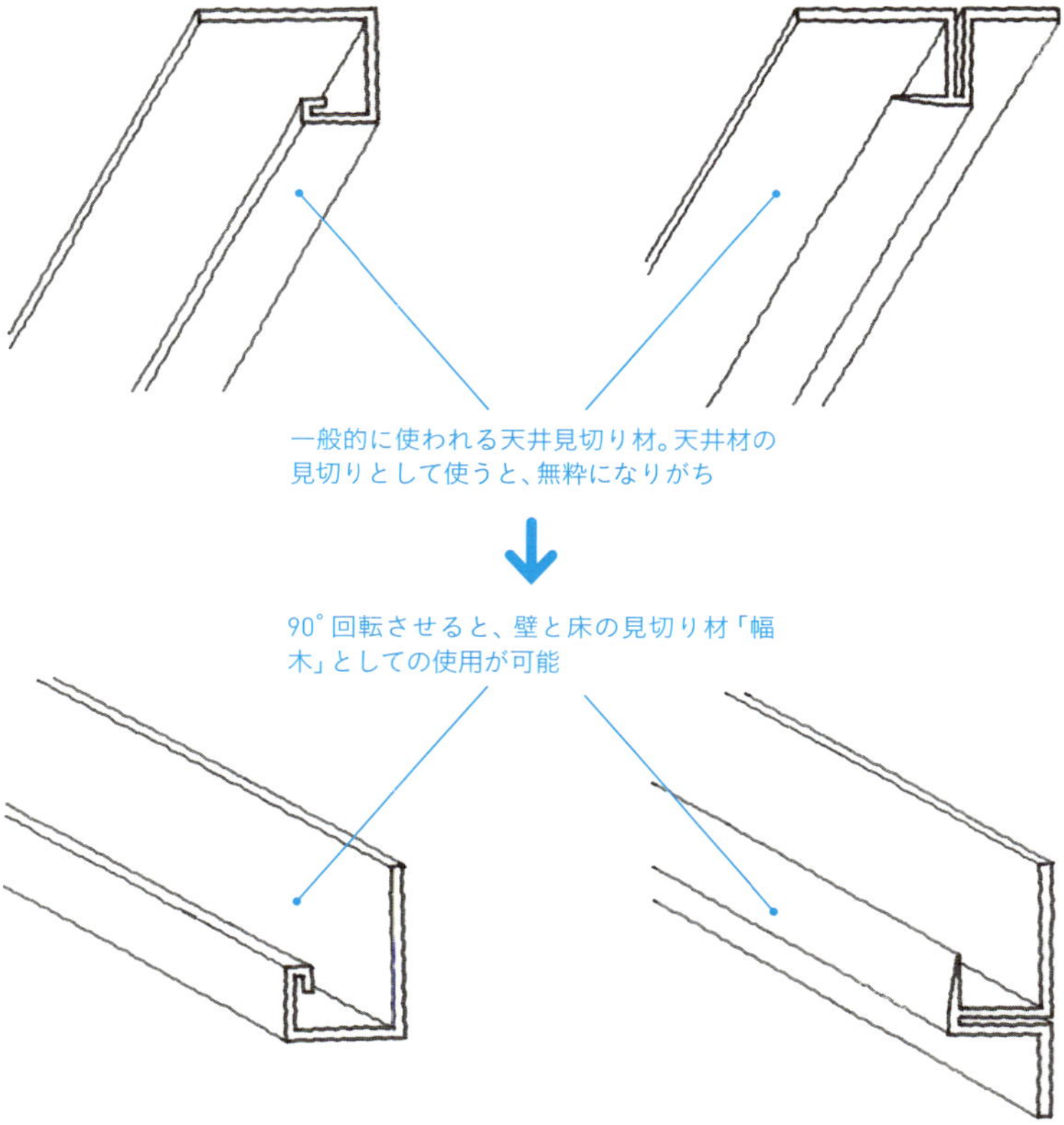
一般的に使われる天井見切り材。天井材の見切りとして使うと、無粋になりがち
90°回転させると、壁と床の見切り材「幅木」としての使用が可能

※：天井見切り材とは、天井材と壁材を見切る部材のこと

天井見切り材を幅木に使う

既製品の天井見切り材を壁見切り材として使用します。机やイスの脚が当たる場合や、ある程度の強度がほしい場合には、アルミ製のものを選択したい。

クロス壁の場合

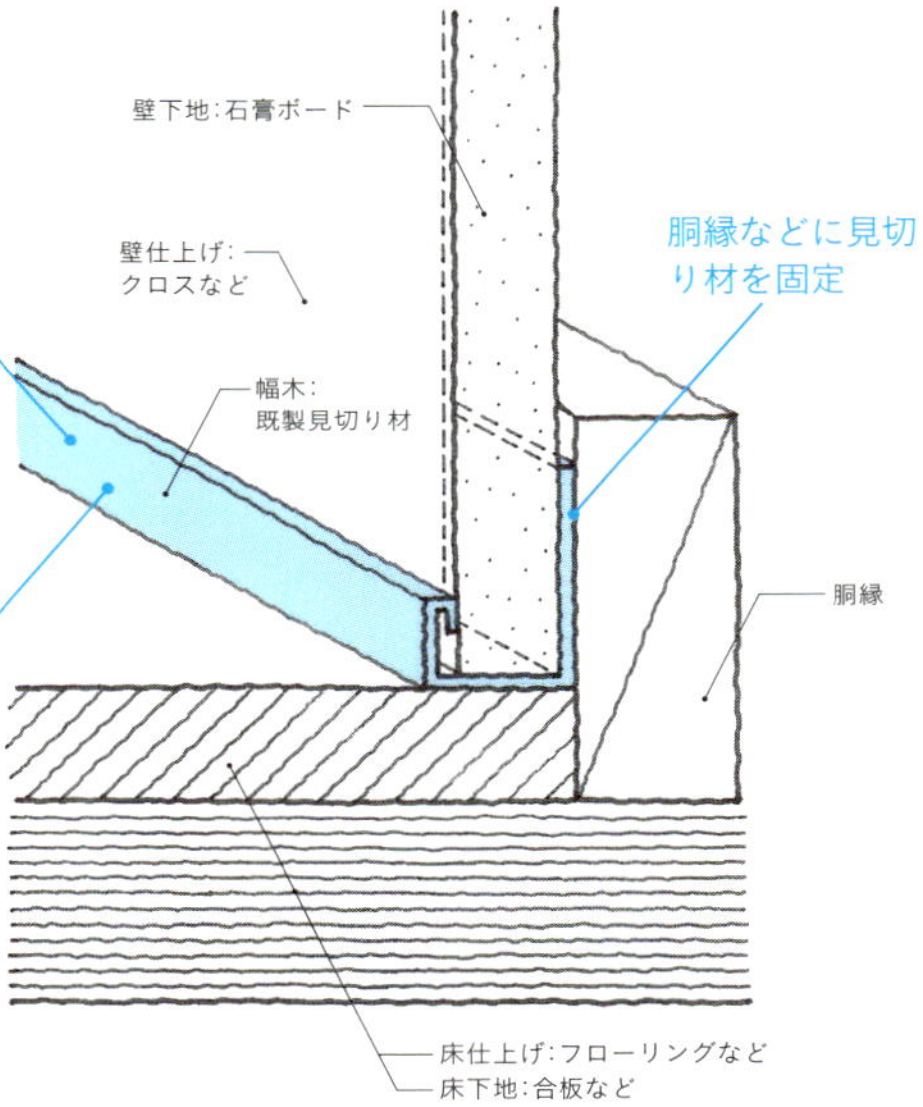

壁下地:石膏ボード
壁仕上げ:クロスなど
図の形状だと、見切り材への塗装はやや困難
胴縁などに見切り材を固定
幅木:既製見切り材
胴縁
樹脂製は白色、アルミ製はシルバー色が基準色
床仕上げ:フローリングなど
床下地:合板など

床廻り断面パース

塗り壁の場合

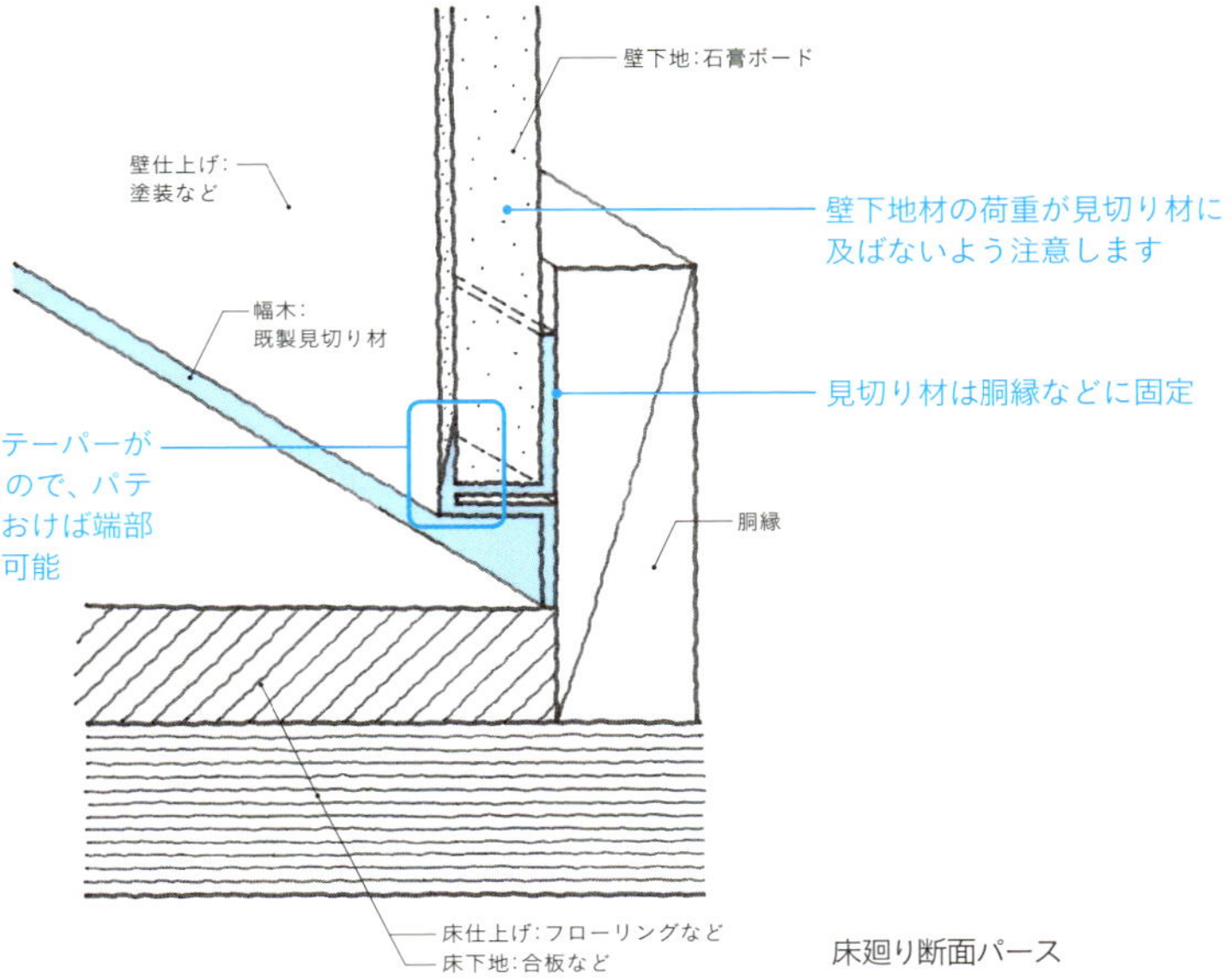

壁下地:石膏ボード
壁仕上げ:塗装など
壁下地材の荷重が見切り材に及ばないよう注意します
幅木:既製見切り材
見切り材は胴縁などに固定
見切り材にテーパーがついているので、パテ仕上げしておけば端部まで塗装が可能
胴縁
床仕上げ:フローリングなど
床下地:合板など

床廻り断面パース

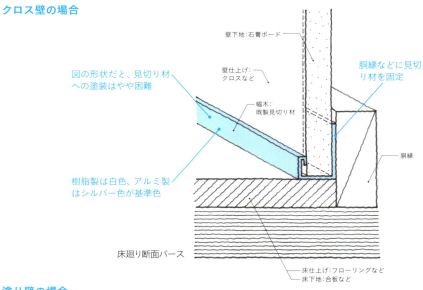

繊細な障子が和室を際立たせる

木材で建具をつくる場合、まず「木は狂う」ことを知っておきましょう。板目《いため》の木材※は樹皮側を木表《きおもて》、樹心側を木裏《きうら》といい、乾燥すると木表側に凹状に反ります。木の性質を踏まえ、適材適所に使い分けることが必要です。

障子は、組子《くみこ》をはじめ部材寸法が小さく、特に反りやすい建具。比較的狂いにくく、加工しやすい柾《まさ》目《め》材※を使用します。ここでは、長い歴史のなかで培われてきた、「滑らかな動きを保つための工夫」を紹介します。

障子(腰付き障子)の部材を知ろう

明かり採りなる障子は、軽やかさが持ち味。部材は小さくなりがちですが、反りを考えると標準的な寸法は決まってきます。上桟は36～42×30mm、下桟は45～60×30mm程度

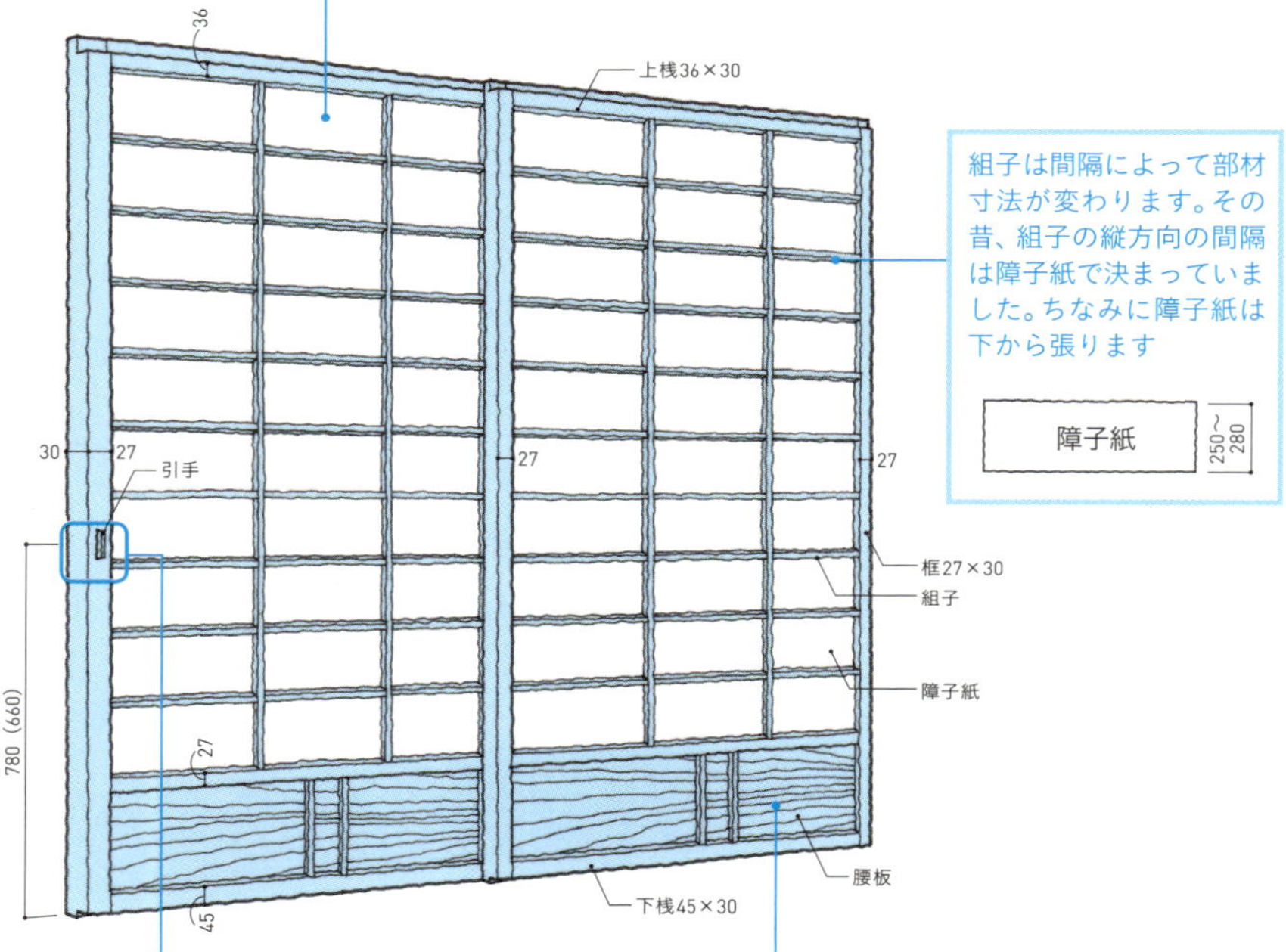
36
上桟36×30
30
27
引手
27
27
框27×30
組子
障子紙
27
780（660）
腰板
下桟45×30
45
組子は間隔によって部材寸法が変わります。その昔、組子の縦方向の間隔は障子紙で決まっていました。ちなみに障子紙は下から張ります
障子紙
250～280

立って建具を開け閉めすることが多いなら、引手の高さは78cm。座って開け閉めするなら66cm

腰板の入った障子が腰付き障子。腰板は障子紙の破れ防止と、戸の重心を下げる効果があります

※：丸太の製材方向によって板目材と柾目材が生じます。年輪に対し垂直方向に製材する柾目材は、木目が平行に入ります

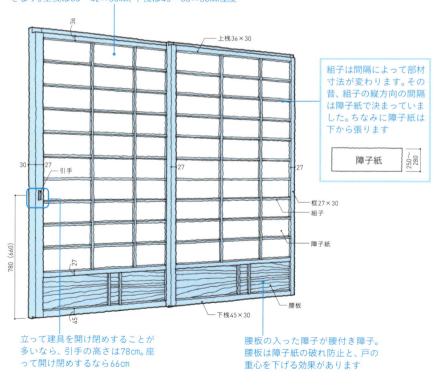

「狂い」を逆手に取ろう

木表・木裏を使い分ける

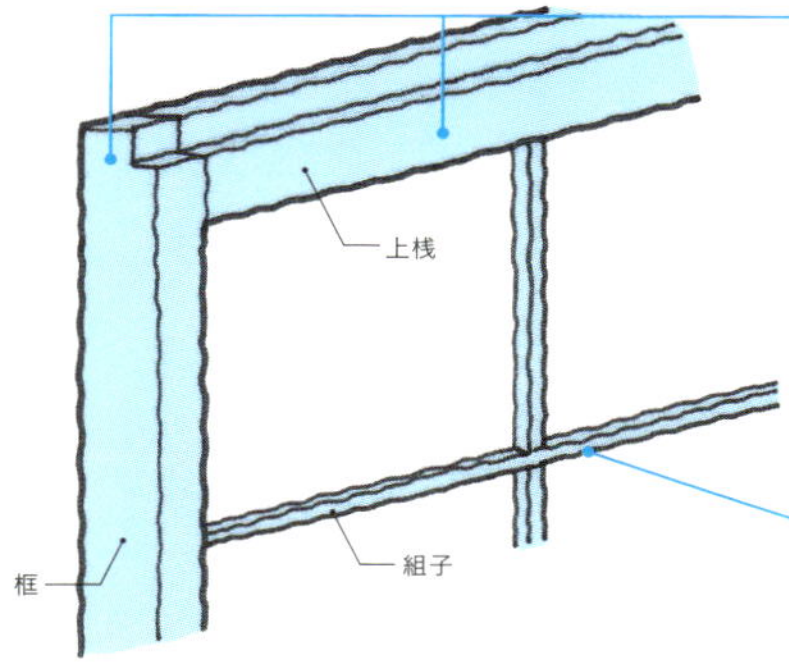

建具の桟と框は建具内側に木裏を見せます。内側に向かって凸状に起（むく）るので、組子が抜けにくくなります

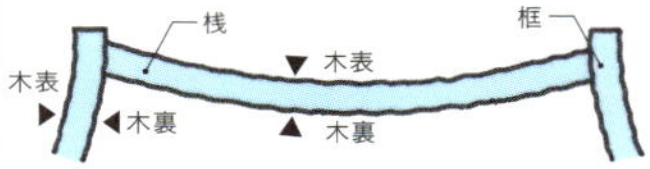

組子は見付けを柾目にすると湾曲するのでNG。組子は相欠き*にすると、反り止めにも

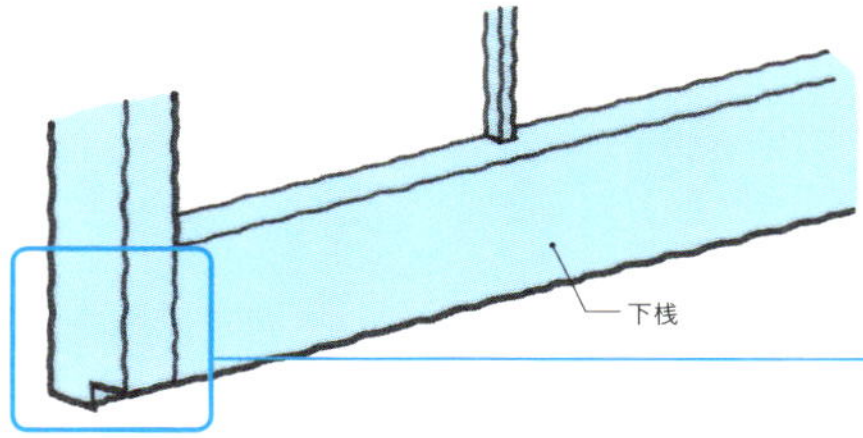

框は桟より伸ばしておくと、木口が見えなくなります。引手に加わった力を敷居に直接伝えることもできます

枠と建具の関係

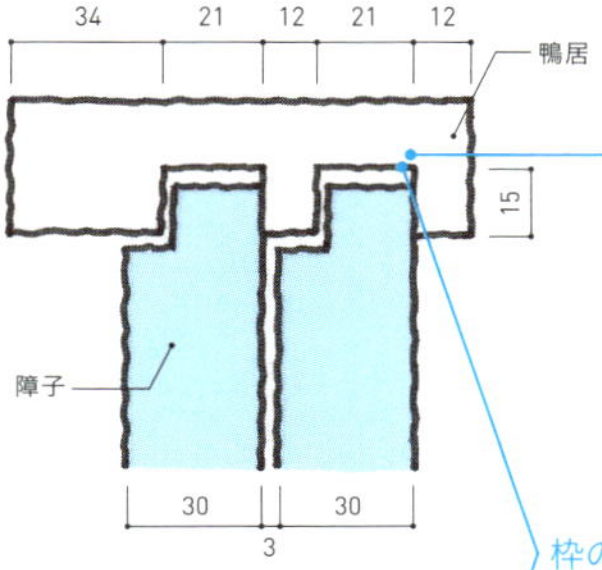

枠（鴨居・敷居）は建具側に木表を見せると、凹状に反ります。建具の反りと逆なので、動きが重くならずにすみます。また、木表面はささくれが少なく滑りもよいのです

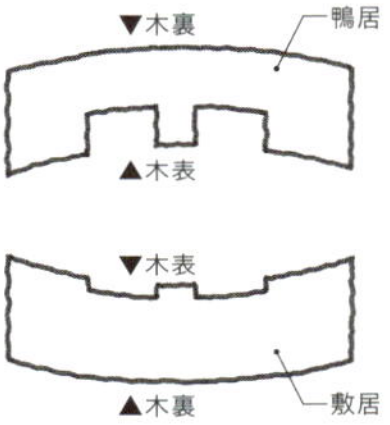

枠の溝や建具のしゃくり部分にロウを塗ると、動きがスムーズに

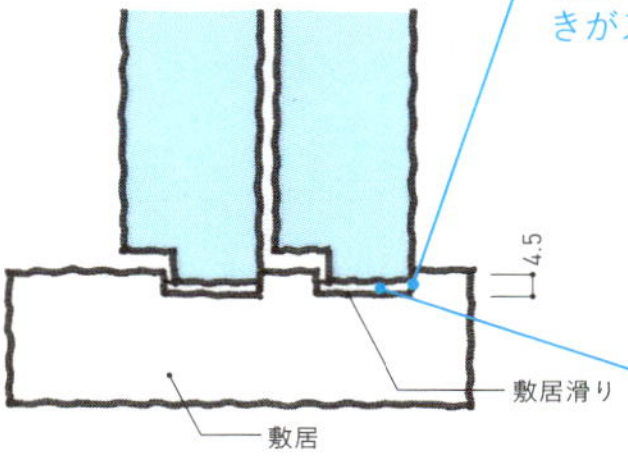

建具どうしの隙間を狭めるため、どぶ溝（右図）とせず、桟にしゃくり加工を施します。溝には敷居滑りを取り付けます

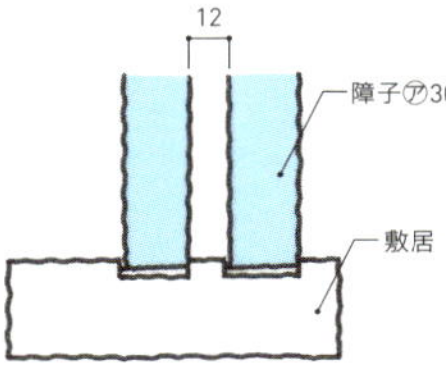

＊：相欠きとは、2つの部材それぞれに欠込みを入れて合わせる接合方法のこと

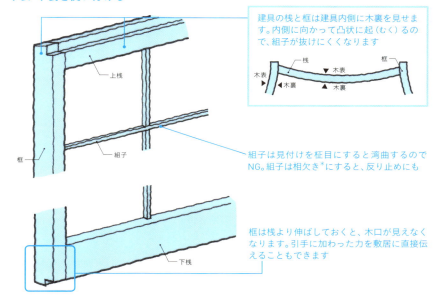

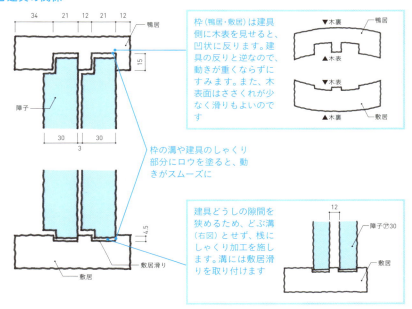

和風にも洋風にも合う板戸

板戸は、その構造から框戸《かまちど》、桟《さん》戸《ど》、フラッシュ戸に大別されます。框戸とフラッシュ戸は、使用する樹種や開閉形式によって、和風にも洋風にも見せることができます。一方、桟戸は軽さを極めた建具。一般的に和風空間では見た目の軽さが求められるので、桟戸が重宝されます。和風建具らしさを追求するなら、丁番や錠といった金物を見せないようにしたいものです。ここでは、現在多用されているフラッシュ戸と桟戸の一つ舞良戸《まいらど》のつくり方を紹介します。

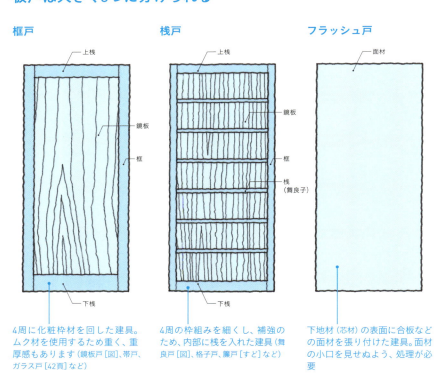

板戸は大きく3つに分けられる

框戸　桟戸　フラッシュ戸

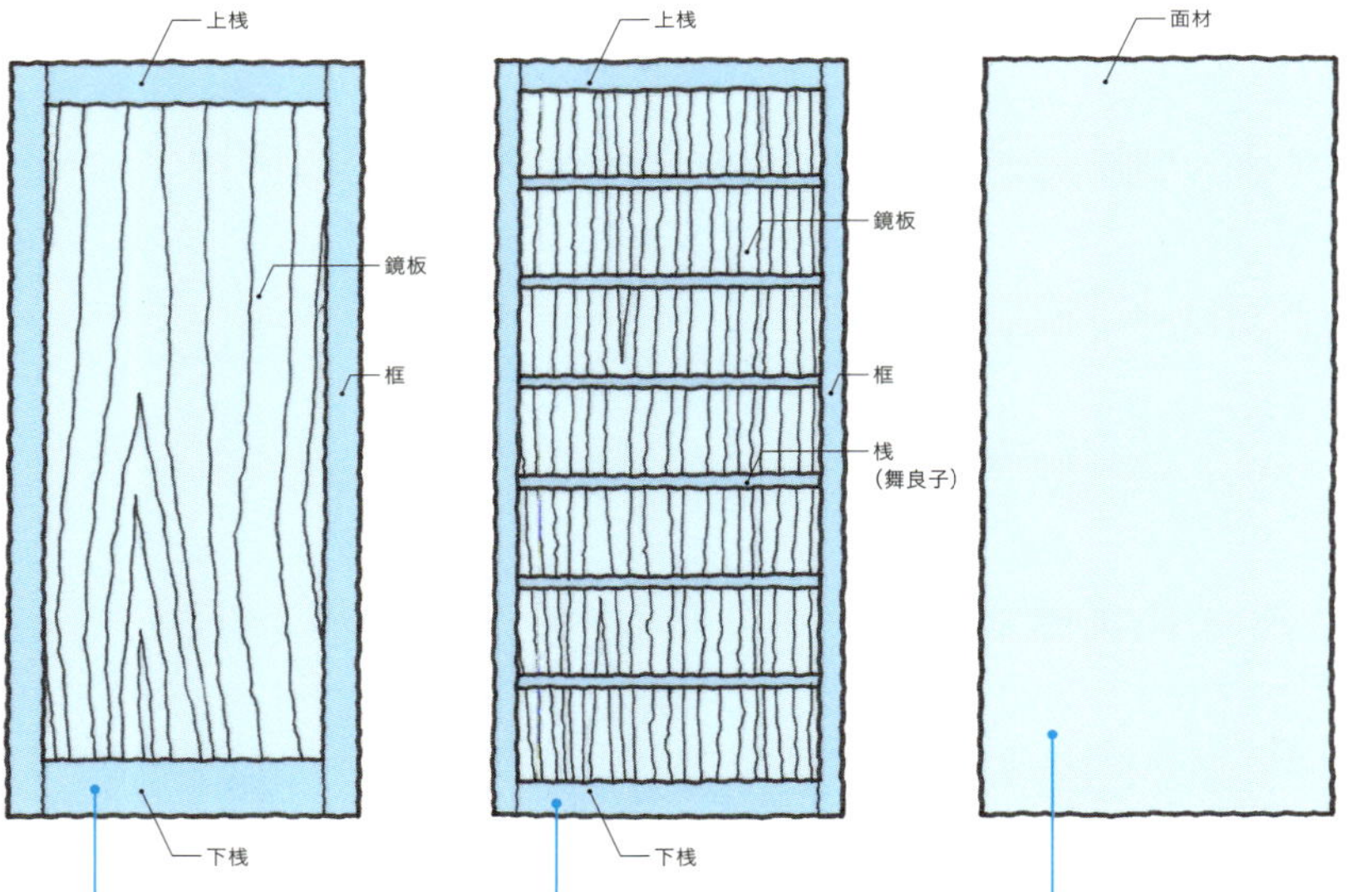

框戸：4周に化粧枠材を回した建具。ムク材を使用するため重く、重厚感もあります(鏡板戸[図]、帯戸、ガラス戸[42頁]など)

桟戸：4周の枠組みを細くし、補強のため、内部に桟を入れた建具(舞良戸[図]、格子戸、簾戸[すど]など)

フラッシュ戸：下地材(芯材)の表面に合板などの面材を張り付けた建具。面材の小口を見せぬよう、処理が必要

特長のある板戸をつくる

木らしさのあるフラッシュ戸

扉の小口は3方をムク材の大手張り。表にも見せることで味が出ます

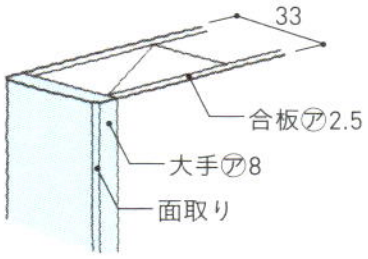

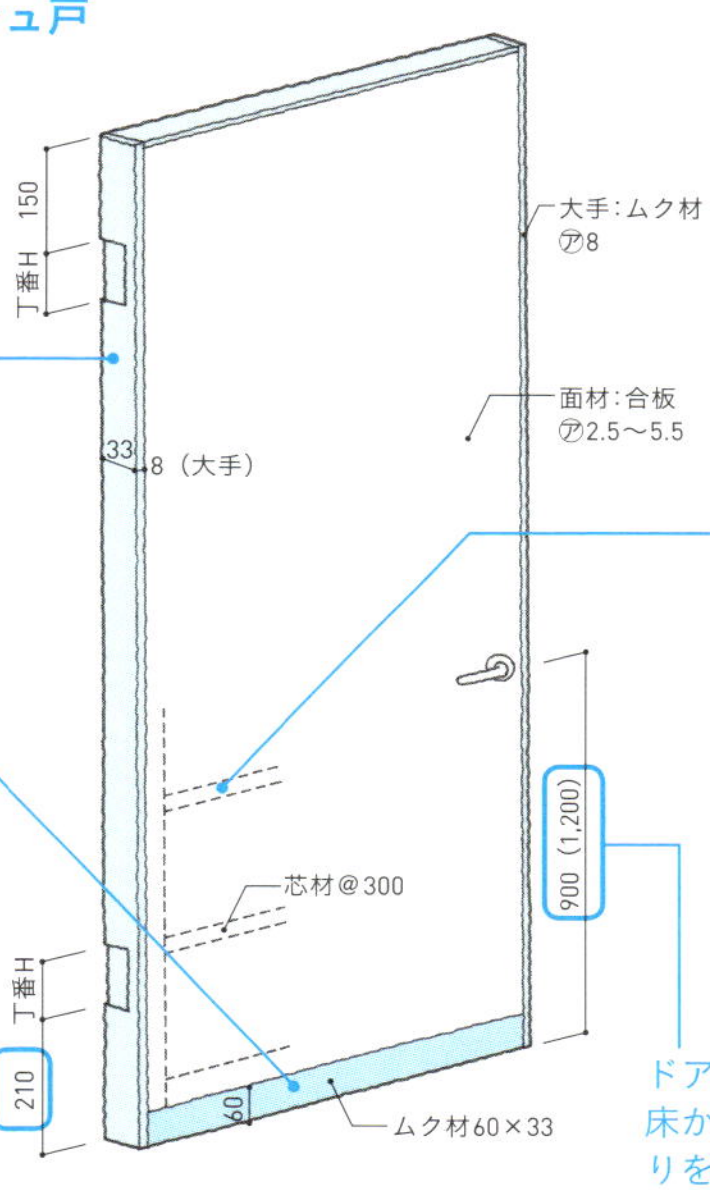

芯材は変形の少ない集成・積層材（LVL）やMDFを使用。強度を考え30cmピッチで桟木を入れます

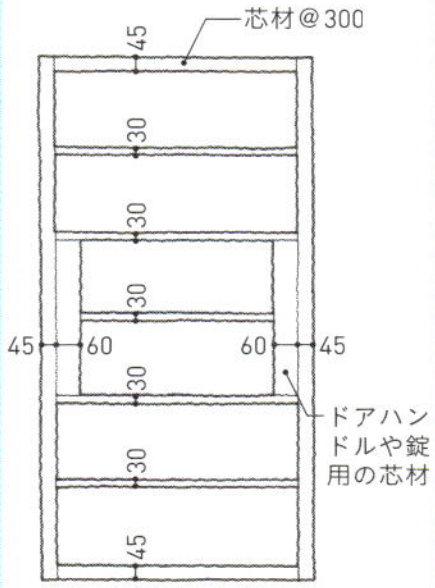

扉下部はムク材を使用。デザイン上の効果のほか、防腐効果もあり水廻りや外廻りにも向きます

丁番の位置はメンテナンスを考慮して決めます。建具・木枠ともホゾを入れること

ドアハンドルの高さは、通常、床から90cm。袖先の引っ掛かりを考慮するなら120cm以上

金物を見せない舞良戸

舞良子は木裏を鏡板に向ける。起（むく）りを利用して板面を押して、建具の反りを防ぎます

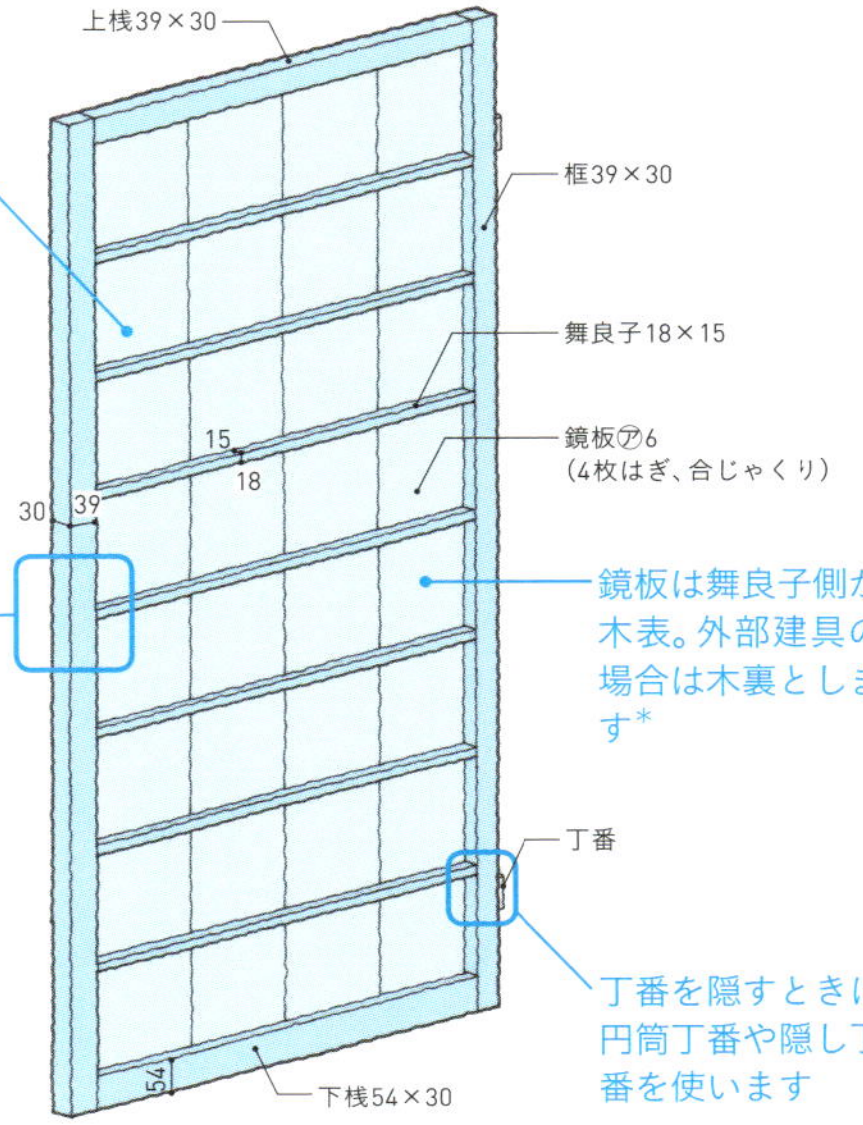

横桟（舞良子）を柱の穴に差し込んで戸締まりする、猿（さる）という仕掛け

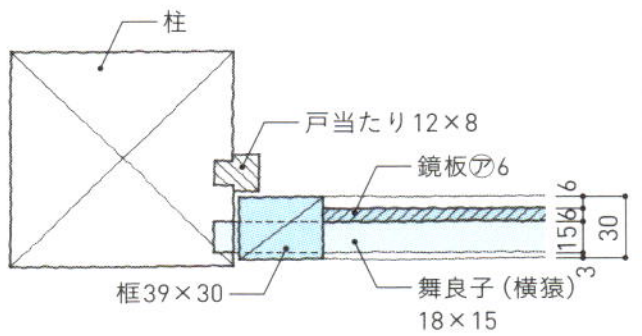

鏡板は舞良子側が木表。外部建具の場合は木裏とします*

丁番を隠すときは、円筒丁番や隠し丁番を使います

＊：木表面は表面仕上がりがきれいなのですが、雨風に弱く腐りやすい。木裏面はささくれが起きやすく表面仕上がりがよくないのですが、油気が多いので雨風に強い（より長持ちする）という特徴があります

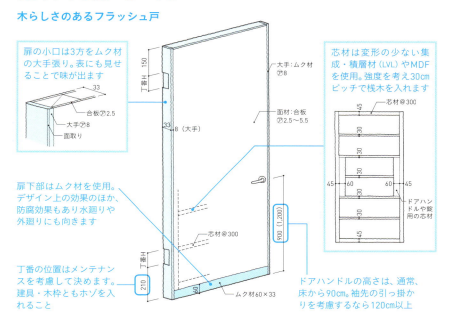

大開口は既製サッシのアレンジで

フルオープンできる開口部は開放感にあふれています。アルミサッシにも「全開口サッシ」があり、引戸式は建具が外壁の外側に納まるもの[※1]。市場に出回り始めたばかりで、まだまだ高価です。

おすすめは引違い窓をアレンジして使う方法。袖壁（戸袋）に建具を引き込む「引込み戸式」も可能です。引違い窓なら、端部の建具を1枚だけ戸袋内に固定すれば完成[※2]。残りの建具を戸袋にしまえば、窓は全開します。日本庭園に面した和室にもぴったりです。

どの窓が開放的？　全部同じ大きさの窓です

2枚建て引違い窓の場合

引違い窓。流通品なので安価で手に入りやすい

開口部の半分しか開きません

3枚建て引違い窓を加工した場合

3枚建ての引違い窓も入手しやすい製品

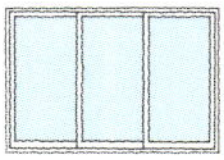

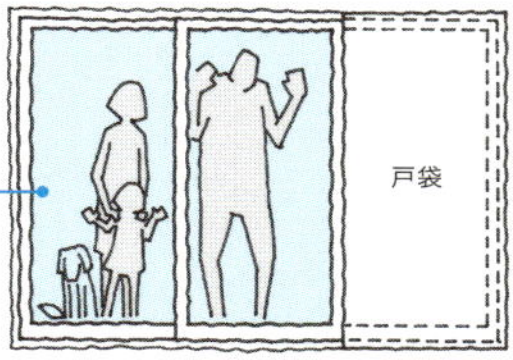

3枚のうち1枚を壁内に固定すると、2枚建て引違いのよう……

残り2枚を壁内に引き込めば、全開口！

フルオープン窓の場合

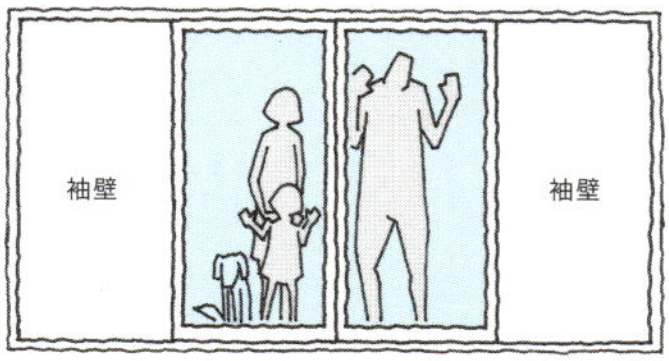

特殊なサッシなので高価。腰窓サイズは出回っていない

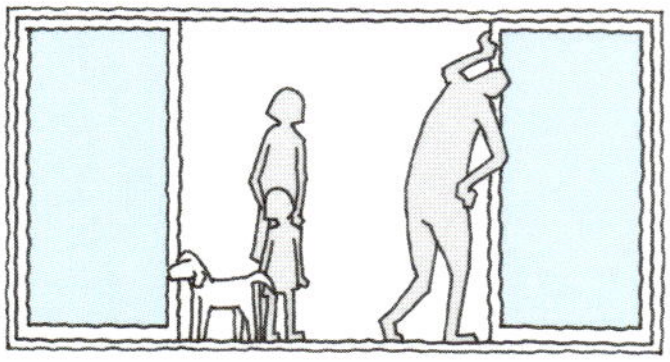

左右に引分ければ全開口！

※1：全開口サッシには折戸式の製品もあります
※2：2枚建ての引違い窓なら、1枚を固定して戸袋に納めれば、片引込み窓になります

3枚建て引違い窓をフルオープン窓に

和室の窓は、一般的なアルミサッシである3枚建て引違い窓を使ったフルオープンの開口部。手前には引込みできる障子を設けています。

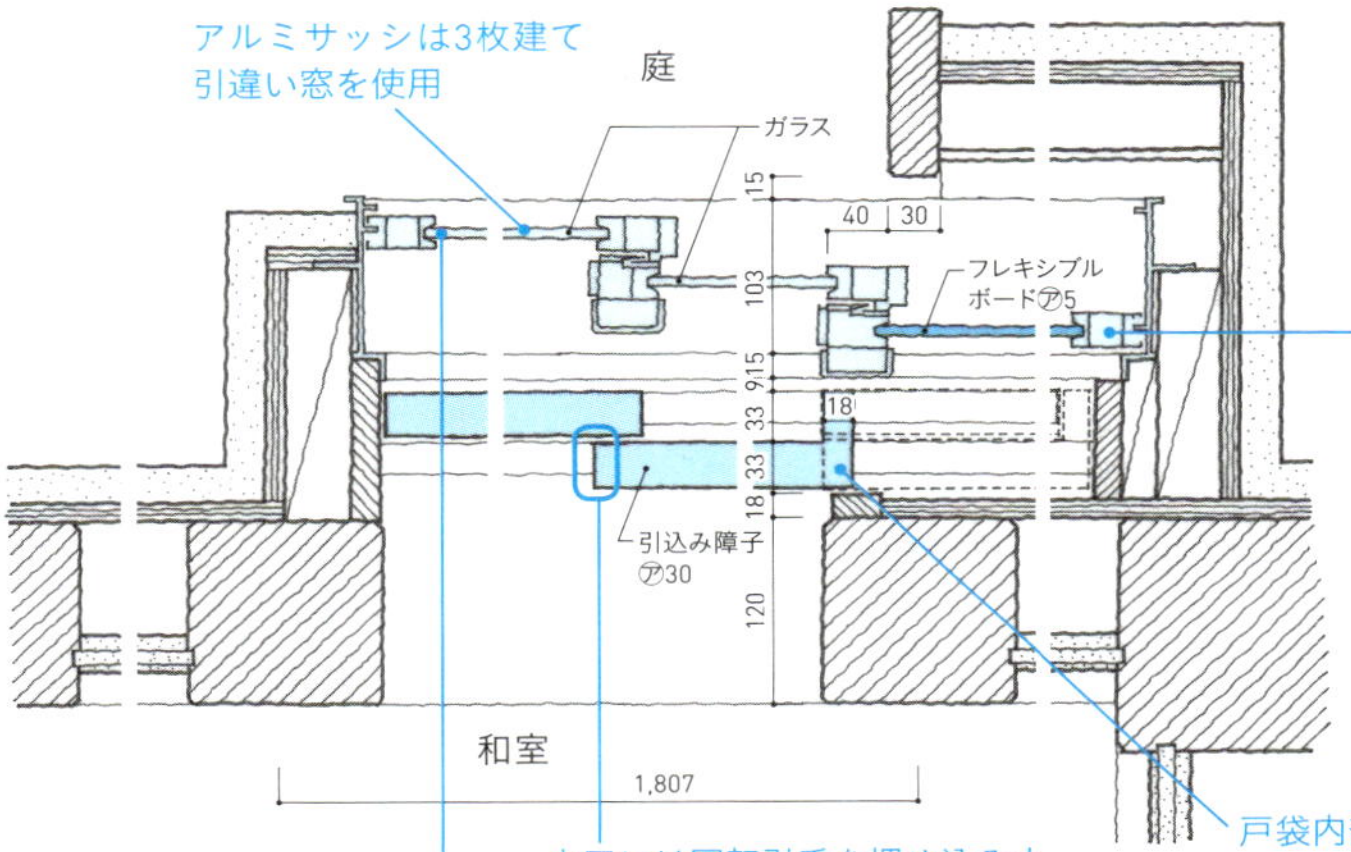

アルミサッシは3枚建て引違い窓を使用

戸袋内で固定する端部の建具は、結露しにくいよう、ガラスの代わりに5㎜厚のフレキシブルボードを入れています

小口には回転引手を埋め込みます。戸尻板をつけたほうの引込み戸に設ければ、すべての戸を一度に引き出せます

戸袋内部が見えぬよう、屋内側の障子に戸尻板を付けておきます

開口部平面詳細図

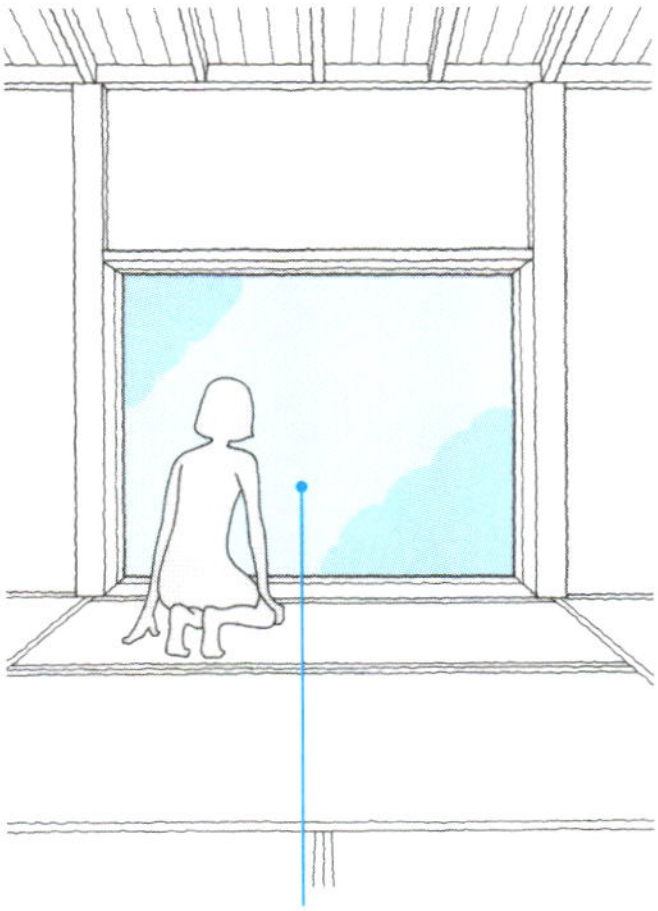

和室の全開口窓。安価な引違いサッシを使って全開口が可能になったのは、建具の1枚を壁内に固定しているから。アルミサッシも障子も引き込んで、日本庭園を思う存分楽しみます

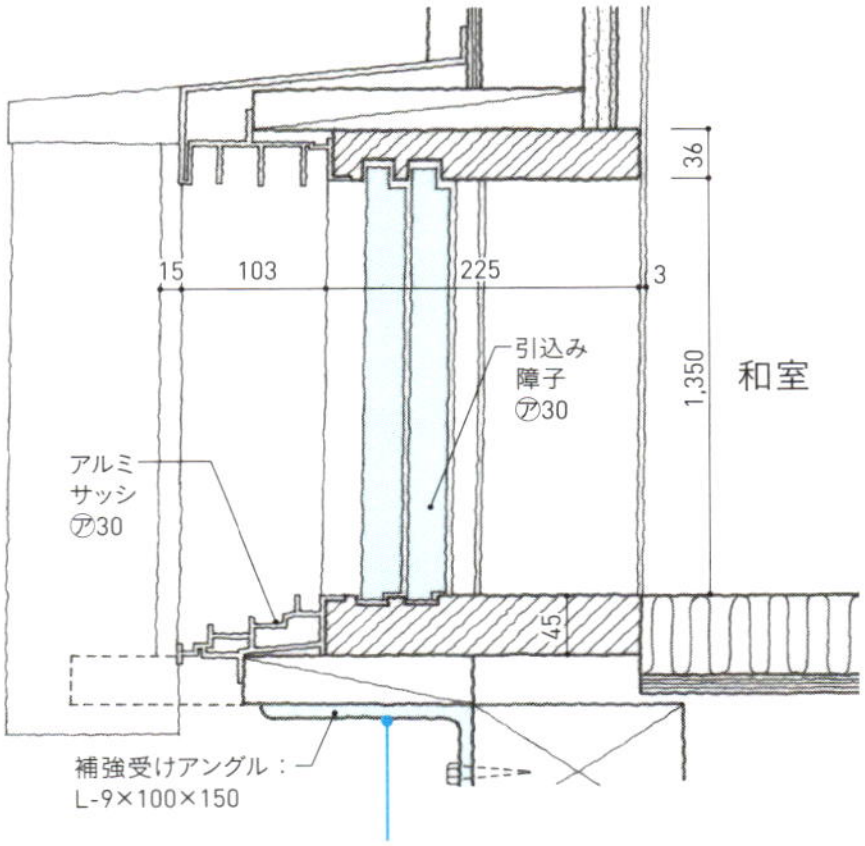

アルミサッシを持ち出すので補強の受けアングルが必要です

開口部断面詳細図

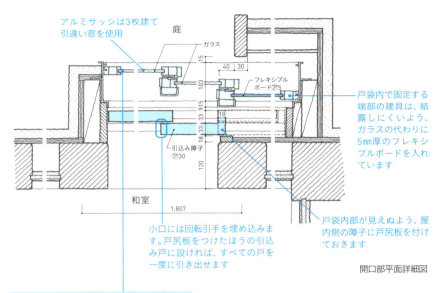

アルミサッシに木製建具をプラスする

豪雨や強風から家を守り、防犯にも役立つ雨戸。昔は雨戸をしまう戸袋にも趣向が凝らされ、窓廻りはデザイン要素の1つとして機能していました。

アルミサッシの性能が高まるにつれ、窓廻りから雨戸や戸袋の姿が消えつつあります。今となっては防犯用のシャッターが幅を利かせ、窓辺の表情は壊れていくばかり……。そこで提案したいのが、サッシ内側に入れる板戸です。防犯性もあり、日差しも調整可能な優れものです。

防犯はシャッターでなく、板戸で

朝の空気は
気持ちいいね
アルミサッシと障子の間に設けた板戸。防犯にも有効で、遮光もできます。外側に雨戸を設けるより手軽です
昼は板戸を壁の中にしまい、夜は引き出して使います

窓廻りの壁は厚くなる

和室の場合、防犯用の板戸とアルミサッシのほか、障子が収まります。
壁の厚みは増すばかりですが、美しい窓廻りは家の表情をつくります。

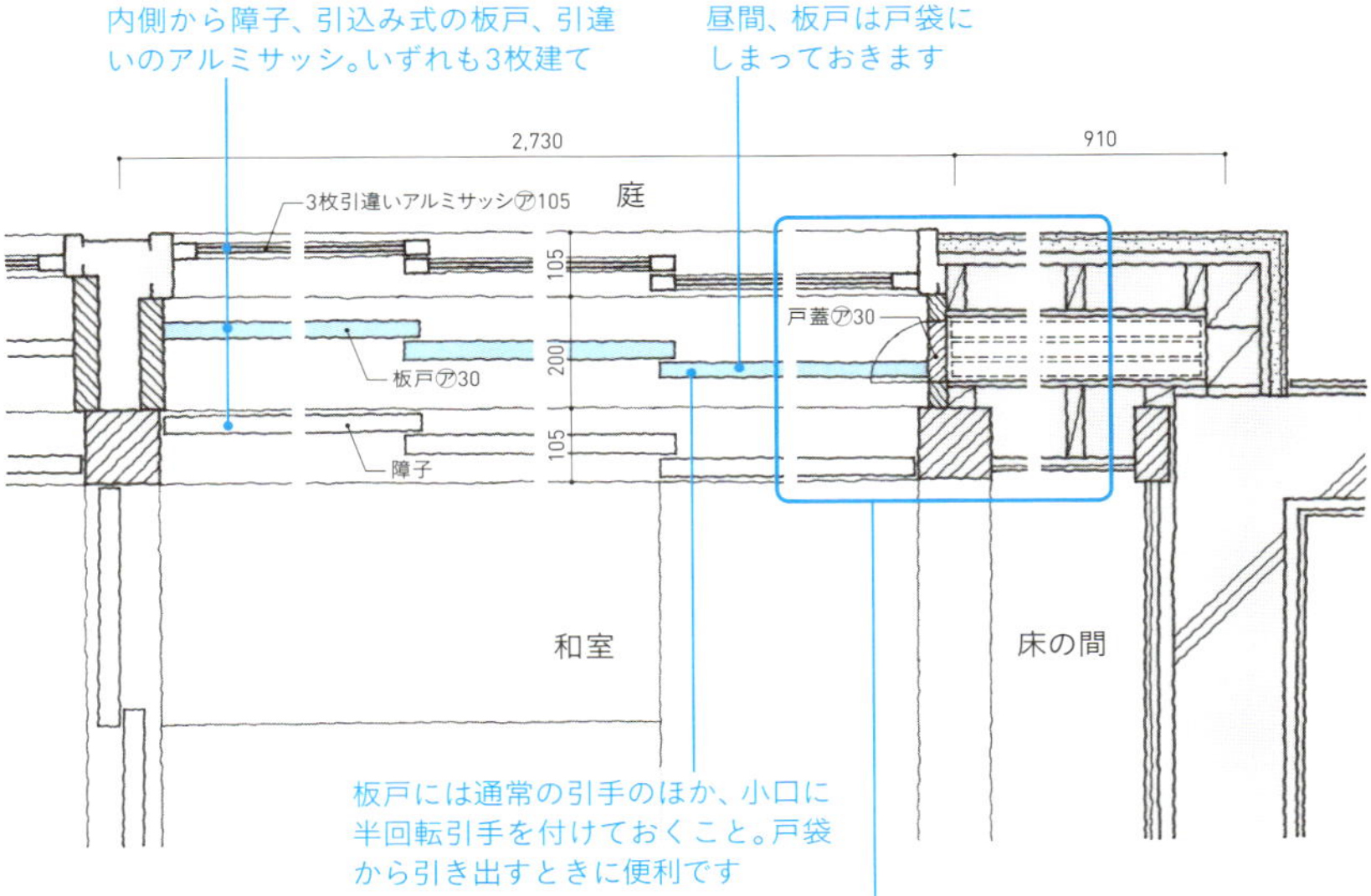
内側から障子、引込み式の板戸、引違いのアルミサッシ。いずれも3枚建て
昼間、板戸は戸袋にしまっておきます
2,730
910
3枚引違いアルミサッシ㋐105
庭
105
200
105
戸蓋㋐30
板戸㋐30
障子
和室
床の間
板戸には通常の引手のほか、小口に半回転引手を付けておくこと。戸袋から引き出すときに便利です

和室平面図（部分）

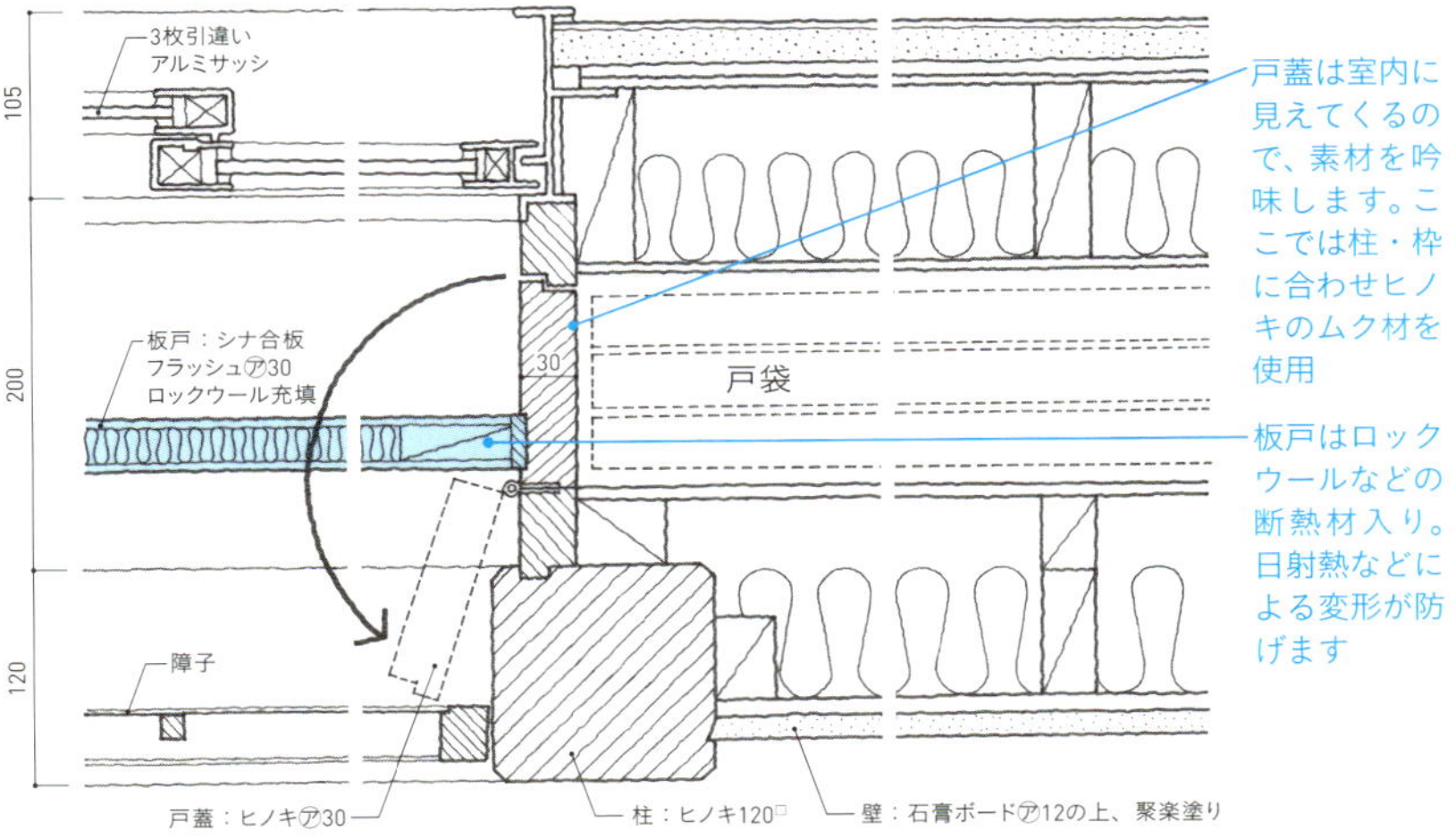
105
3枚引違い
アルミサッシ
200
板戸：シナ合板
フラッシュ㋐30
ロックウール充填
30
戸袋
120
障子
戸蓋は室内に見えてくるので、素材を吟味します。ここでは柱・枠に合わせたヒノキのムク材を使用
板戸はロックウールなどの断熱材入り。日射熱などによる変形が防げます
戸蓋：ヒノキ㋐30
柱：ヒノキ120□
壁：石膏ボード㋐12の上、聚楽塗り

枠廻り詳細図

和室の遮光には襖も有効

和室の遮光には、襖も効果的。アルミサッシと障子の手前側に襖を設けています。障子と襖は引込み式。取外しが行えるよう工夫が必要です。

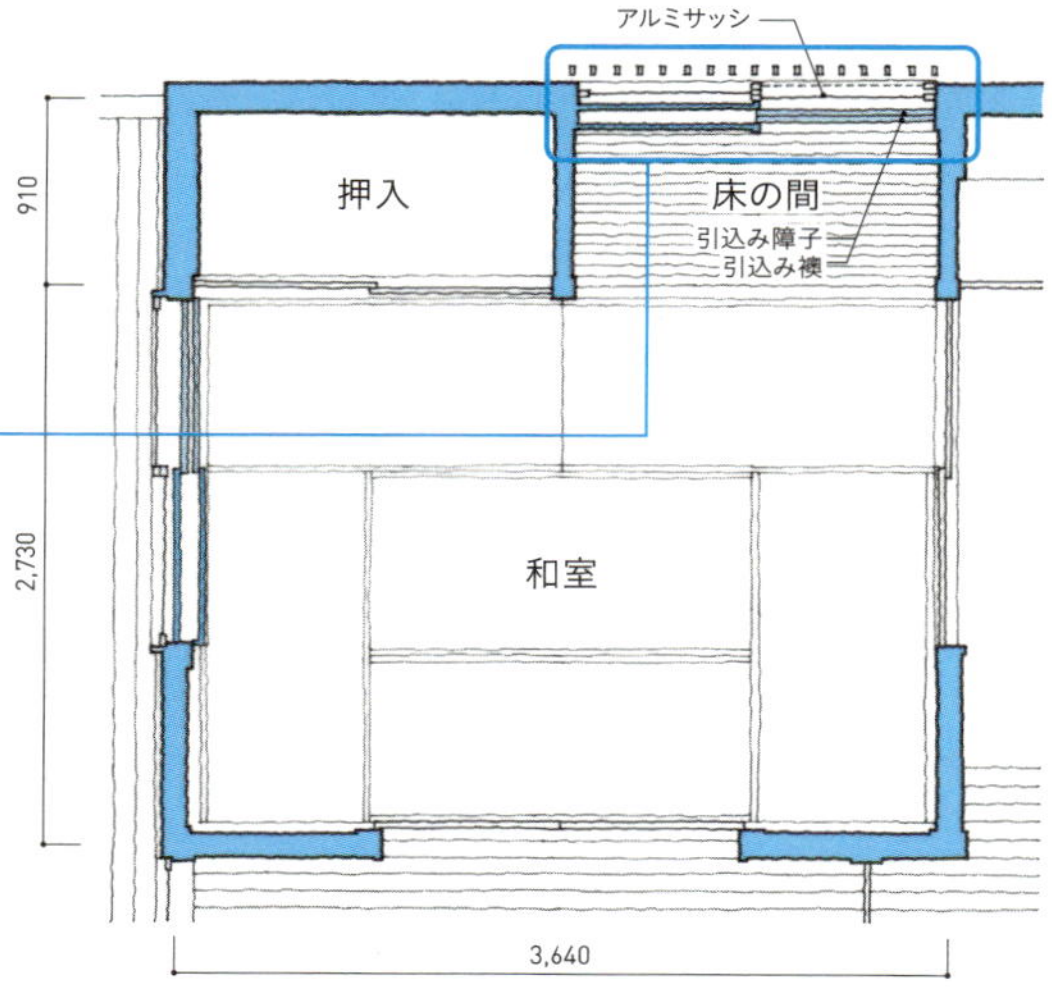

アルミサッシ
押入
床の間
引込み障子
引込み襖
和室の床の間に設けた地窓には障子と襖を建て込んでいます
和室
910
2,730
3,640

和室平面図

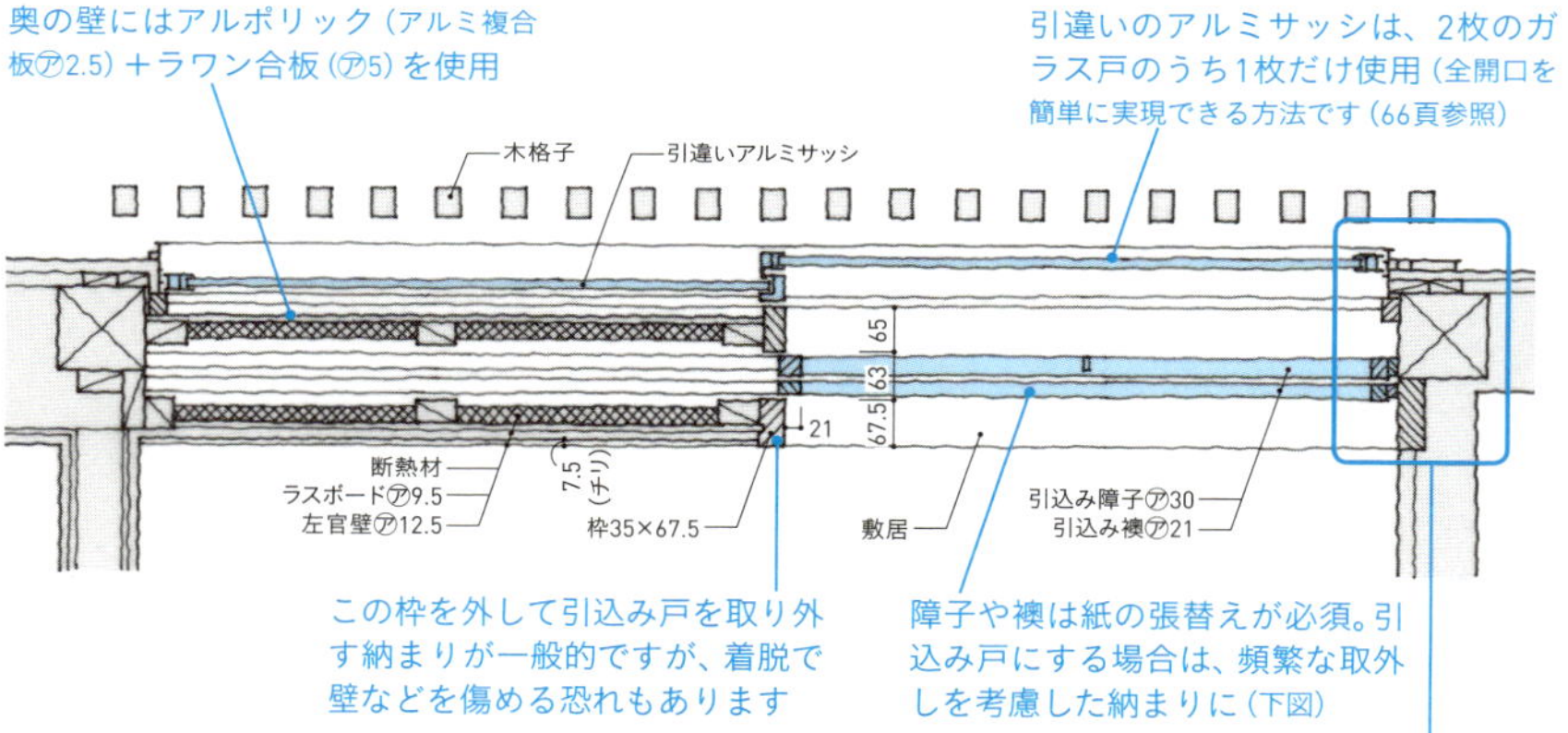

奥の壁にはアルポリック（アルミ複合板㋐2.5）＋ラワン合板（㋐5）を使用
引違いのアルミサッシは、2枚のガラス戸のうち1枚だけ使用（全開口を簡単に実現できる方法です（66頁参照）
木格子
引違いアルミサッシ
65
63
67.5
21
7.5（チリ）
断熱材
ラスボード㋐9.5
左官壁㋐12.5
枠35×67.5
敷居
引込み障子㋐30
引込み襖㋐21
この枠を外して引込み戸を取り外す納まりが一般的ですが、着脱で壁などを傷める恐れもあります
障子や襖は紙の張替えが必須。引込み戸にする場合は、頻繁な取外しを考慮した納まりに（下図）

開口部詳細図

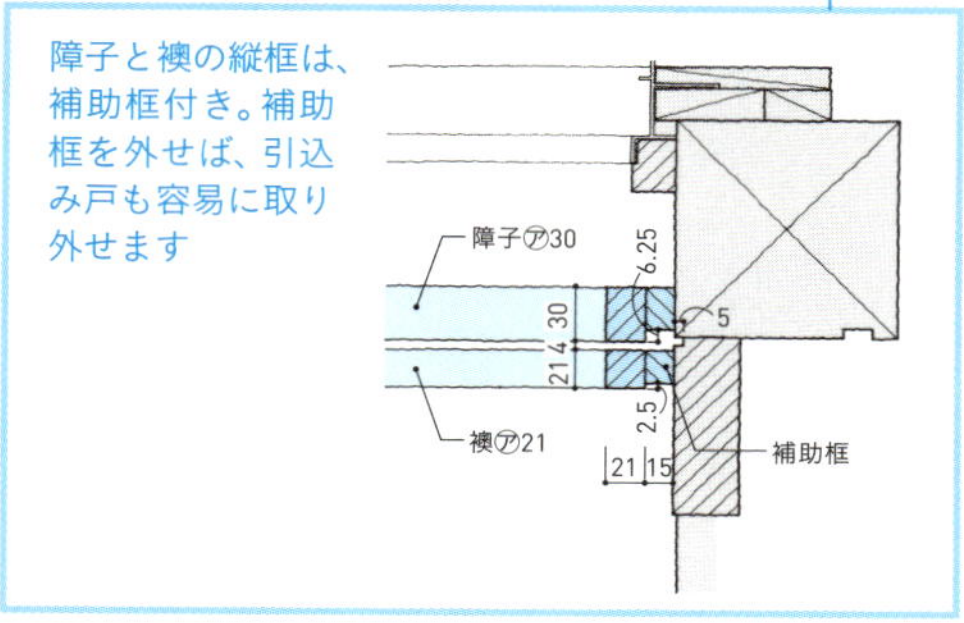

障子と襖の縦框は、補助框付き。補助框を外せば、引込み戸も容易に取り外せます
障子㋐30
襖㋐21
6.25
30
4
21
5
2.5
21
15
補助框

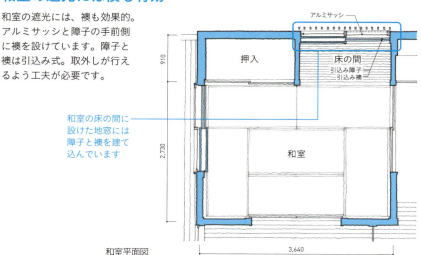

3章

キッチンと収納は使い勝手よく

なぜキッチンと収納を同じ章で扱うのか？

キッチンは調理の場であるとともに調理器具、食器を収納する場でもありそして食材の貯蔵の場でもあるからです。

あるべきところに収納があれば、取出しも簡単、作業効率もアップします。

場合によっては、散らかっていてもすぐ隠せる、目立たない、そんな工夫があれば家事もラクラクで、家をいつもきれいに見せることができるのです。

ローコストオーダーキッチン

オーダーメードのキッチンは仕様やレイアウトも自由で重宝しますが、既製パーツを組み合わせるシステムキッチンに比べ高価なのが難点。コストを抑えるなら、システムキッチンの既製パーツとオーダー品を組み合わせるのがおすすめです。レンジフードや吊戸棚など上方に設置するものは、不燃処理などの手間を考え、既製パーツを使用。一方、下部のキッチンカウンターとキャビネットを造付けにすれば、プランニングの自由度も失われません。

オーダー+既製品を使い分ける

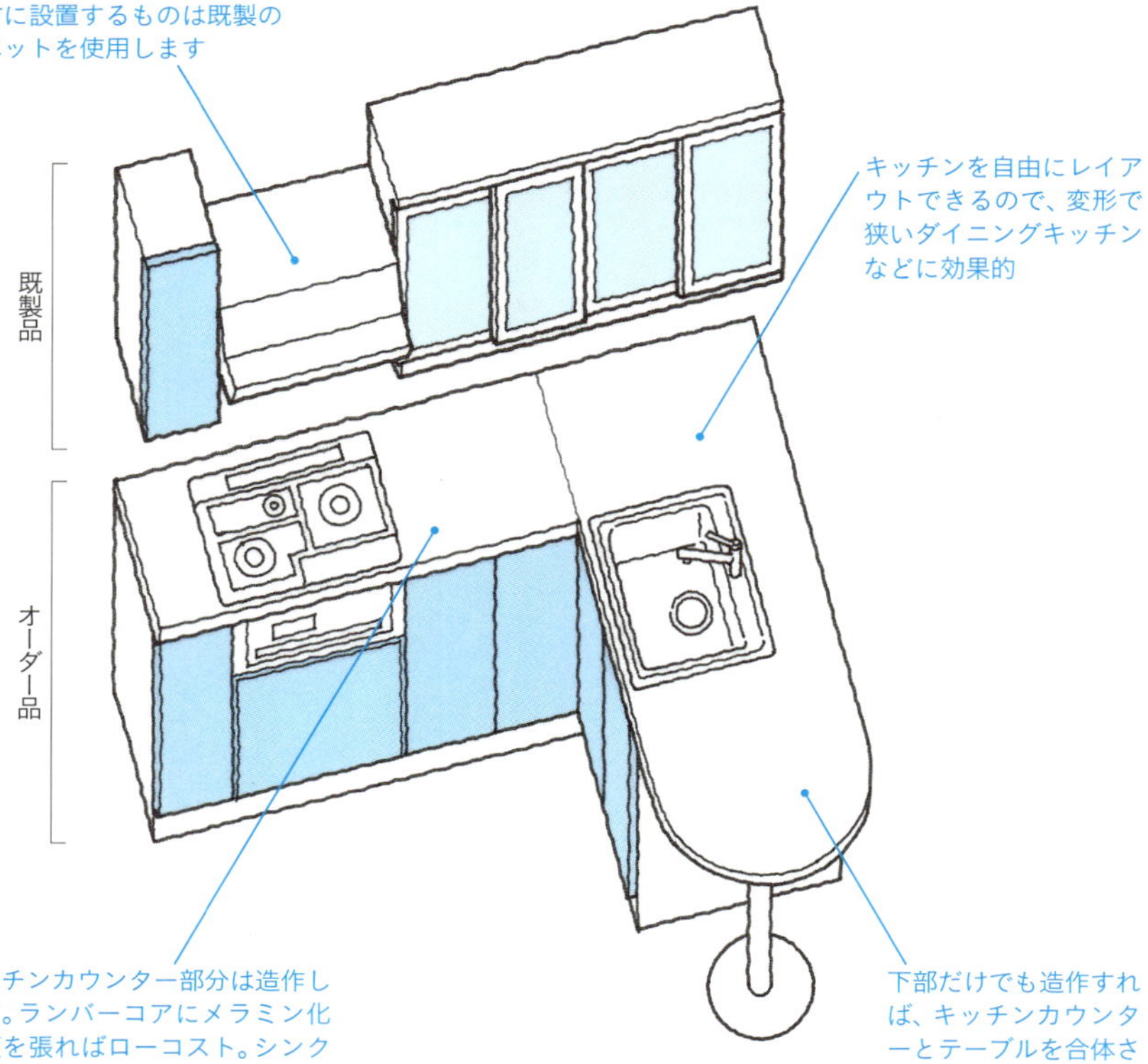
吊戸棚、レンジフードなど、上方に設置するものは既製のユニットを使用します
既製品
オーダー品
キッチンを自由にレイアウトできるので、変形で狭いダイニングキッチンなどに効果的
キッチンカウンター部分は造作します。ランバーコアにメラミン化粧板を張ればローコスト。シンクやガスコンロは既製品を利用
下部だけでも造作すれば、キッチンカウンターとテーブルを合体させることも簡単

狭小住宅のローコストキッチン

「オーダー＋システムキッチン既製品」によるキッチン。リビングを広く使えるよう、小さな食卓も兼ねています。

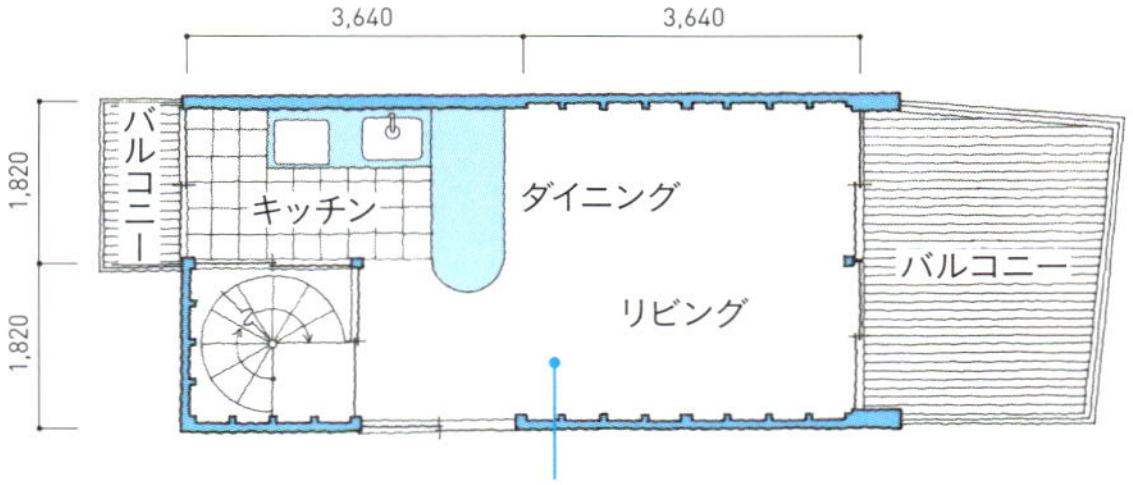

居間・食堂・台所がある2階。床面積は階段を除くと23㎡ほどしかありません

平面図

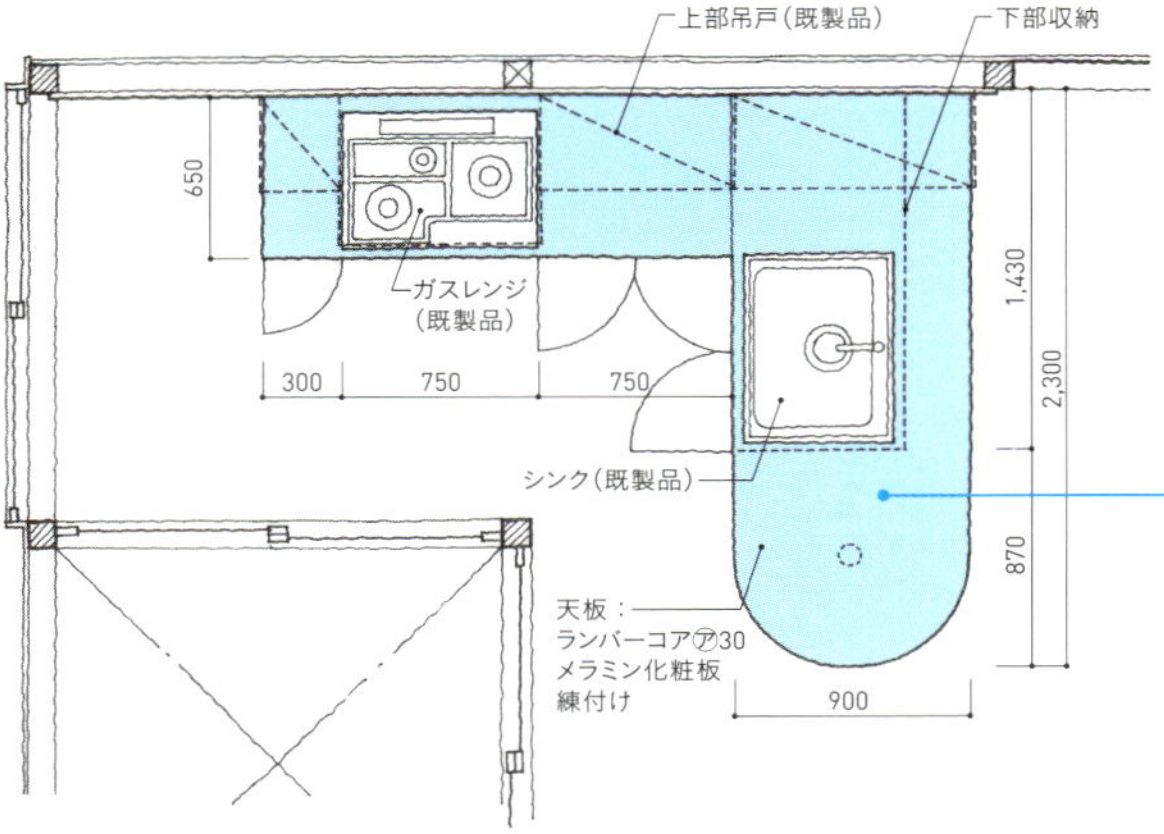

ハイスツールを並べ、食卓としても使用

キッチン平面図

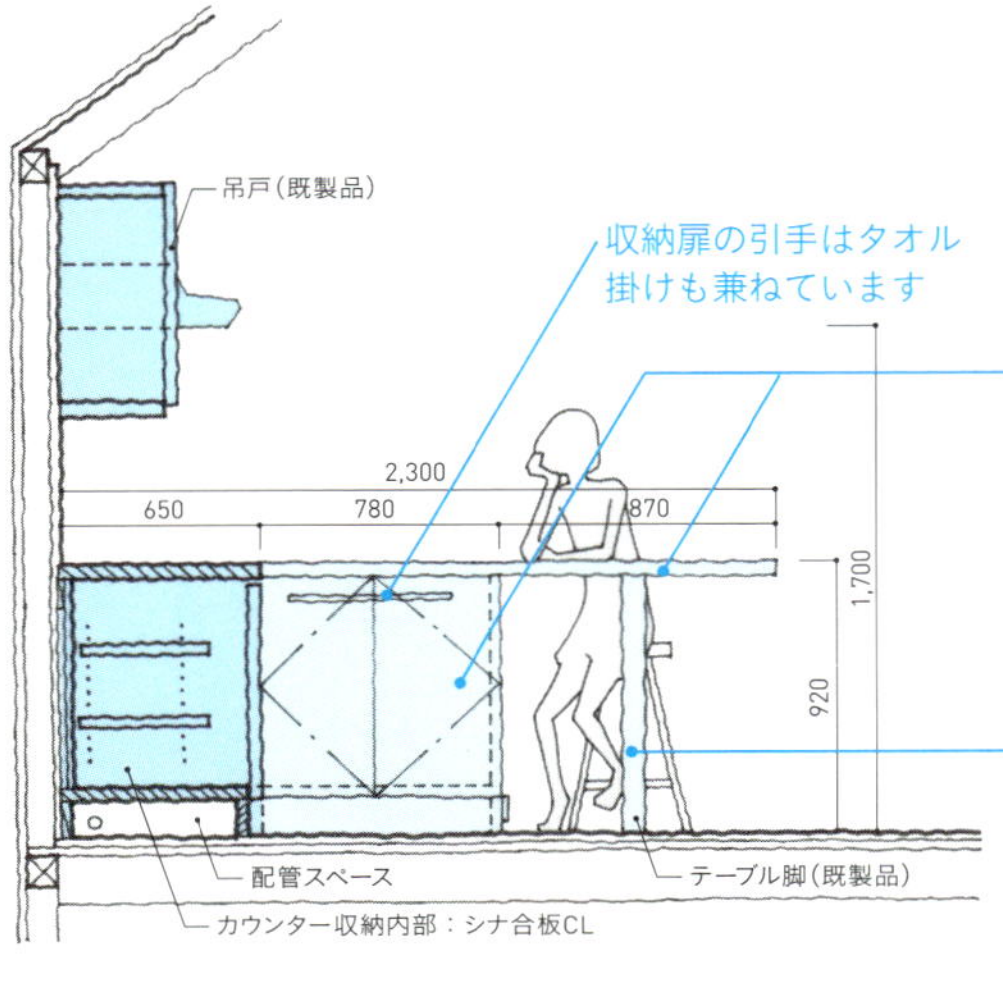

収納扉の引手はタオル掛けも兼ねています

キッチンカウンター部分は、ランバーコアにメラミン化粧板を張ったローコスト仕様。下部キャビネットの内部はシナ合板張り

テーブル脚は既製品。座金付きなので施工も簡単

キッチン断面図

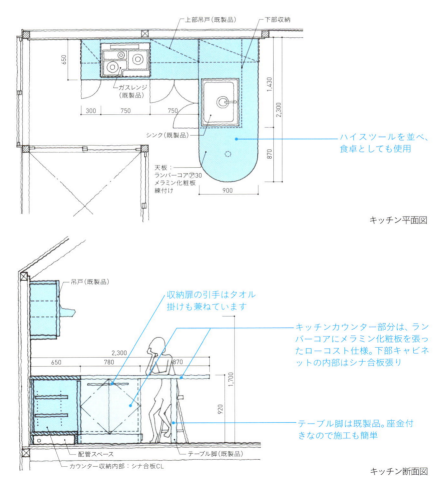

見せたいけど見せたくない対面キッチン

居間や食堂に面した「対面式キッチン」は作業をしながら家族と会話が楽しめるのが魅力です。ただし、台所が居間から丸見えなので、片付いていないと急な来客など困るときも。

　そもそも台所は物が多く、ごちゃごちゃしがちな空間です。生活スタイルによっては、カウンターの高さを変えて手元を隠せるようにしたり、吊戸を設けて開口を絞ったりと、台所を見せない工夫も必要。ここでは、間仕切り建具で台所全体を隠す方法を紹介します。

対面式キッチンの罠《わな》

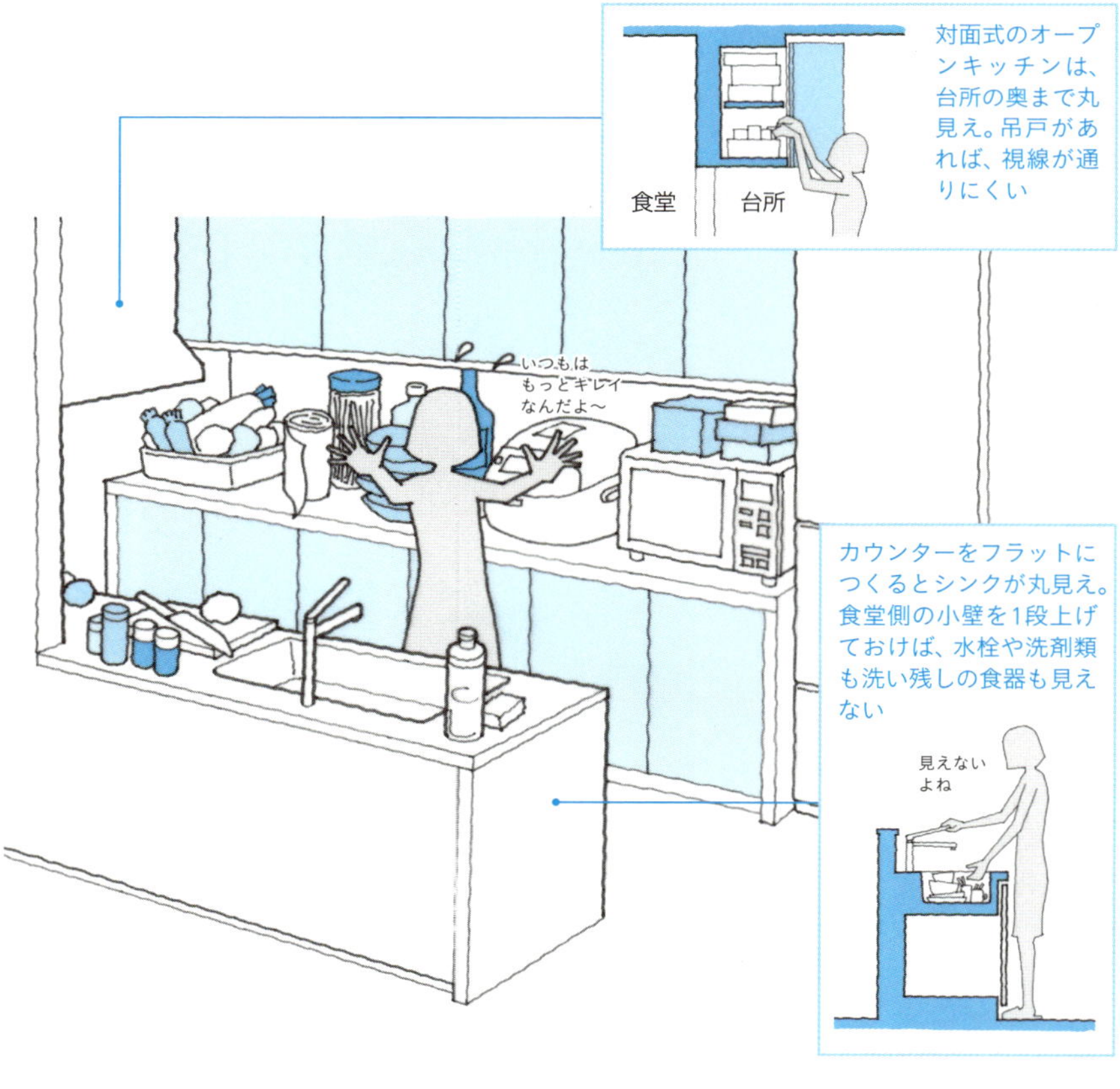
対面式のオープンキッチンは、台所の奥まで丸見え。吊戸があれば、視線が通りにくい
食堂
台所
いつもはもっとキレイなんだよ～
カウンターをフラットにつくるとシンクが丸見え。食堂側の小壁を1段上げておけば、水栓や洗剤類も洗い残しの食器も見えない
見えないよね

片付け下手なら、引戸で隠せる対面式キッチンを

天井まである建具で台所を間仕切る方法です。通常は開けておき、対面式キッチンとして使用。来客時や居間でくつろぐ際には閉めておきます。居間の冷暖房効果もアップします。

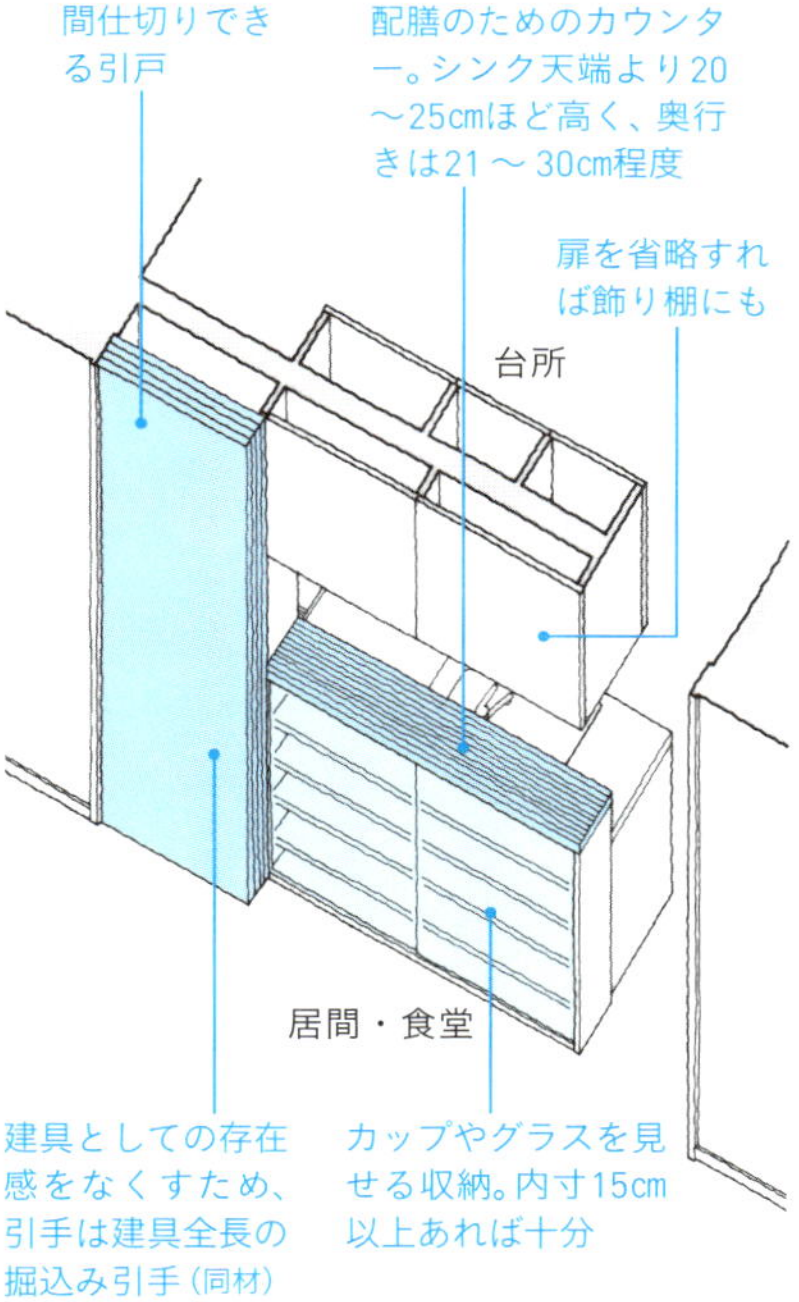
間仕切りできる引戸
配膳のためのカウンター。シンク天端より20～25cmほど高く、奥行きは21～30cm程度
扉を省略すれば飾り棚にも
台所
居間・食堂
建具としての存在感をなくすため、引手は建具全長の掘込み引手（同材）
カップやグラスを見せる収納。内寸15cm以上あれば十分

キッチンアクソノ図

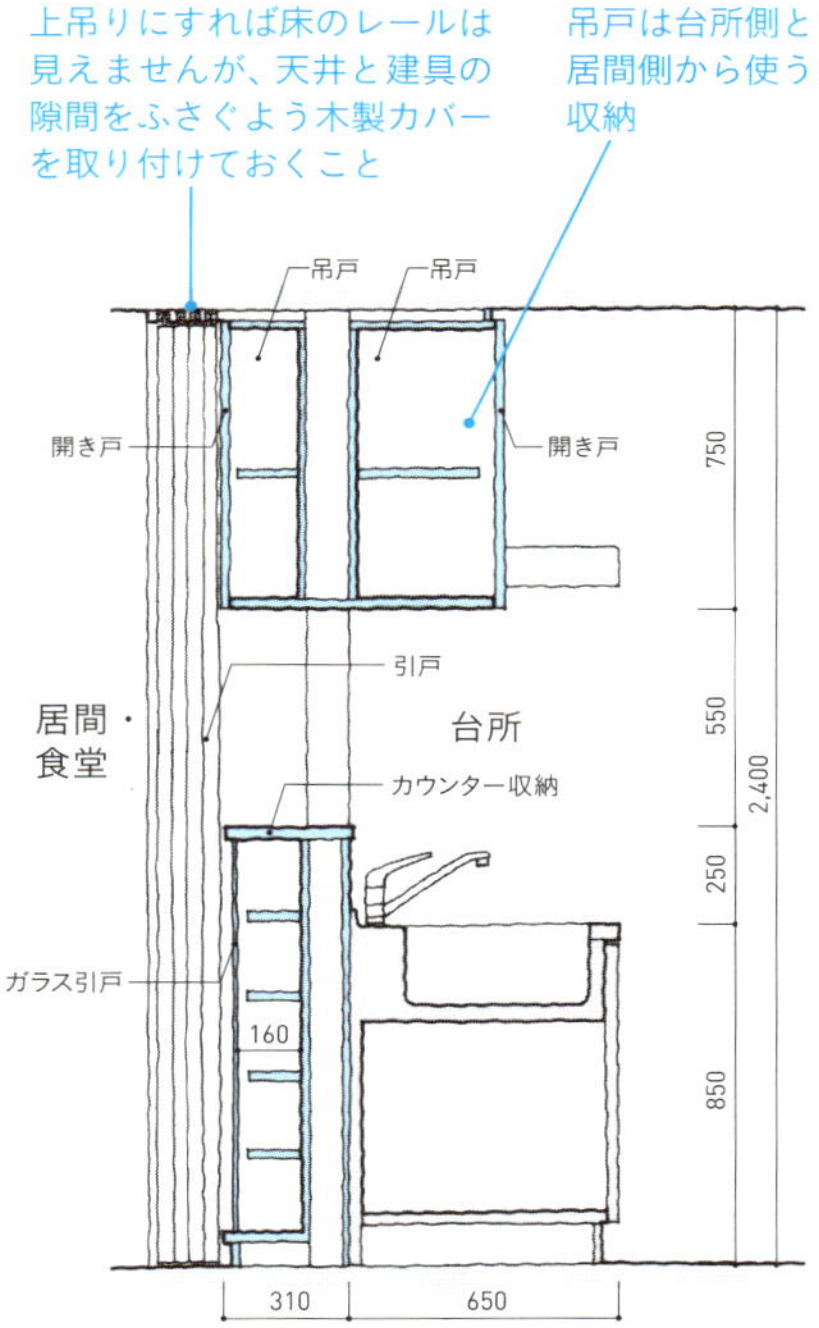
上吊りにすれば床のレールは見えませんが、天井と建具の隙間をふさぐよう木製カバーを取り付けておくこと
吊戸は台所側と居間側から使う収納
吊戸
吊戸
開き戸
開き戸
引戸
居間・食堂
台所
カウンター収納
ガラス引戸
160
750
550
250
850
2,400
310
650

キッチン断面図

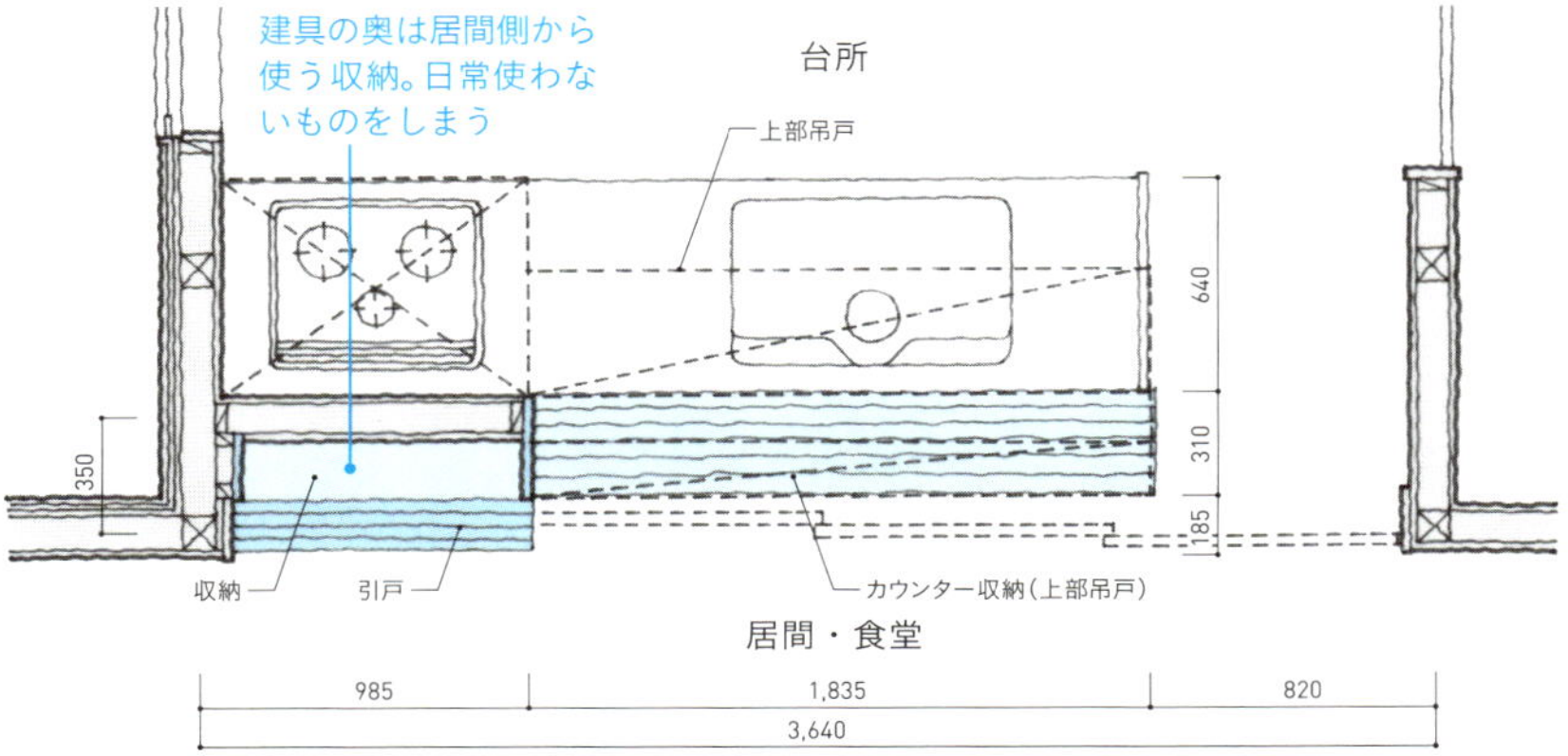
建具の奥は居間側から使う収納。日常使わないものをしまう
台所
上部吊戸
640
310
185
350
収納
引戸
カウンター収納（上部吊戸）
居間・食堂
985
1,835
820
3,640

キッチン平面図

造作レンジフードでおしゃれに

オープンキッチンの場合など、既製品のレンジフード（フード付き換気扇）が部屋全体のデザインを壊してしまうことがあります。そんなときは造作してしまいましょう。レンジフードに必要な機能は換気と照明。換気扇（ファン）と照明器具を組み込んだ「箱」をつくるだけでいいのです※1。

ここで紹介するのはシロッコファンを家具で使用した材料で覆い、部屋のインテリアになじませる方法。防火のための消防の規制※2などもクリアしています。

どんなレンジフードがいい？

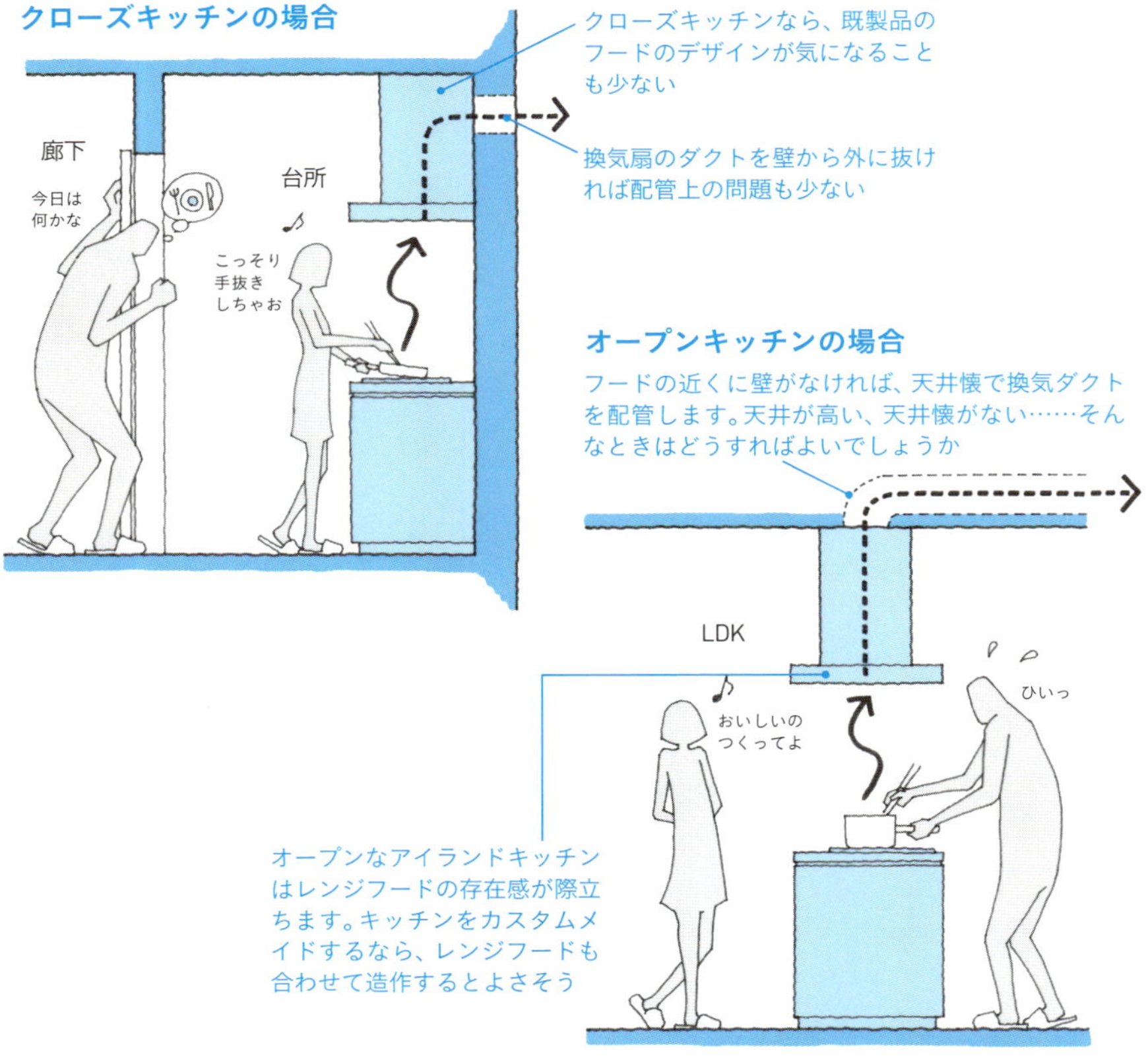
クローズキッチンの場合
クローズキッチンなら、既製品のフードのデザインが気になることも少ない
換気扇のダクトを壁から外に抜ければ配管上の問題も少ない
廊下
今日は何かな
台所
こっそり手抜きしちゃお
オープンキッチンの場合
フードの近くに壁がなければ、天井懐で換気ダクトを配管します。天井が高い、天井懐がない……そんなときはどうすればよいでしょうか
LDK
おいしいのつくってよ
ひいっ
オープンなアイランドキッチンはレンジフードの存在感が際立ちます。キッチンをカスタムメイドするなら、レンジフードも合わせて造作するとよさそう

※1：換気扇の仕様は、火源がガスかIHか、コンロの4周がどの程度あいていて換気が容易かどうかなど状況によって決まります。換気扇は調理後も数分間オンにしておくのがおすすめ

アイランドキッチンのレンジフードをつくろう

梁があらわしになった勾配天井の空間にキッチンがあるプラン。既製のレンジフードでは意匠的にも合わないし、配管も難しい。家具に換気扇を組み込むことですべてが解決します。

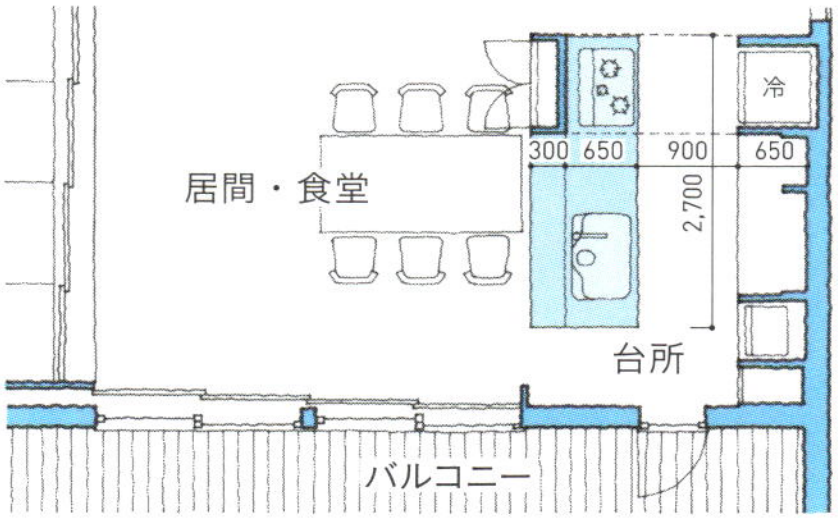

冷
300
650
900
650
2,700
居間・食堂
台所
バルコニー

平面図(一部)

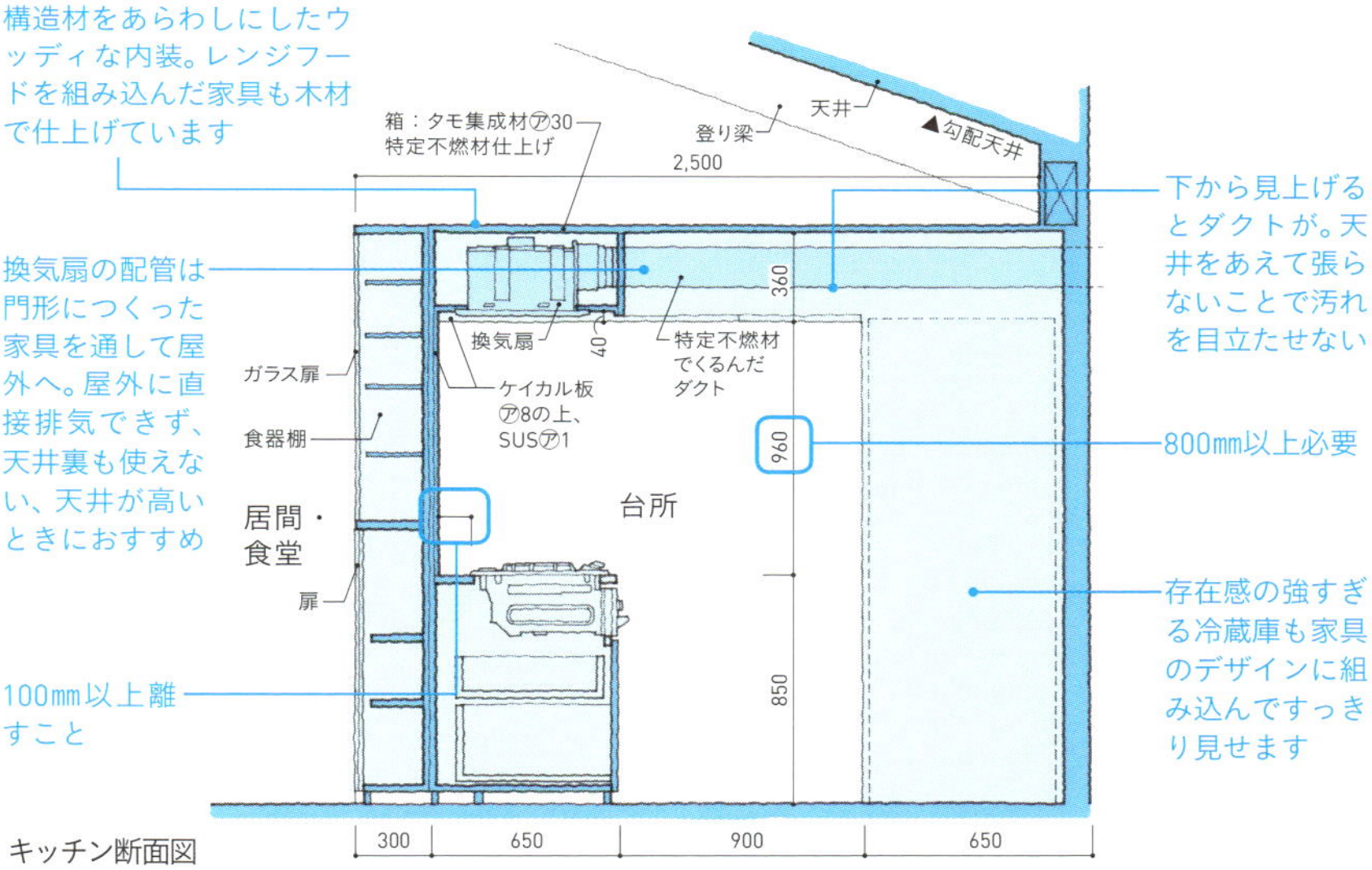

構造材をあらわしにしたウッディな内装。レンジフードを組み込んだ家具も木材で仕上げています
箱：タモ集成材㋐30
特定不燃材仕上げ
登り梁
天井
▲勾配天井
2,500
下から見上げるとダクトが。天井をあえて張らないことで汚れを目立たせない
換気扇の配管は門形につくった家具を通して屋外へ。屋外に直接排気できず、天井裏も使えない、天井が高いときにおすすめ
360
換気扇
40
特定不燃材でくるんだダクト
ガラス扉
ケイカル板㋐8の上、SUS㋐1
食器棚
960
800mm以上必要
居間・食堂
台所
扉
存在感の強すぎる冷蔵庫も家具のデザインに組み込んですっきり見せます
850
100mm以上離すこと
300
650
900
650

キッチン断面図

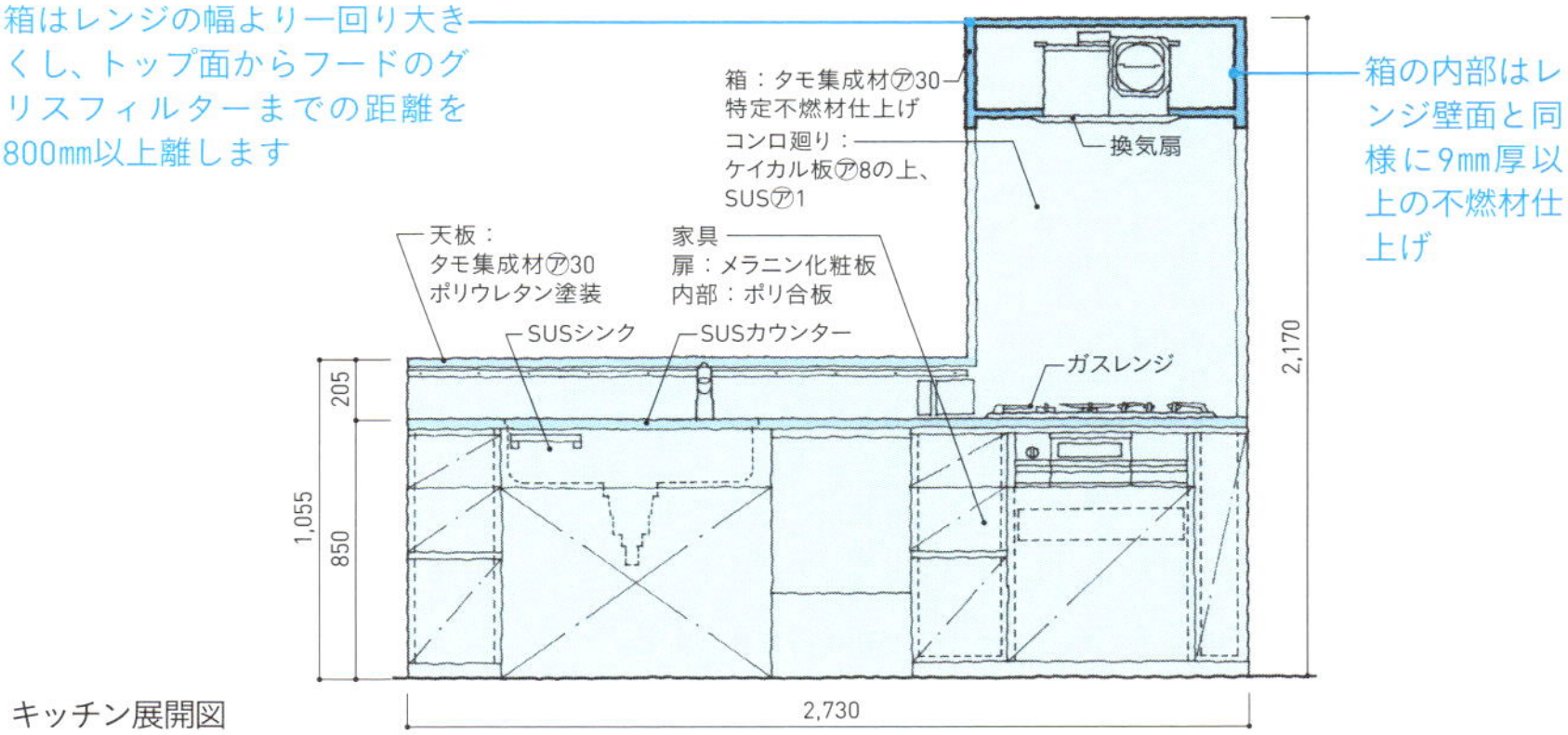

箱はレンジの幅より一回り大きくし、トップ面からフードのグリスフィルターまでの距離を800mm以上離します
箱：タモ集成材㋐30
特定不燃材仕上げ
箱の内部はレンジ壁面と同様に9mm厚以上の不燃材仕上げ
換気扇
コンロ廻り：
ケイカル板㋐8の上、
SUS㋐1
天板：
タモ集成材㋐30
ポリウレタン塗装
家具
扉：メラニン化粧板
内部：ポリ合板
SUSシンク
SUSカウンター
ガスレンジ
205
1,055
850
2,170
2,730

キッチン展開図

※2：ここで取り上げた事例は、東京消防庁の規制をクリアしています

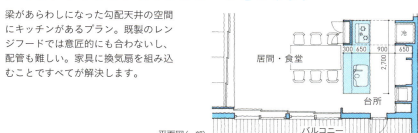

愛犬を見ながらクッキング

犬や猫を室内飼いする人が増えています。床材や建具の仕様、コンセントの位置など、住宅もペットに対応したしつらえにしておくとよいでしょう。火や刃物を扱う台所は、動物にとって危険がいっぱい。なるべくなら入室できないよう、クローズキッチンにしたいところです。愛犬対策であれば、腰までの小扉（スイングドア）を設けることで、オープンキッチンでも問題ありません。調理中に犬の様子を見ることもでき、安心です。

スイングドアには自閉可能なグラビティヒンジを

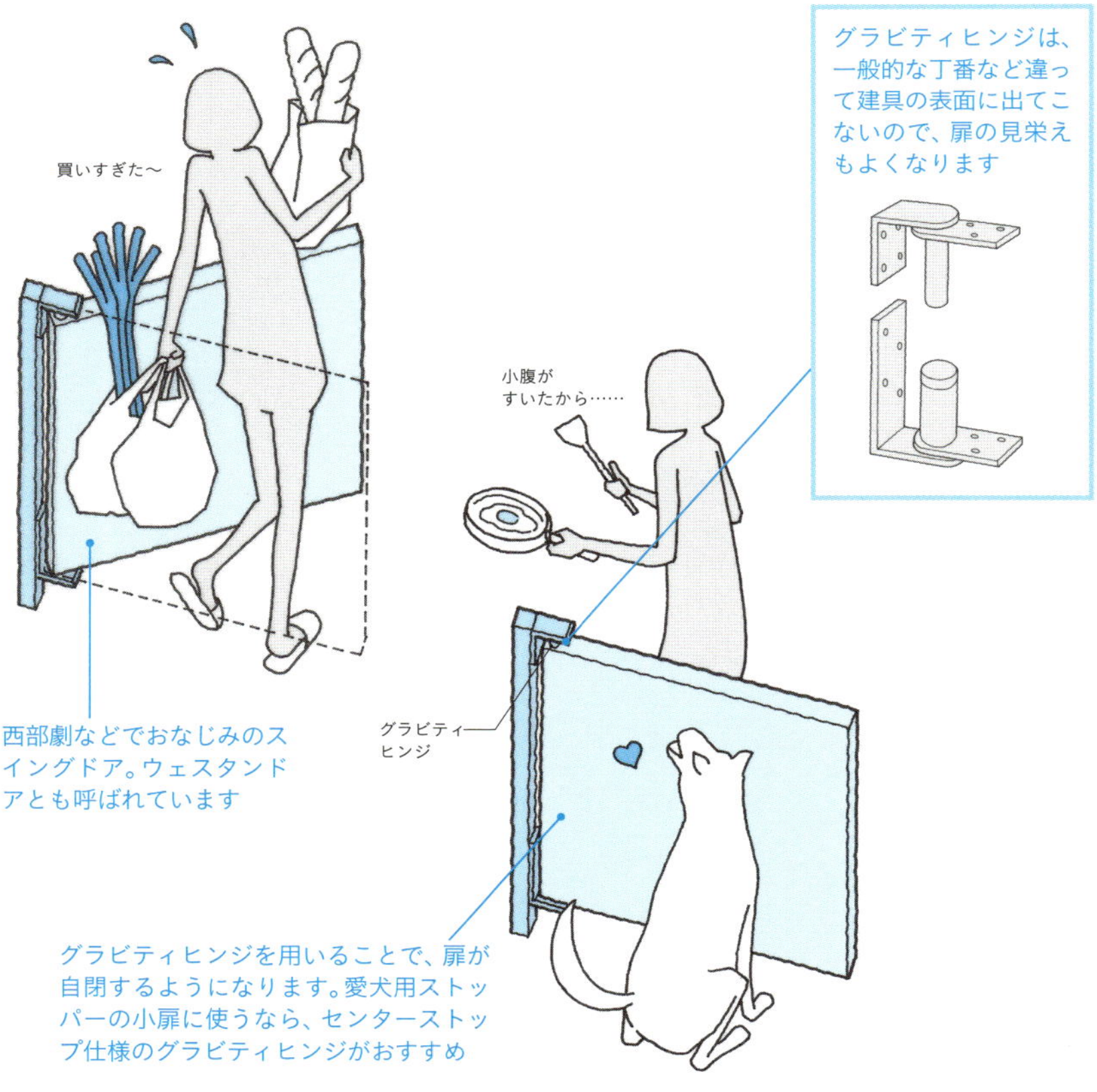
買いすぎた〜
小腹がすいたから……
グラビティヒンジ
グラビティヒンジは、一般的な丁番など違って建具の表面に出てこないので、扉の見栄えもよくなります
西部劇などでおなじみのスイングドア。ウェスタンドアとも呼ばれています
グラビティヒンジを用いることで、扉が自閉するようになります。愛犬用ストッパーの小扉に使うなら、センターストップ仕様のグラビティヒンジがおすすめ

アイランド型キッチンに設けた愛犬ストッパー

愛犬ストッパーとして設けたスイングドア。キッチンのデザイン性を損なわぬよう、グラビティヒンジを使い、フラットバーの支柱でもたせています。

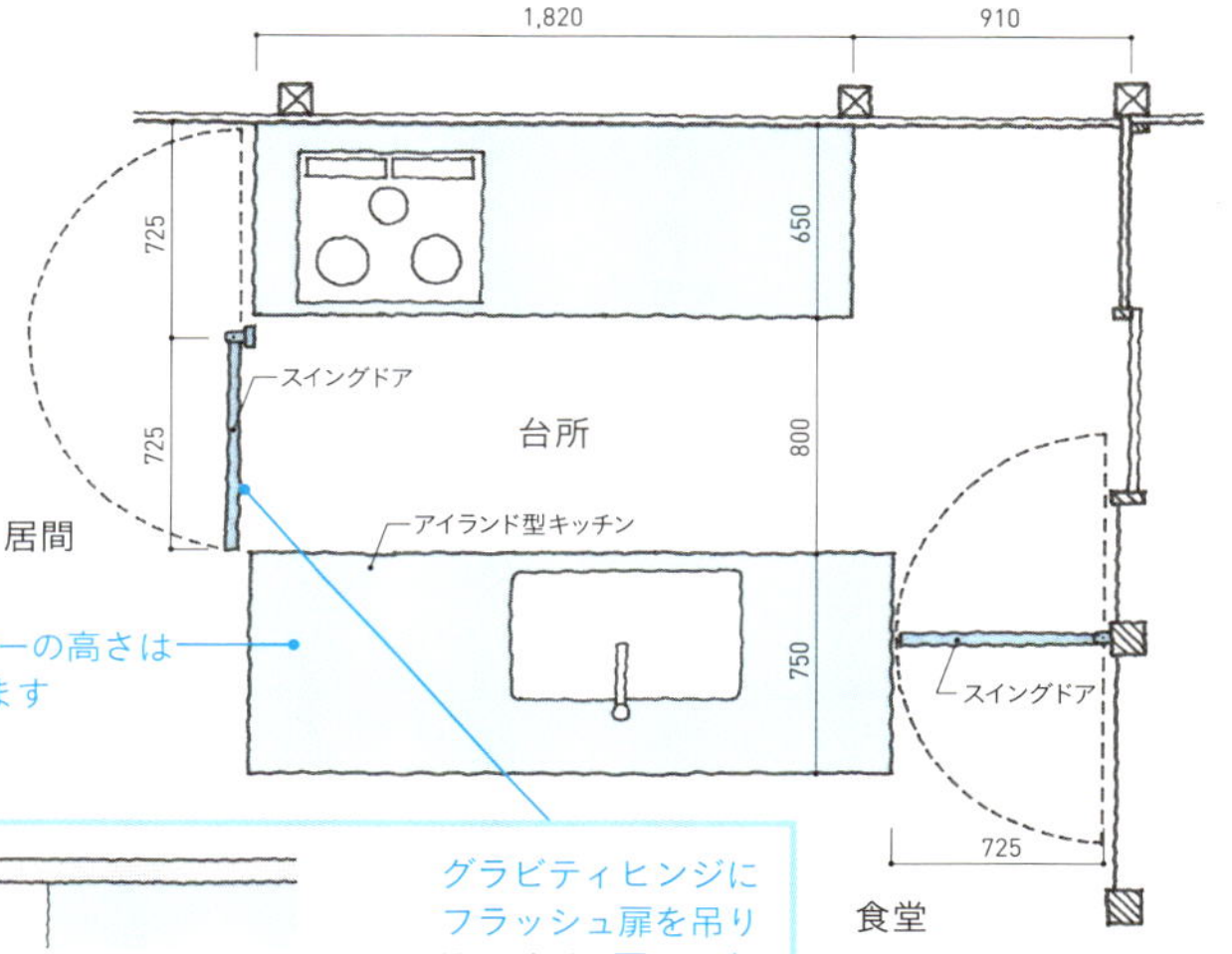

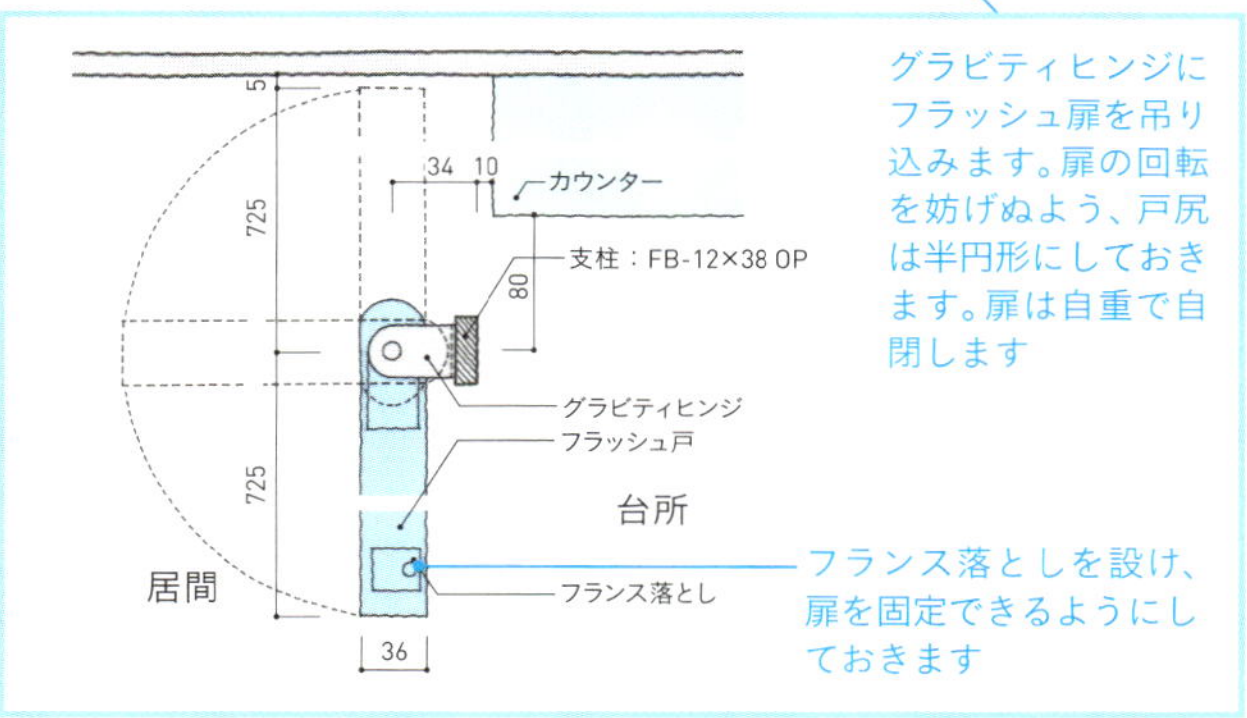

台所廻り平面図

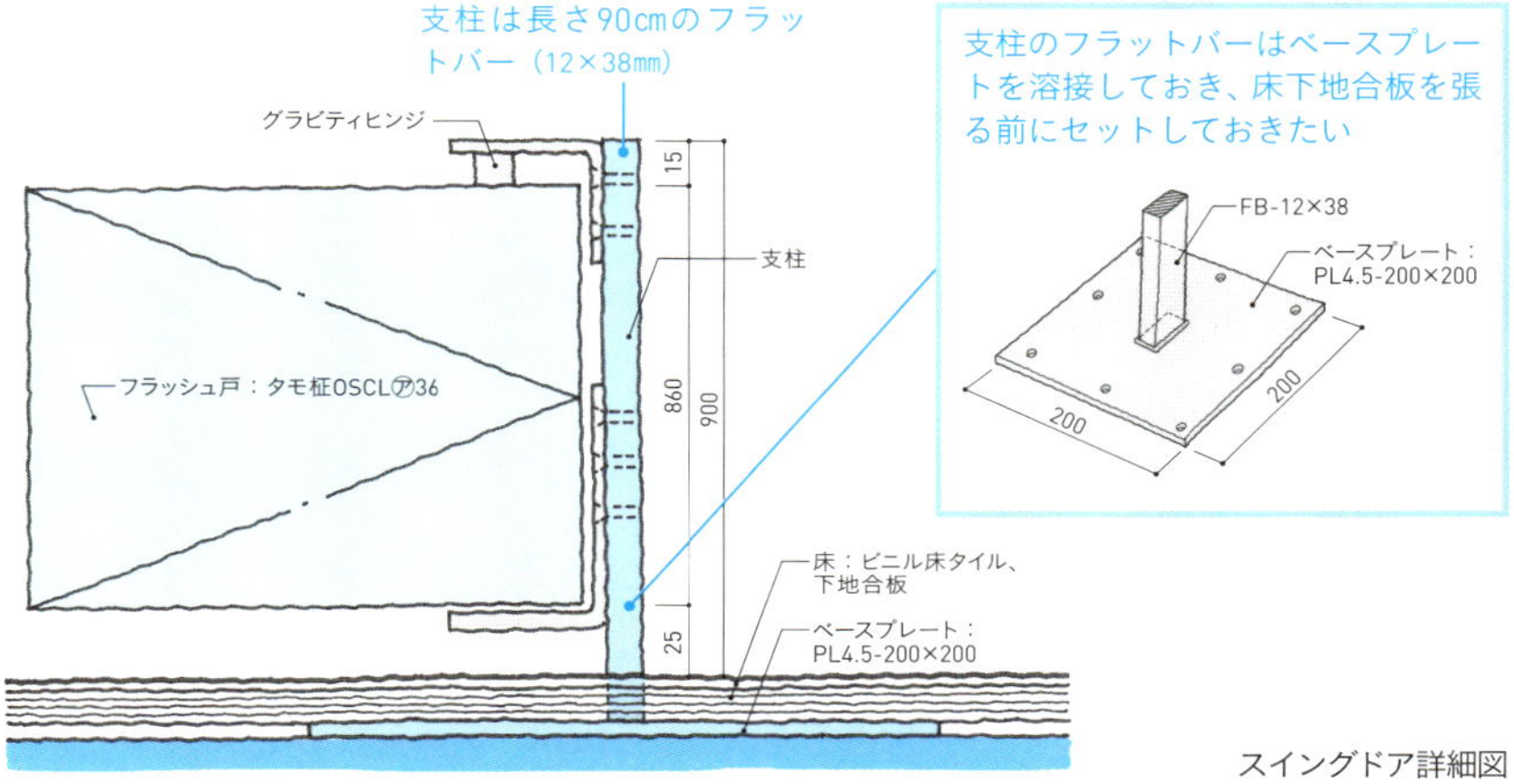

スイングドア詳細図

家電は隠したまま使おう

台所廻りをすっきりと見せるには、炊飯器やオーブンレンジなどの家電類を隠すのが効果的です。常にきれいな状態を保つには、隠したまま使える状態にしておくことが重要になります。

家電収納家具には、「蒸気排出ユニット」を取り付け、炊飯器の蒸気を逃がせるようにしておきましょう。仕上材には吸水性の少ないものを使うと安心です。もちろん、電源を確保するためのコンセントを忘れずに。家電に電源は必須です。

「隠して、開けて、出せる」家電収納

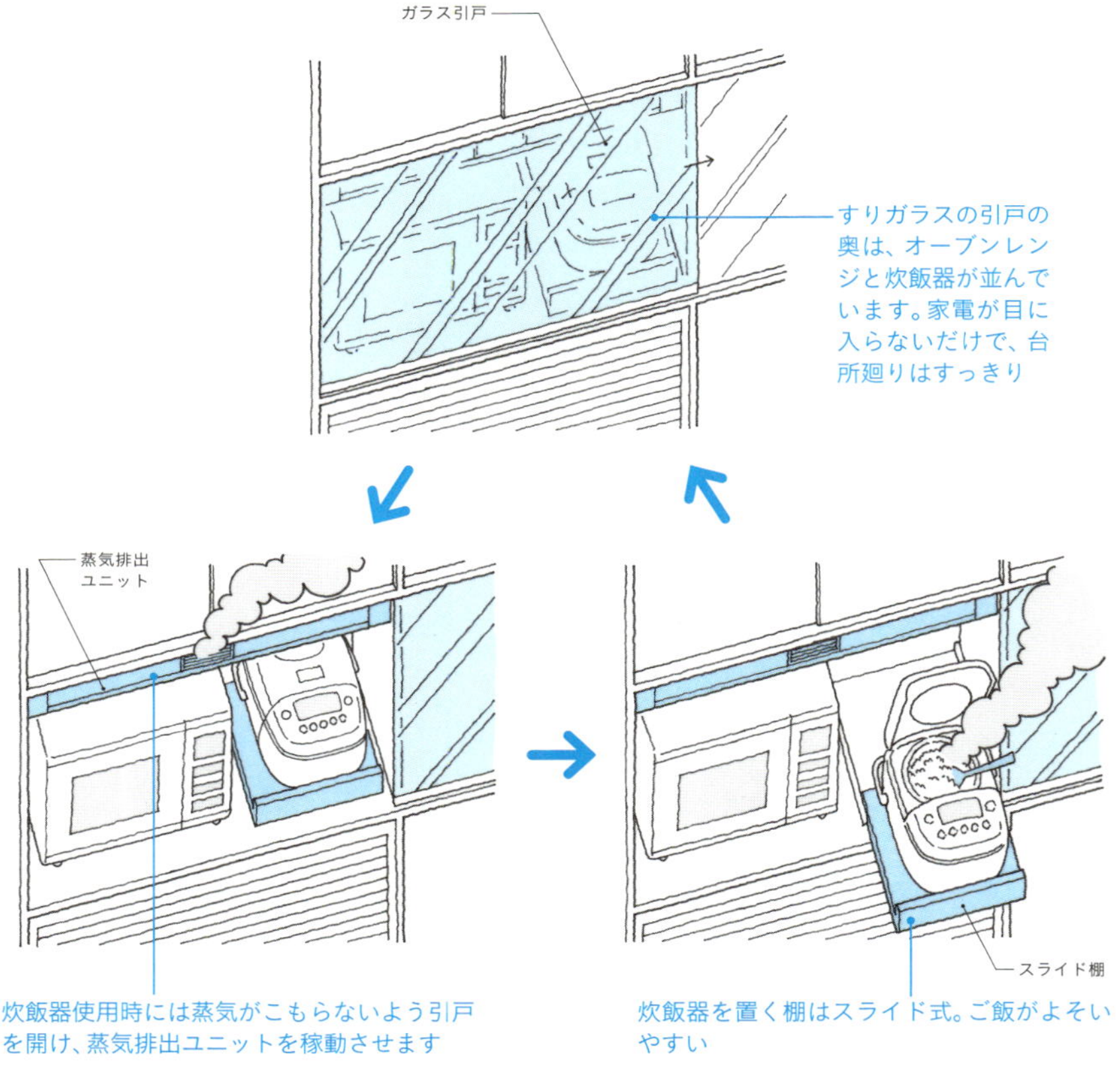
ガラス引戸
すりガラスの引戸の奥は、オーブンレンジと炊飯器が並んでいます。家電が目に入らないだけで、台所廻りはすっきり
蒸気排出ユニット
スライド棚
炊飯器使用時には蒸気がこもらないよう引戸を開け、蒸気排出ユニットを稼動させます
炊飯器を置く棚はスライド式。ご飯がよそいやすい

食器棚に家電収納をビルトイン

蒸気排出ユニットには設置スペースに条件があります。家具の一部を家電収納とする場合は、家具全体の割付けにも影響が出るので、要注意です。

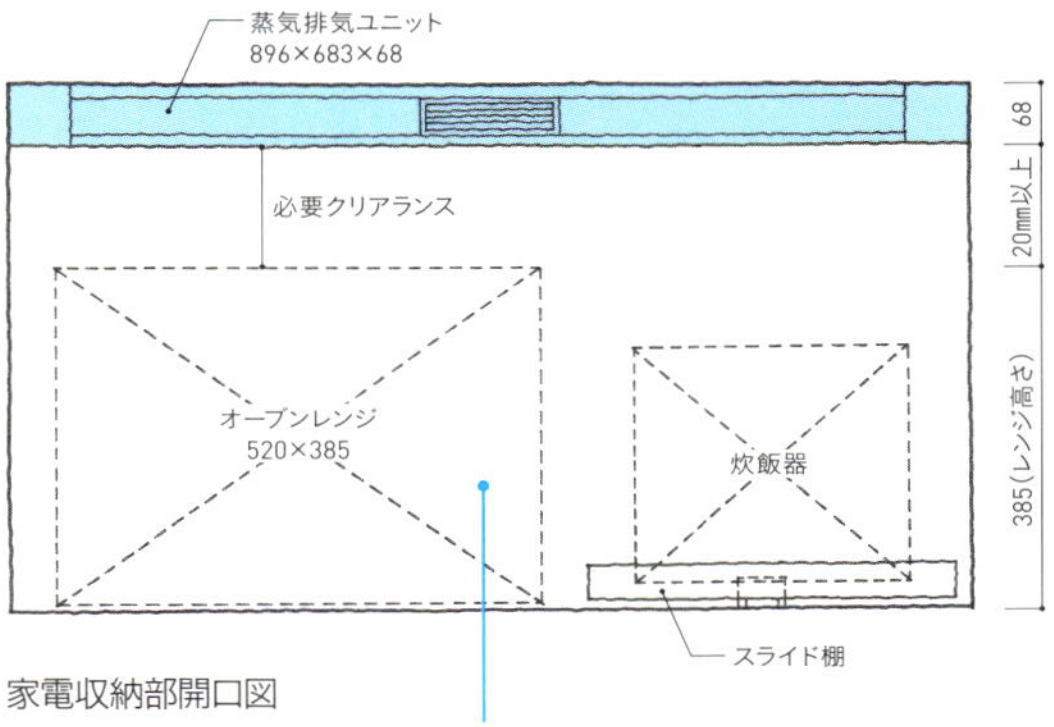

家電収納部開口図

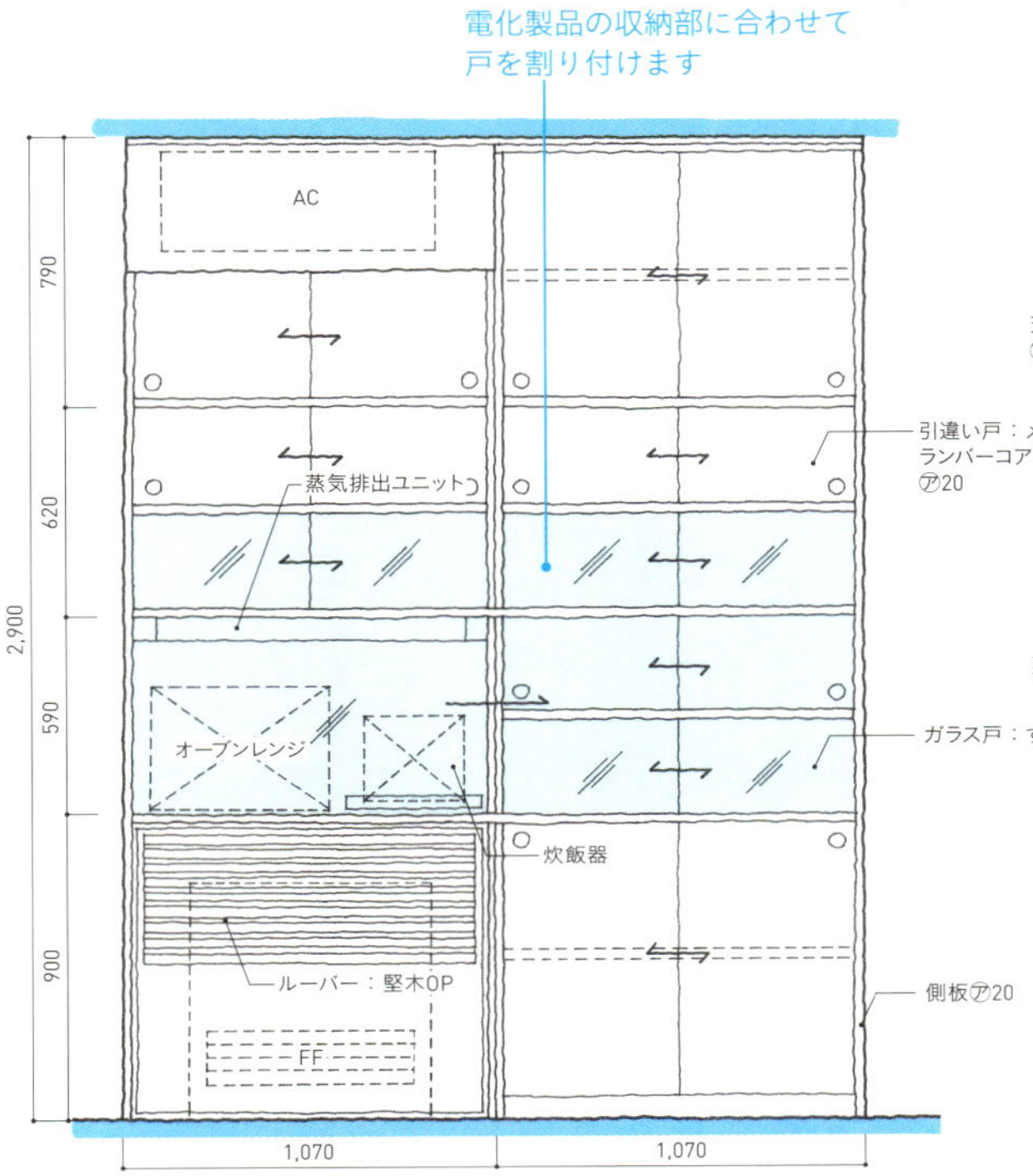

姿図

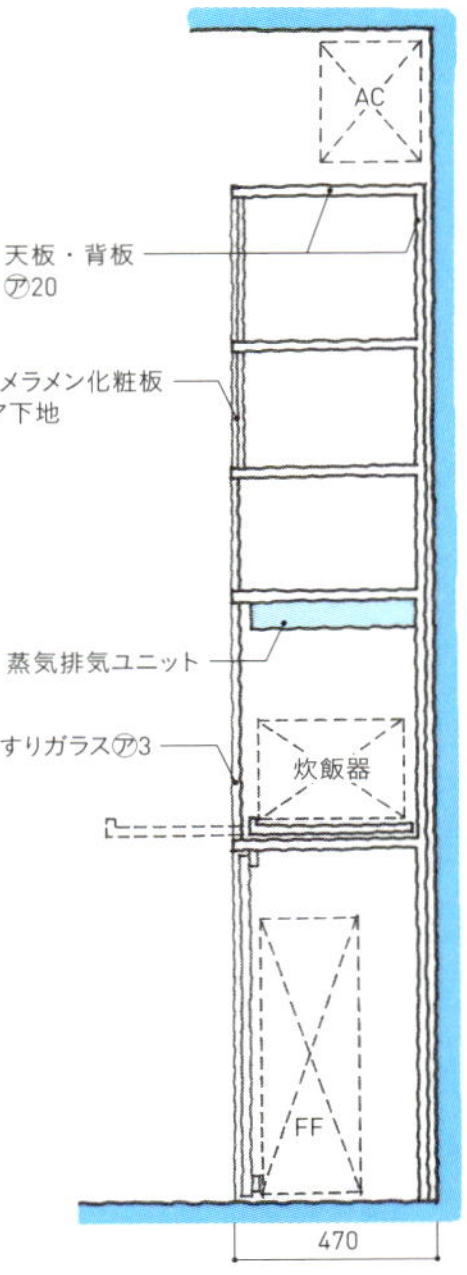

断面図

炊飯器は隠しながらも使い勝手よく

③ キッチンと収納は使い勝手よく

小型の家電といえども、悪目立ちしがちなのが炊飯器。隠したい、でも、ストレスなく使いたい——そんなときにおすすめなのが、炊飯器専用引出しです。収納したまま炊飯できるよう、引出し内部に湯気対策を施すことが重要です。

引出しは、台所と食堂を間仕切る家具に設けておきます。前後に動く「両トラベルスライドレール」を使えば、台所でも食堂でも炊飯器を引き出せて、炊事の際にも配膳の際にも便利です。

台所でも食堂でも使いたい

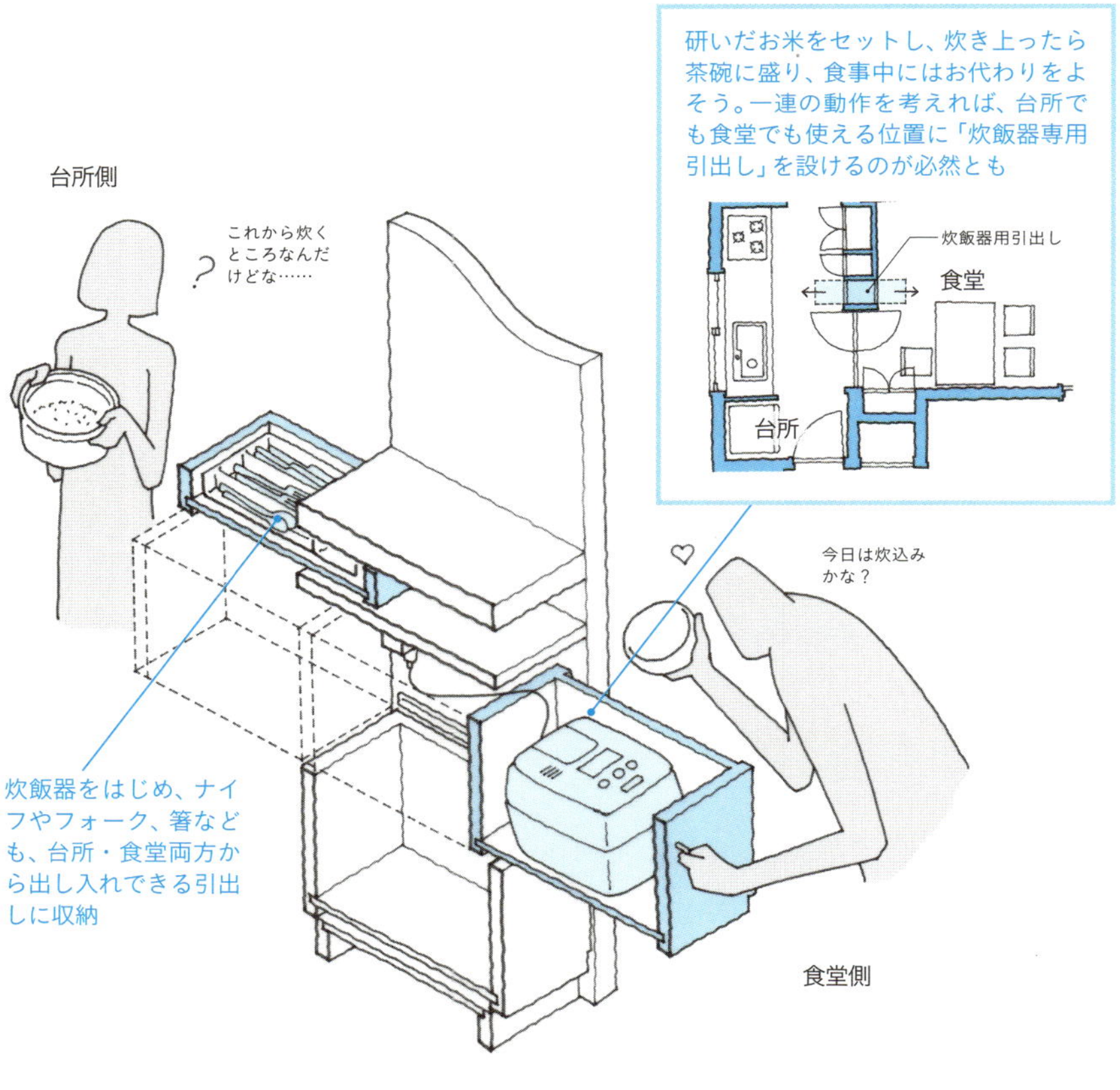

研いだお米をセットし、炊き上ったら茶碗に盛り、食事中にはお代わりをよそう。一連の動作を考えれば、台所でも食堂でも使える位置に「炊飯器専用引出し」を設けるのが必然とも
炊飯器用引出し
食堂
台所
台所側
これから炊くところなんだけどな……
今日は炊込みかな？
炊飯器をはじめ、ナイフやフォーク、箸なども、台所・食堂両方から出し入れできる引出しに収納
食堂側

炊飯時の湯気対策は万全に

配膳時に引き出して使う炊飯器。炊飯時には引出しに収納されたままですが、上部の開口からおいしそうな匂い（湯気）が広がります。

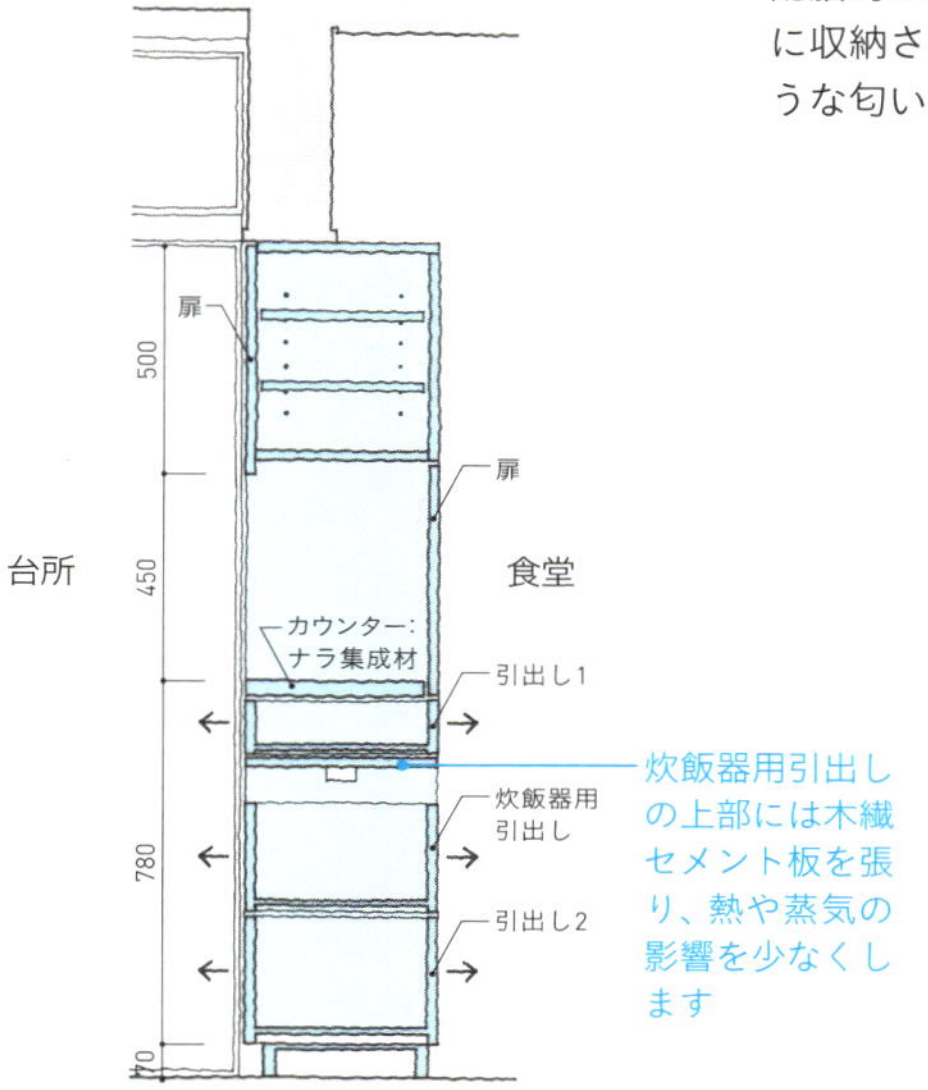

収納家具断面図

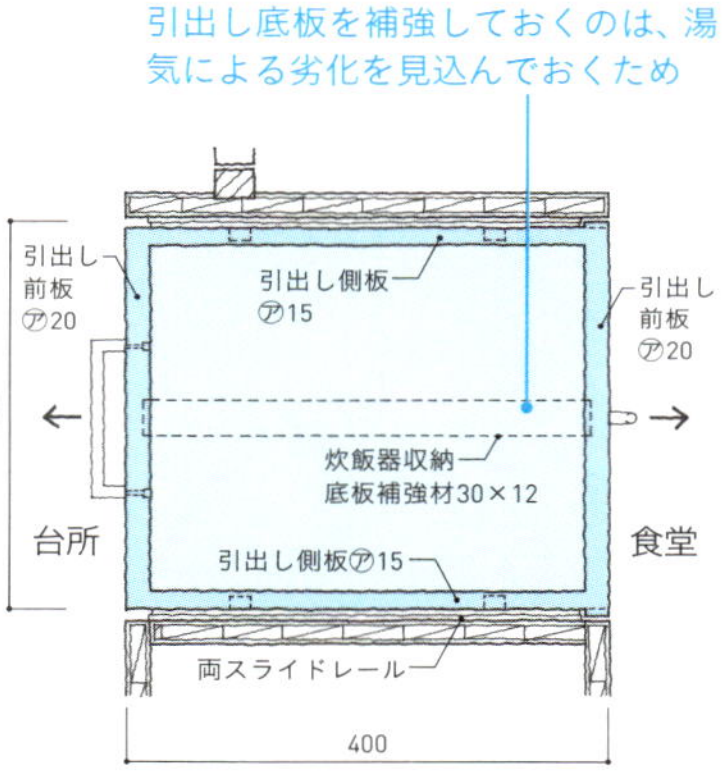

炊飯器用引出し平面図

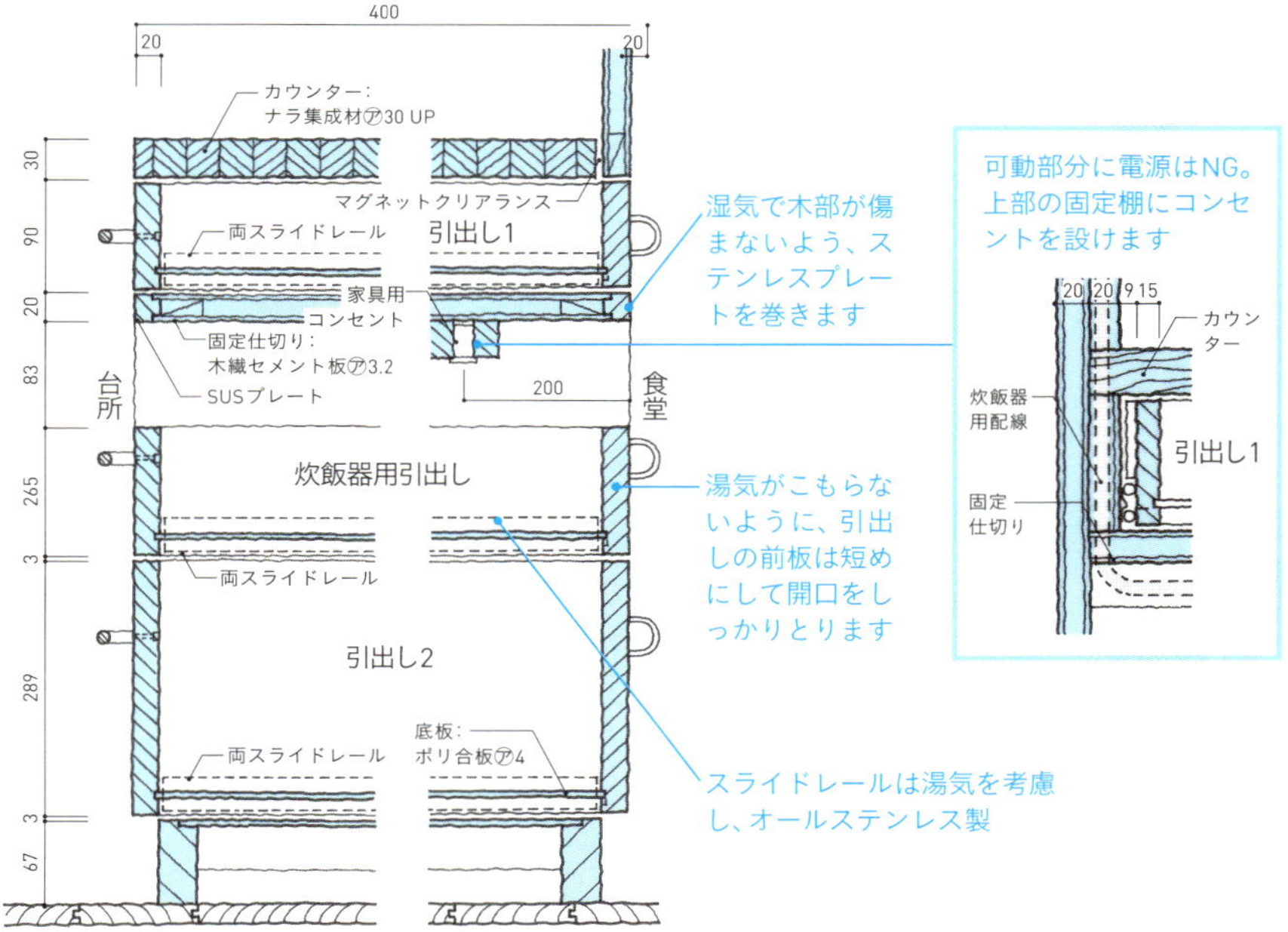

断面詳細図（一部）

専用引出しで使いやすい米びつ

食品のなかでも、保管方法に注意したいのが米。冷蔵庫や密封性の高い保存袋での保管などが推奨されたりしていますが、日々の「扱いやすさ」という点では、引出しでの保管が優れています。

米びつとして専用の引出しをつくるなら、防虫・防水も考慮したいもの。ステンレス板でつくった箱を木製引出しに取り付け「入れ子」とし、蓋《ふた》は厚めのキリ材でつくれば完成。重い米びつもスライドレールで容易に引き出せます。

日々使うものだからこそ

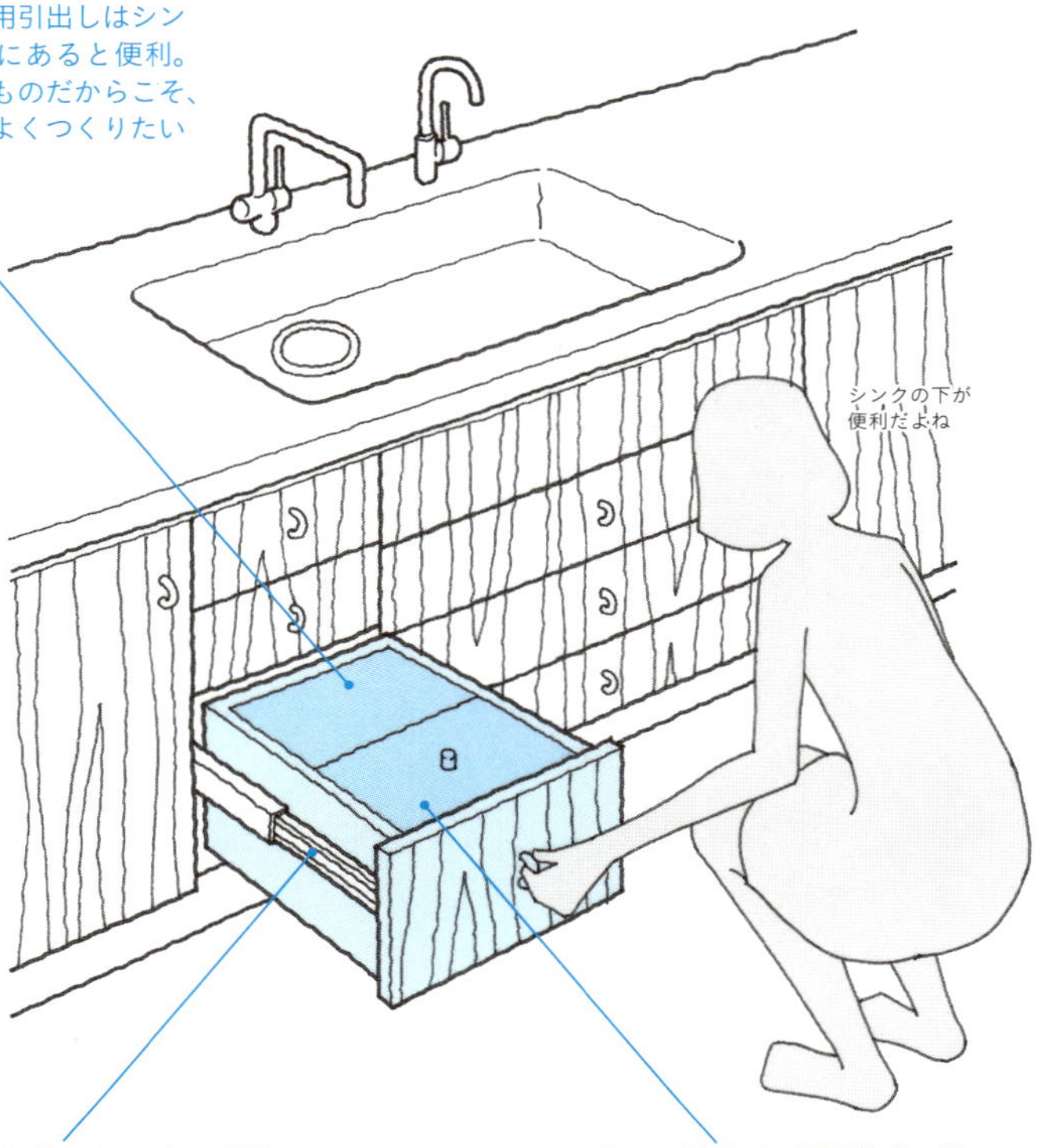
米びつ専用引出しはシンクのそばにあると便利。毎日使うものだからこそ、使い勝手よくつくりたいものです
シンクの下が便利だよね
米は意外と重いもの。米の重量を考慮して耐荷重のあるレールを選択します
狂いが少なく、調湿性能・防虫効果の高い無垢（むく）のキリ材でしっかり蓋をします

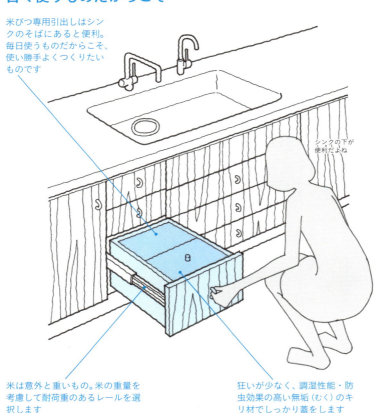

米びつ専用引出しのつくり方

米は精米した瞬間から急速に酸化し始めます。米びつでの保存期間はなるべく短くすることが重要です。

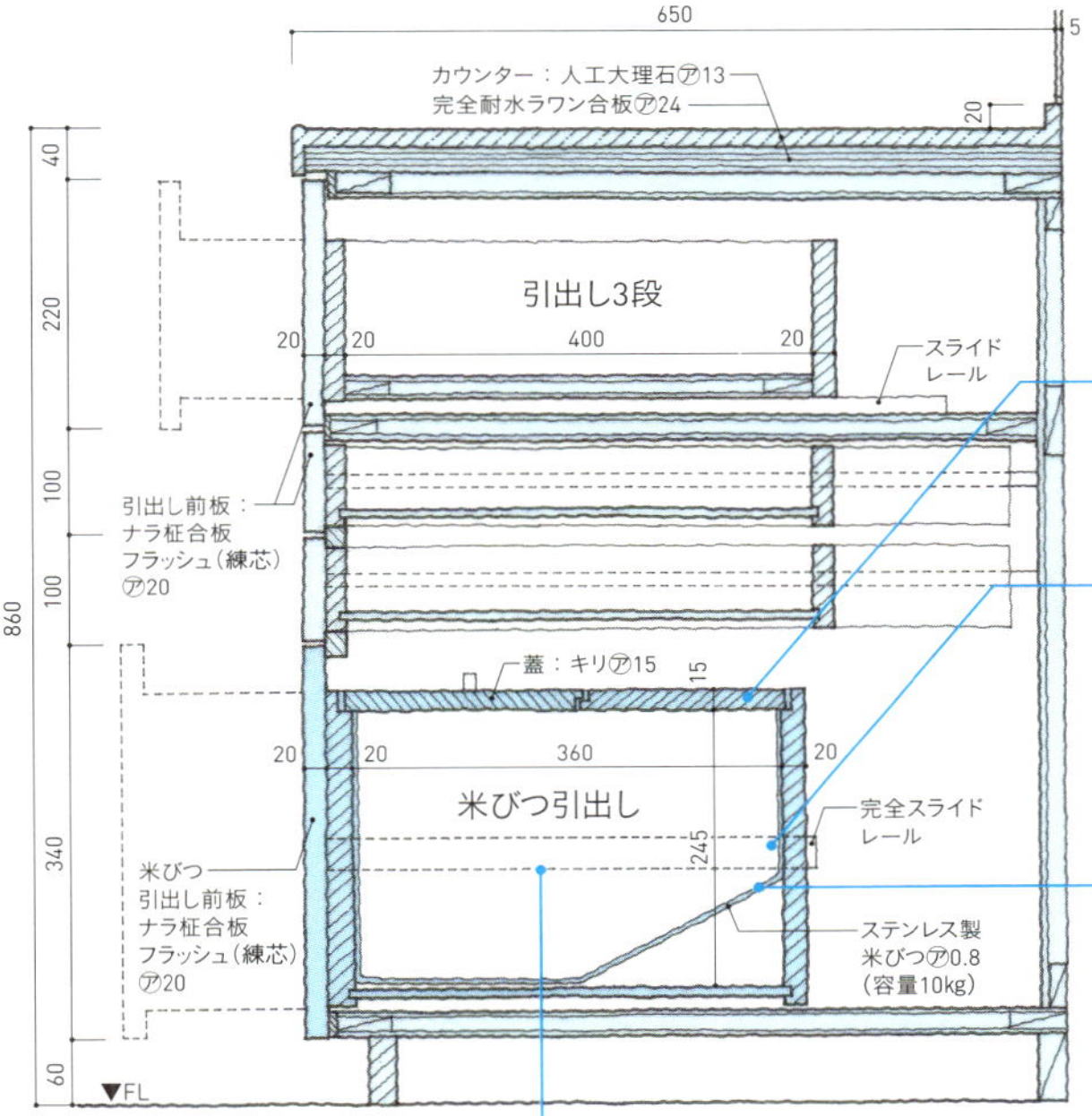

キリの無垢板は2分割し、つまみを付けて蓋にします。厚みは15～20㎜

引出しを奥まで引き出せる「完全スライドレール」を使用。収納の奥まで清掃できるよう、脱着できるレールを選ぶこと

引出し内部はステンレス製の米びつ（既製品）。取外しできるようしておくこと

カウンター収納断面図

完全スライドレール（下左図）は引残しがなく、すべて引き出せるようになっている3段引きのスライドレール。一般的なスライドレールは2段引きで、構造上、引残しが生じます

完全スライドレール

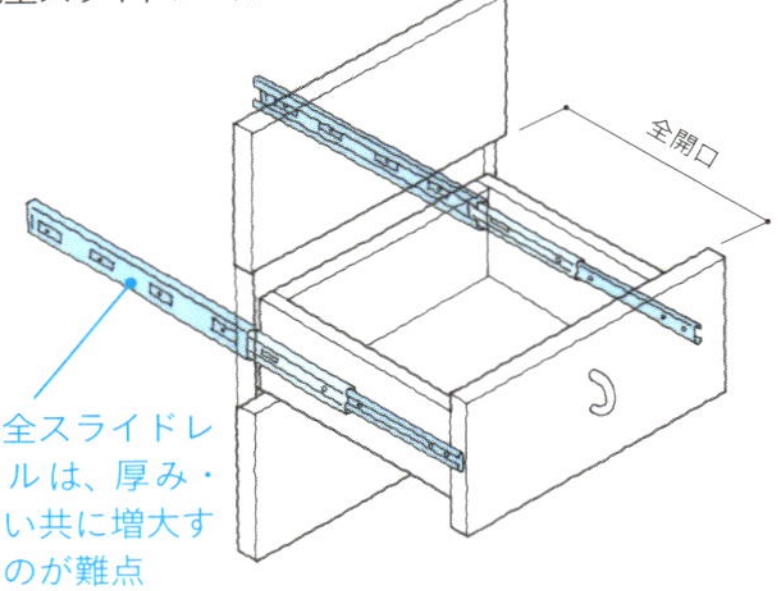

完全スライドレールは、厚み・せい共に増大するのが難点

一般スライドレール

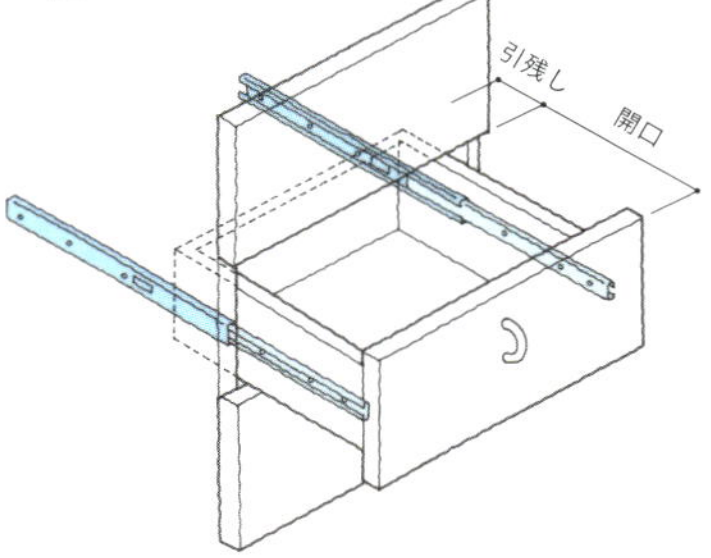

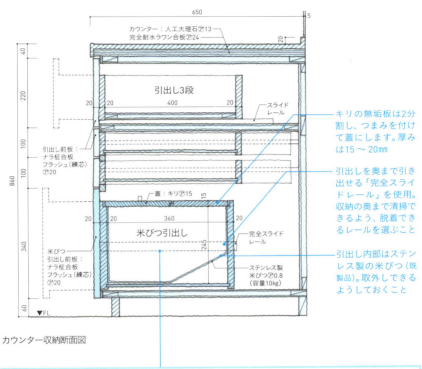

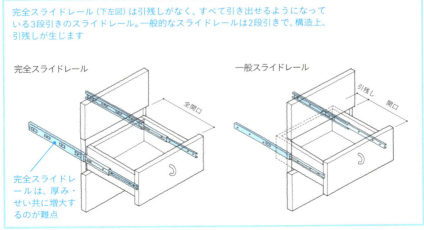

簡単野菜貯蔵庫でエコライフ

住宅の高気密高断熱化が進んでいます。野菜や調味料を外気とあまり変わらない常温で貯蔵できるようなスペースは、室内にほとんどありません。とはいえ、台所に貯蔵庫があれば非常に便利。収納を外壁に面した壁に設けるなら、換気口を設け外気を取り入れることで貯蔵庫となります。

注意すべきは方角。貯蔵庫は北側壁面に設け、換気口に太陽光が入り込まぬようにします。光が入ると、全部のジャガイモが芽を出してしまうので、要注意です。

普通の収納が貯蔵庫に変身

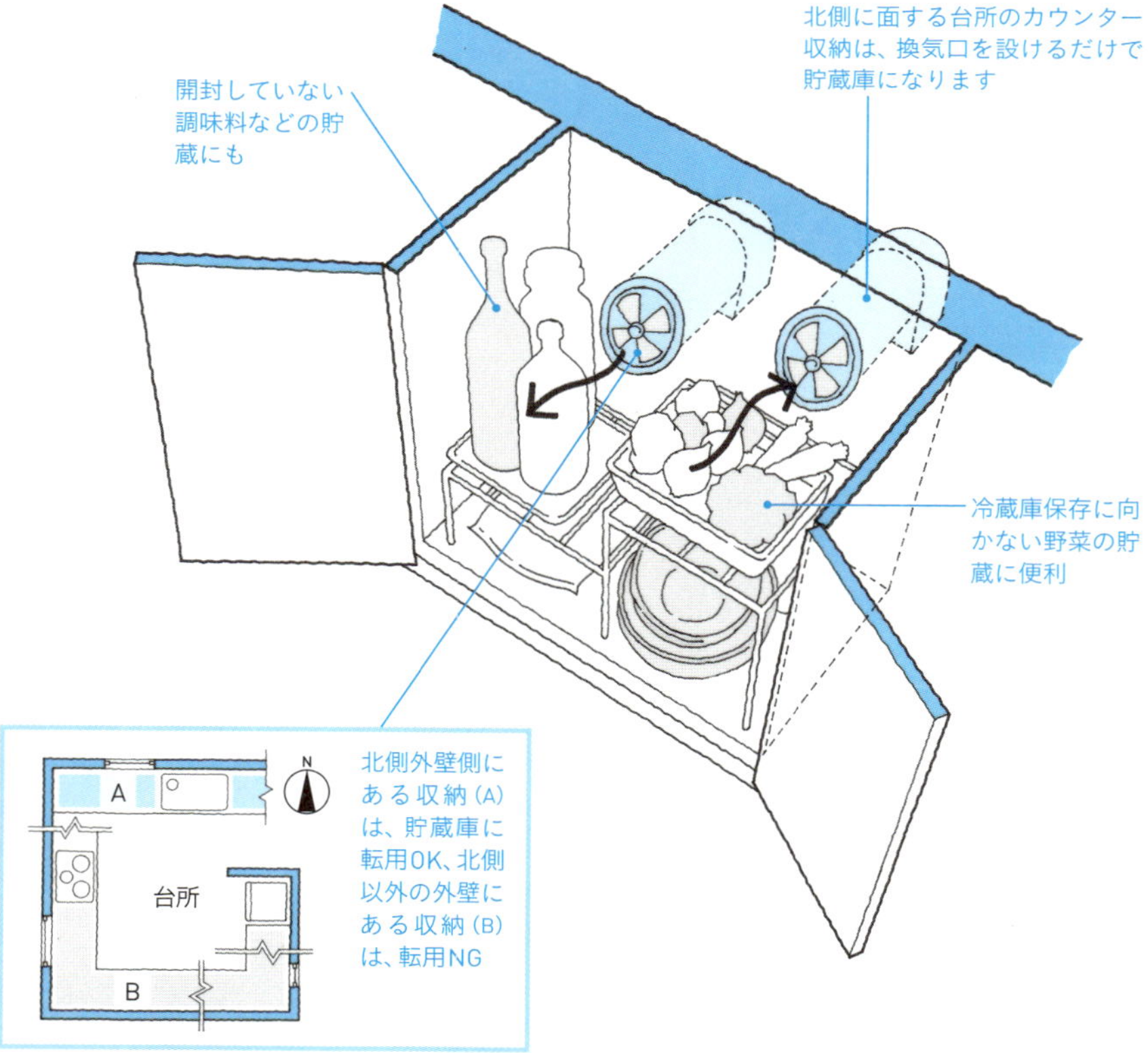

開封していない調味料などの貯蔵にも
北側に面する台所のカウンター収納は、換気口を設けるだけで貯蔵庫になります
冷蔵庫保存に向かない野菜の貯蔵に便利
A
B
台所
N
北側外壁側にある収納（A）は、貯蔵庫に転用OK、北側以外の外壁にある収納（B）は、転用NG

換気口の選択にもひと工夫

貯蔵庫内部に設ける換気口。外気はたくさん取り入れたいけれども、虫などは絶対に入れないようにします。

屋外側には深型のフードを設置して光や雨などが入り込むのを防ぎます。フードは外壁が汚れないようガラリ付き、虫が入らないよう防虫網付きのものを選択します

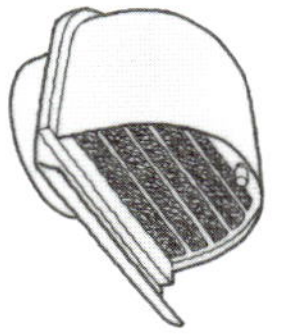

換気口の取付けは太陽光の当たらない北側外壁面に

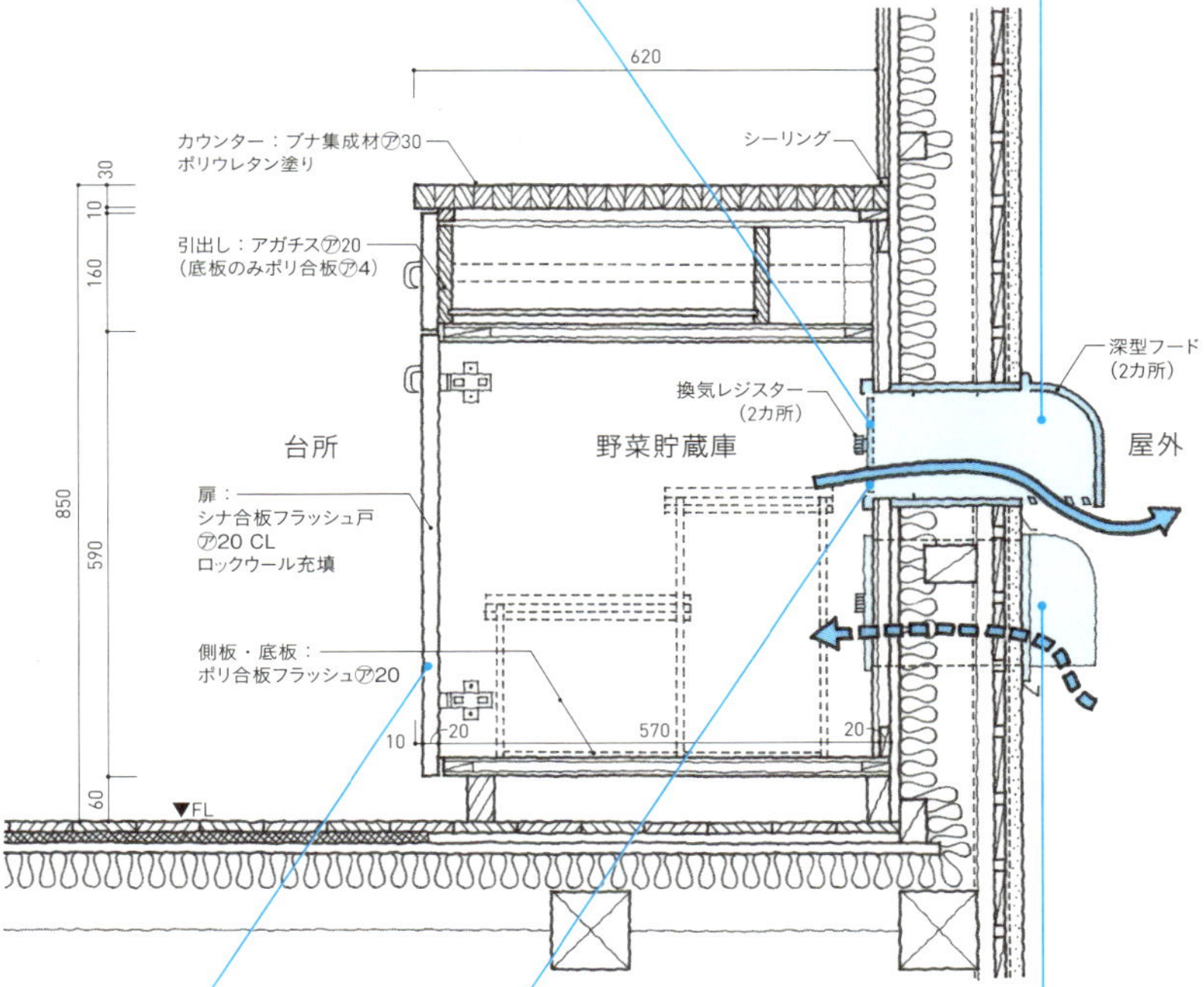

外気を部屋に漏らさないよう、貯蔵庫の扉はロックウールを充填するなどして、断熱性能を高めておくこと

空気の循環を促すためには、換気口を上下に2つ、なるべく離して取り付けます

屋内側（貯蔵庫内）には、シャッター付き換気レジスターを設置。つまみでシャッターを開閉して換気量を調整します。出っ張りが少ないので、収納物に干渉しません。防虫網付きにして万全を期します

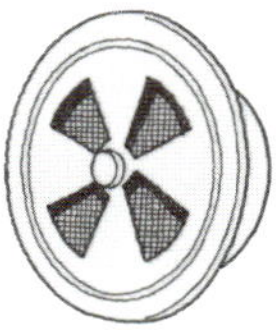

カウンター収納断面図

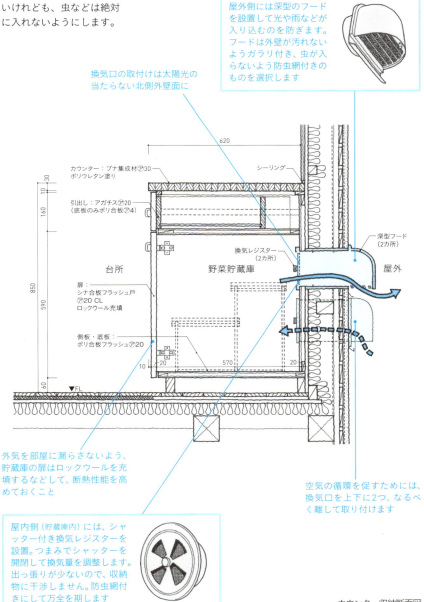

地下収納の床扉を楽に開閉する方法

キッチンなどの床下に収納をつくる場合、床に蓋《ふた》や扉を設けます。人が入れるような大きな地下食品庫であれば、扉も大きくなります。床扉（上げ蓋）は人が乗る部分なので、しっかりした構造でなくてはならず、重量がかさむのが難点です。

大きくて重たい床扉を簡単に開閉するには、ワゴン車の後ろ扉などに使われる「ガススプリング・ステー」を利用するのがおすすめです。床扉がむやみに跳ね上がらず、開閉も軽快に行えます。

台所と地下倉庫をつなぐ床扉

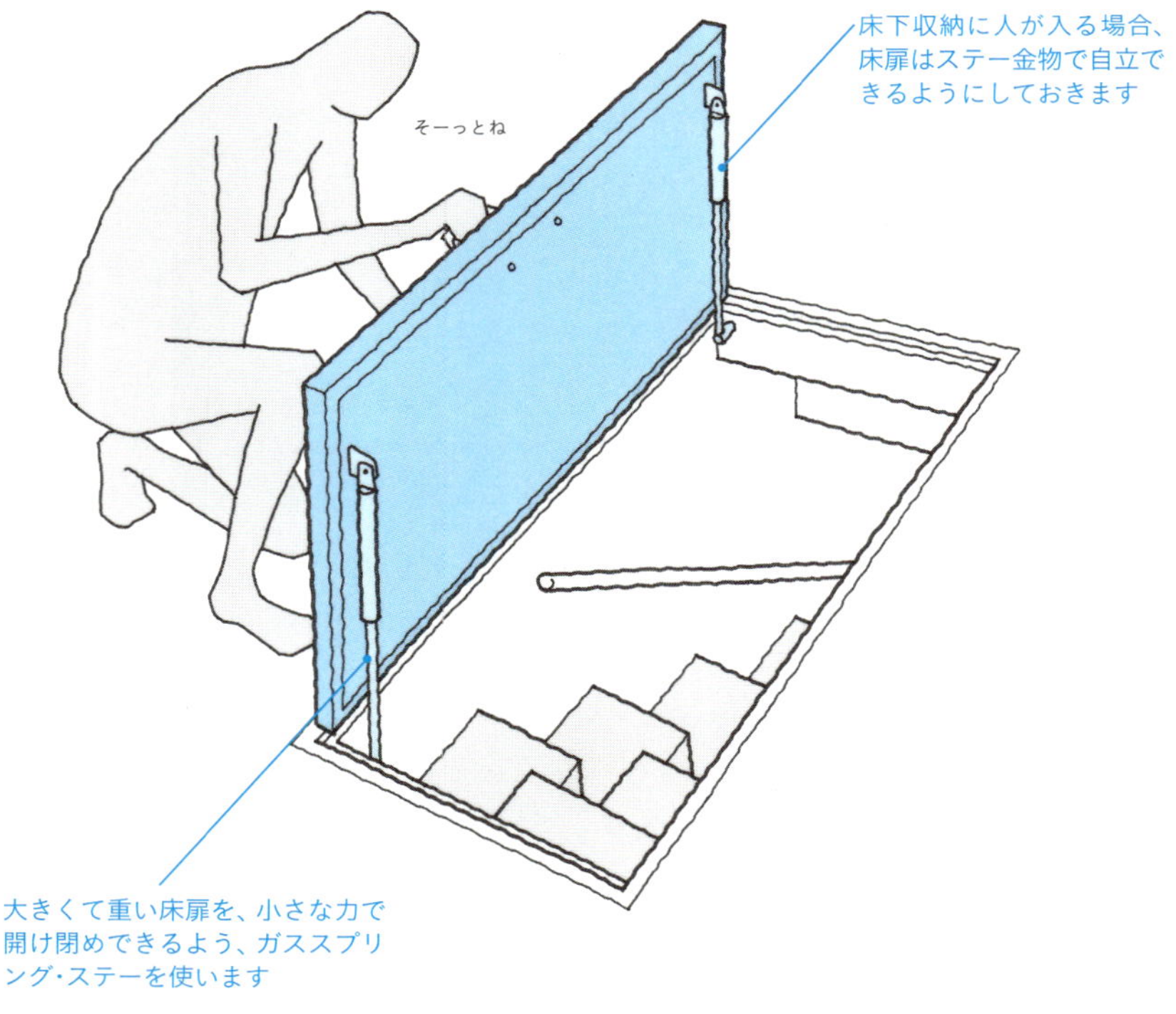
床下収納に人が入る場合、床扉はステー金物で自立できるようにしておきます
そーっとね
大きくて重い床扉を、小さな力で開け閉めできるよう、ガススプリング・ステーを使います

どうして床扉は重いのか

台所に床扉を設ける場合、頻繁にその上を行き来することに。歩行感を保つため、扉は薄くても頑丈につくる必要があり、そうすると重くなってしまいます。

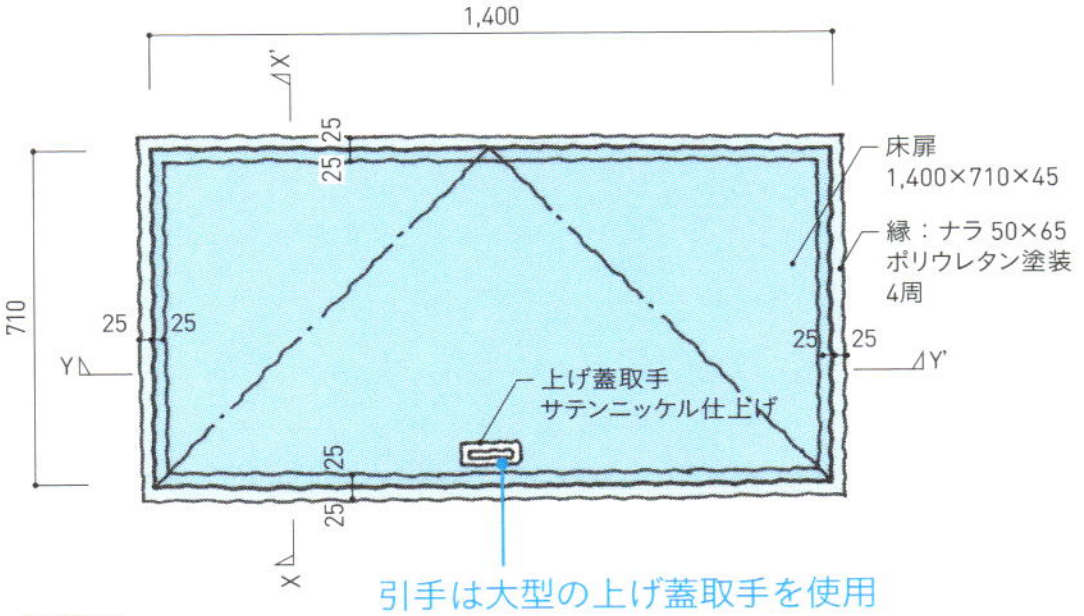
1,400
X'
X
710
25
Y
Y'
床扉
1,400×710×45
縁：ナラ 50×65
ポリウレタン塗装
4周
上げ蓋取手
サテンニッケル仕上げ
引手は大型の上げ蓋取手を使用

平面図

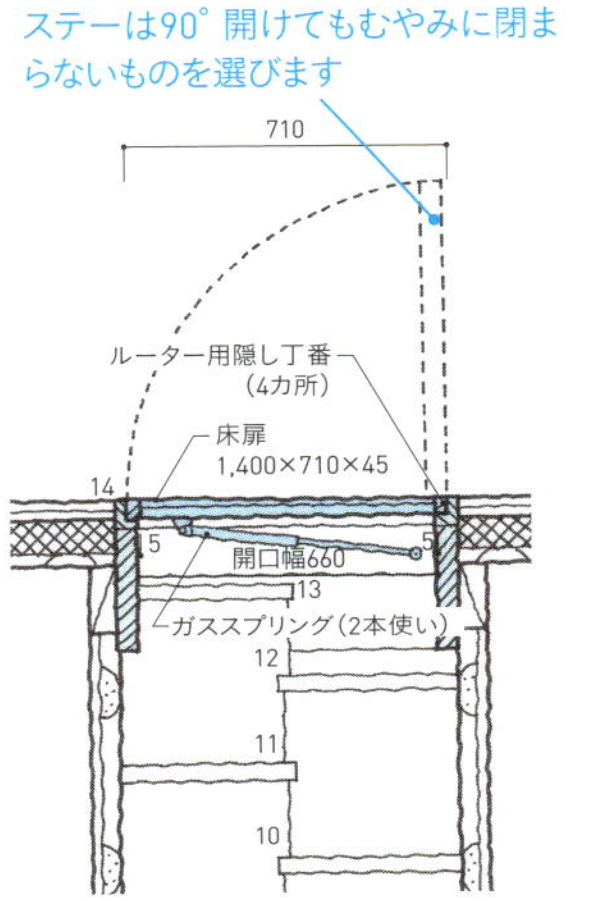
ステーは90°開けてもむやみに閉まらないものを選びます
710
ルーター用隠し丁番
（4カ所）
床扉
1,400×710×45
14
5
開口幅660
13
ガススプリング（2本使い）
12
11
10

X-X'断面図

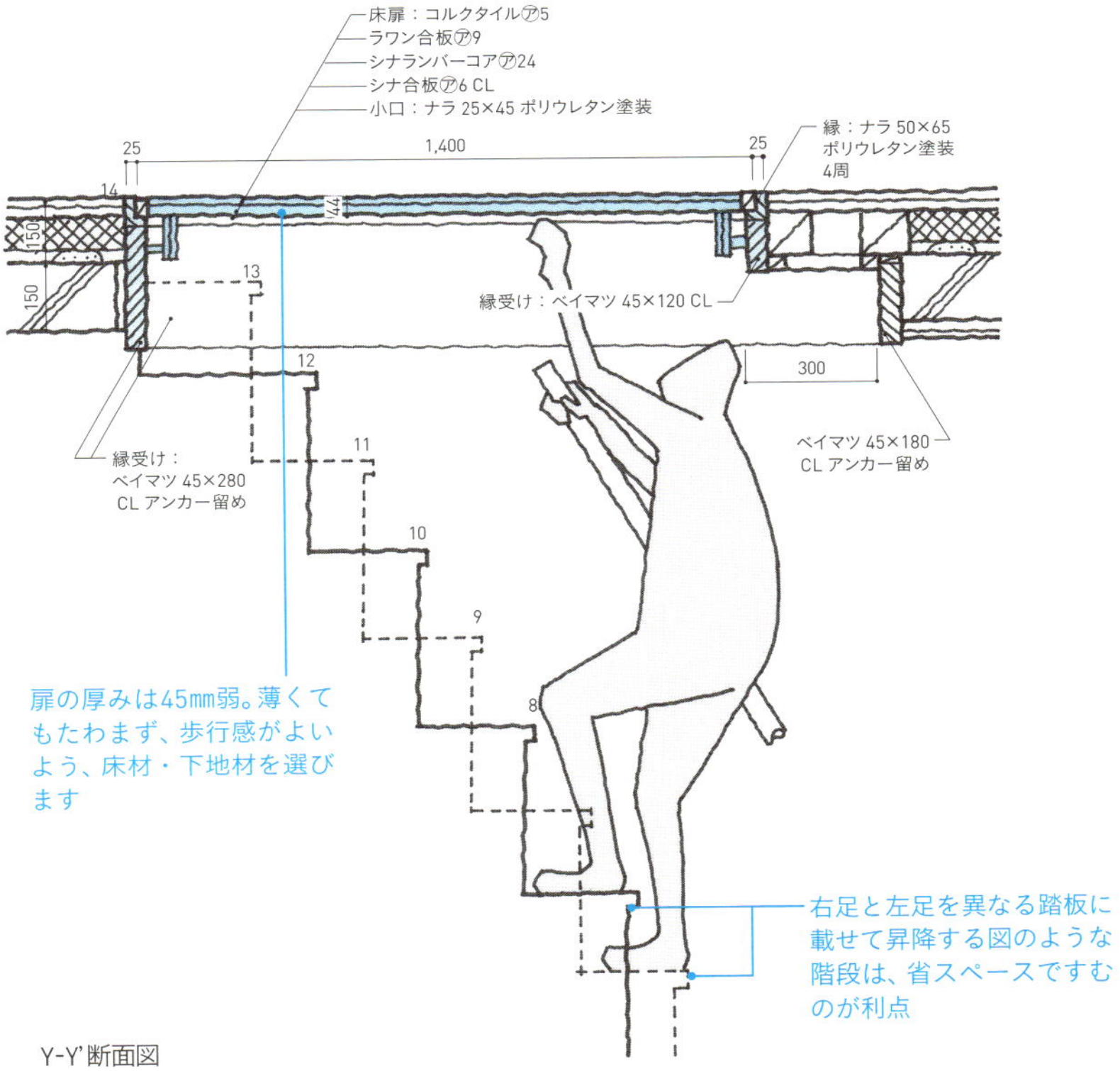
床扉：コルクタイル㋐5
ラワン合板㋐9
シナランバーコア㋐24
シナ合板㋐6 CL
小口：ナラ 25×45 ポリウレタン塗装
縁：ナラ 50×65
ポリウレタン塗装
4周
25
1,400
25
14
44
150
150
13
12
11
10
9
8
縁受け：ベイマツ 45×120 CL
300
縁受け：
ベイマツ 45×280
CL アンカー留め
ベイマツ 45×180
CL アンカー留め
扉の厚みは45mm弱。薄くてもたわまず、歩行感がよいよう、床材・下地材を選びます
右足と左足を異なる踏板に載せて昇降する図のような階段は、省スペースですむのが利点

Y-Y'断面図

効果的に使いたい床下・天井裏

都市における住宅は、立地条件によって高さや面積などに制限がかかります。建築できる空間が限られるなら、住宅内のデッドスペースはなるべく少なくしたいものです。

床下や天井・小屋裏を物置として使うのもひとつの手（「小屋裏物置等」※）。注意したいのは、一定の基準を超えると「階数」にも「床面積」にも算入されること。階数が増えると防火上の規制が厳しくなり、床面積が増えると容積率などに影響します。

最小限の工夫で最大限の効果を

デッドスペースの多い家

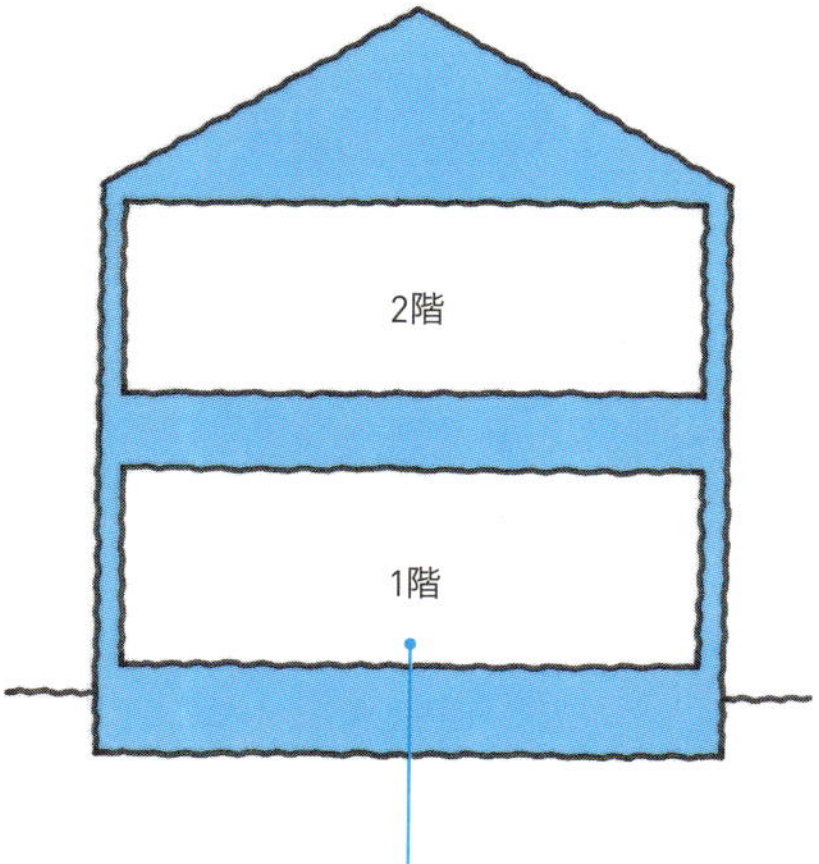

小屋裏、2階床下、1階天井裏、1階床下を利用していない住宅。住宅にはデッドスペースが意外に多いのです

スペースをフル活用した家

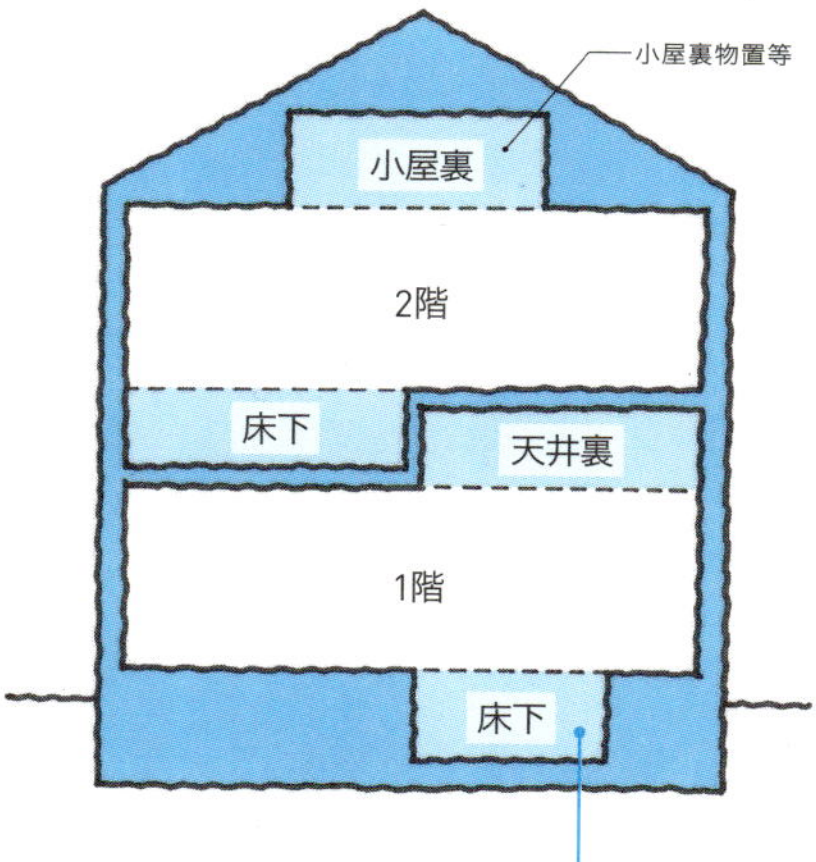

「小屋裏物置等」は、最高内法（うちのり）高さが1.4m以下、水平投影面積がその階の床面積の1／2未満であれば、階数にも床面積にもカウントされません*

※：小屋裏物置等とは、小屋裏、天井裏その他これらに類する部分を利用して設ける物置等をいいます（平成12年住指発682号）

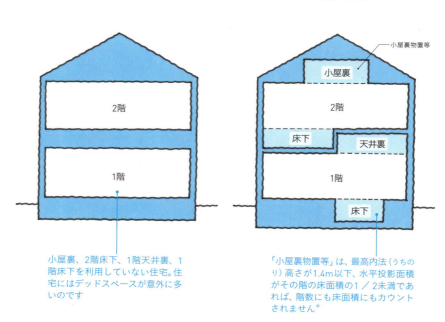

狭小住宅に有効な「裏の収納」

1階に詰め込んだ、階数や床面積に算入されない「小屋裏物置等」（DENと床下クロゼットがそれに該当）。天井高さ1.4m以下のスペースを多目的に使います。基礎の耐圧盤を地盤面から20cm下げ、個室床下はクロゼットにしています。

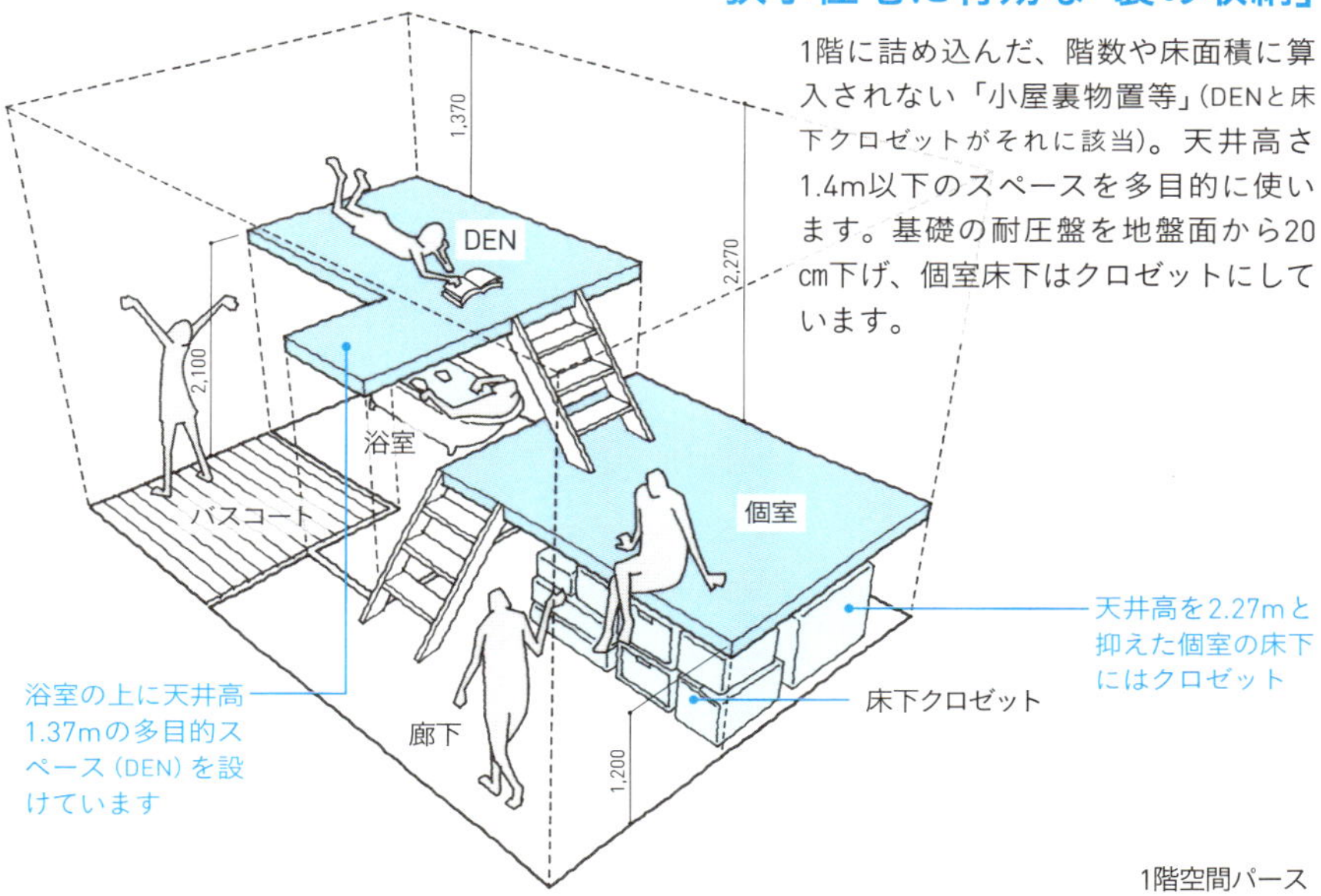

1,370
2,270
2,100
1,200
DEN
浴室
バスコート
個室
廊下
天井高を2.27mと抑えた個室の床下にはクロゼット
床下クロゼット
浴室の上に天井高1.37mの多目的スペース（DEN）を設けています

1階空間パース

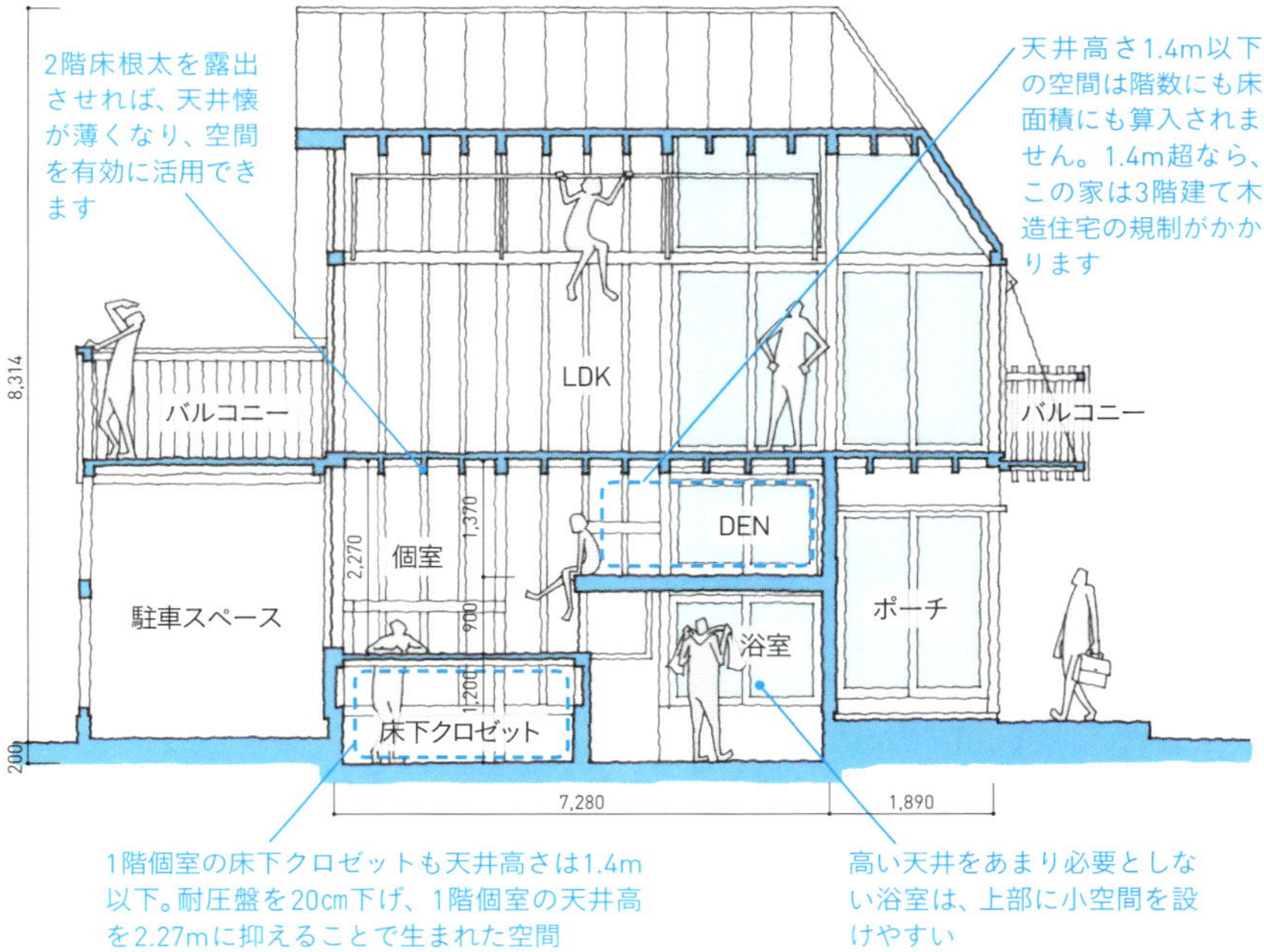

2階床根太を露出させれば、天井懐が薄くなり、空間を有効に活用できます
天井高さ1.4m以下の空間は階数にも床面積にも算入されません。1.4m超なら、この家は3階建て木造住宅の規制がかかります
8,314
LDK
バルコニー
バルコニー
DEN
個室
2,270
1,370
900
1,200
駐車スペース
ポーチ
浴室
床下クロゼット
200
7,280
1,890
1階個室の床下クロゼットも天井高さは1.4m以下。耐圧盤を20cm下げ、1階個室の天井高を2.27mに抑えることで生まれた空間
高い天井をあまり必要としない浴室は、上部に小空間を設けやすい

断面図

＊：「小屋裏物置等」について個別の取扱いや運用基準を定めている行政もありますので、事前に確認が必要です

ロングカウンターが人を集める

通常より大きめのテーブルは、食事だけでなく、趣味や勉強にも使えます。家族で時間を共有しながら、各自やりたいことができる場があれば、個室にこもることも少なくなり、コミュニケーションもより深まるはずです。

ここでは、居間やダイニングキッチンなどを区切らずワンルーム化し、空間を貫くようにカウンターを設けています。1枚のカウンターに家族それぞれの「居場所」をつくり、居心地をアップさせています。

大きなワンルーム空間を貫くカウンター

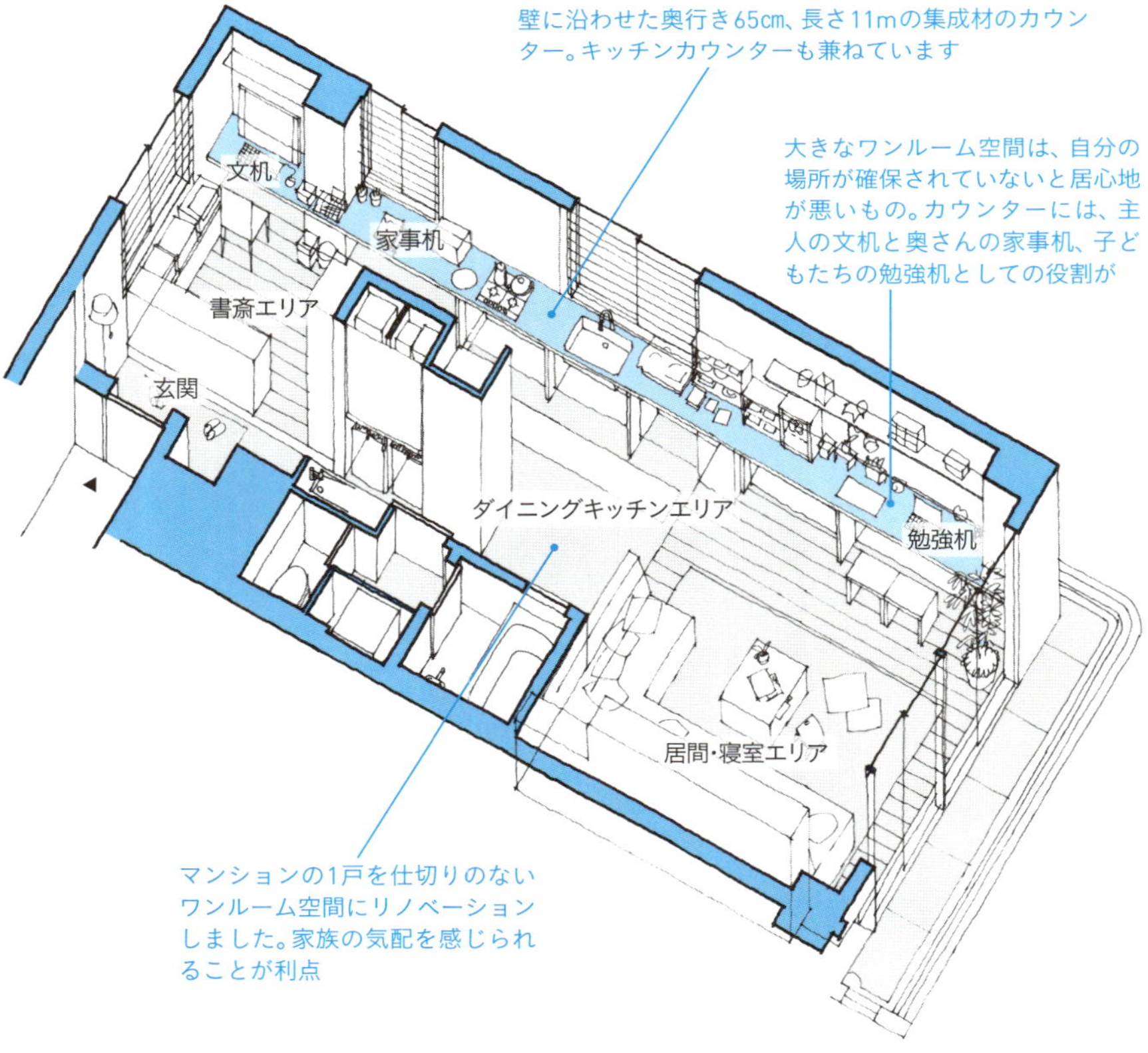

壁に沿わせた奥行き65㎝、長さ11mの集成材のカウンター。キッチンカウンターも兼ねています
大きなワンルーム空間は、自分の場所が確保されていないと居心地が悪いもの。カウンターには、主人の文机と奥さんの家事机、子どもたちの勉強机としての役割が
文机
家事机
書斎エリア
玄関
ダイニングキッチンエリア
勉強机
居間・寝室エリア
マンションの1戸を仕切りのないワンルーム空間にリノベーションしました。家族の気配を感じられることが利点

床に段差をつけて使いやすく

大きなワンルーム空間を貫くカウンター。床の高さを変えることで、立ち姿勢にもイス姿勢にも対応しています。

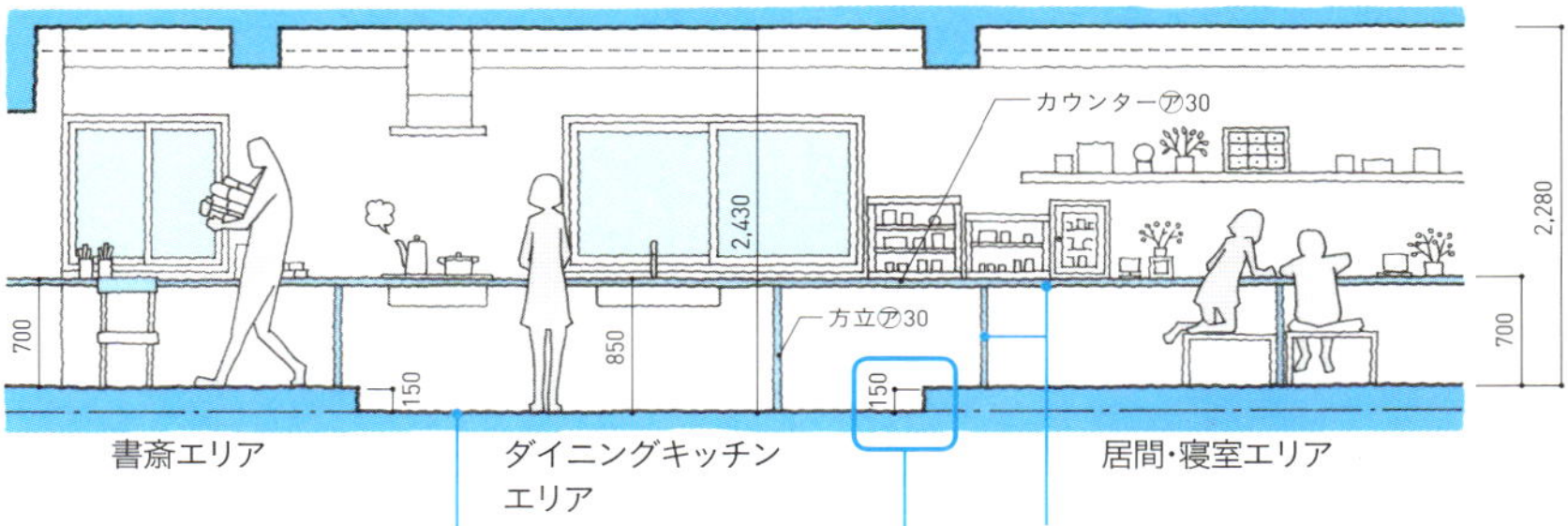

キッチンカウンターとして立って使うため、キッチンエリアは床を150mm低くしています

長いカウンターは4分割もの。分割部分に方立を設けています

床に段差を設ける場合は、床仕上げ材を変えるなどして、注意を促したいもの。ここでは床の低いキッチンエリアをモルタル金ゴテ仕上げ、その他のエリアをフローリングにしています

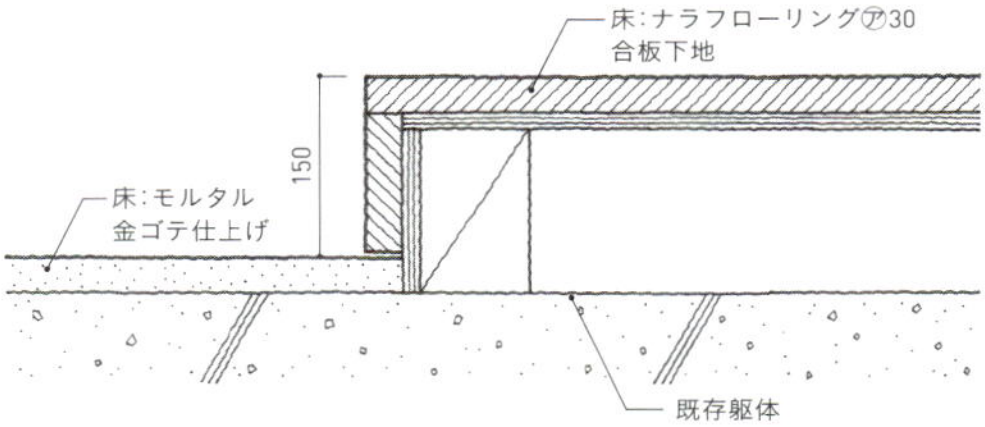

断面展開図

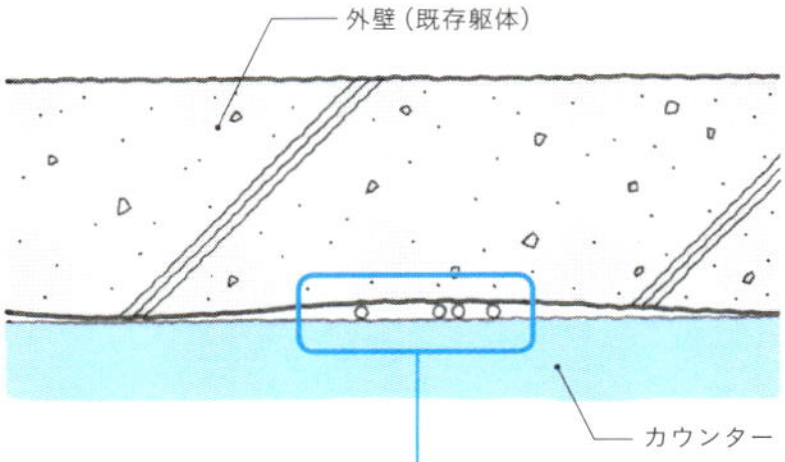

この事例はリノベーション。不陸のある鉄筋コンクリート躯体とカウンターとの隙間は配線スペースに利用

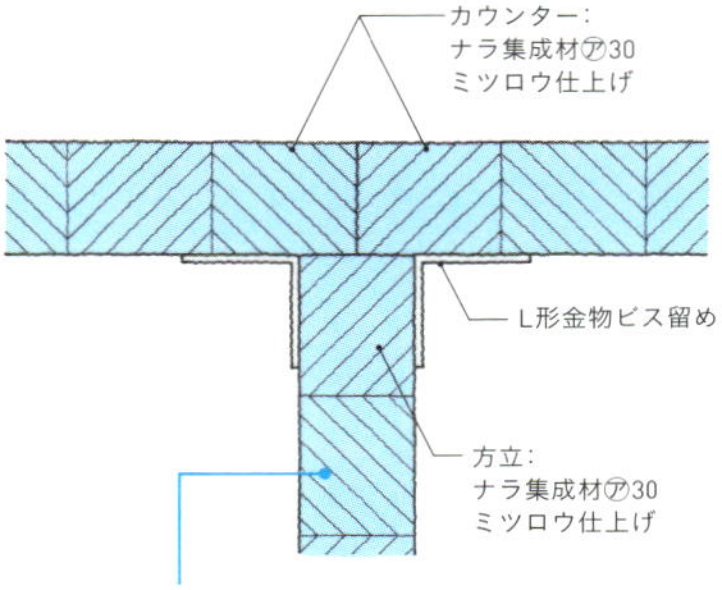

カウンターを継ぐ部分は方立で受け、金物で補強します

カウンター廻り詳細図(左:平面、右:断面)

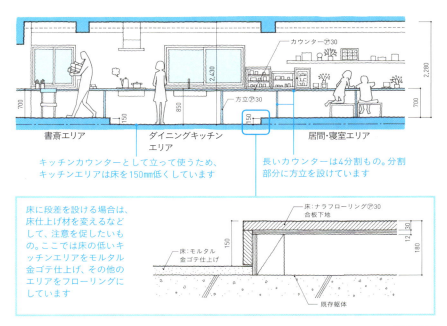

構造材を利用して本棚をつくる

外断熱工法や大断面集成材工法による住宅は、室内に構造材を露出させ、意匠とするのに向いています。奥行きのある構造材を利用して、壁面にオープン棚をつくれば、収納力もアップします。

ここでは、大断面集成材を利用した「壁面本棚」を紹介します。集成材を傾斜させて柱材としたことが、意匠上のポイントになっています。本棚の棚板が長くなってしまう場合は、棚板の短手側にたわみ防止の桟を入れましょう。

構造材がブックエンド

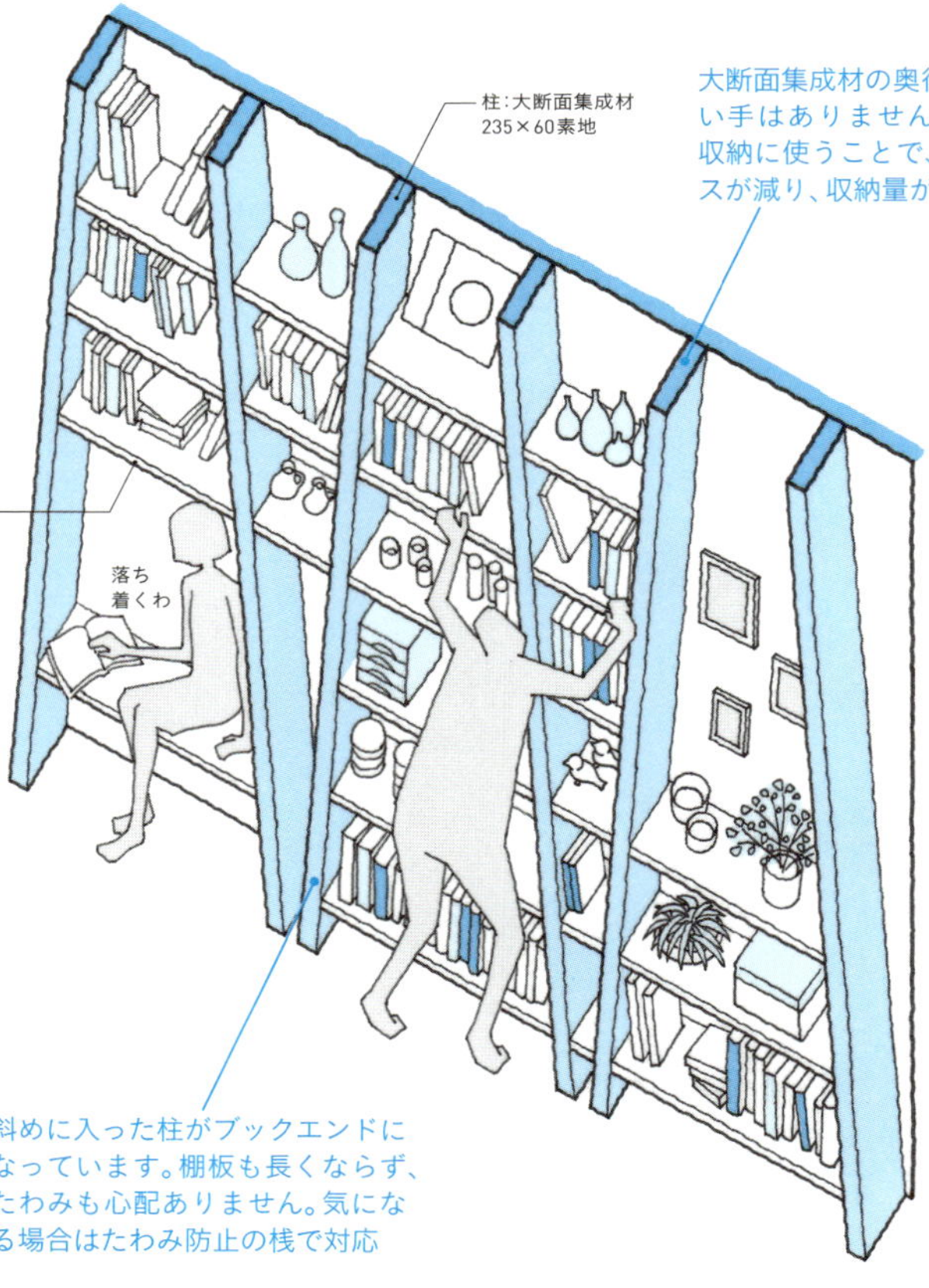
柱:大断面集成材
235×60素地
大断面集成材の奥行きを利用しない手はありません。露出させて、収納に使うことで、デッドスペースが減り、収納量がアップします
棚板:スギ板
㋐25素地
落ち着くわ
斜めに入った柱がブックエンドになっています。棚板も長くならず、たわみも心配ありません。気になる場合はたわみ防止の桟で対応

本好き垂涎《すいぜん》！　壁一面が本棚

柱に大断面集成材を用いた住宅。奥行きのある材は本棚や収納スペースとして有効に利用しましょう。なお、外断熱工法の場合は、断熱材と透湿防水シートを施す順番を間違えないように要注意。本棚に結露は禁物です。

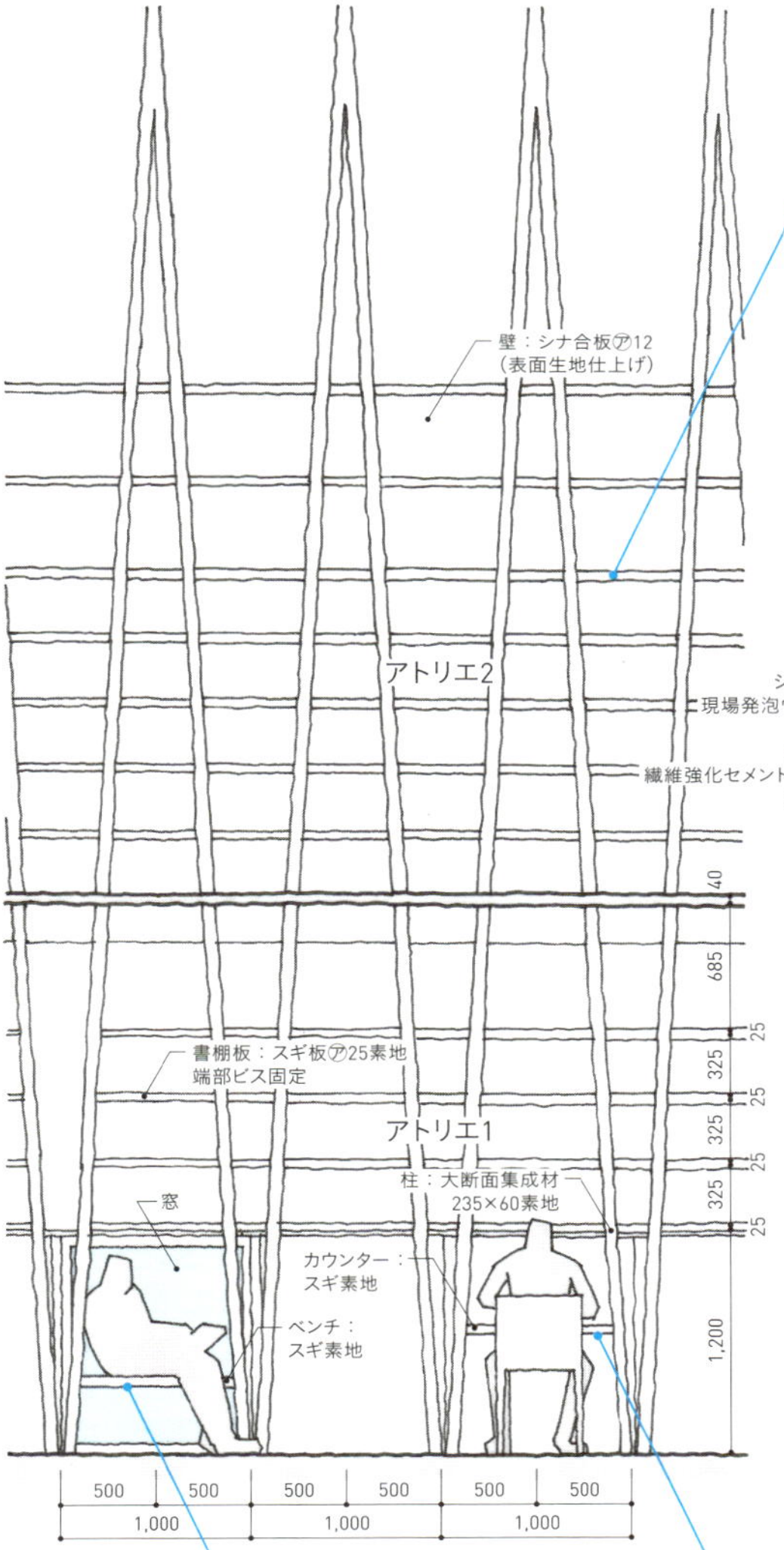

壁面本棚姿図

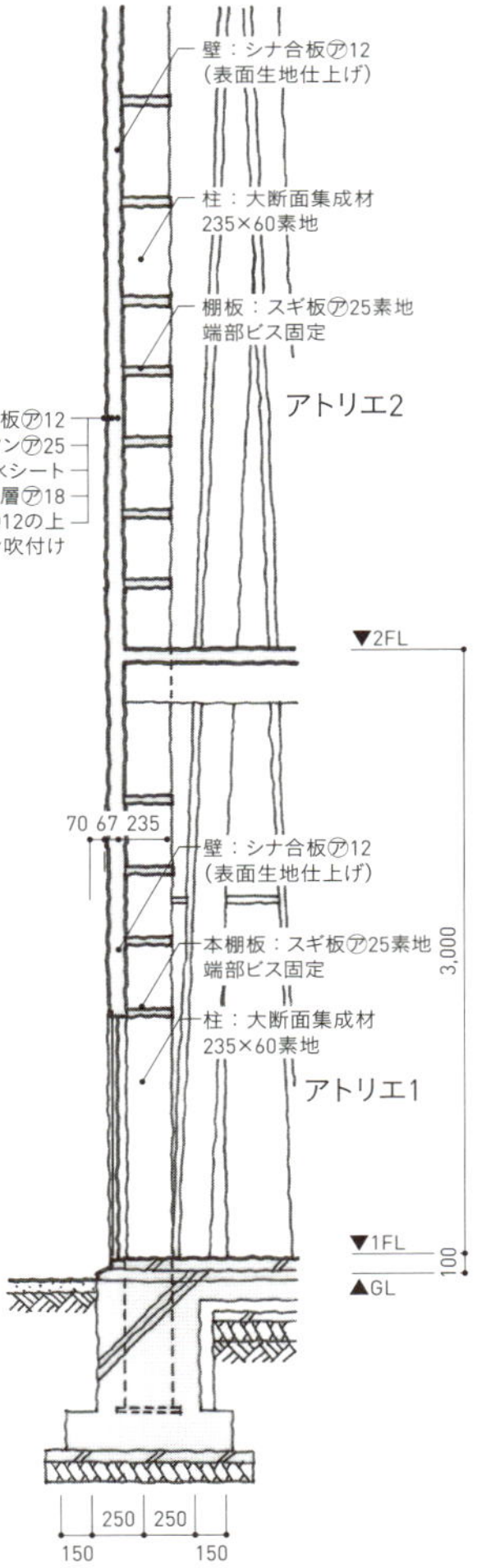

壁面本棚断面詳細図

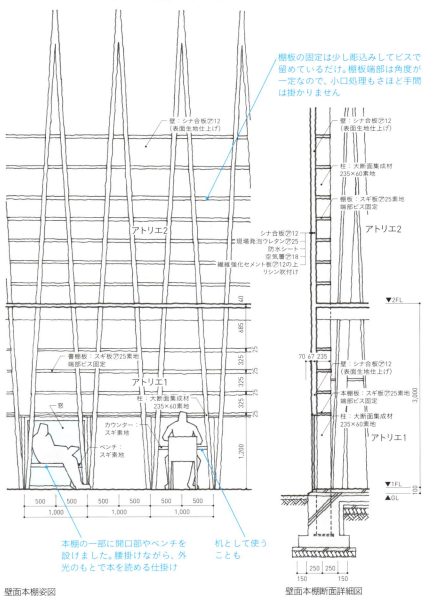

書庫は可動式本棚で収納量アップ

図書館の閉架エリアにあるような可動式の本棚。大量の本を効率よくコンパクトに収納するには最適です。既製品もありますが、空間に合わせて造り付けることも可能です。

本棚に書籍を詰め込むと、非常に重くなります。「可動式」として本棚を設計する場合は、動かしやすさと固定しやすさ、転倒防止を念頭においてデザインする必要があります。しっかりとした床組みにしておくことは、いうまでもありません。

収納効率の高い可動式本棚

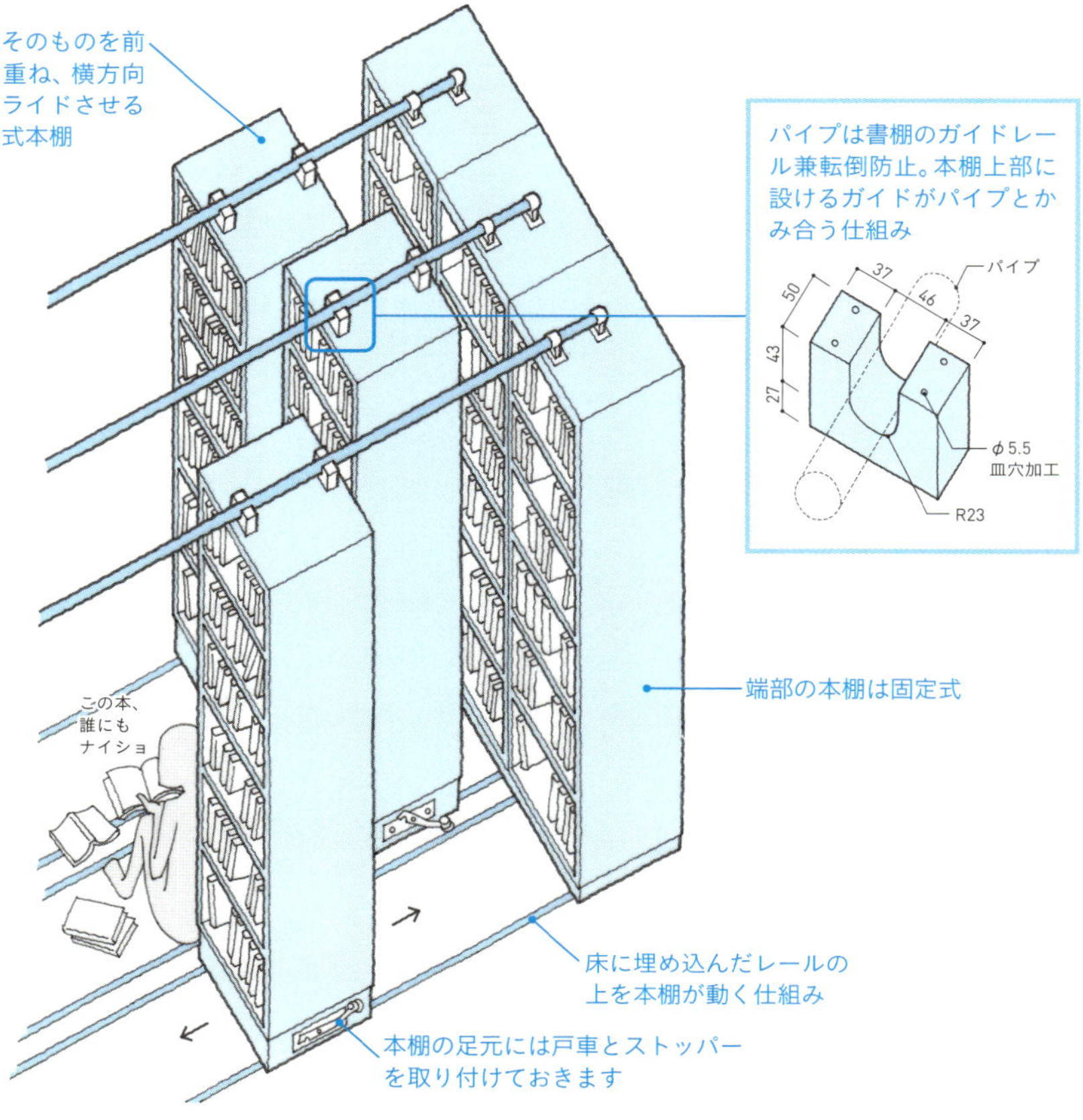
本棚そのものを前後に重ね、横方向にスライドさせる可動式本棚
パイプは書棚のガイドレール兼転倒防止。本棚上部に設けるガイドがパイプとかみ合う仕組み
パイプ
37
46
37
50
43
27
φ5.5
皿穴加工
R23
端部の本棚は固定式
この本、誰にもナイショ
床に埋め込んだレールの上を本棚が動く仕組み
本棚の足元には戸車とストッパーを取り付けておきます

固定＋可動で収納量アップ

造付けは空間に合わせて設計できるのが魅力。ここでは両端を固定棚とし、通路として必要な幅（最大84cm）以外の空間に可動棚を設けています。

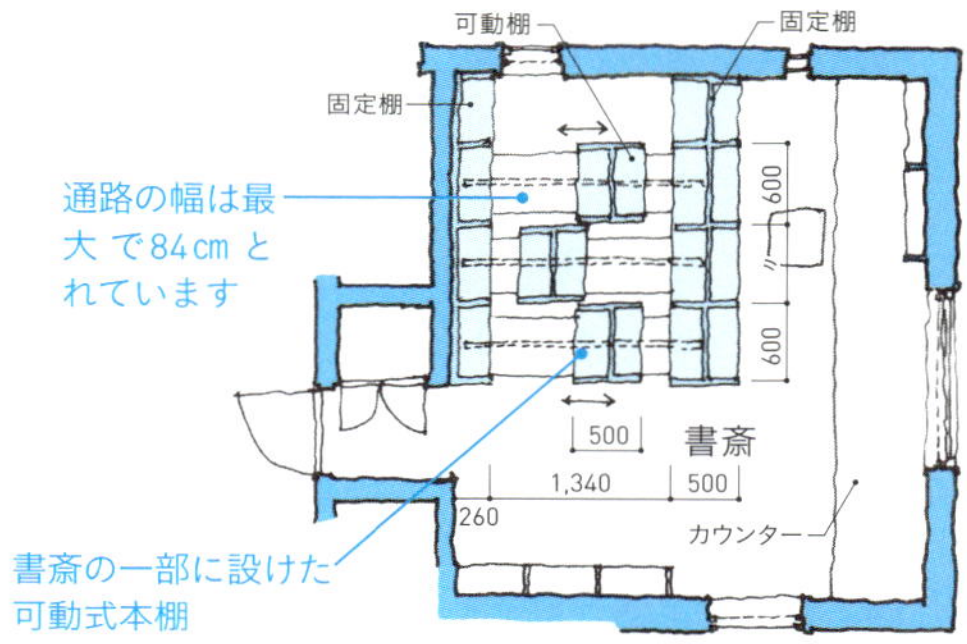

書斎平面図

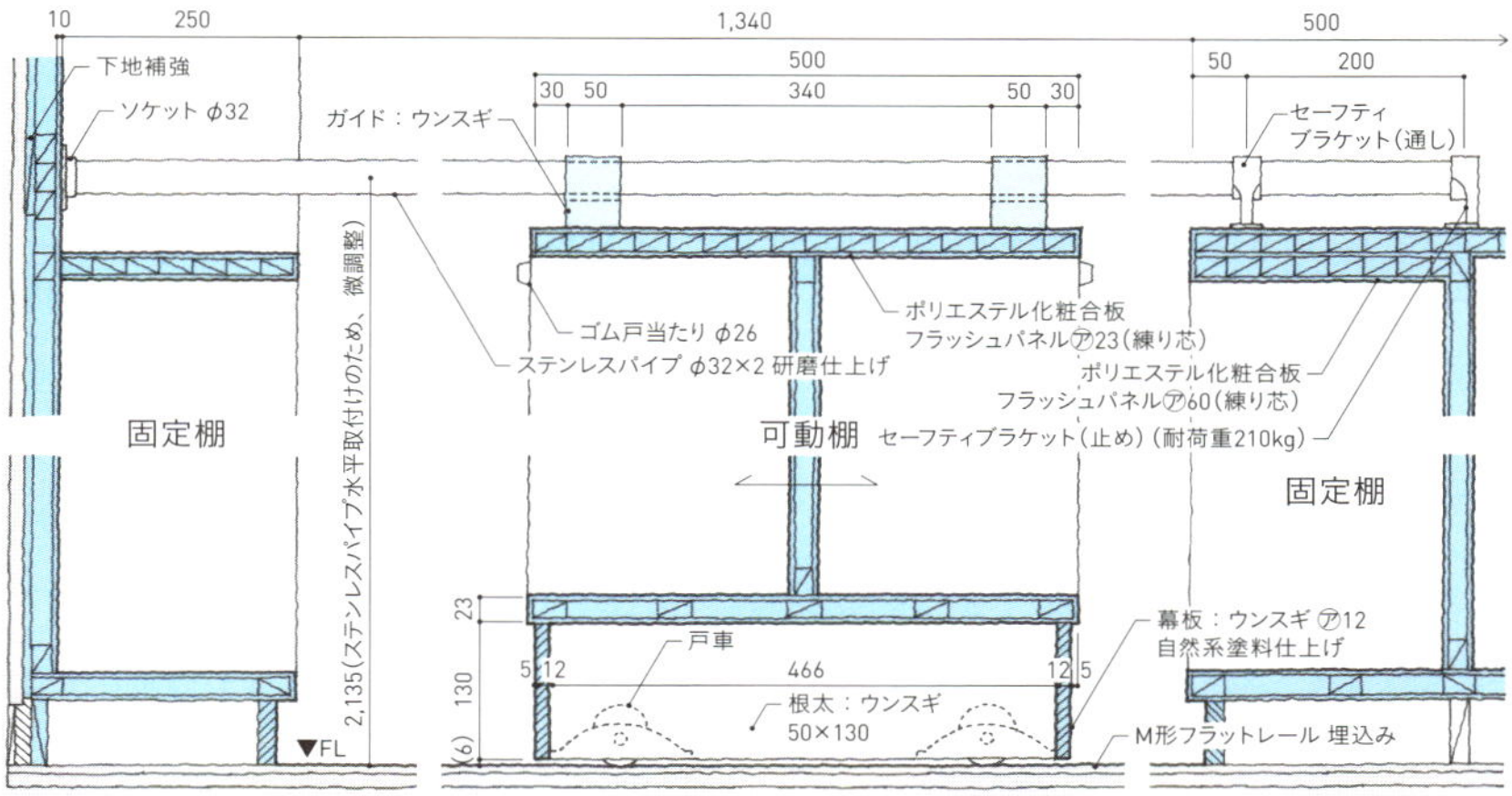

本棚断面図

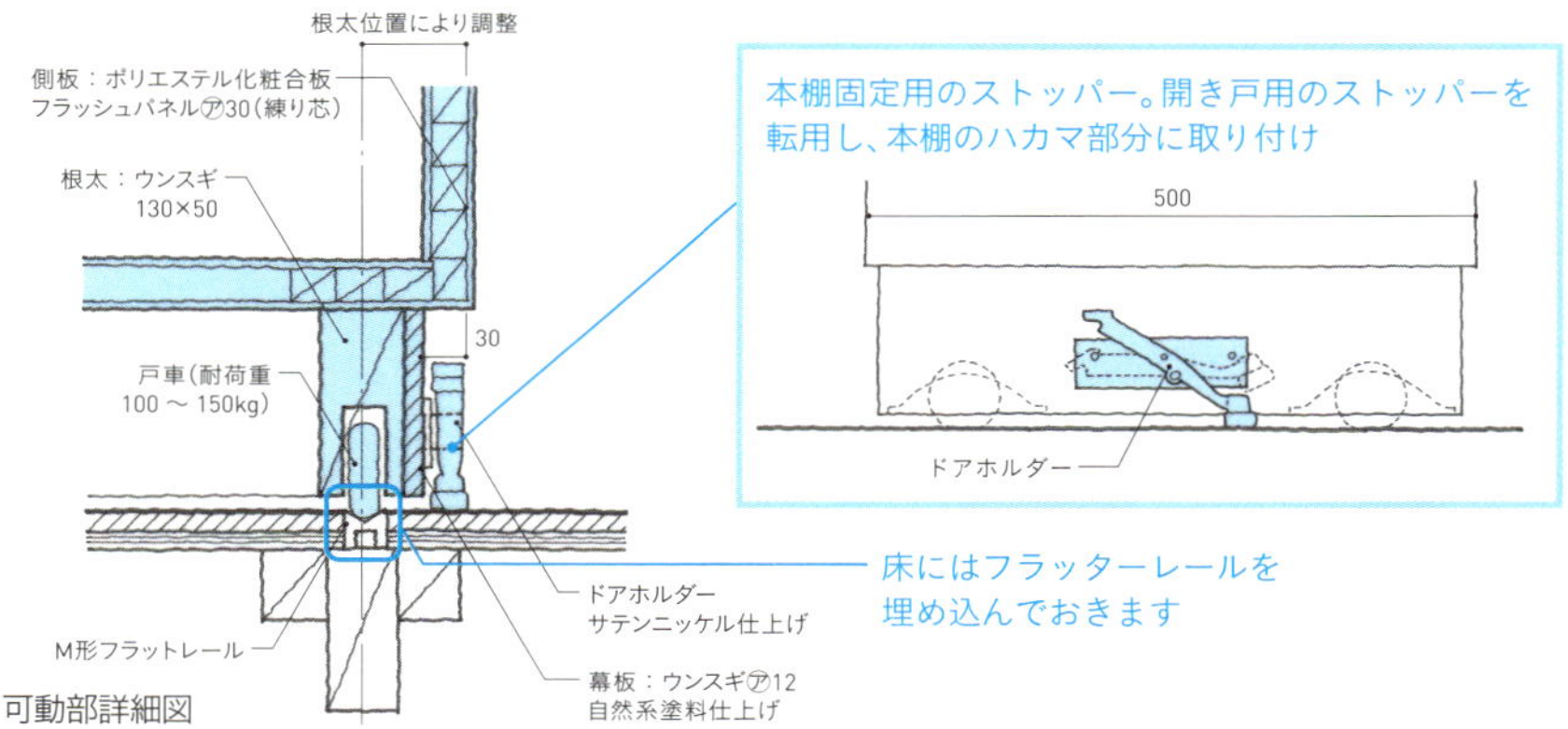

可動部詳細図

パネル1枚で引出しが使いやすく

引出しがなかなか開かない——こんな経験はありませんか？　引出し内の物が、棚口《たなぐち》という部材※に引っ掛かっている状況です。

この使い勝手の悪さは、上下の引出しの間に「水平中《なか》仕《じ》切《き》りパネル」を設けることで回避できます。パネルを設ければ、棚口は不要です。引出しの底板は、下からビス留めすると丈夫さに欠ける上、パネルに干渉します。手間は掛かりますが、引出しの底板は前板と側板に小穴を付いて収めましょう。

どうして引出しが開かないの？

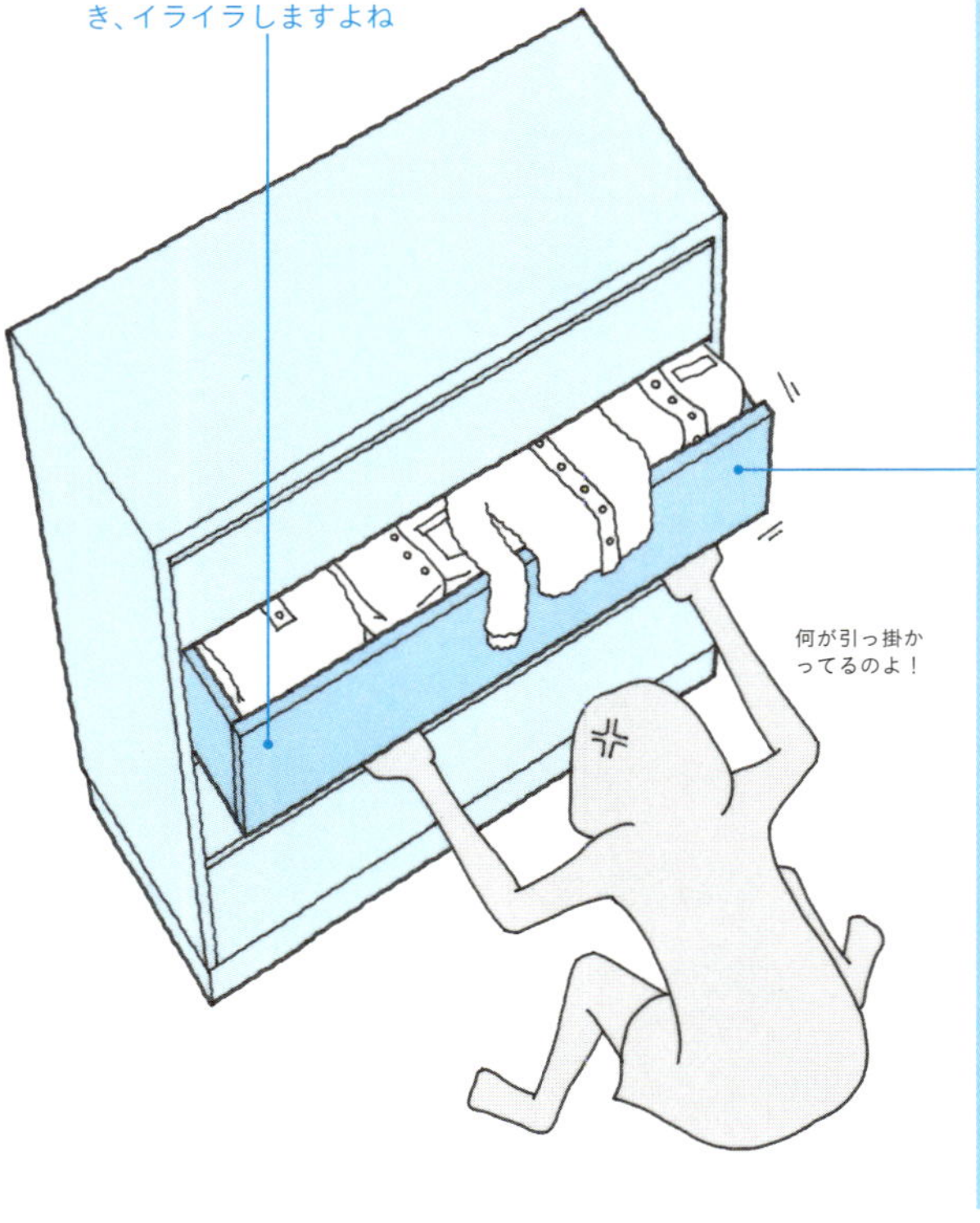
引出し内の物がストッパーになって、引出しが開かないとき、イライラしますよね
何が引っ掛かってるのよ！

引出しが開かないのは、上下にある棚口に物が引っ掛かってしまうため（図上）。棚口の代わりに、水平中仕切りパネルを入れれば、凸凹がなく、引っ掛かることもない（図下）！

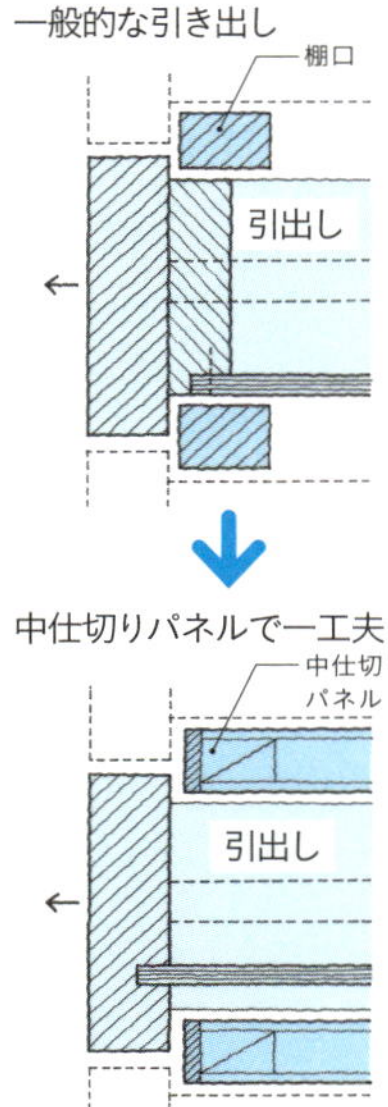
一般的な引き出し
棚口
引出し
↓
中仕切りパネルで一工夫
中仕切りパネル
引出し

※：上下の引出しの隙間をふさぐ前桟のこと

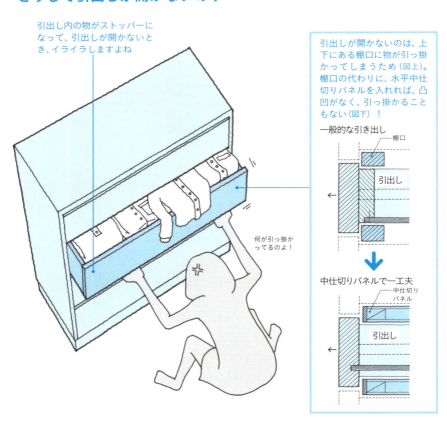

引出しの上下間にパネルを入れる

摺り桟式（引出し側板を摺り桟の上で滑らせて動かす方法）の衣類用引出しに、水平中仕切りパネルを入れた事例。この場合、引出し底板はビス留めNG。

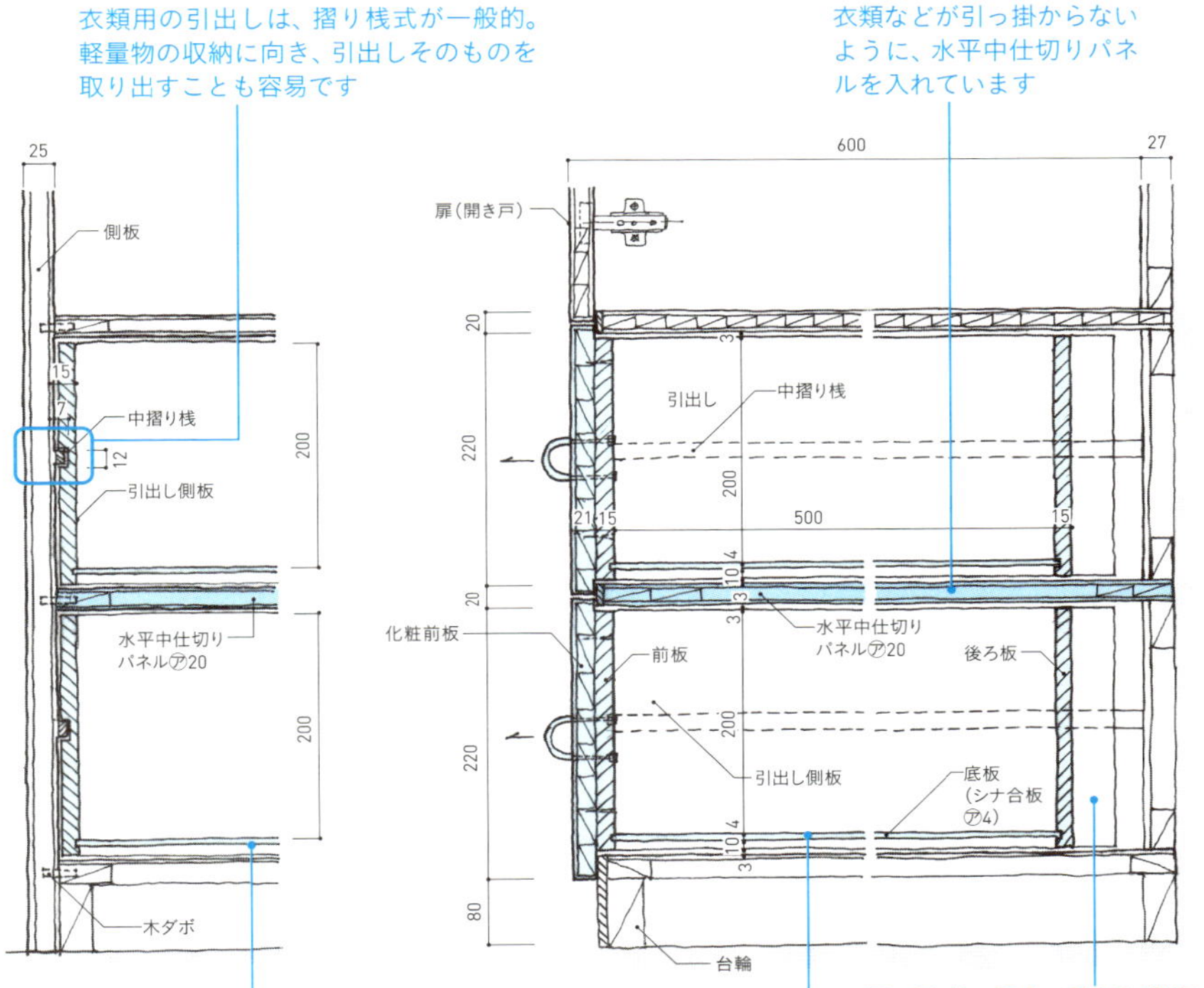

引出し収納断面図

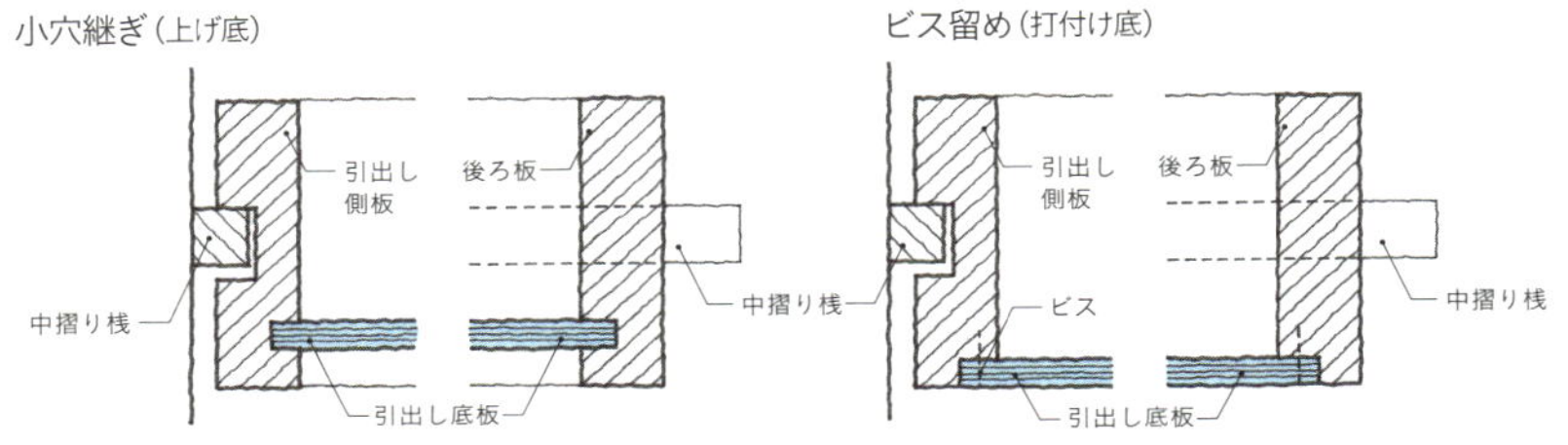

引出しは小穴継ぎした上げ底。図左のように底板を差し込むようにして納めています。図右のようにビス留めする打付け底だと引出しに詰め込んだ物の重みでふくらみ、パネルと干渉する恐れがあるのです

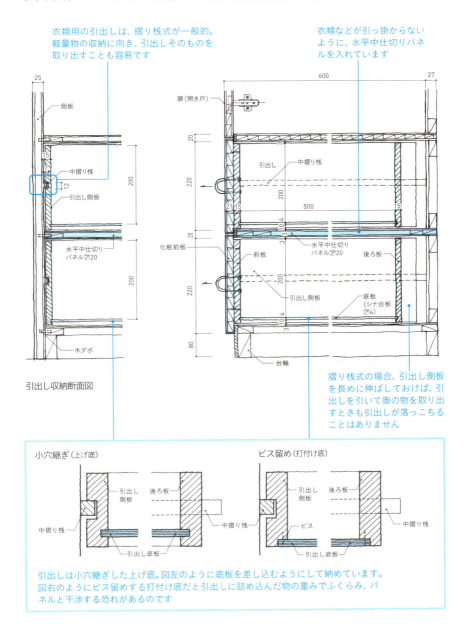

着物だってクロゼットに収納したい

和服の保管に重宝する和たんす。型くずれしないように、「お盆」といわれる浅い引出しにしまいます。キリの無垢《むく》板《いた》でつくられたお盆は、防湿・防虫効果が高い優れもの。古くなった和たんすもなかなか手放せない、そんな人もいるのでは？　新築やリフォームの際には、和たんすのお盆だけを再利用する方法がおすすめです。クロゼットに摺《す》り桟《ざん》だけ付けておけば、お盆をセットできます。機能はそのままに、見た目を一新できます。

和たんすの「お盆」だけ再利用

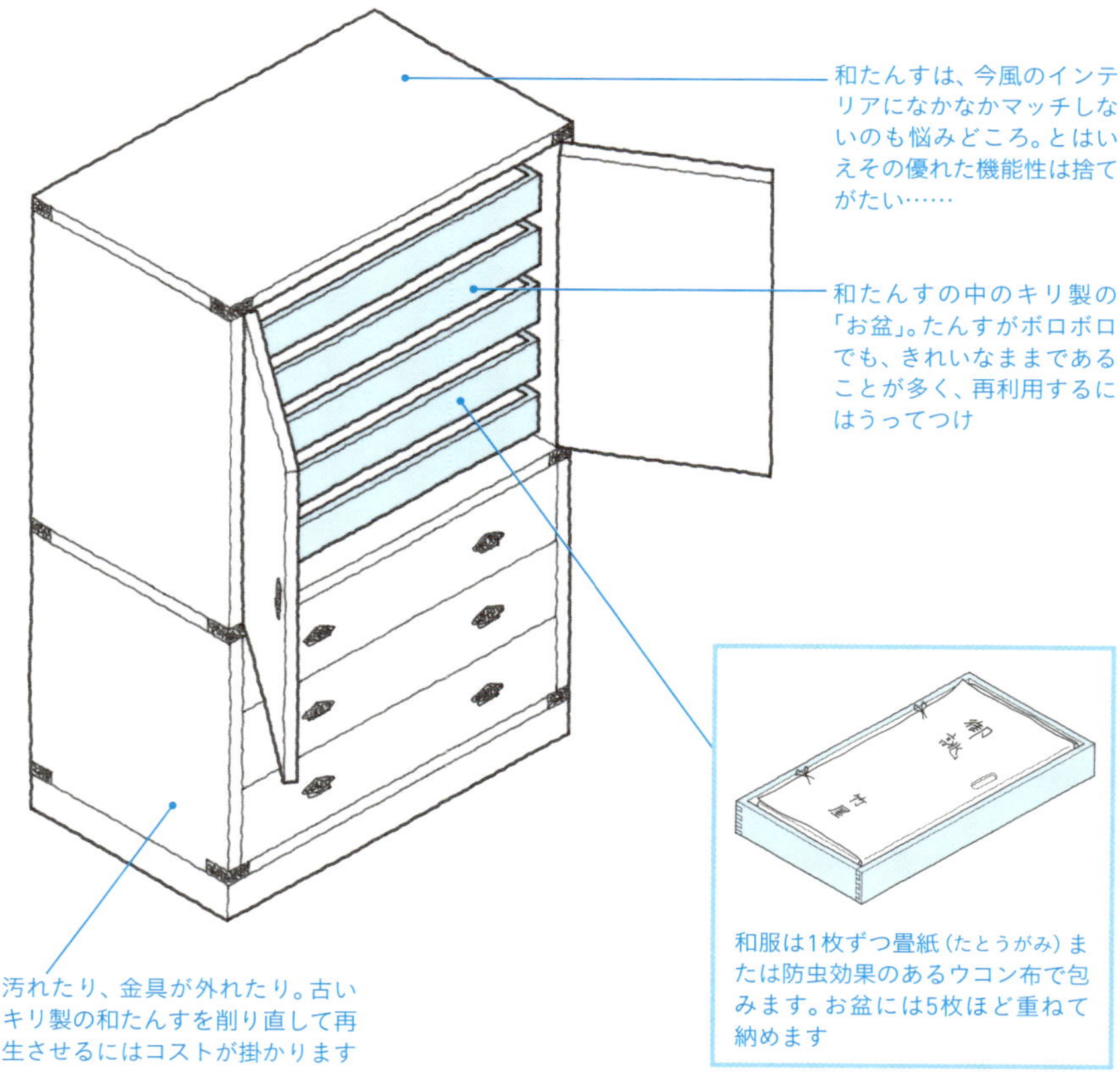
和たんすは、今風のインテリアになかなかマッチしないのも悩みどころ。とはいえその優れた機能性は捨てがたい……
和たんすの中のキリ製の「お盆」。たんすがボロボロでも、きれいなままであることが多く、再利用するにはうってつけ
汚れたり、金具が外れたり。古いキリ製の和たんすを削り直して再生させるにはコストが掛かります
和服は1枚ずつ畳紙（たとうがみ）または防虫効果のあるウコン布で包みます。お盆には5枚ほど重ねて納めます

クロゼットにお盆をセットするだけ

クロゼットを造り付ける際、一部を和服収納スペースにします。既存の「お盆」を再利用できれば、せい6cmの摺り桟を設けておくだけで十分。お盆の大きさはW90×D40×H7cmが一般的です。

お盆は製作することも可能。その場合は底板も含め、キリの無垢板でつくること

クロゼットの扉金物はスライド丁番。お盆に当たらない位置に取り付けます

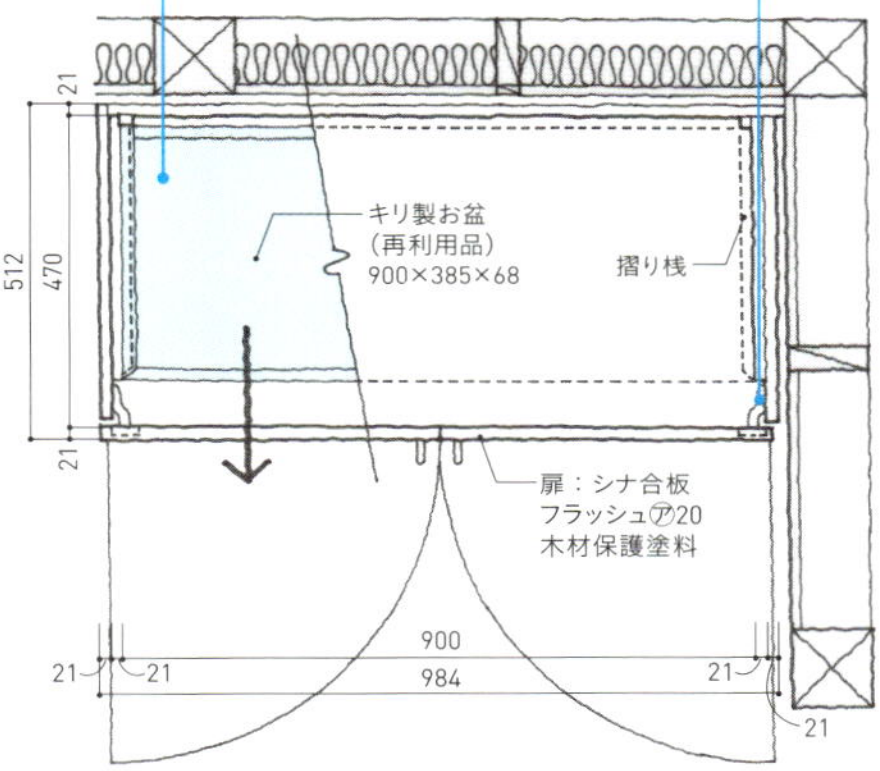

平面図

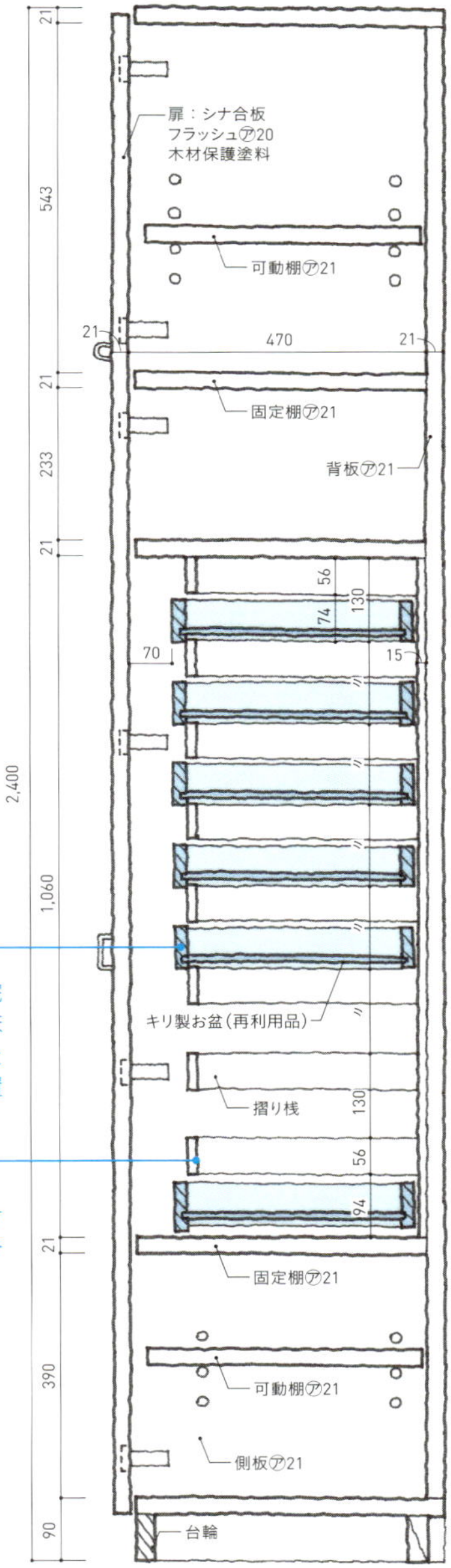

和服を取り出すときは、完全にお盆を引き出して、床に置いておきます。そのため、お盆はあまり高い位置に設置しません

お盆を出し入れしやすくするため、摺り桟の先端にテーパーをつけておきます

断面図

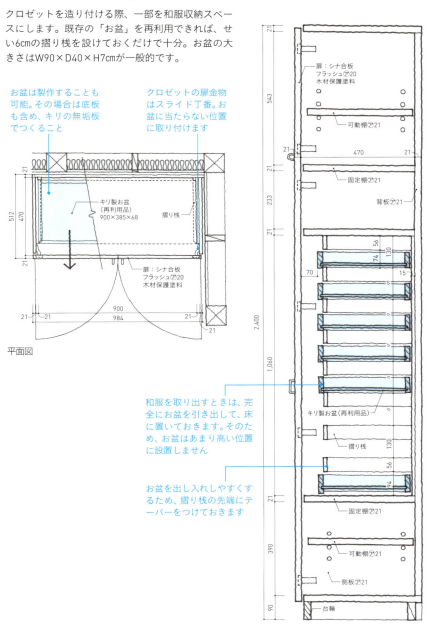

COLUMN 2

環境を考えると家の価値が高まる

自分の家を持つ人なら誰しも、その価値が気になります。住みやすいか、デザイン性や歴史的価値はあるかなど、家を評価する基準はさまざま。その一つに、高く売れるかという価格的な基準もあります。一軒家でもマンションであっても同じですね。

国土の狭いわが国では、家の価格は概ね、その土地（住所）の価値によって決まります。自分の家の資産的な価値を上げたいと思うなら、土地の価格を上げるのが一番です。たとえば高級住宅地として知られる東京・田園調布。土地の値段が高いので、そこに建つ家は必然と「高価な家」になります。とはいえ田園調布の街が最初から「高級」だったわけではありません。環境を整備し、それを住民が守り続けることで街の価値がつくられていったのです。では自分の街の価値を上げるにはどうすればよいでしょうか。一番の方法は、お隣、お向かい、向こう三軒両隣り、さらには町内全体の環境をよくして、街の魅力を上げること。「あの街に住みたい」と他人に思わせることで、自然と価値は上がっていきます。

4章

水廻りには工夫がいっぱい

水廻りとは、洗面脱衣室や浴室、トイレなどのユーティリティ空間を指します。

機能性が重視されますが、最近では心や体をケアする場所として見た目も重視したいところです。

この小さな空間が美しいだけで、家全体の印象もがらりと変わるものです。

みなが集まるサニタリー・ホール

狭小住宅の計画では、限られた面積のなかで、多くの要望に応えなくてはなりません。その際、「1つの空間に機能を重ね合わせる方法」がよく用いられます。「居間に書斎コーナーを設ける」「食卓を大きくし、子どもの勉強スペースを兼ねる」などはその一例。ここでは、水廻り（サニタリー）と寝室をつなぐ廊下を広げ、作業もできるスペースにしました。

既存の考えにとらわれず、「もし、ここが○○だったら……」と想像力を駆使することが肝心です。

ただの廊下でない、サニタリー・ホール

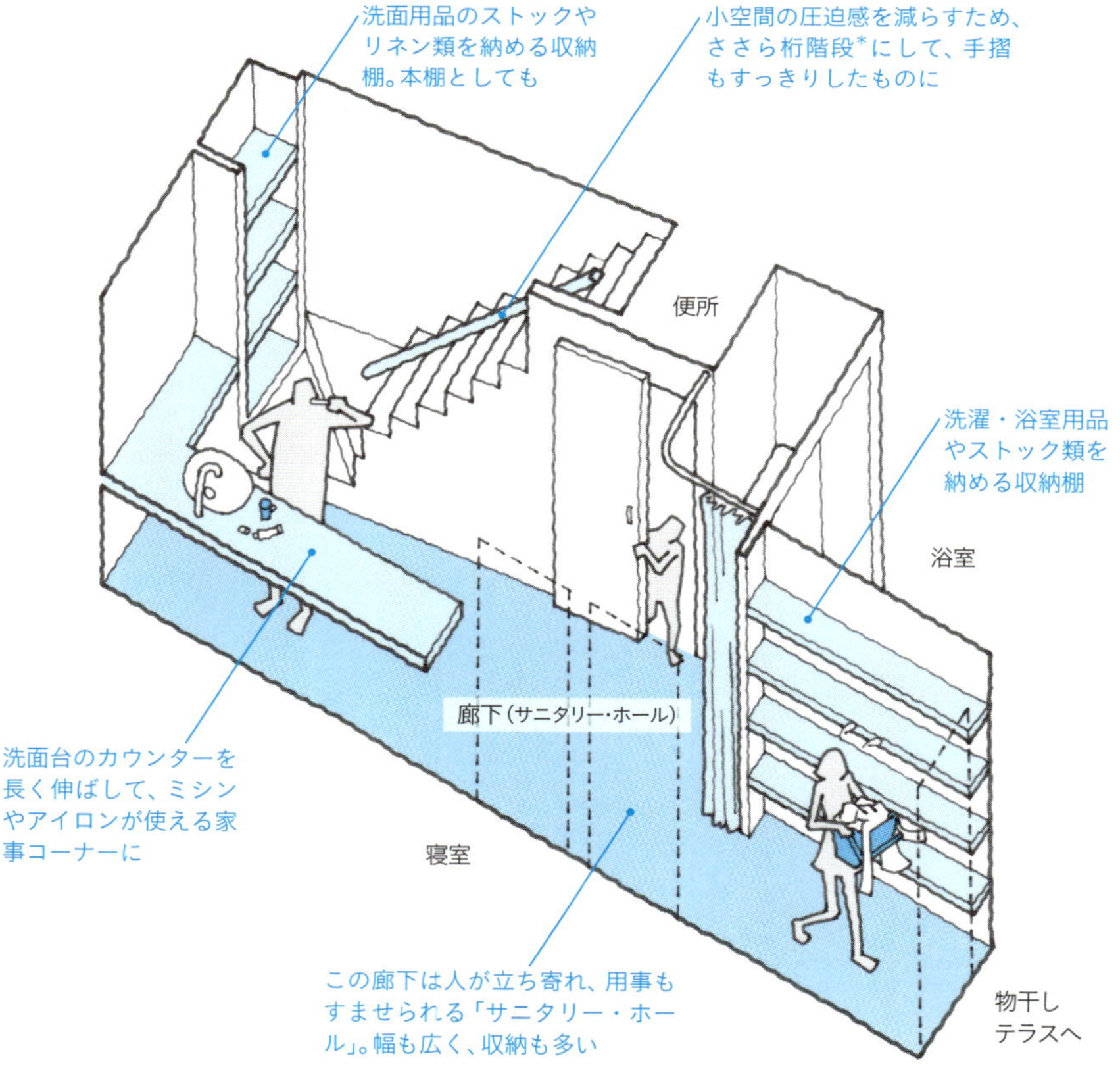
洗面用品のストックやリネン類を納める収納棚。本棚としても
小空間の圧迫感を減らすため、ささら桁階段*にして、手摺もすっきりしたものに
便所
洗濯・浴室用品やストック類を納める収納棚
浴室
廊下（サニタリー・ホール）
洗面台のカウンターを長く伸ばして、ミシンやアイロンが使える家事コーナーに
寝室
この廊下は人が立ち寄れ、用事もすませられる「サニタリー・ホール」。幅も広く、収納も多い
物干しテラスへ

プライベートスペースの中心に据える

寝室や浴室といったプライベートスペースで占められた1階。その中心として「サニタリー・ホール」を設けたのは、狭小住宅ならではの策。脱衣室、収納庫、洗面所、家事室を兼ねています。

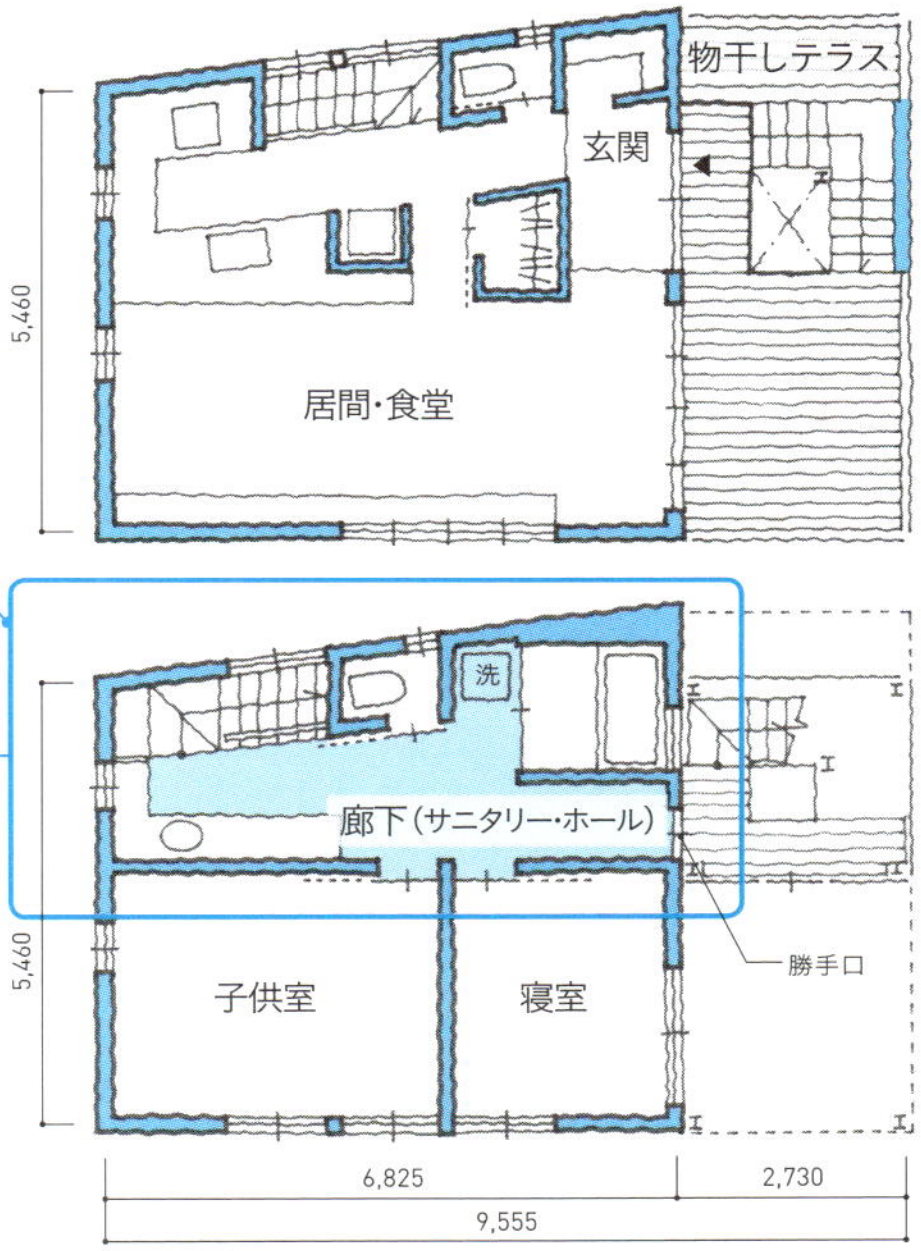

物干しテラス
玄関
居間・食堂
5,460
玄関・居間・食堂といったパブリックスペースを2階にまとめたので、1階は家族だけが使うプライベートスペースに。その中心に「サニタリー・ホール」を据えるという考え方
洗
廊下(サニタリー・ホール)
勝手口
子供室
寝室
5,460
6,825
2,730
9,555

平面図(下:1階、上:2階)

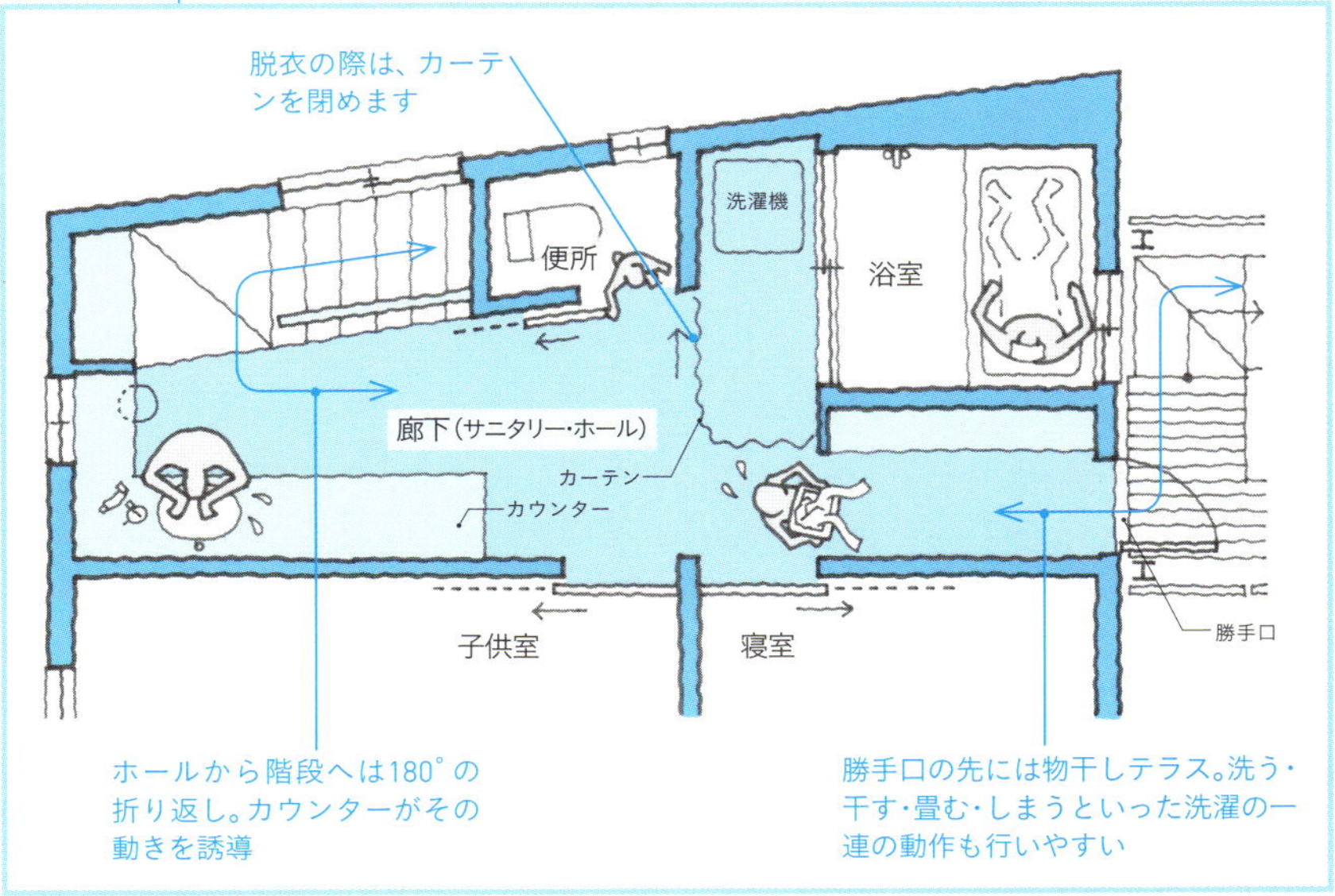

脱衣の際は、カーテンを閉めます
洗濯機
便所
浴室
廊下(サニタリー・ホール)
カーテン
カウンター
子供室
寝室
勝手口
ホールから階段へは180°の折り返し。カウンターがその動きを誘導
勝手口の先には物干しテラス。洗う・干す・畳む・しまうといった洗濯の一連の動作も行いやすい

＊：ささら桁階段とは、稲妻形に切り込んだ板(ささら桁といいます)の上に、踏板を載せる階段の形式です

水廻りこそ手を抜かずデザインする

水廻りの小空間がきれいにまとめられていると、家全体が上質に感じられるものです。

とはいえ洗面脱衣室やトイレは、狭いながらも多くの要素が詰まった空間です。洗面器や便器はもちろん、窓や換気扇、照明器具に収納……。機能的でありながら、すっきりとした空間をつくるには、「隠せるものは隠し、見せるものは品よく。天井には何も設けない」――これが鉄則です。要素を整理し、機能的に兼用できるものはまとめましょう。

すっきり・きれいな洗面・トイレ

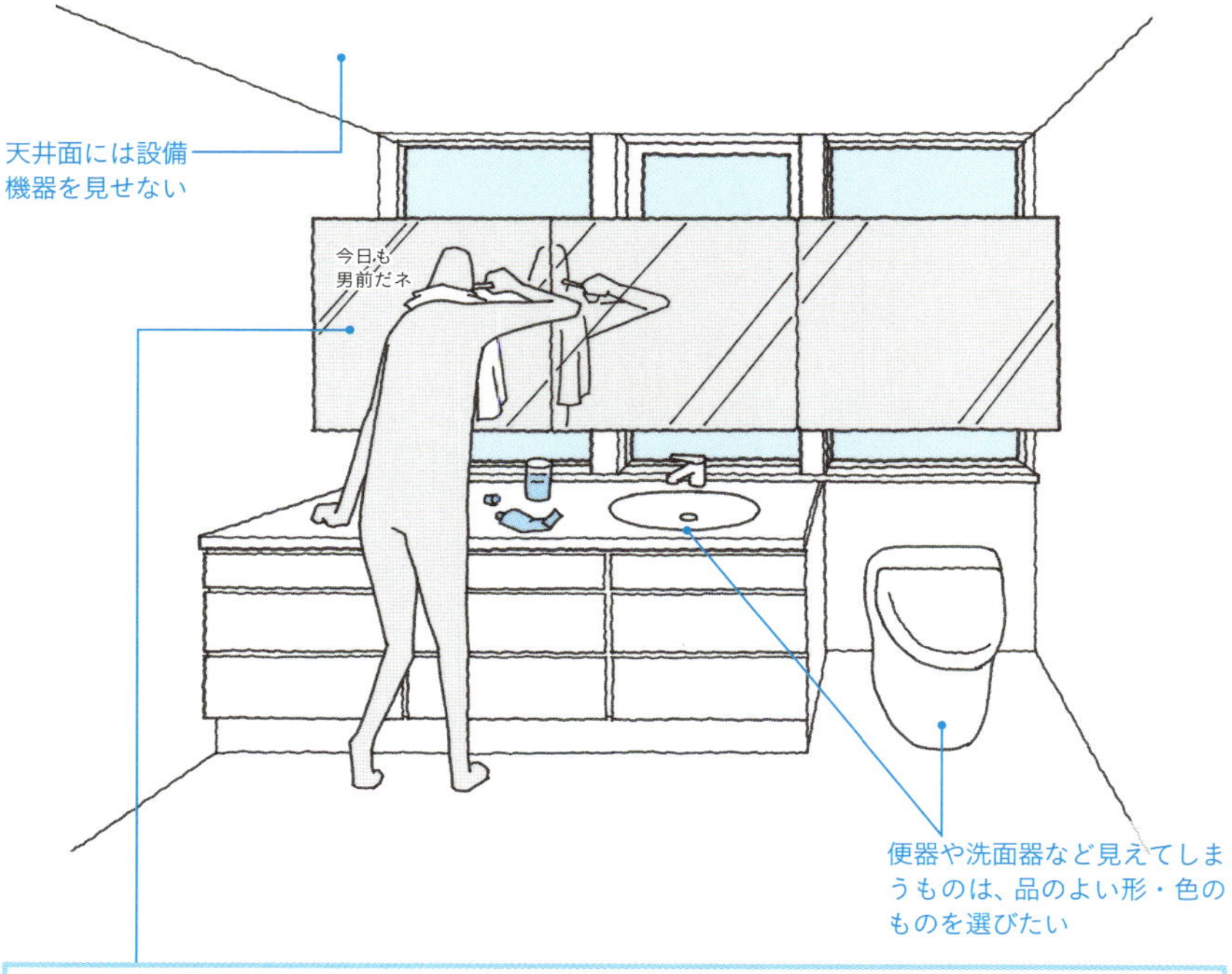
天井面には設備機器を見せない
今日も男前だネ
便器や洗面器など見えてしまうものは、品のよい形・色のものを選びたい

照明器具や換気扇などの設備機器やペーパーホルダーなどの小物類は、鏡裏の壁面収納で隠します。機能をそこなわぬようディテールを考えます

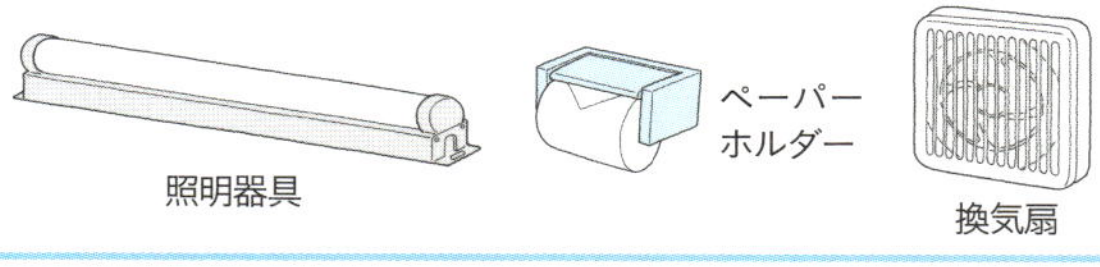
照明器具
ペーパーホルダー
換気扇

実践！　すっきり見せる洗面・トイレ

洗面脱衣室とトイレという小さな空間をまとめてつくることも、要素を減らす方法の1つです。

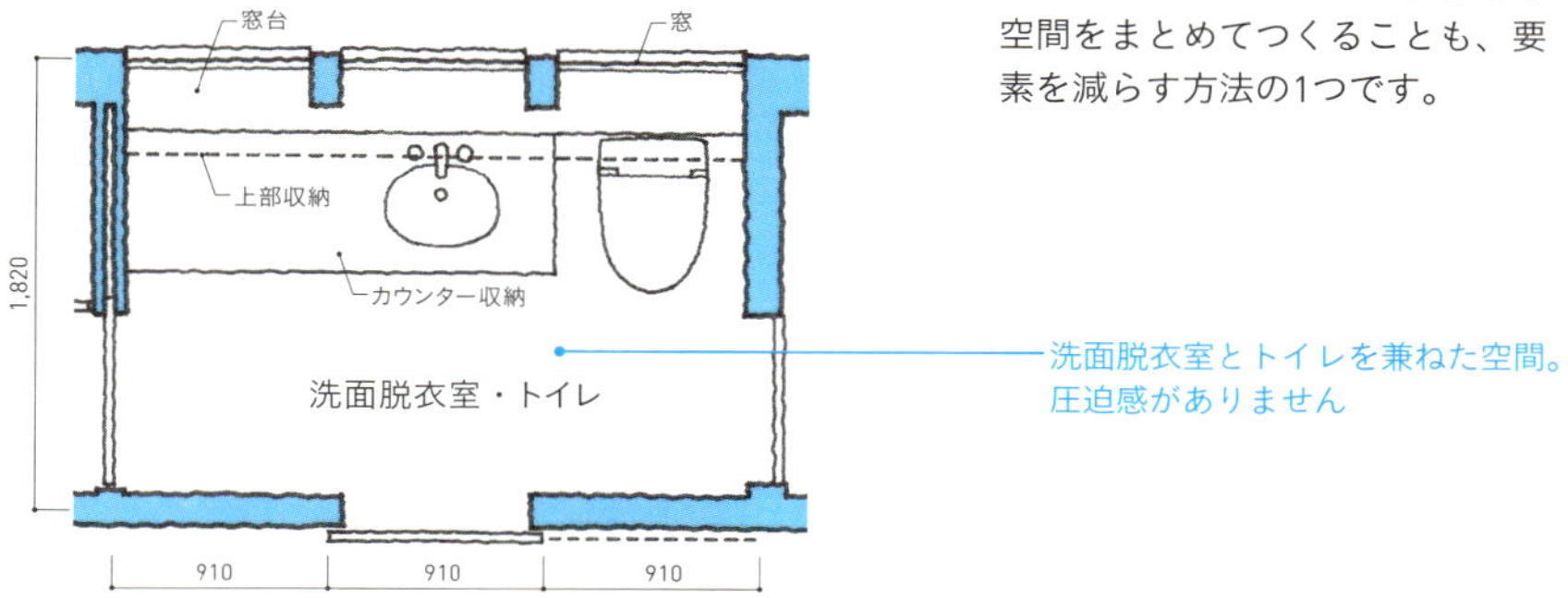

窓台
窓
上部収納
カウンター収納
洗面脱衣室・トイレ
1,820
910
910
910
洗面脱衣室とトイレを兼ねた空間。圧迫感がありません

平面図

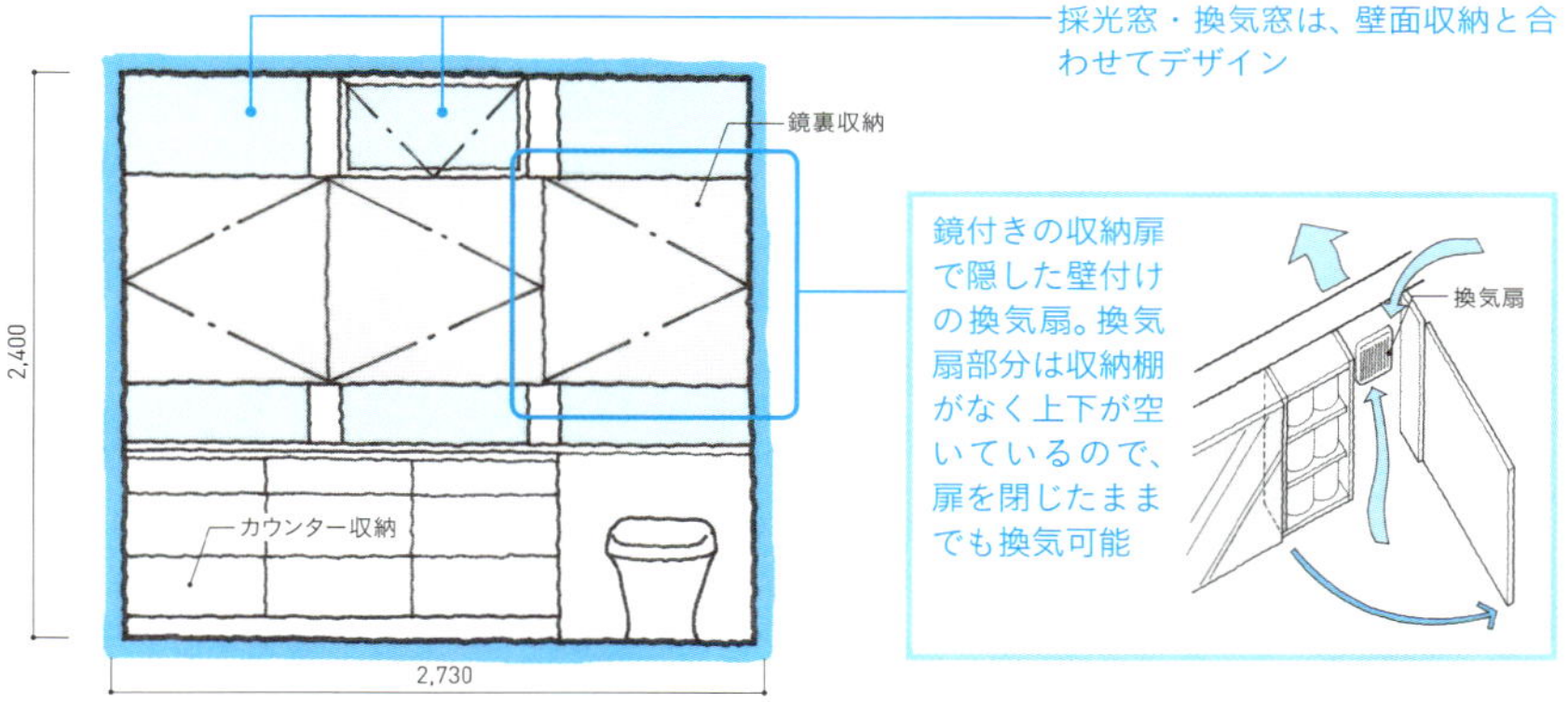

採光窓・換気窓は、壁面収納と合わせてデザイン
鏡裏収納
鏡付きの収納扉で隠した壁付けの換気扇。換気扇部分は収納棚がなく上下が空いているので、扉を閉じたままでも換気可能
換気扇
カウンター収納
2,400
2,730

正面図

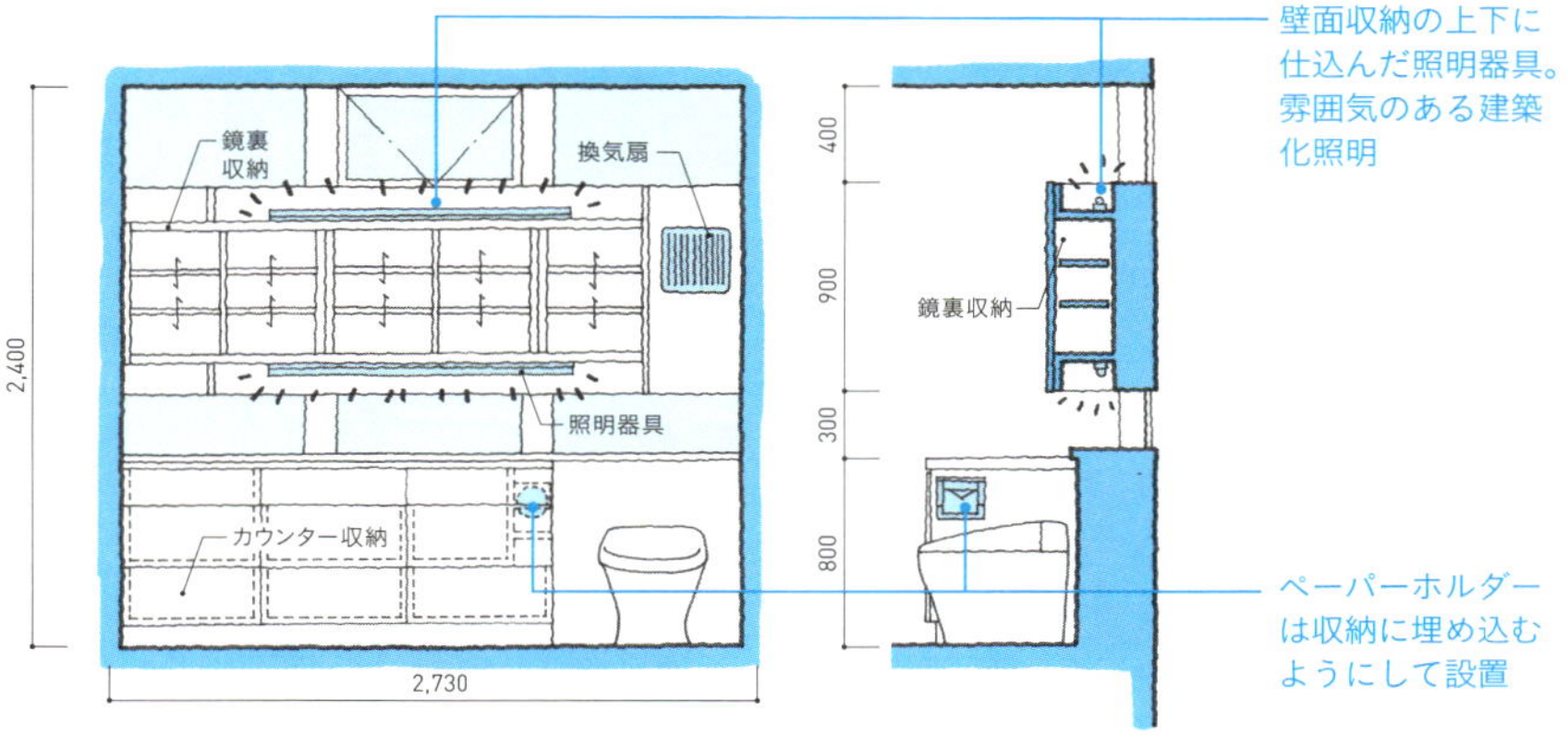

壁面収納の上下に仕込んだ照明器具。雰囲気のある建築化照明
鏡裏収納
換気扇
照明器具
カウンター収納
2,400
2,730
400
900
300
800
鏡裏収納
ペーパーホルダーは収納に埋め込むようにして設置

断面図

鏡裏収納はスライド式で一石二鳥

洗面台は、歯磨きや化粧・ひげ剃りに使う小物であふれがち。それらをしまう収納棚が「メディシン・ボックス」です。鏡裏に設ければ普段は隠れ、洗面室もすっきり見えます。

メディシン・ボックスは、収納棚の扉に鏡を張ったものでなく、鏡裏から棚だけを左右に引き出すスライド式がおすすめ。鏡に顔を映しながら、物を出し入れできます。棚を引き出すための空間が必要ですが、スペースの奥に窓を設ければ採光・換気に一役買います。

散らかる小物を一気に収納

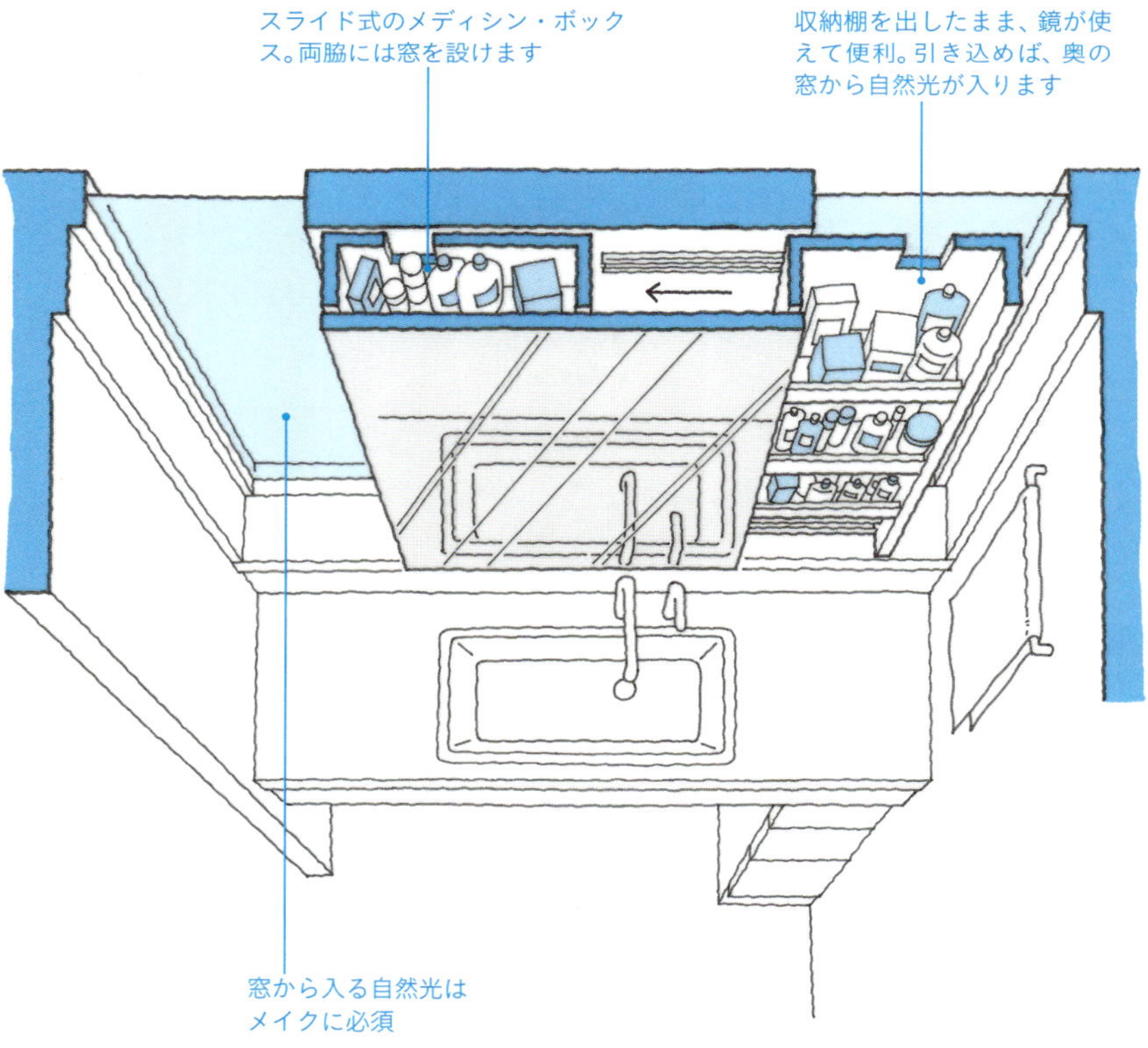
スライド式のメディシン・ボックス。両脇には窓を設けます
収納棚を出したまま、鏡が使えて便利。引き込めば、奥の窓から自然光が入ります
窓から入る自然光はメイクに必須

いつもきれいに片付いた洗面台

物が散らからないようにするために、物をしまう場所をつくり、物を安易に置かせない工夫を施します。それに一役買うのがスライド式のメディシン・ボックスです。

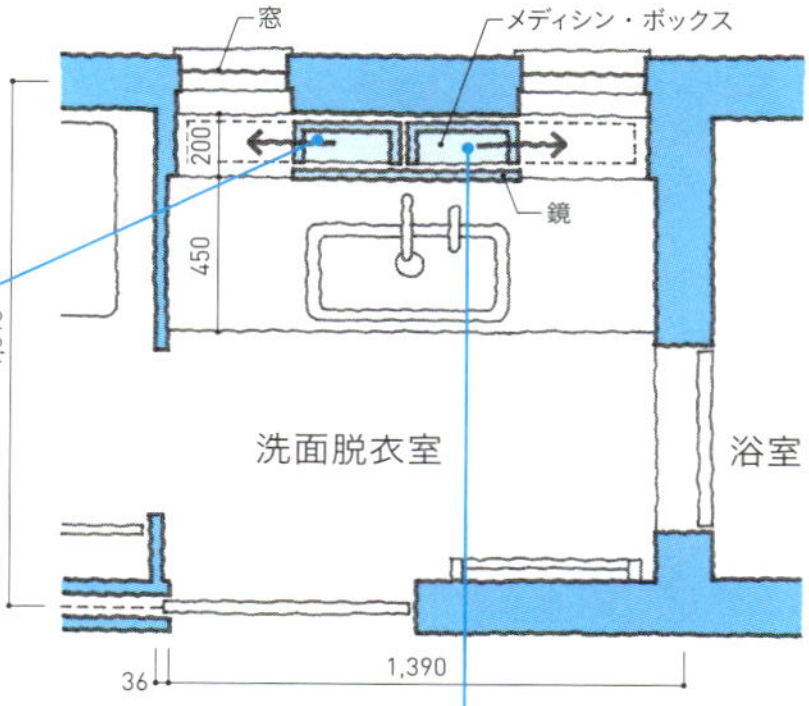

スライド式メディシン・ボックスは、左右に引き出せるよう分割してつくります

洗面室平面図

棚がスライドするので、引出ししろの部分に物をつい置いてしまうこともありません

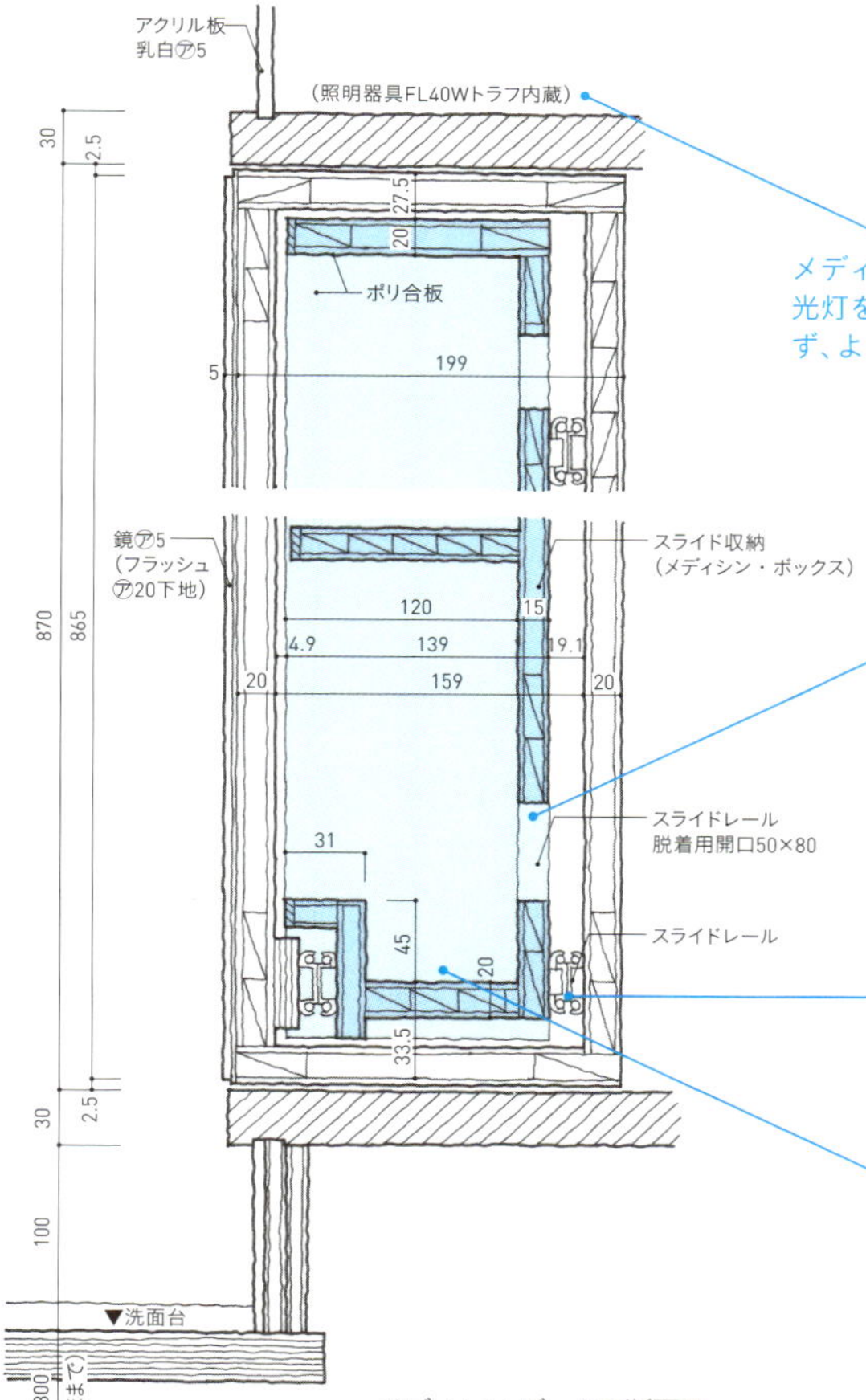

メディシン・ボックスの上部に蛍光灯を設置。鏡に映る顔に影が出ず、よく見えます

スライドレールを脱着するため、棚には開口が必要。大きさは手の指先が入れば十分です

スライドレールの選択時には、移動量だけでなく、取付け寸法・脱着方法を確認します

化粧品類が出し入れしやすいよう、寸法を確認しておくこと

メディシン・ボックス断面図

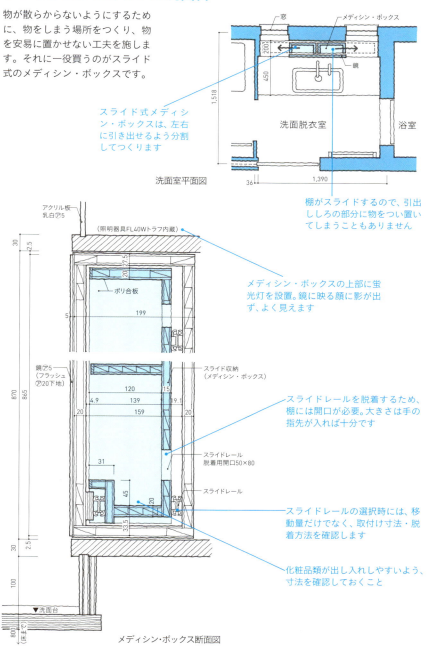

4 水廻りには工夫がいっぱい

家事がはかどる動く洗濯かご

洗面室は脱衣場を兼ねることの多い部屋。洗濯機まで置いてしまうと、家事の雑物であふれ、どうしても雑然とした空間になってしまいます。すぐ隣に家事室を設けて、洗濯はそこで行いたいものです。

とはいえ、脱いだ服を家事室まで運ぶのは面倒。洗面脱衣室の洗濯かごを家具室から取り出せるようにしておくと便利です。洗濯かごには匂いがこもらないようワイヤメッシュボックスを使い、キャスターを付けます。

2室で使える家具が家事を助ける

洗濯は洗面脱衣室ではなく、家事室で行うこと。それだけで洗面脱衣室はすっきりします。家具を2つの部屋から使えるようにしておくことで、家事もスムーズに行えます。

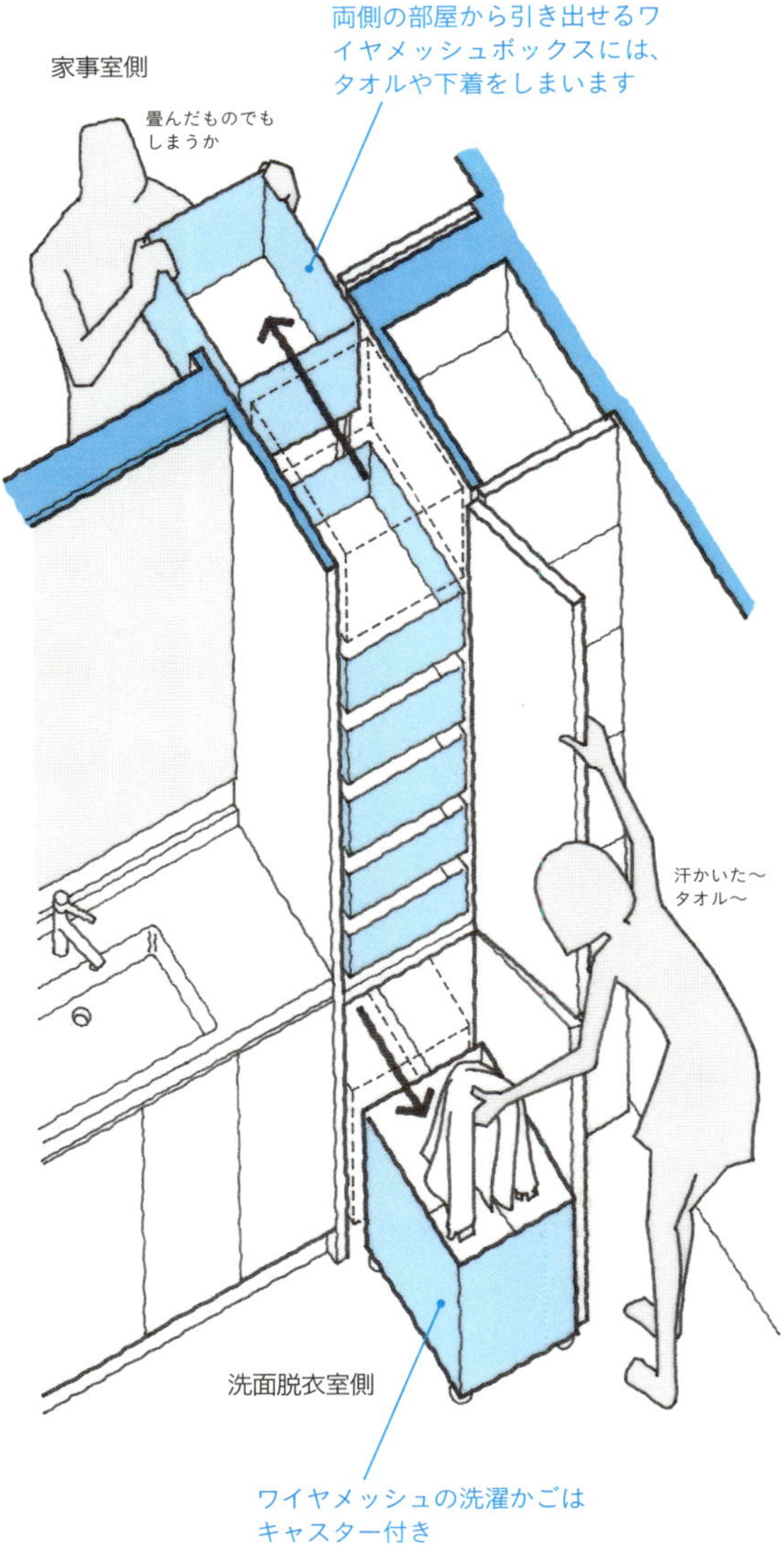
両側の部屋から引き出せるワイヤメッシュボックスには、タオルや下着をしまいます
家事室側
畳んだものでもしまうか
汗かいた〜タオル〜
洗面脱衣室側
ワイヤメッシュの洗濯かごはキャスター付き

家具仕組み図

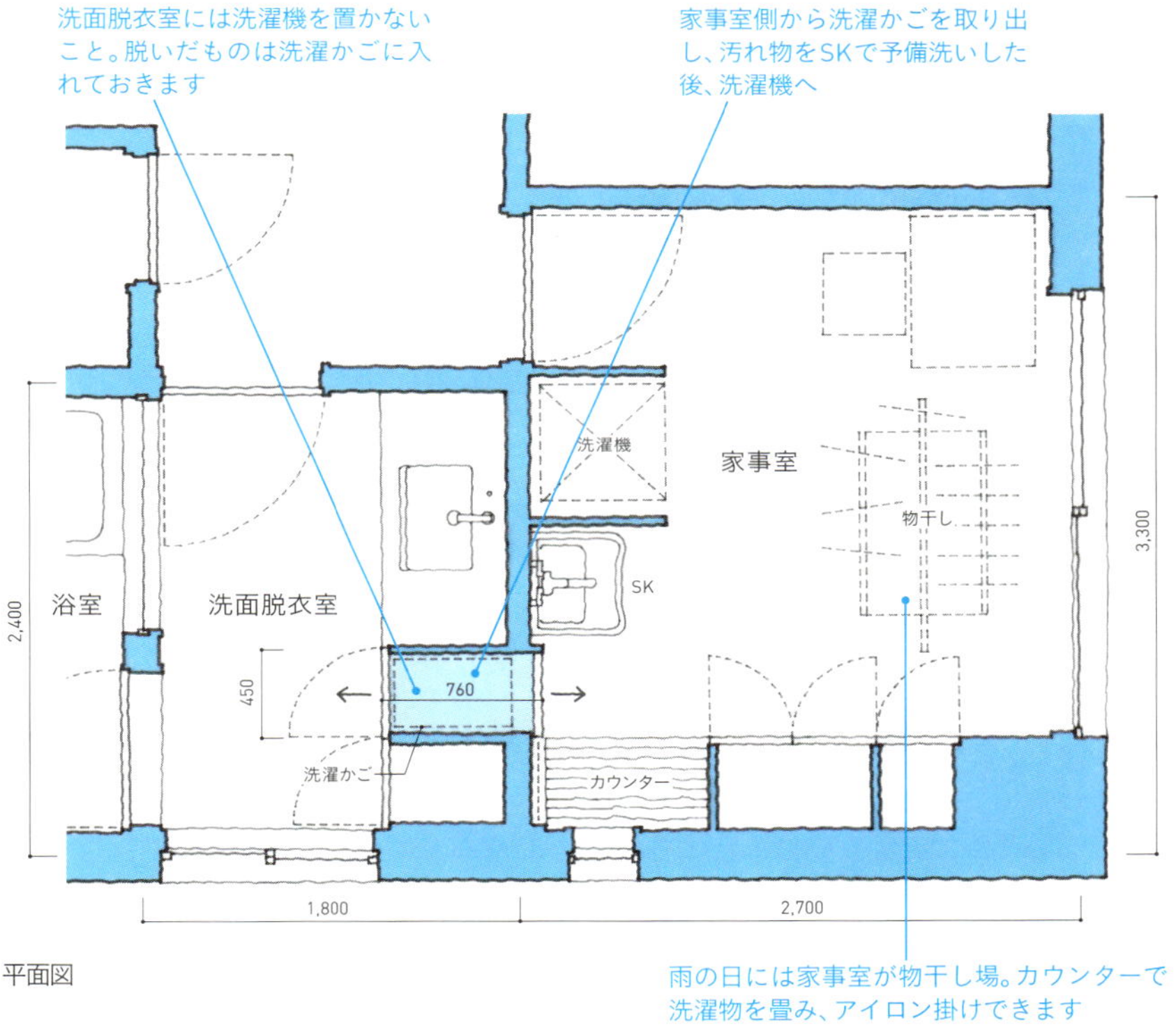
洗面脱衣室には洗濯機を置かないこと。脱いだものは洗濯かごに入れておきます
家事室側から洗濯かごを取り出し、汚れ物をSKで予備洗いした後、洗濯機へ
洗濯機
家事室
物干し
SK
浴室
洗面脱衣室
450
760
洗濯かご
カウンター
2,400
3,300
1,800
2,700
雨の日には家事室が物干し場。カウンターで洗濯物を畳み、アイロン掛けできます

平面図

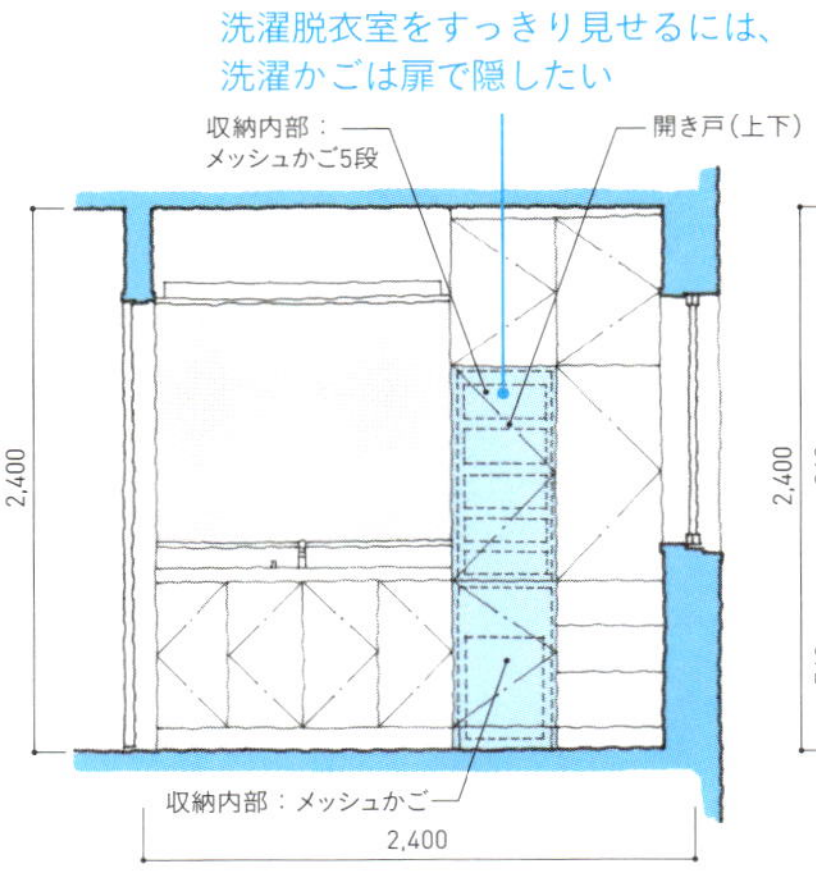
洗濯脱衣室をすっきり見せるには、洗濯かごは扉で隠したい
収納内部：メッシュかご5段
開き戸(上下)
2,400
収納内部：メッシュかご
2,400

洗面脱衣室展開図

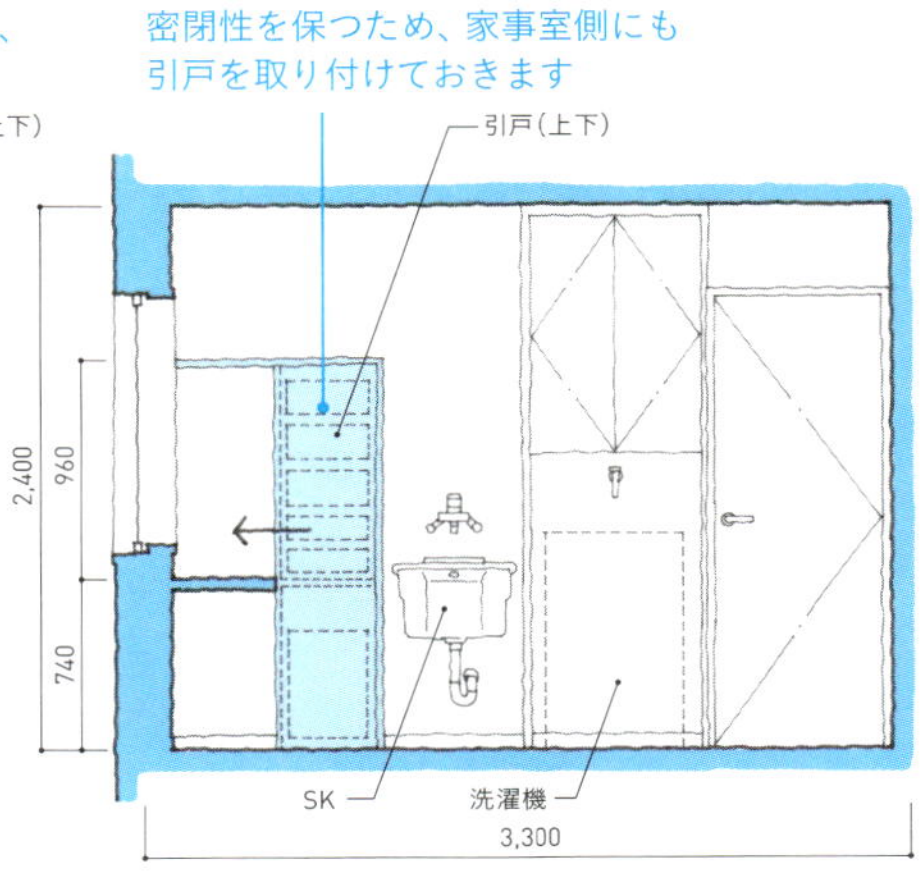
密閉性を保つため、家事室側にも引戸を取り付けておきます
引戸(上下)
2,400
960
740
SK
洗濯機
3,300

家事室展開図

ガラリ付き扉でカラッと浴室

一般に、浴室には排気用換気扇を取り付けます。排気するには給気が必須です。ただし、浴室に外気を直接取り込むと、室温が大きく下がってしまいます。入浴時には体の負担が増大するので、脱衣室経由で空気を取り入れましょう。

そこで給気のため、浴室の扉にガラリ※を設けます。洗い場にいる人が冷気に直接当たらないよう、ガラリは扉の上部に取り付けたいものです。ガラリは山形にし、浴室内が見えないよう配慮します。

扉上のガラリでヒヤリをなくす

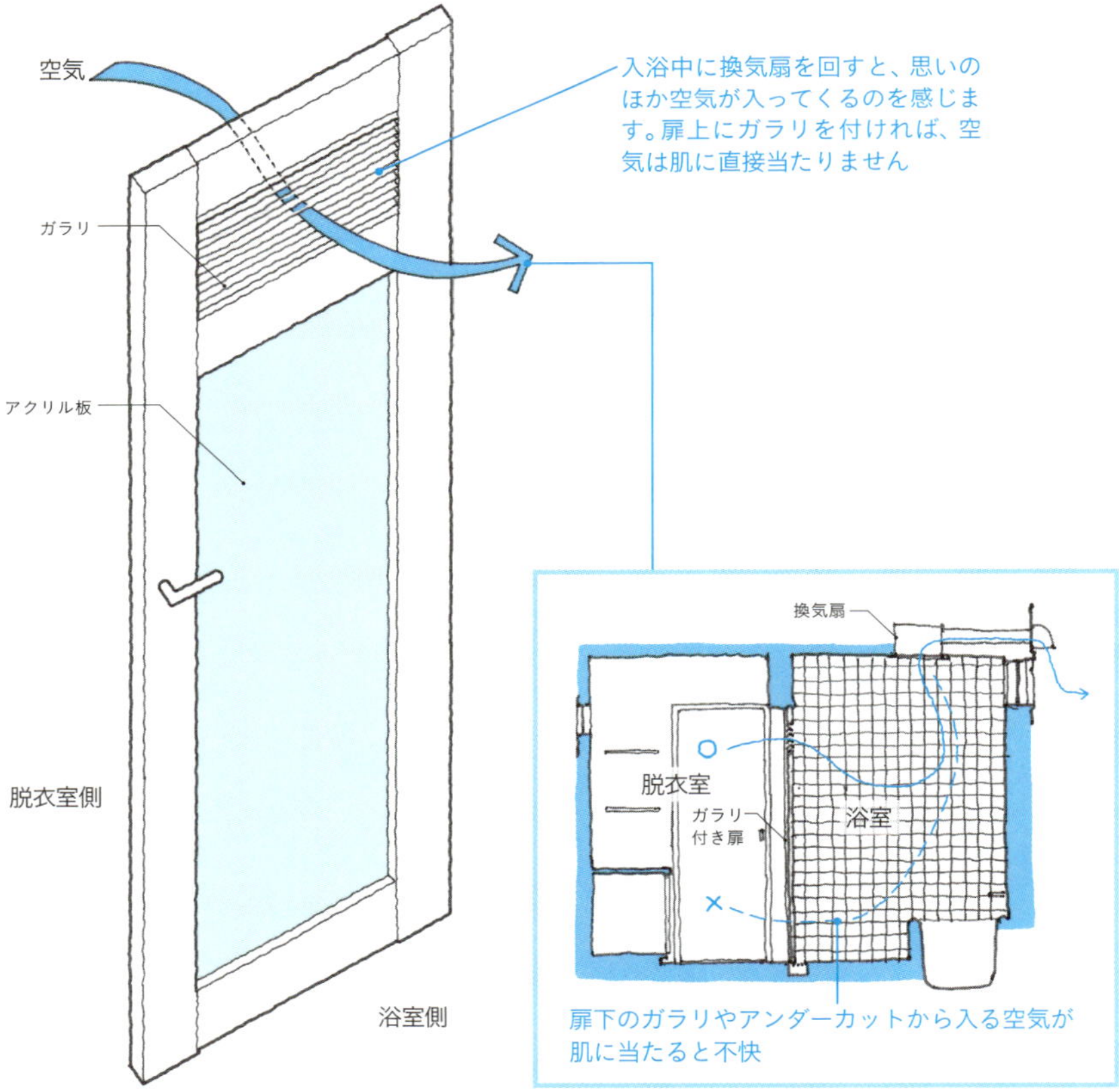
空気
ガラリ
アクリル板
脱衣室側
浴室側
入浴中に換気扇を回すと、思いのほか空気が入ってくるのを感じます。扉上にガラリを付ければ、空気は肌に直接当たりません
換気扇
脱衣室
ガラリ付き扉
浴室
扉下のガラリやアンダーカットから入る空気が肌に当たると不快

※：一定の傾斜がついた羽根板（ガラリ板）を連続的にはめ込んだもの

ガラリの形にも要注意

ガラリは、脱衣室からの視線を遮るよう山形の断面形状にし、横からも見通せないよう、重なりをつくっておきます。

山形のガラリ板。下図のように平板に角度をつけただけだと、換気はできても、視線が通ってしまいNG

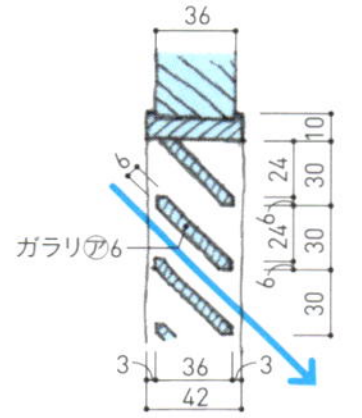

アクリル板は割れにくい素材。万一破損してもガラスのように大きく破片の飛び散ることがないので、浴室にはおすすめ。乳白色にしておくことも忘れずに

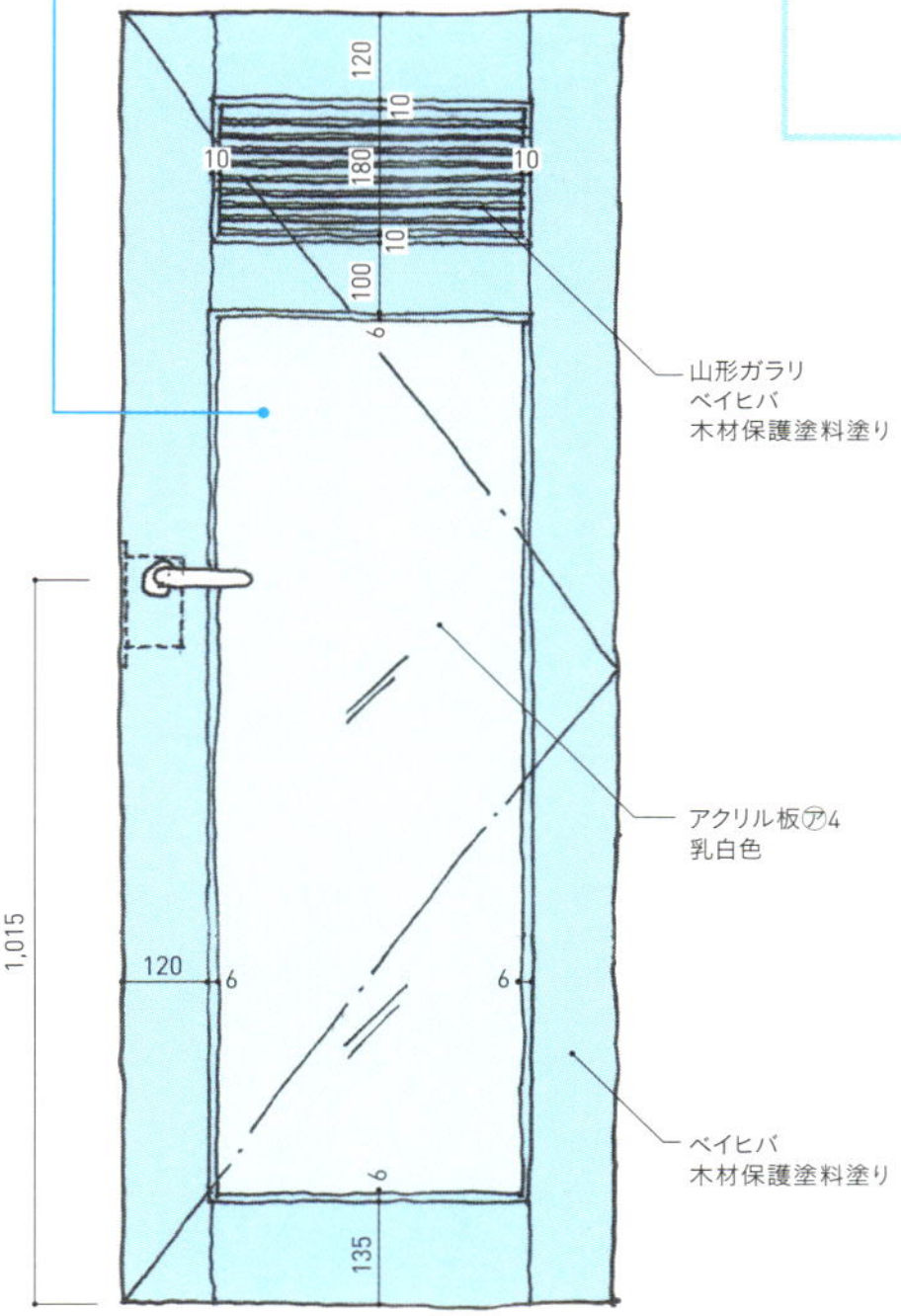

姿図

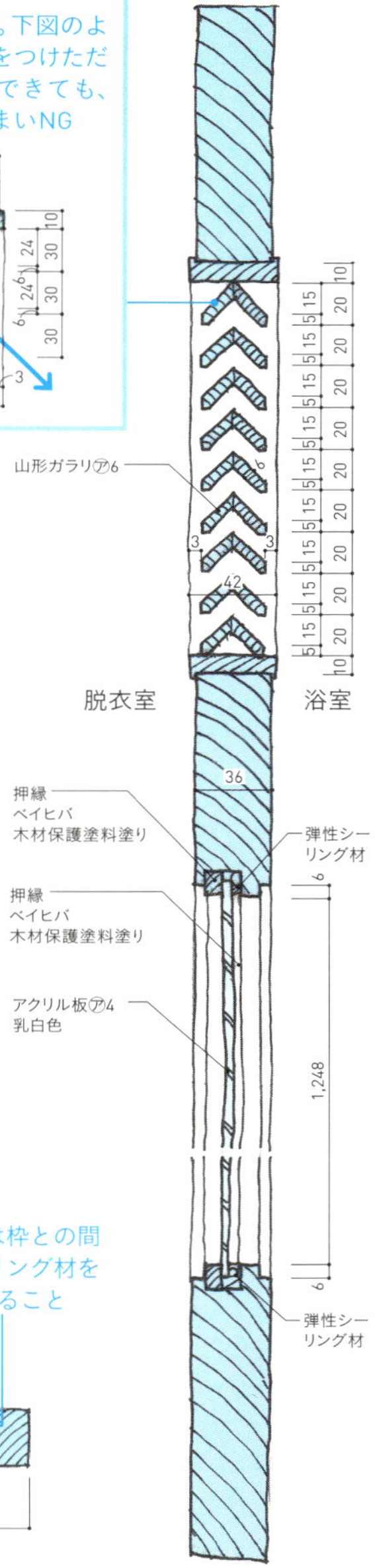

建具断面詳細図

アクリル板は枠との間に弾性シーリング材を打ち、止水すること

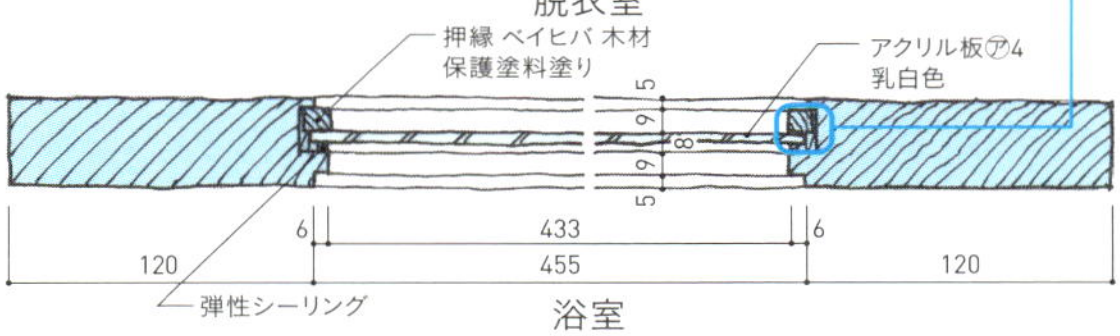

建具平面詳細図

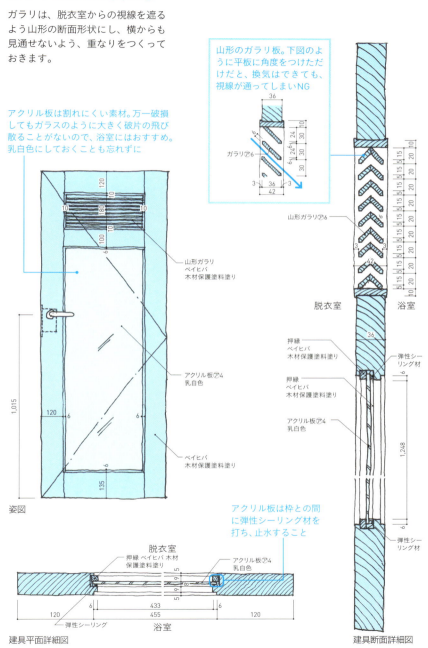

浴室ドアは万一の事故に備えておく

浴室のドアは、水仕舞い※を考慮し、洗い場に向かって開く「内開き」が一般的です。ところが、洗い場で家人が倒れた場合、内開きではドアを開けられず、重大な事態を引き起こしかねません。そんなときに有効なのが、内開きの扉に非常用の外開き扉を仕込む方法です。スムーズな救護が行えるよう、脱衣室の空間づくりも必要です。

住宅関連事故の多くは、階段や浴室で発生します。高齢者の住宅では特に安全に配慮しましょう。

機能性と安全性を両立させたドア

普段の生活　　緊急時

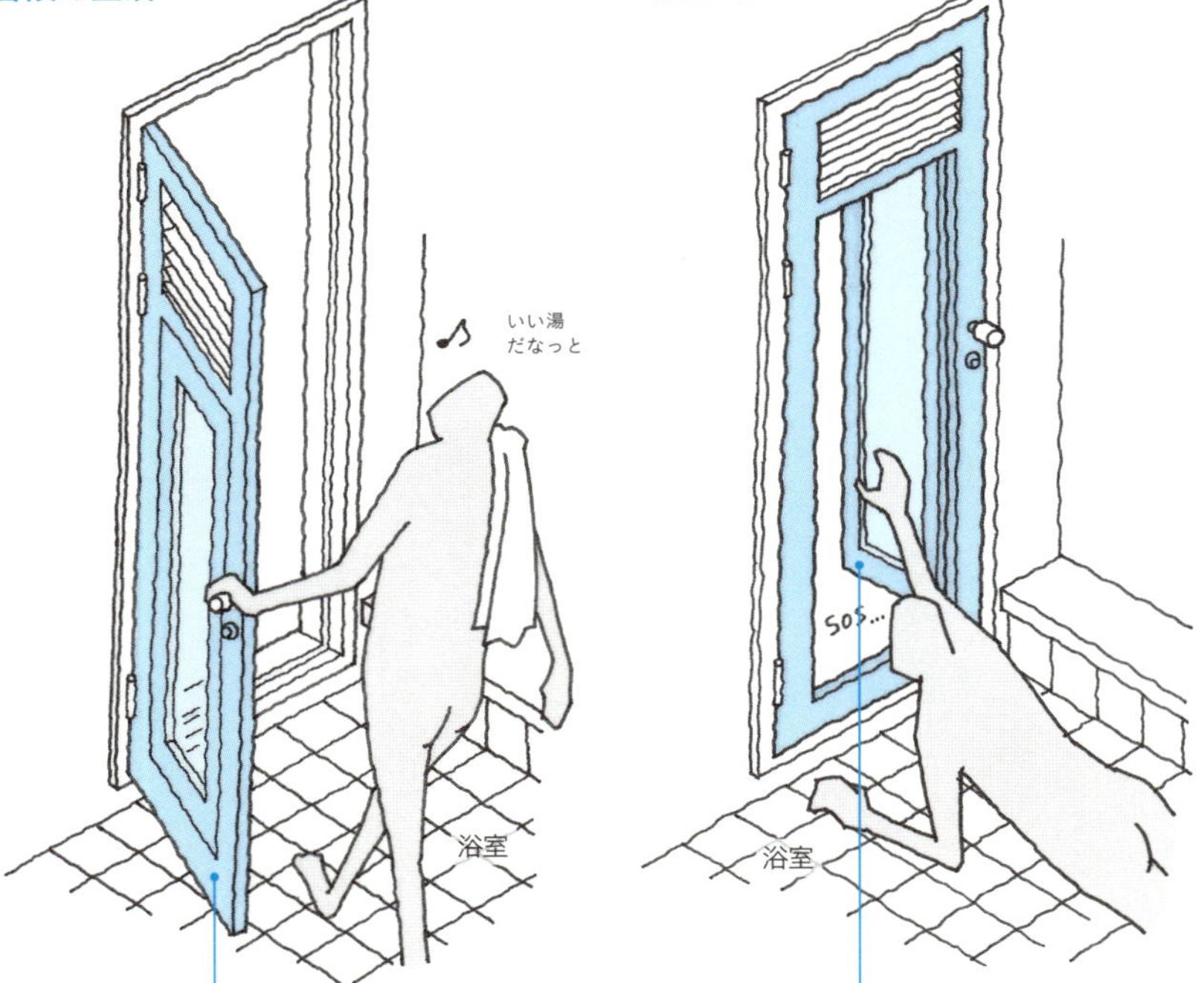

通常、浴室の出入りは浴室側に開く内開きドアから。ドアには外開きの小扉が仕込んでいますが、一見して分かりません

外開きの小扉があれば、緊急時も浴室内で倒れている人に衝撃を与えることなく浴室に入れます

※：浸水を防ぐこと、その方法

非常ドア付き浴室用木製建具のつくり方

洗い場での事故対策として、浴室のドアに外開きの非常ドアを仕込みます。非常ドアは救護人が発生した場合のみ使用するため、最小限の大きさで構いません。

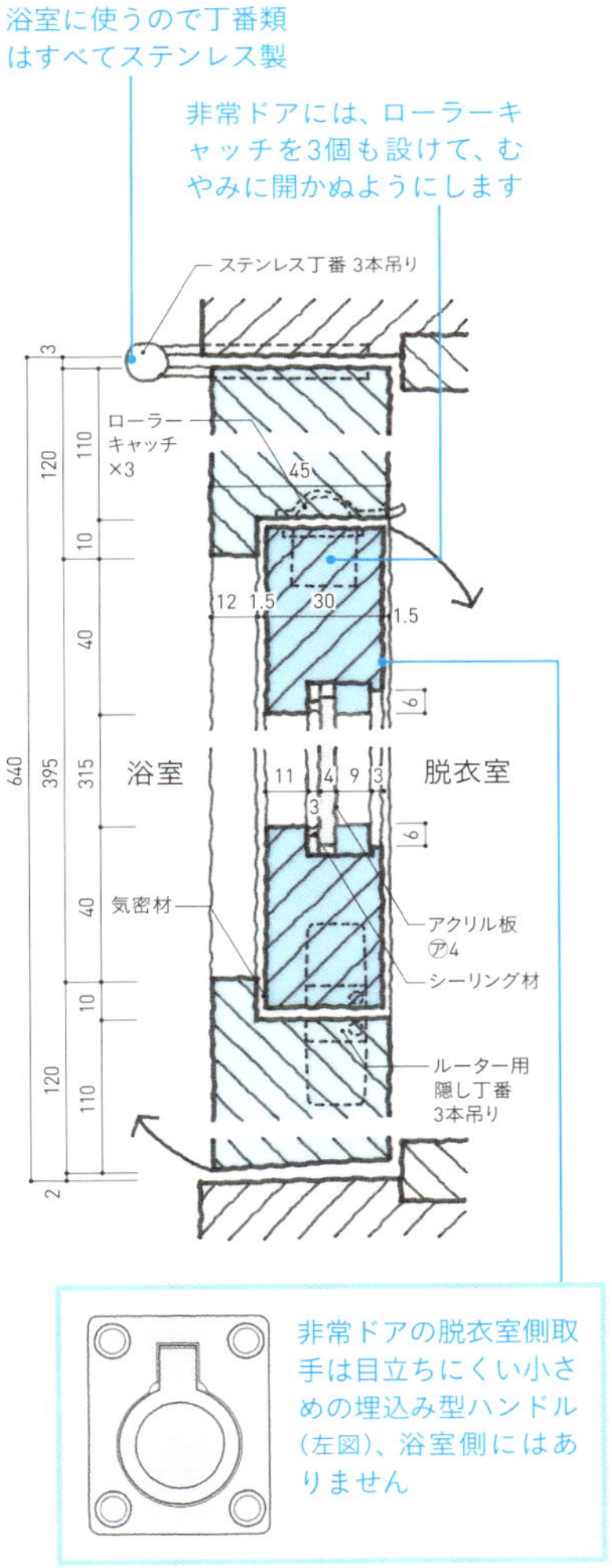
浴室に使うので丁番類はすべてステンレス製
非常ドアには、ローラーキャッチを3個も設けて、むやみに開かぬようにします
ステンレス丁番 3本吊り
ローラーキャッチ×3
浴室
脱衣室
気密材
アクリル板㋐4
シーリング材
ルーター用隠し丁番3本吊り
非常ドアの脱衣室側取手は目立ちにくい小さめの埋込み型ハンドル(左図)、浴室側にはありません

建具平面図

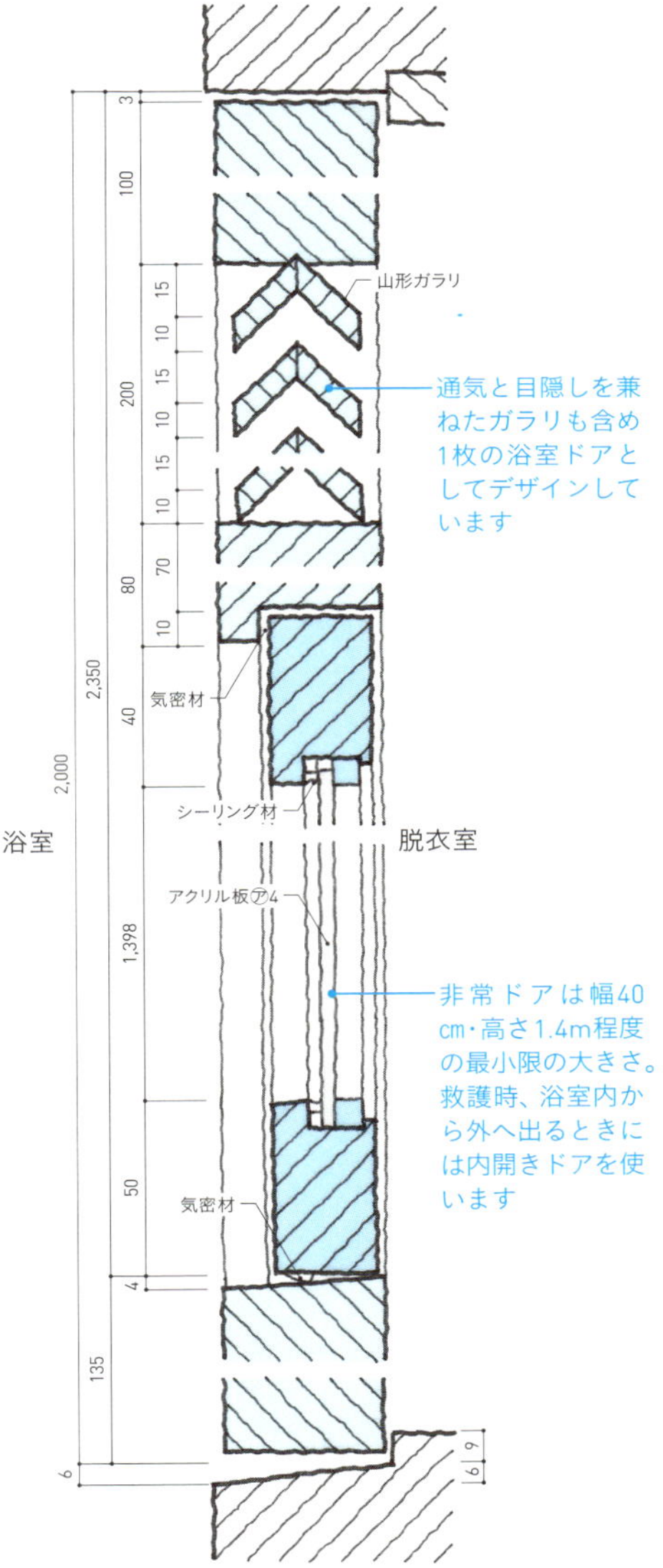
山形ガラリ
通気と目隠しを兼ねたガラリも含め1枚の浴室ドアとしてデザインしています
気密材
シーリング材
浴室
脱衣室
アクリル板㋐4
非常ドアは幅40cm・高さ1.4m程度の最小限の大きさ。救護時、浴室内から外へ出るときには内開きドアを使います
気密材

建具断面図

浴室は床段差なしのバリアフリー

住宅のバリアフリー化には、床の段差をなくし、引戸にするのが理想的。ところが一般的な浴室は、出入口につくった床段差でもって、脱衣室側に水を浸入させないようにしています。段差をなくすには、出入口付近に排水溝を設け、溝蓋《みぞぶた》を床面にそろえる必要があります。このとき、引戸の床レールと溝蓋にも段差が生じないよう、合わせてつくります。溝蓋は素足が触れる部分なので、水切れはもちろん、歩行感も考慮しましょう。

排水溝グレーチングは出入口側に

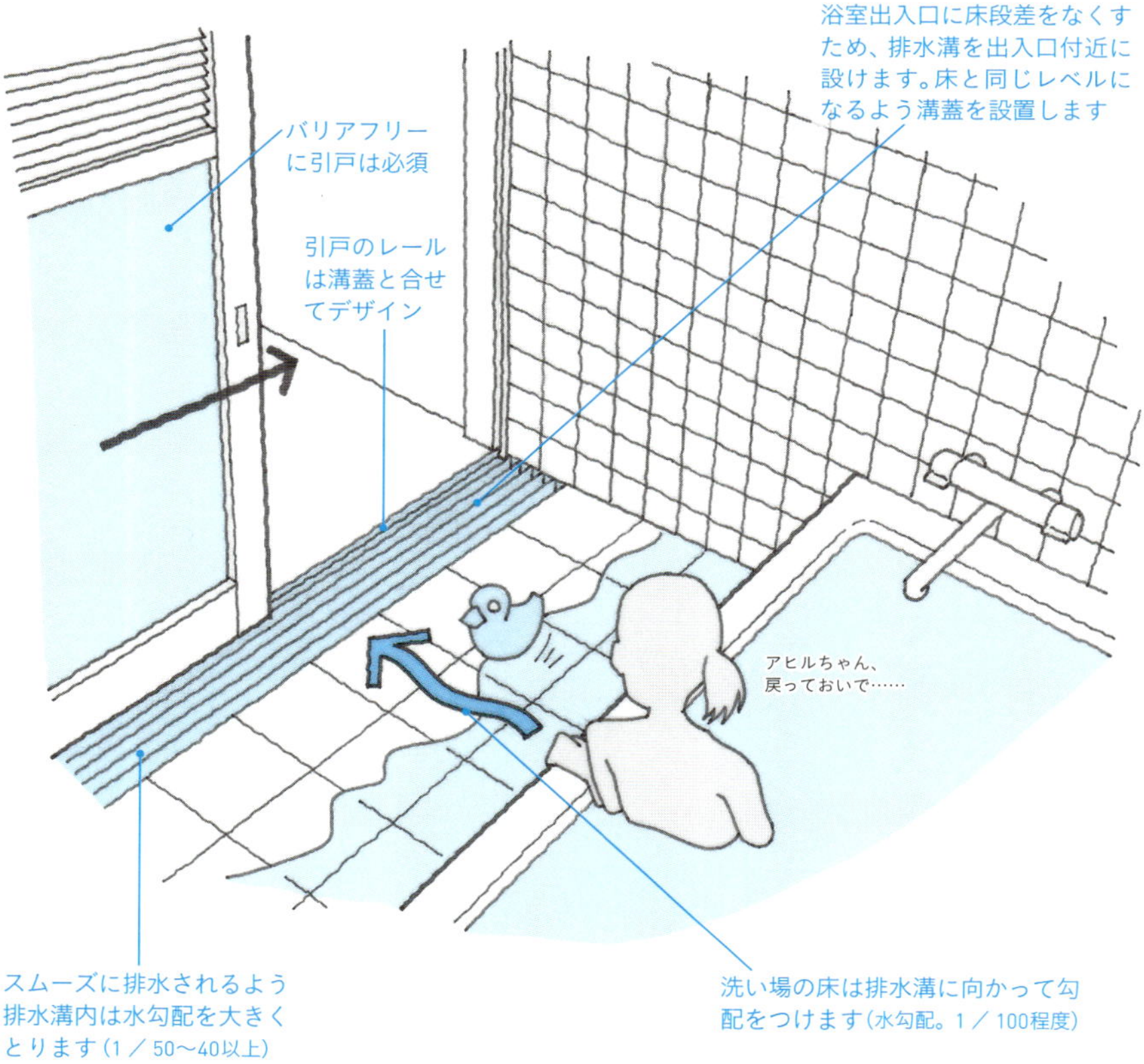
浴室出入口に床段差をなくすため、排水溝を出入口付近に設けます。床と同じレベルになるよう溝蓋を設置します
バリアフリーに引戸は必須
引戸のレールは溝蓋と合せてデザイン
アヒルちゃん、戻っておいで……
スムーズに排水されるよう排水溝内は水勾配を大きくとります（1／50〜40以上）
洗い場の床は排水溝に向かって勾配をつけます（水勾配。1／100程度）

引戸レール一体型の排水溝グレーチング

排水溝蓋のグレーチング（金属製すのこ）はステンレスのフラットバーでつくります。溝の清掃などメンテナンスを考慮して、取り外せるようにしておきます。

浴室は出入口側に水勾配をとり、排水溝内では出入口から遠いほうに水を流すようにします

浴室幅いっぱいのグレーチング。長いので分割しておくこと

勢いよく水が流れた場合にも脱衣室に水が浸入しないのは、グレーチングの目（隙間）が脱衣室側に向いていないから（既製品では目が溝と直交するタイプのものが多い）

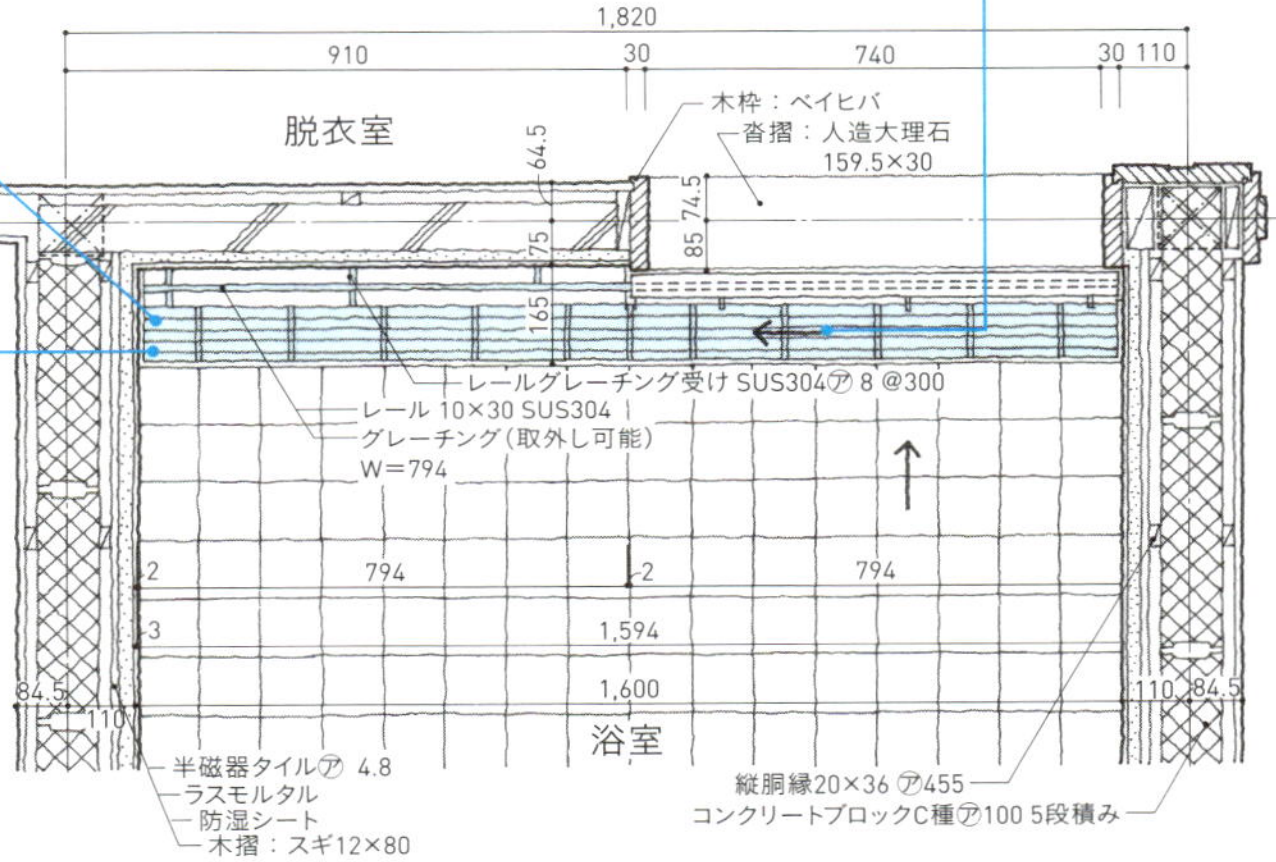

平面図

引戸の戸車はベアリングなし、錆の心配もないオイルレスメタルの軸受けを使った袖平型。ステンレスの角形レールに対応しています

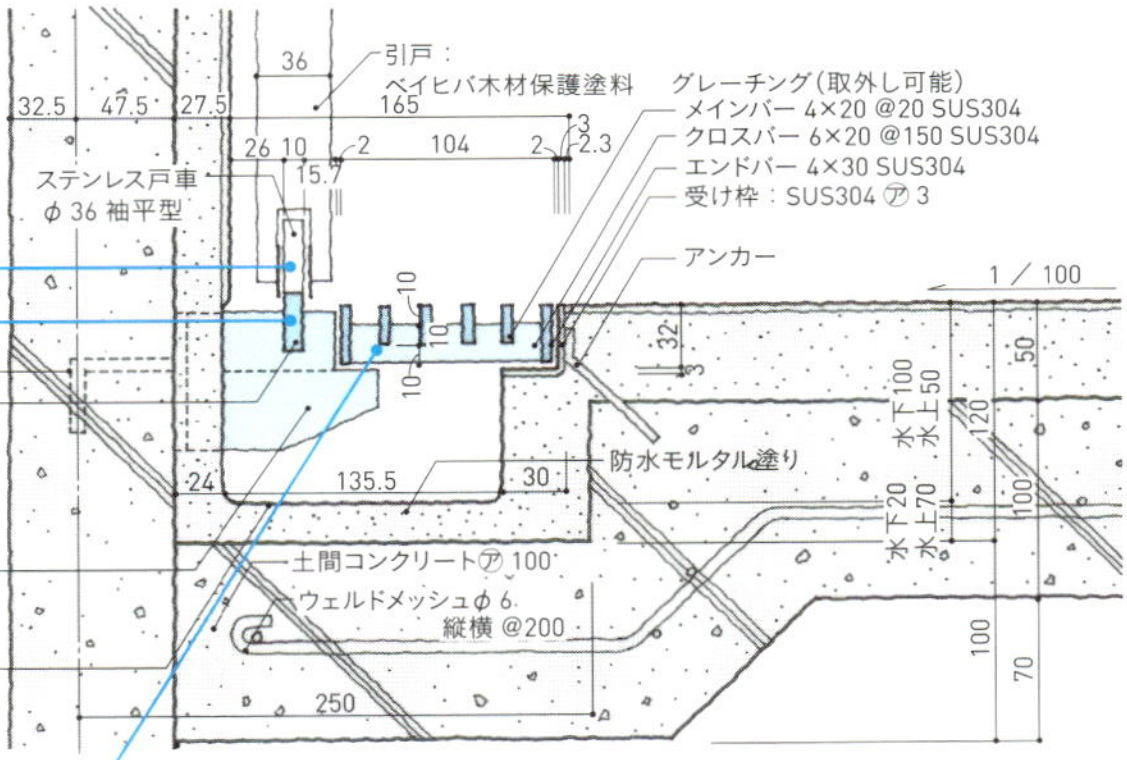

排水溝断面詳細図

引戸のステンレスレールは固定ですが、グレーチング蓋は取外し式なので「蓋受け」のみ固定。基礎のアンカーにアルゴン溶接します

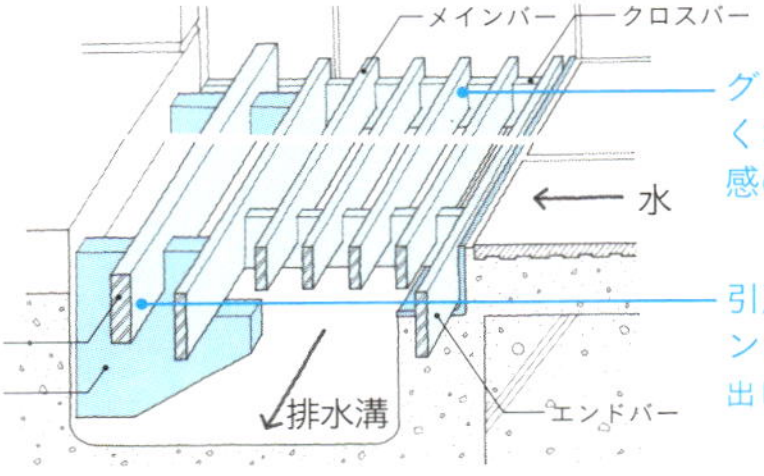

グレーチングは上端部を磨くなどして、水切れと歩行感の両方に配慮します

引戸用のレールはグレーチング受けのブラケット（持出し）に溶接

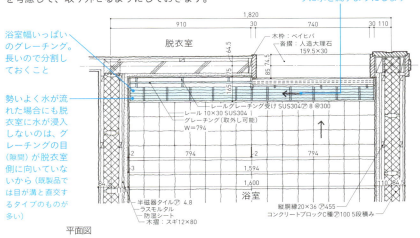

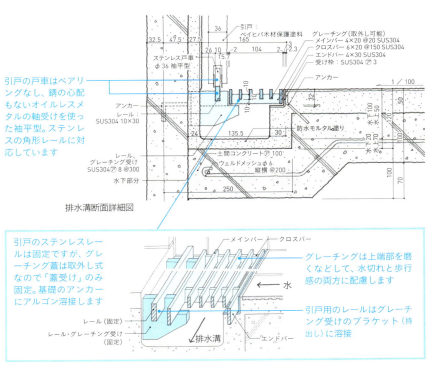

浴室に外装材を使い露天気分

在来工法でつくる浴室は、ユニットバスと比べ、設計の自由度が高いことが魅力。形や仕上材の制約も少なく、思いどおりの空間をつくれます。一方、入念な防水処理が必要です。

ここで紹介する在来浴室は、仕上げや窓に、外壁材やアルミサッシといった屋外用の製品を使っています。雨掛かりを前提とした製品なので、浴室でも使用は可能。外部仕上げと連続させるようにつくれば、露天での入浴気分も味わえます。

外部テラスと一体感のある水廻り

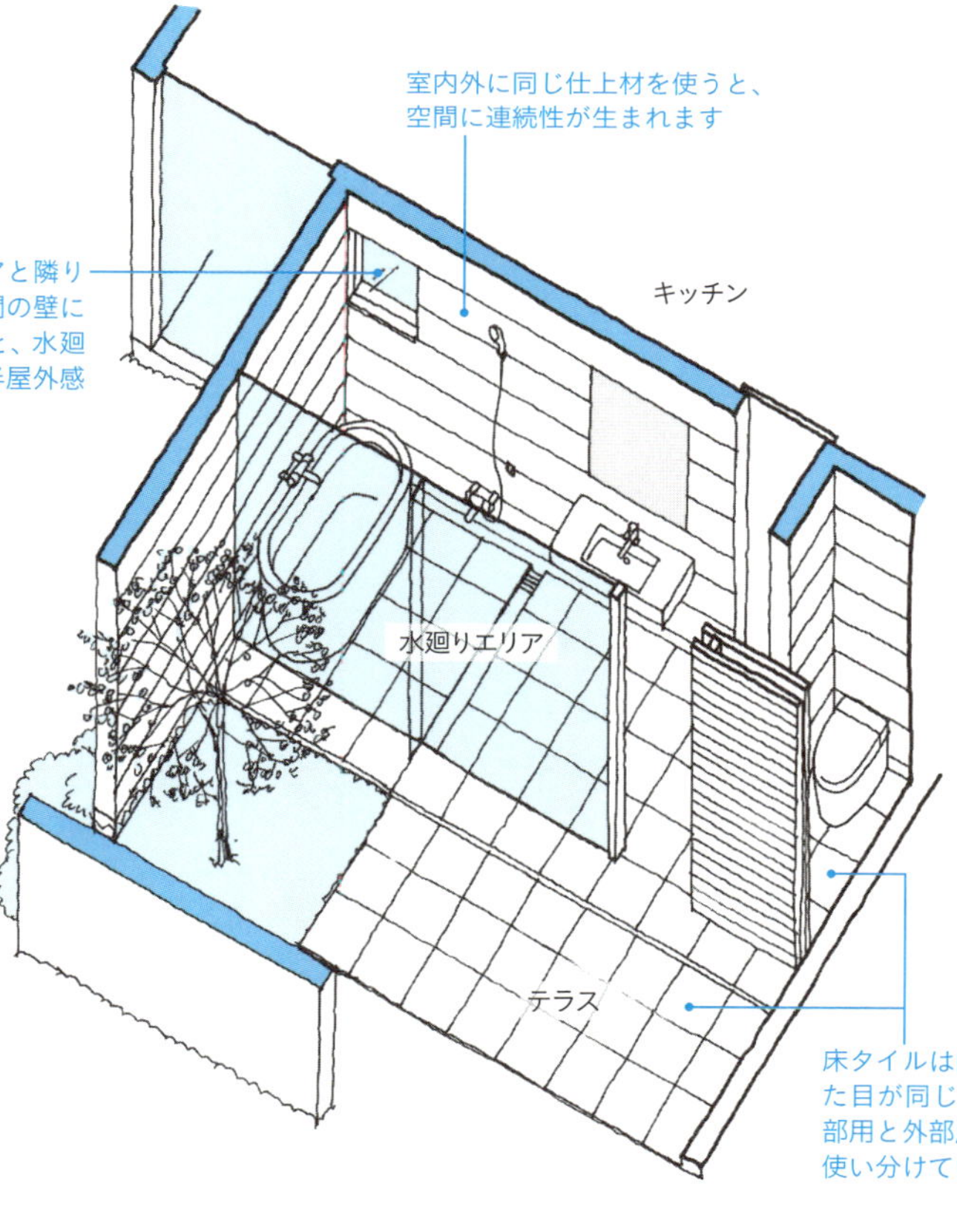
室内外に同じ仕上材を使うと、空間に連続性が生まれます
水廻りエリアと隣り合う部屋の間の壁に窓を設けると、水廻りエリアの半屋外感が増します
キッチン
水廻りエリア
テラス
床タイルは内外とも見た目が同じですが、内部用と外部用のものを使い分けています

外部用の製品を使うときの注意点

水廻りエリアの壁材にはテラスで使用した外壁材（押出し成形セメント板）を使用。床のタイルは素足が触れる部分なので、外部のタイルと同シリーズの内部床用のものを選びます。

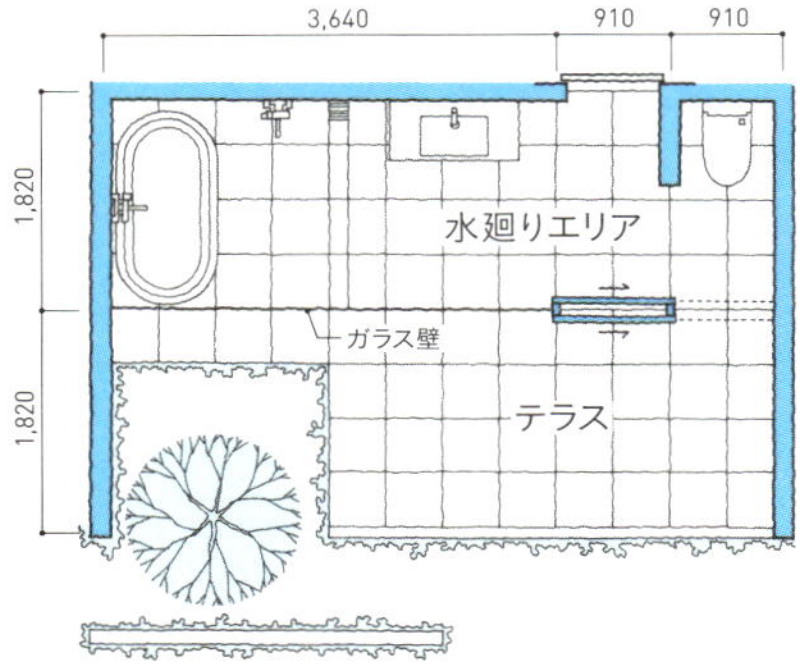

平面図（一部）

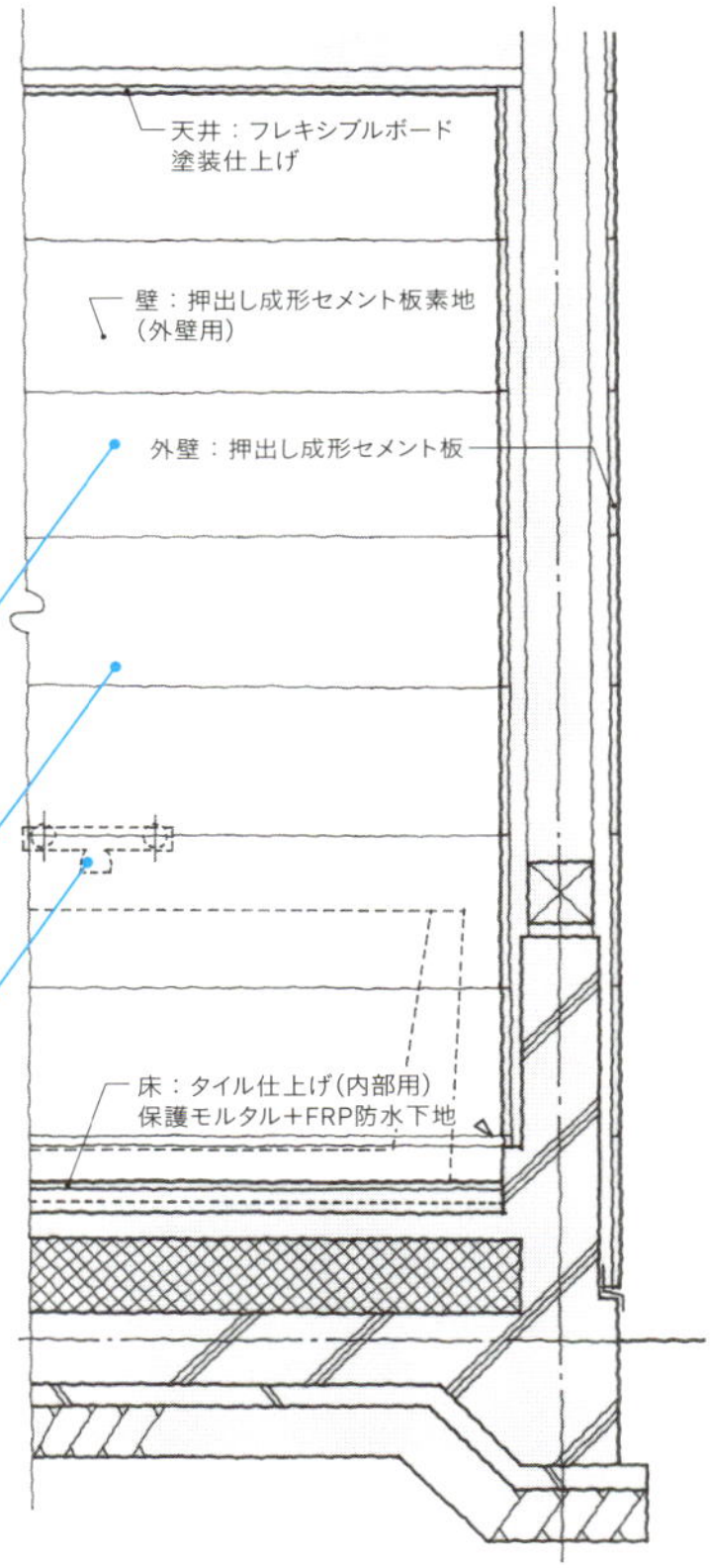

在来浴室の壁には、石やタイル、木などさまざまな素材が使えます。浴室を外部と見立てるだけで、選択肢が広がります

使用する素材の数を減らすことで、ローコスト化が図れるのも魅力

水仕舞いを考慮し、水栓金物は外装材のジョイント部分に設置

断面詳細図

隣り合う部屋との間に外部用のアルミサッシ（はめ殺し窓）を使用。止水性が高い製品なので安心

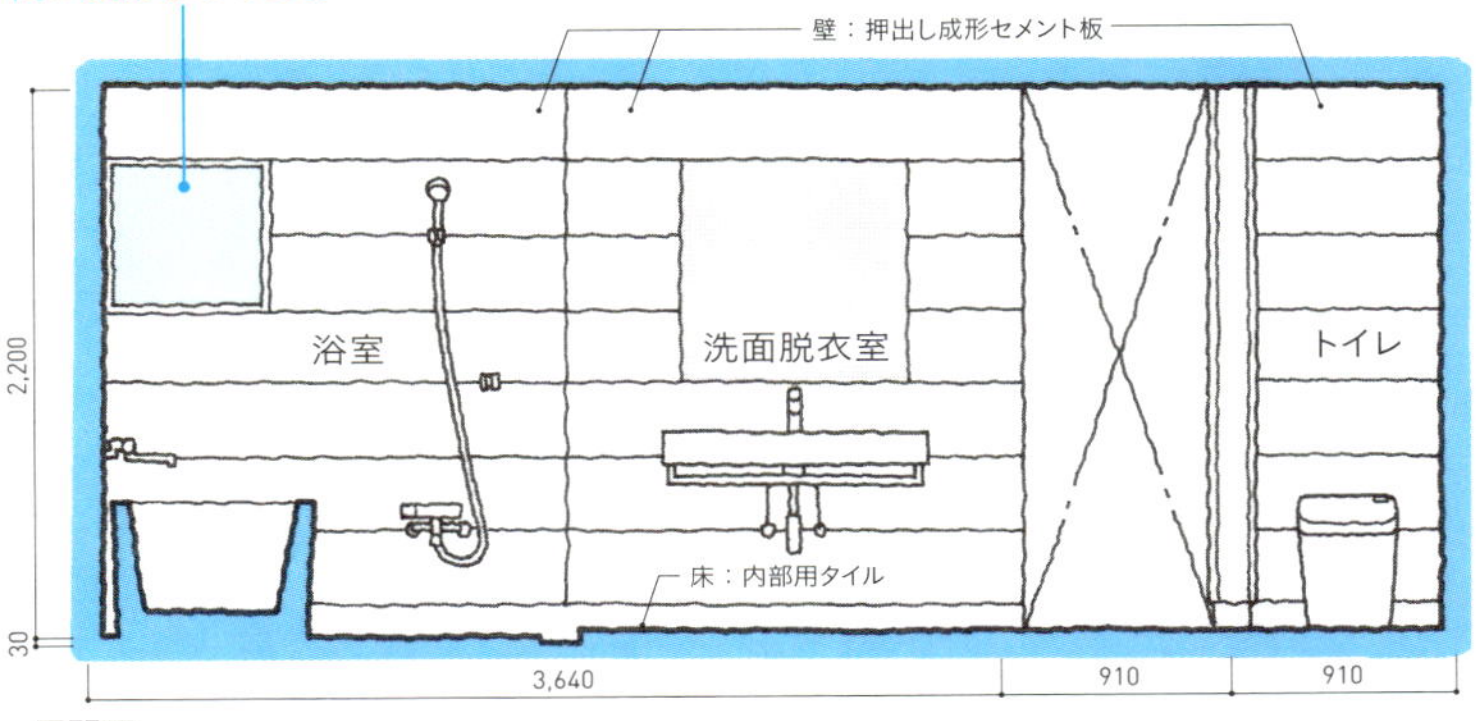

展開図

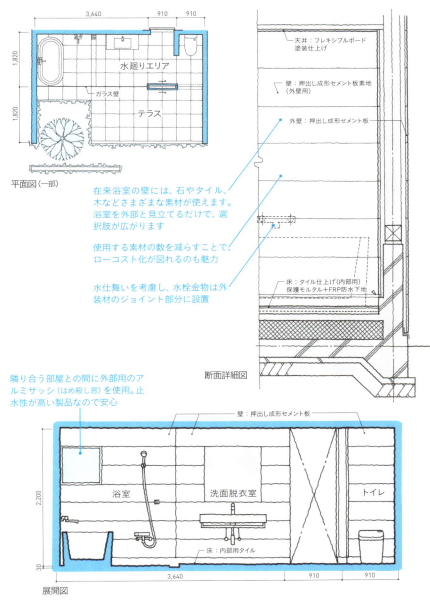

廊下をトイレにする間仕切り建具

部屋の仕切りに「建具」を使うと、間取りを容易に変えることができます。襖や障子で間仕切られた、古い日本の家はその好例。現代でも、引込み戸を間仕切りにして、大きなリビングの一部を個室化できるようにしたものを見かけます。

建具で空間の使い方を変える方法は、狭小住宅でも有用です。ここでは、普段は廊下として使う「コンパクトトイレ」を紹介します。間仕切り建具には、引戸だけでなく、開き戸も使えます。

コンパクトトイレは広げて使う

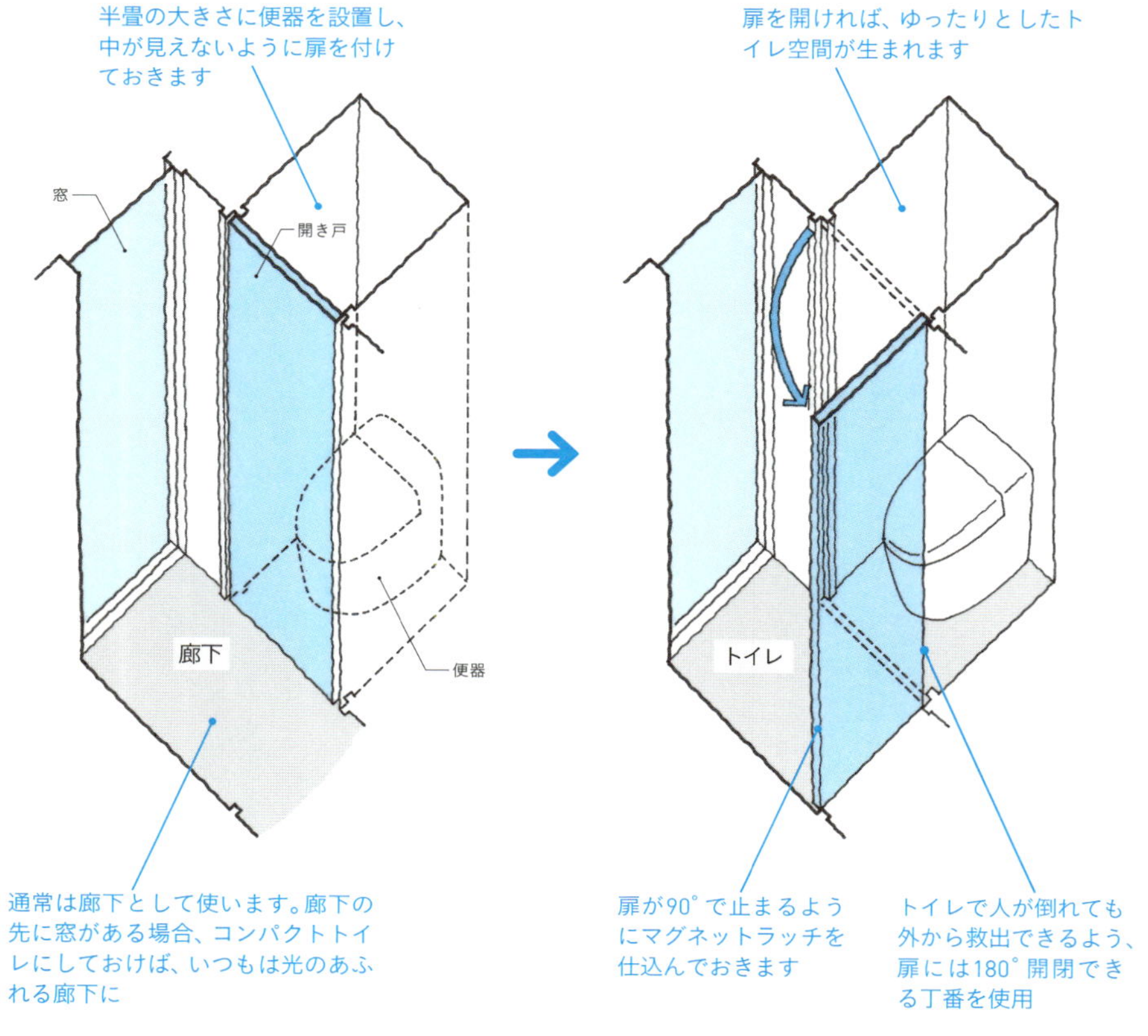
半畳の大きさに便器を設置し、中が見えないように扉を付けておきます
窓
開き戸
廊下
便器
通常は廊下として使います。廊下の先に窓がある場合、コンパクトトイレにしておけば、いつもは光のあふれる廊下に
扉を開ければ、ゆったりとしたトイレ空間が生まれます
トイレ
扉が90°で止まるようにマグネットラッチを仕込んでおきます
トイレで人が倒れても外から救出できるよう、扉には180°開閉できる丁番を使用

コンパクトトイレと洗面台は相性がいい

ちょっとした洗面空間は専用の部屋を設けるより、廊下などパブリックな領域にあるほうが使い勝手がよいもの。コンパクトトイレに向かい合うように設置すると、意外に便利です。

行き止まり廊下のコンパクトトイレ＋洗面台

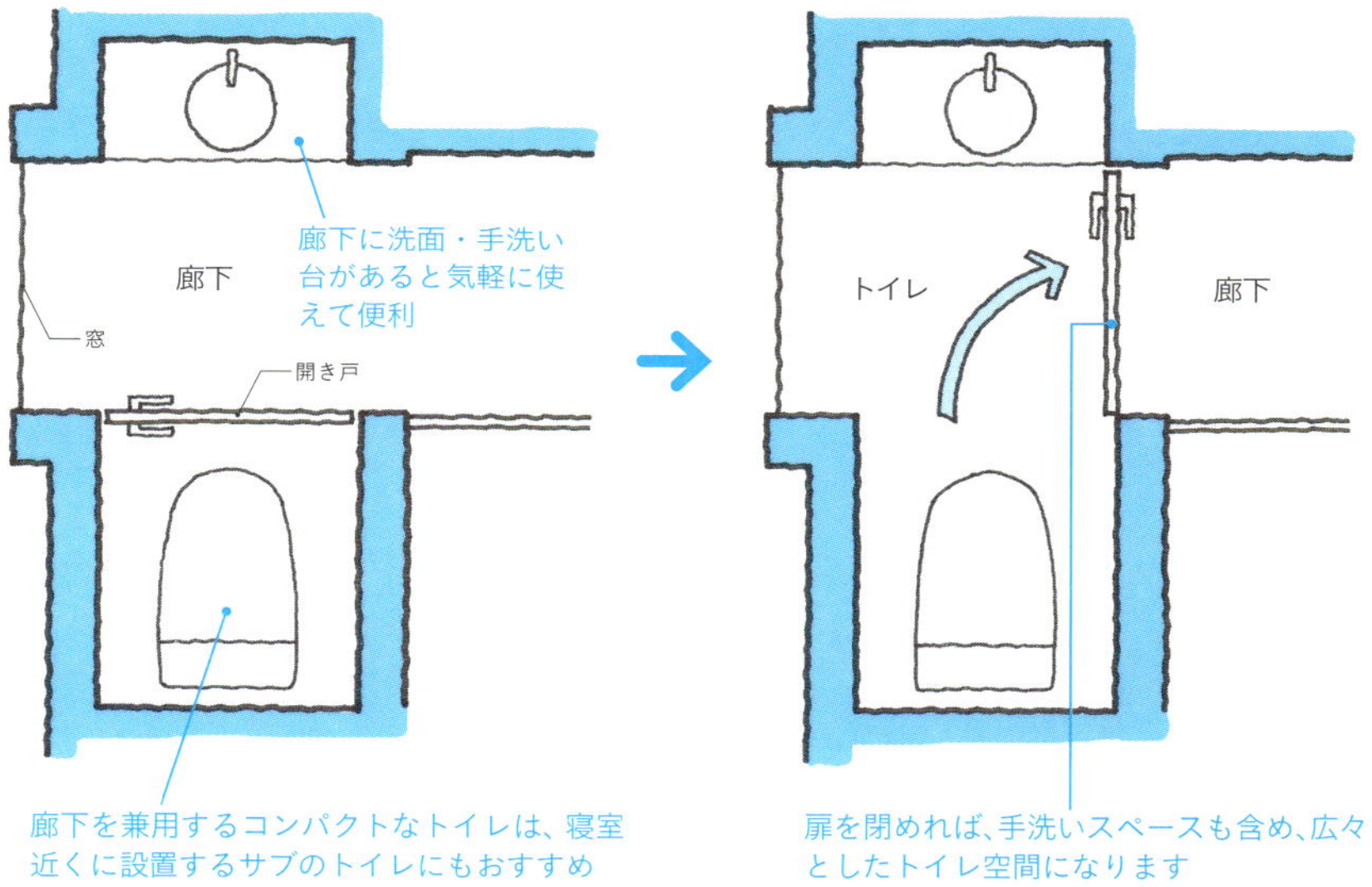
廊下に洗面・手洗い台があると気軽に使えて便利
廊下
窓
開き戸
トイレ
廊下
廊下を兼用するコンパクトなトイレは、寝室近くに設置するサブのトイレにもおすすめ
扉を閉めれば、手洗いスペースも含め、広々としたトイレ空間になります

通り抜け廊下のコンパクトトイレ＋洗面台

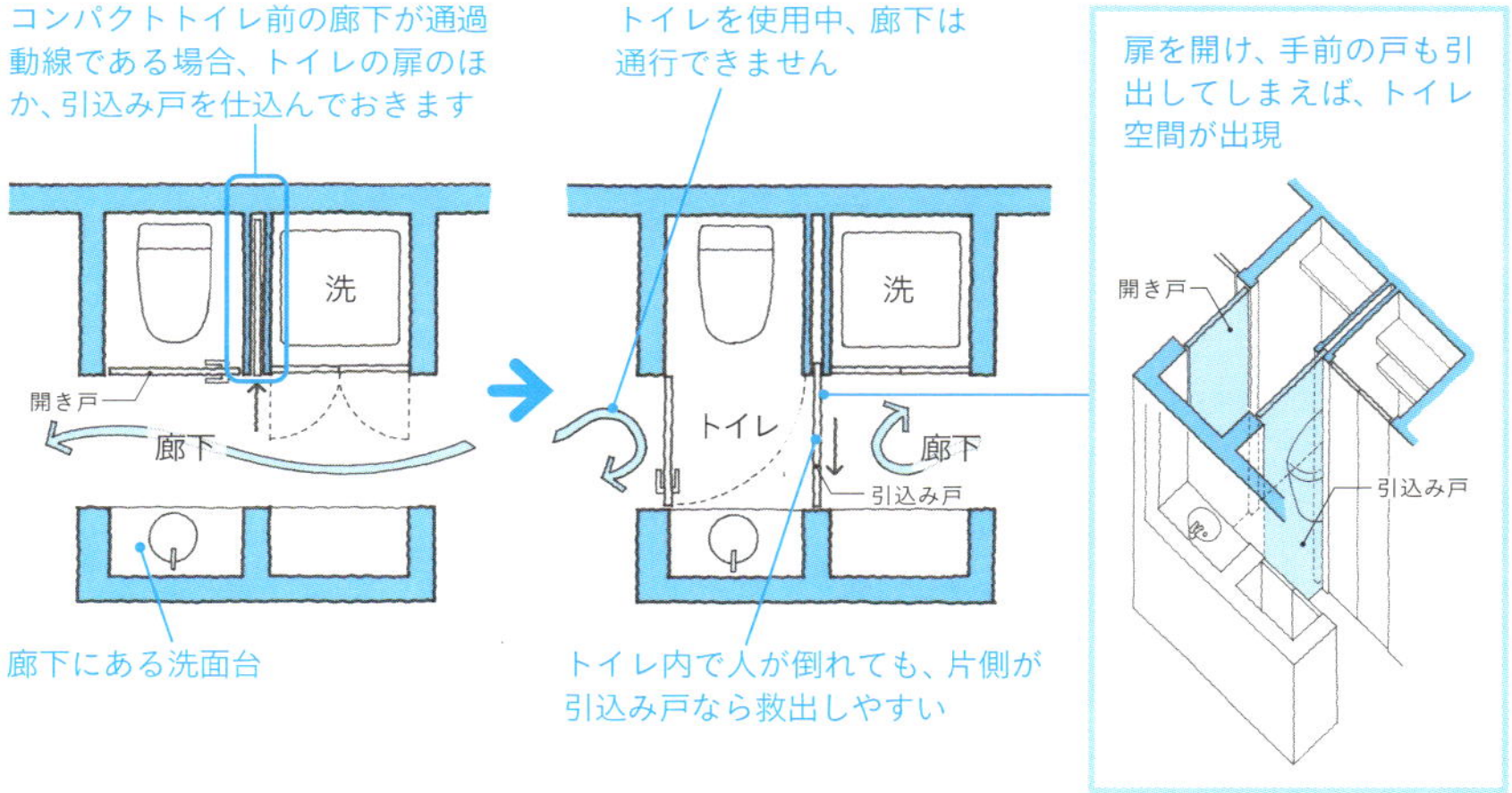
コンパクトトイレ前の廊下が通過動線である場合、トイレの扉のほか、引込み戸を仕込んでおきます
トイレを使用中、廊下は通行できません
洗
開き戸
廊下
洗
トイレ
廊下
引込み戸
廊下にある洗面台
トイレ内で人が倒れても、片側が引込み戸なら救出しやすい
扉を開け、手前の戸も引出してしまえば、トイレ空間が出現
開き戸
引込み戸

4 水廻りには工夫がいっぱい

トイレは秘密の隠し部屋

友人を招いて、居間で楽しい時間を過ごす――そんなとき、トイレのドアが視界に入るとお互い気まずいものです。トイレの配置を工夫すべきところですが、プラン上どうしようもないケースもあります。

おすすめなのが、トイレのドアに収納を兼ねさせる方法。一見するとただの壁面収納で、トイレの存在をまったく感じさせません。トイレの仕切り壁よりもぶ厚い空間がトイレの前にあると防音効果も高まり、一石二鳥です。

トイレを見せないで

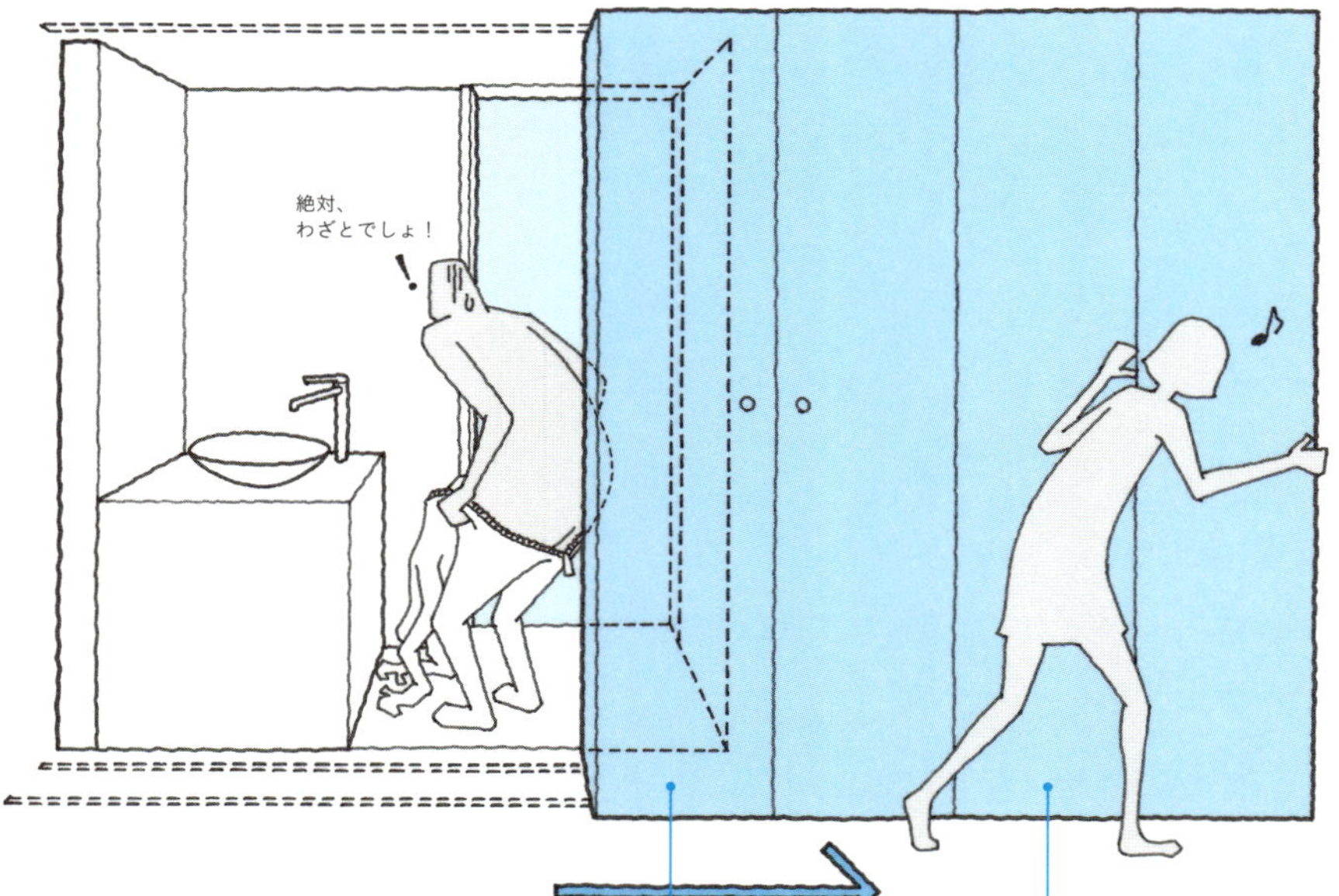

居間に面してしまったトイレは、何とかして隠したい。天井いっぱいの収納引戸で隠すようトイレを配しています

超プライベートな空間であるトイレは、ゲストになるべく見せたくないもの。ゲストの目線に立つと、うまい設計ができるかも

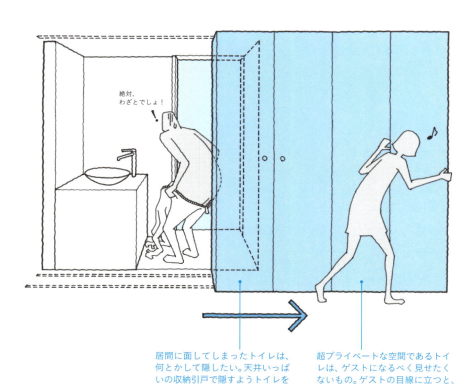

収納の裏には前室付きの豪華トイレ

居間に面したトイレの存在感をなくすため、引戸を可動収納にしています。収納引戸を開けると、そこは手洗いのある前室。トイレはその奥です。

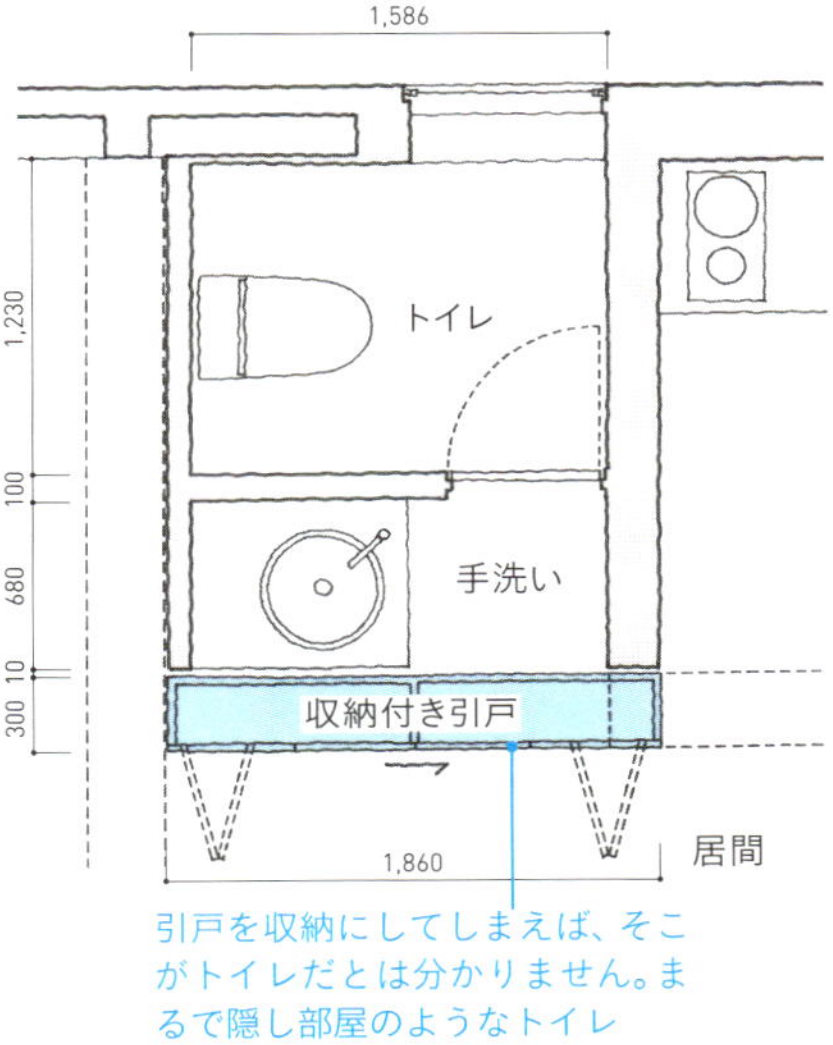

トイレ廻り平面図

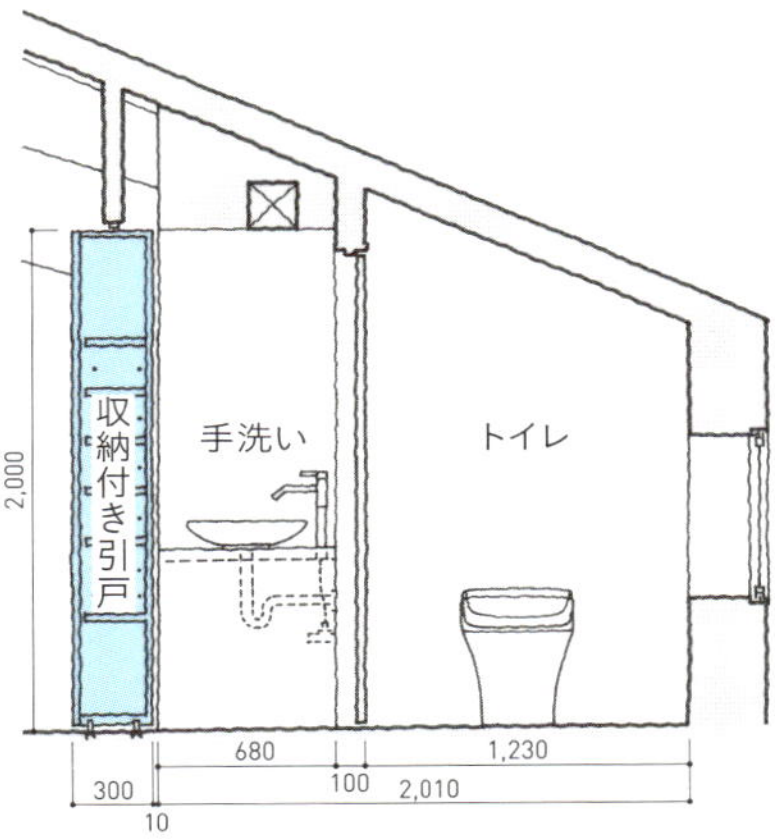

トイレ廻り断面図

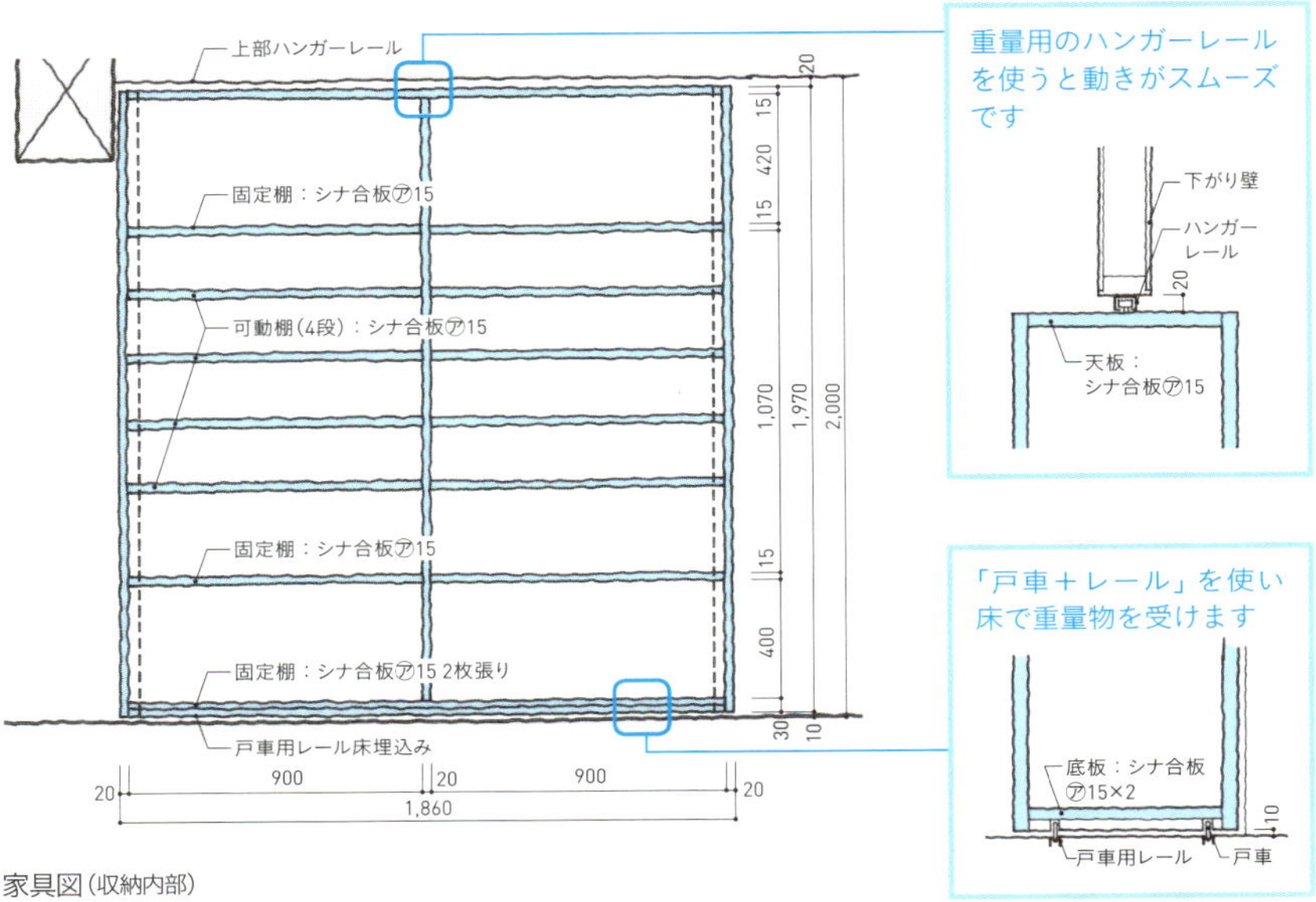

家具図(収納内部)

トイレを隠すコンパクト「収納引戸」

「収納を兼ねた引戸」は、狭小住宅に有効。玄関に面してトイレを配置しても、扉を収納引戸にすれば存在感を消せて、さらにトイレットペーパーなどのストックスペースとしても使えます。

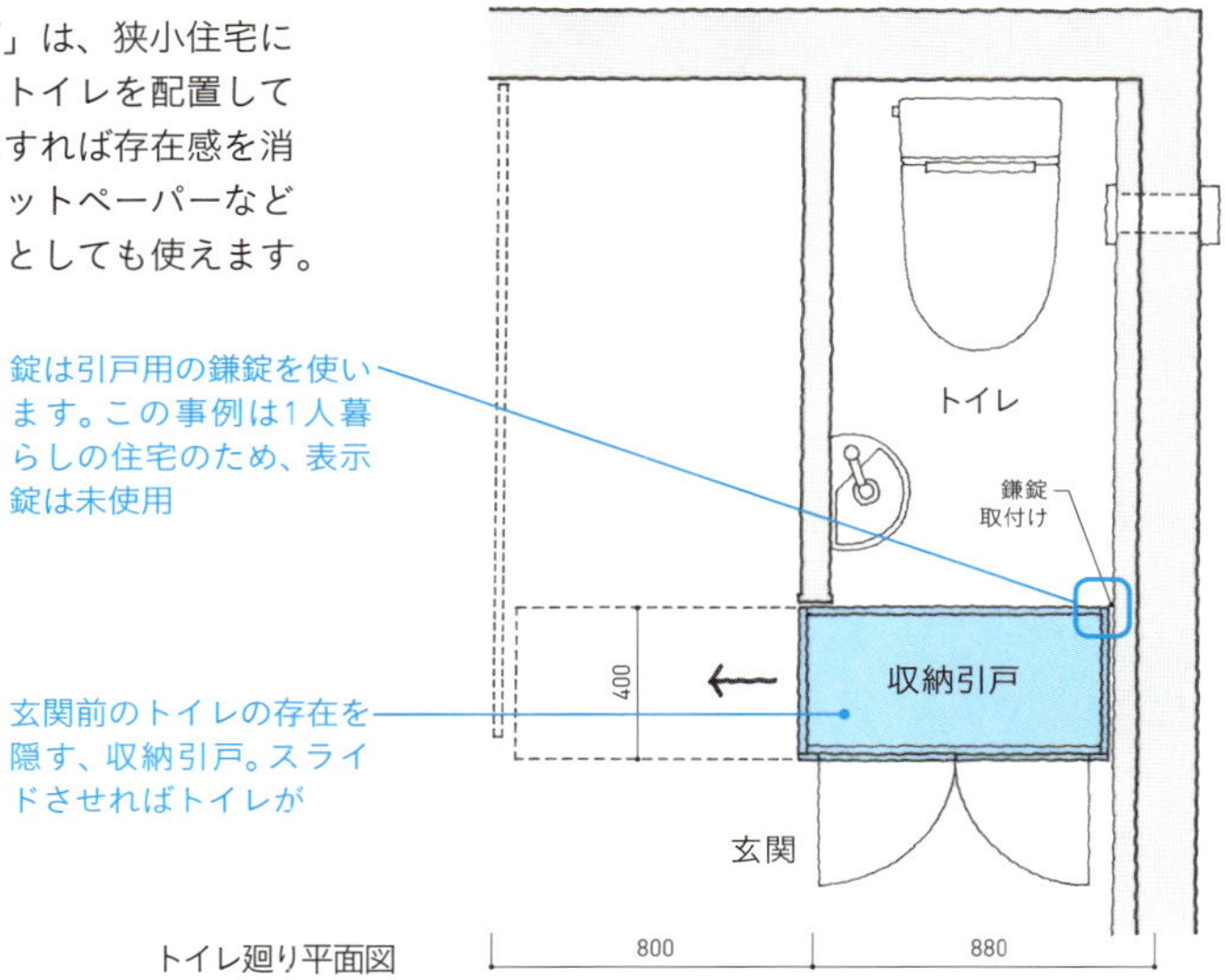
錠は引戸用の鎌錠を使います。この事例は1人暮らしの住宅のため、表示錠は未使用
玄関前のトイレの存在を隠す、収納引戸。スライドさせればトイレが
トイレ
鎌錠
取付け
収納引戸
400
玄関
800
880

トイレ廻り平面図

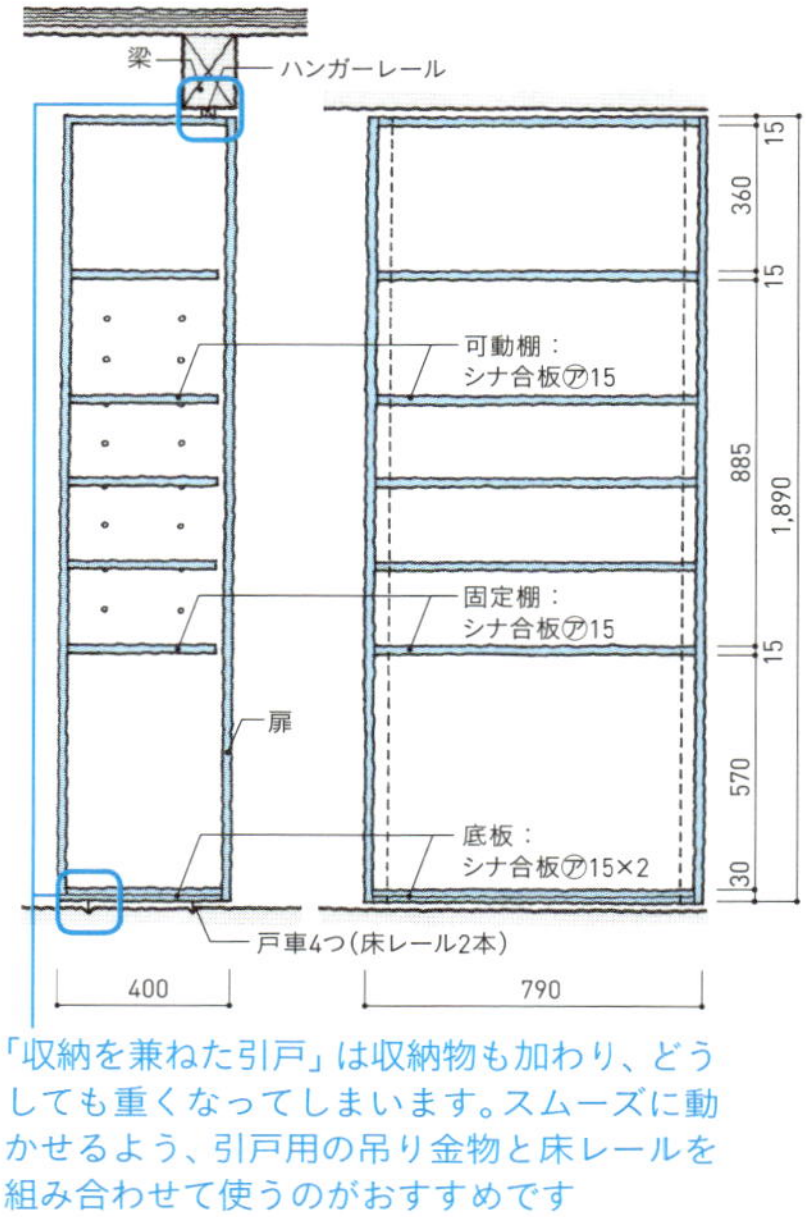
梁
ハンガーレール
可動棚：
シナ合板⑦15
固定棚：
シナ合板⑦15
扉
底板：
シナ合板⑦15×2
戸車4つ（床レール2本）
15
360
15
885
1,890
15
570
30
400
790
「収納を兼ねた引戸」は収納物も加わり、どうしても重くなってしまいます。スムーズに動かせるよう、引戸用の吊り金物と床レールを組み合わせて使うのがおすすめです

家具図（収納内部）

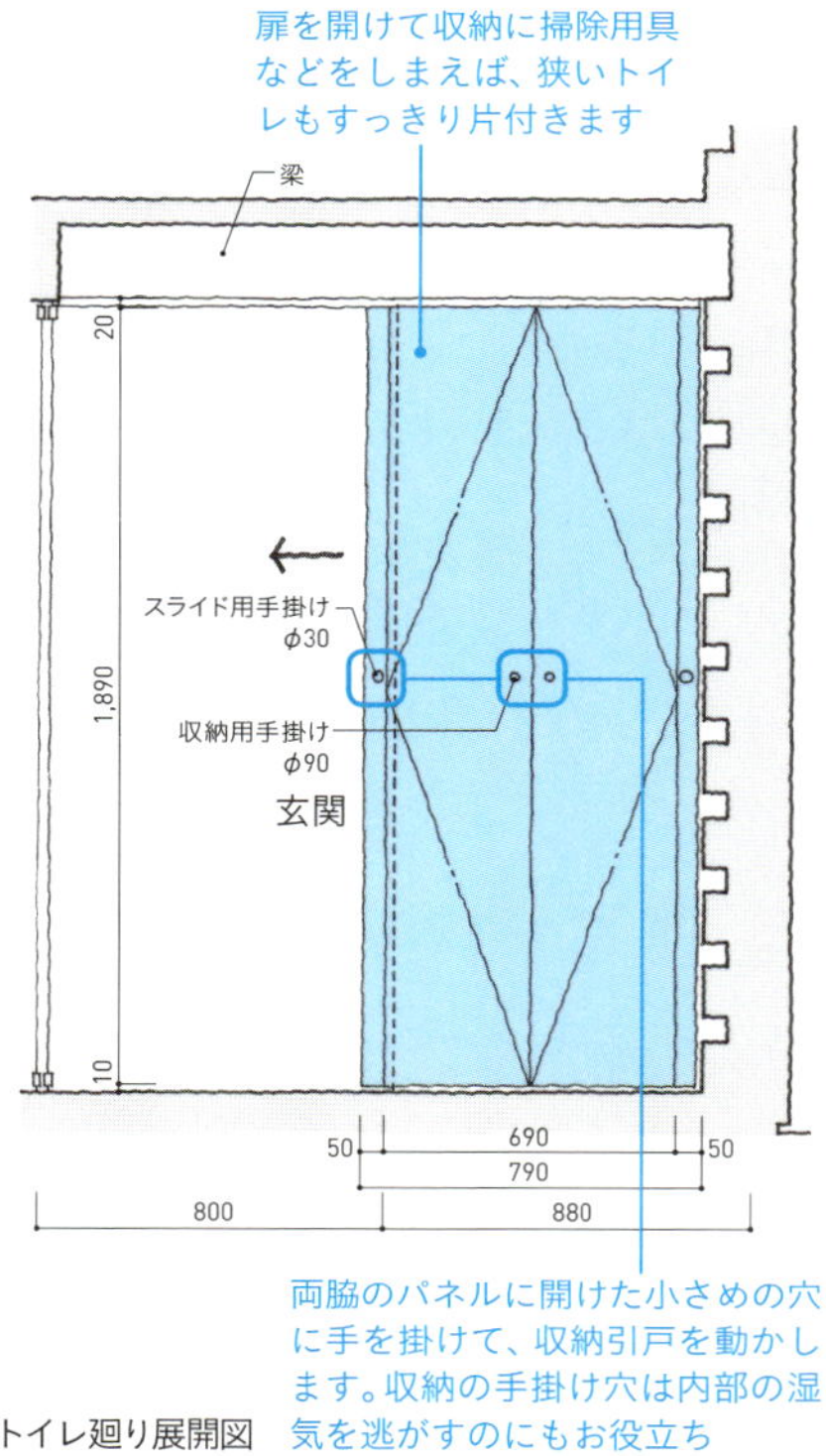
扉を開けて収納に掃除用具などをしまえば、狭いトイレもすっきり片付きます
梁
20
1,890
10
スライド用手掛け
φ30
収納用手掛け
φ90
玄関
50
690
790
50
800
880
両脇のパネルに開けた小さめの穴に手を掛けて、収納引戸を動かします。収納の手掛け穴は内部の湿気を逃がすのにもお役立ち

トイレ廻り展開図

鏡に仕込む照明をトイレに

住宅に用いる鏡はガラスの裏面にアルミなどを蒸着めっきしてつくったもの。めっきは紙やすりなどではがせます。この性質を利用した「鏡裏の間接照明」はトイレ空間のアクセントになります。

鏡面のめっきを一部分だけはがせば、そこから直接光を得ることが可能。直接光と反射光を組み合わせた演色性の高い照明になります

めっきをはがし取る形によって、印象は異なって見えます

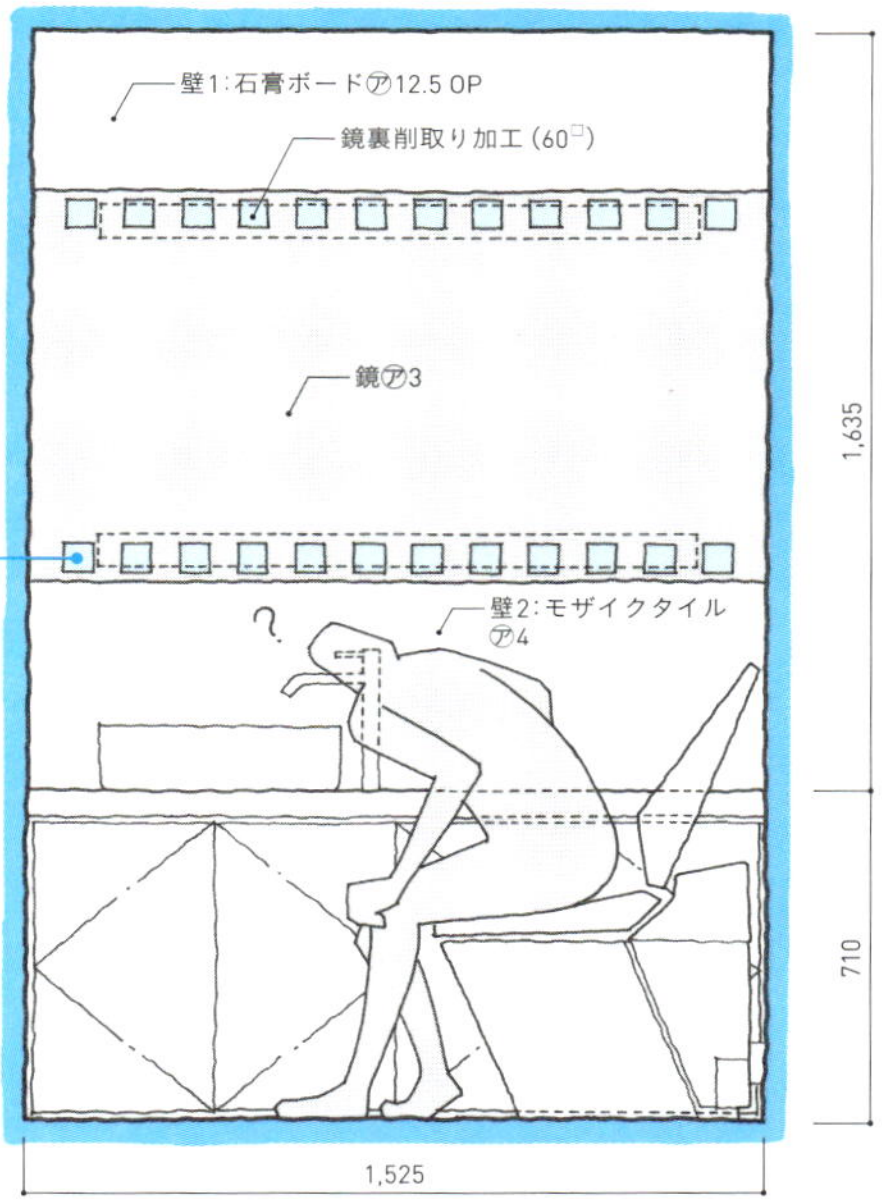

トイレ展開図1

側面に鏡を張ると反射光でより明るくなります

壁からせり出させた鏡の背面に、照明を上下に仕込みます。光を壁に反射させる「間接照明」(20頁参照)です

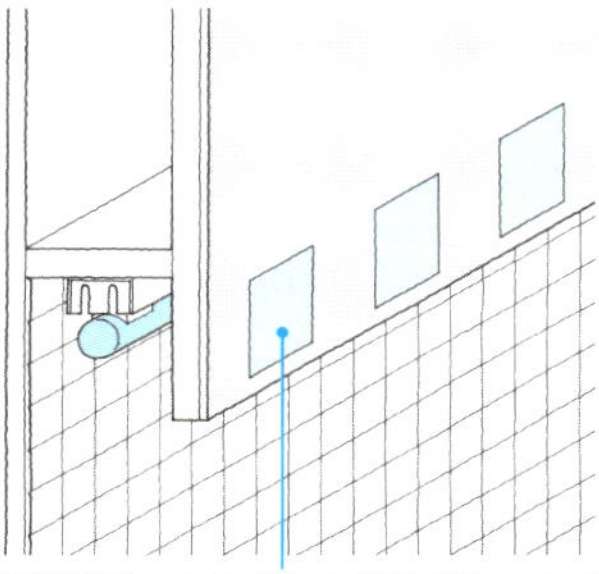

照明器具にありがちな凸凹がないので、掃除も簡単

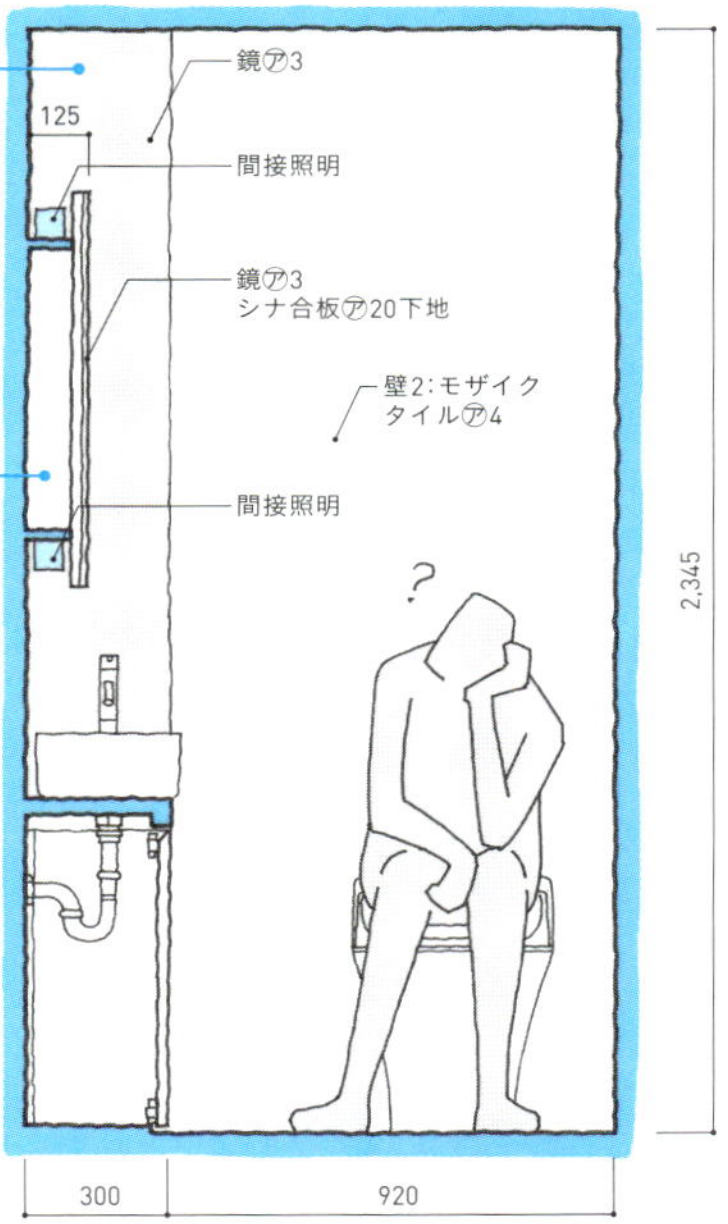

トイレ展開図2

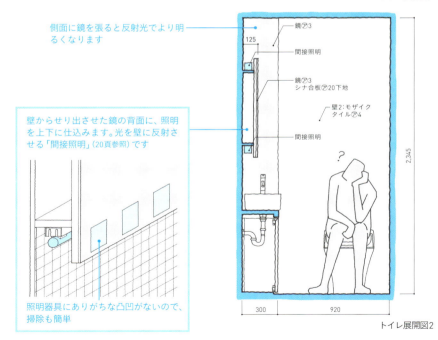

4 水廻りには工夫がいっぱい

配管ルートで決まるエアコン設置

住宅でよく使われる、壁掛けタイプのエアコン。部屋にあるのは室内機で、外の室外機と冷媒管でつながっています。室内機からは外部に水※を排出するドレン管も出ています。そのため、エアコンは配管ルートを考慮して設置されます。将来の機器更新を考えれば、屋外に面する壁に室内機を、すぐ裏に室外機を設置する露出配管が最良です。天井裏などを通す隠蔽《いんぺい》配管にする場合は、室内機から外部へ直線でつながるルートをつくりましょう。

壁掛け型エアコンの3つの「管」

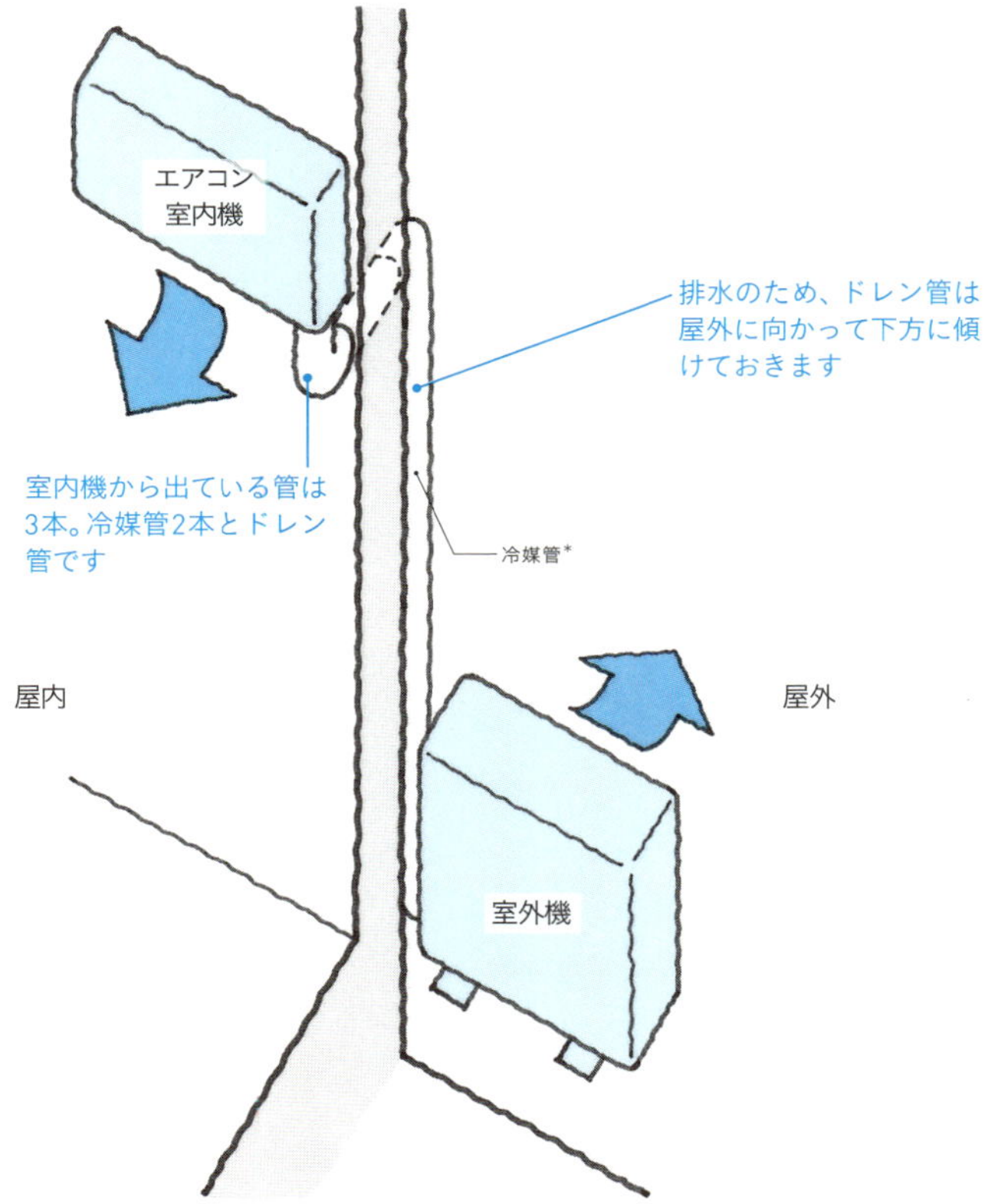
エアコン
室内機
排水のため、ドレン管は屋外に向かって下方に傾けておきます
室内機から出ている管は3本。冷媒管2本とドレン管です
冷媒管*
屋内
屋外
室外機

※：結露した凝縮水

塩ビパイプで配管ルートづくり

屋外に面さない壁に壁掛け型エアコンを設置する場合、室内機を設置する場所から外部に向かって、配管ルートとなる「塩ビ管」を入れておくと、機器更新時にも配管しやすくなります。

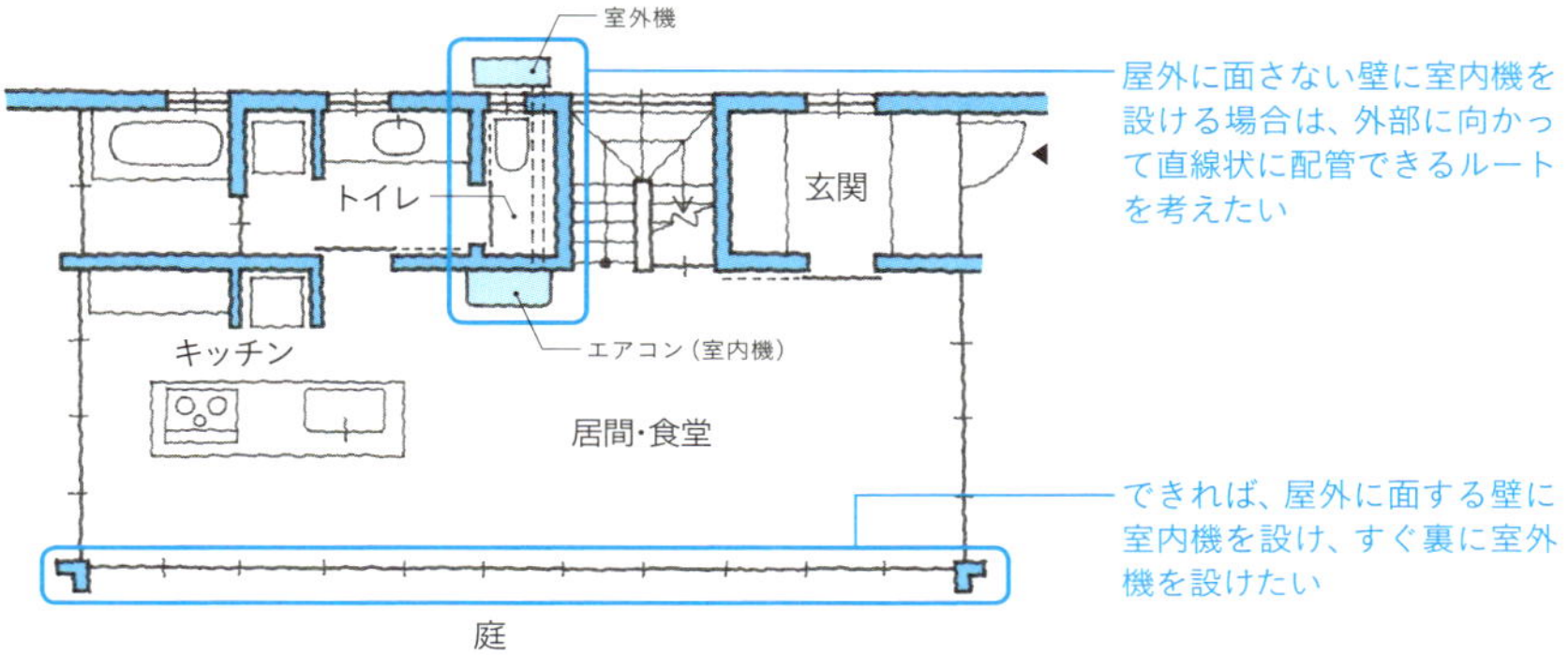

平面図

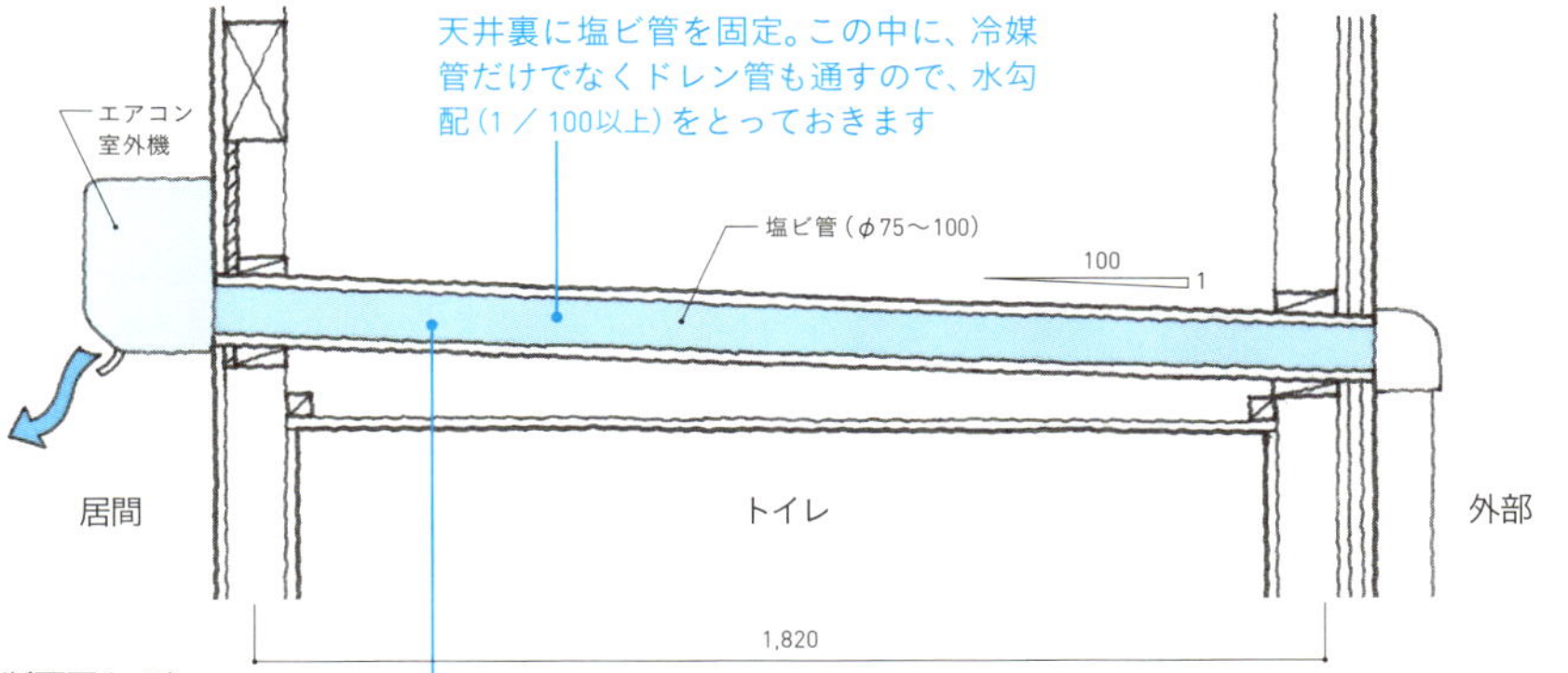

断面図（一部）

塩ビ管は内径75～100㎜程度のものを使用します。冷房能力5.0kW以上など容量が大きい200Vエアコンの場合、冷媒管も太くなるので塩ビ管、壁スリーブとも内径100㎜にしておきたいもの。メーカー、機種の確認をしながら決めましょう

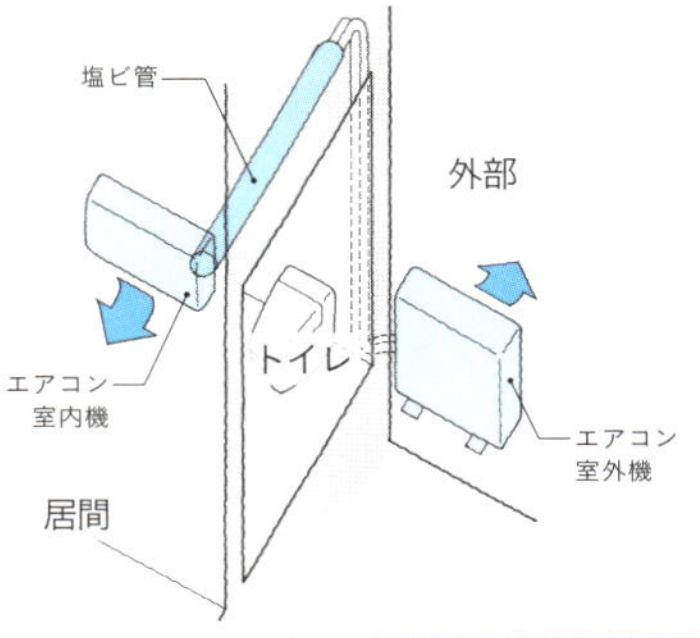

＊：冷媒管は、エアコン容量が増えると管径も太くなります。壁掛け型エアコンの場合は、2分3分配管（液管φ6.35㎜、ガス管φ9.52㎜）か、2分4分配管（液管φ6.35㎜、ガス管φ12.7㎜）であることが一般的。2分4分配管で被覆を含めると、液管φ24㎜とガス管φ34㎜程度になります

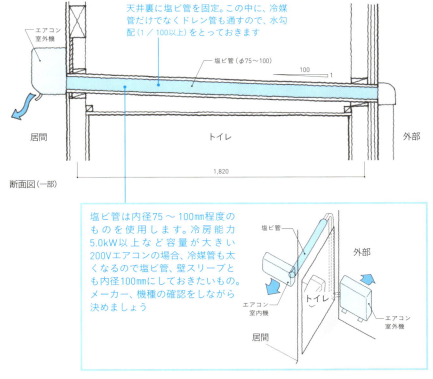

COLUMN 3

民家に潜む暮らしの知恵

伝統的な民家は障子などの建具を外せば柱だけになり、非常に開放的。夏の強い日差しを遮るのは壁でなく、深い軒であったことが伺えます。高温多湿なわが国で、家を壁で塞ぐのは得策とはいえませんでした。風が通らず、湿気に悩まされることになるからです。建具を開け放してもまだ暑いときには、土間に水を打ち、気化熱で室温を下げたといいます。

民家に必ずあった土間は冬にも有効です。昼の陽光が蓄熱され、夜間、室温が急激に下がるのを防ぎました。さらにいろりを切れば土に熱が伝わり、床暖房のような効果も担っていたのです。

伝統的な民家は、日本の気候風土のなかで何千年も暮らし続けた経験のたまもの。私たちの身体もその延長上に育まれているのです。高気密高断熱仕様の住宅や高機能な機械設備に頼るばかりの暮らしも、先人の知恵に学べば、選択肢がより広がります。今の住宅に活用しても深い軒は住宅の表情を美しく見せますし、LDKを土間にしてもいいのです。

5章

美しい外廻りには秘密がある

ここでは、外部の仕上げから駐車スペース・外構まで、住宅の外廻りを取り上げます。

社会との接点である外廻り空間は、住人のことだけを考えてつくるのでは不十分。

ご近所さんや街行く人と共有する、街の風景の一つとなることもお忘れなく。

5 美しい外廻りには秘密がある

囲ってしまえばウッディハウス

戸建て住宅のリノベーションでは、耐震補強や水廻りの更新を優先しがち。外観はというと、壁の塗直し程度に留めることが多いのではないでしょうか。

板を張った木製フレームで建物を囲めば、少ない予算で見栄えを一新できます※。道路側から目に付く部分だけでも効果は十分。比較的安価な小節《こぶし》のスギ板を目透かし張りにして、風圧の軽減を図ります。特に通風や採光がほしいところは、板を抜く、目透かし幅を広げるなどしておきましょう。

羽目板スクリーンで古屋を隠す

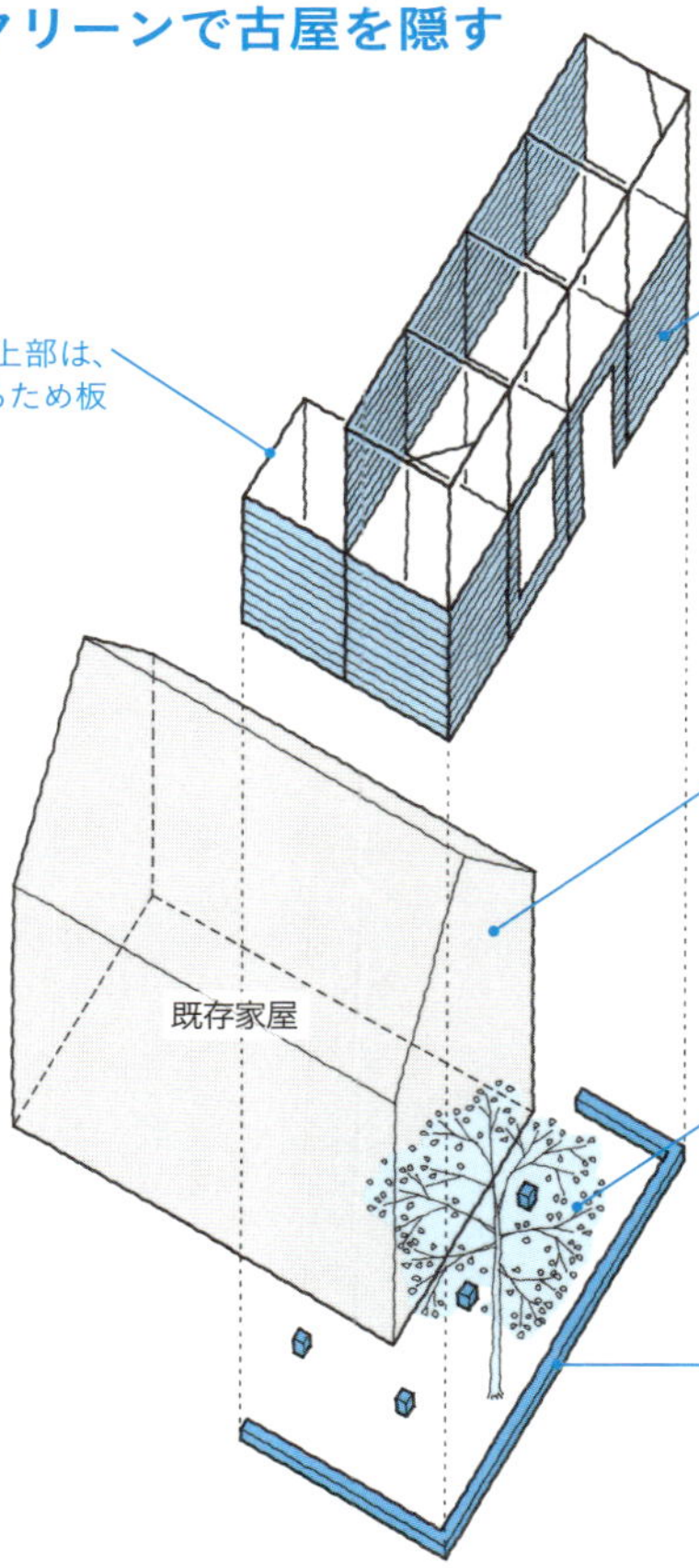
木製フレームに板を張った羽目板スクリーン。羽目板を張っていない部分は木製フレームだけが見えます
木製フレームの上部は、耐候性をもたせるため板金で仕上げます
できれば見せたくない2階建ての古屋。羽目板スクリーンで隠しましょう。全体を囲む必要はありません。道路側から見える面だけを隠すようコの字形のスクリーンをつくるだけでも十分です
既存家屋
シンボルツリーがあるので、スクリーンは枝が出て風が通るように開口をつくっておきます
敷地の道路側にコンクリート基礎と土台を回し、その上に木製フレームを載せます。木の根を切らないよう要注意

※：採光窓をふさぐ場合は、建築基準法上の採光を検討します。また、地域・地区によっては、防火上の検討も必要です。道路斜線のセットバック緩和を受けている場合、後退部分に1.2m以上の塀をつくることはできません

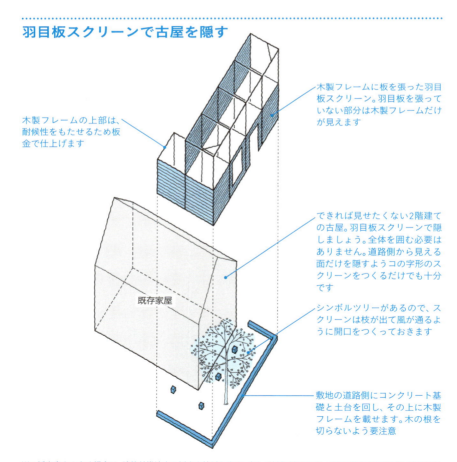

「隠す」「見せる」をうまく使う

道路境界線近くに設けた板張りの木製フレーム（羽目板スクリーン）で2階建ての古屋を隠します。奥行きが出るよう、2階部分は後退させ、植栽の緑を見せる開口を設けます。

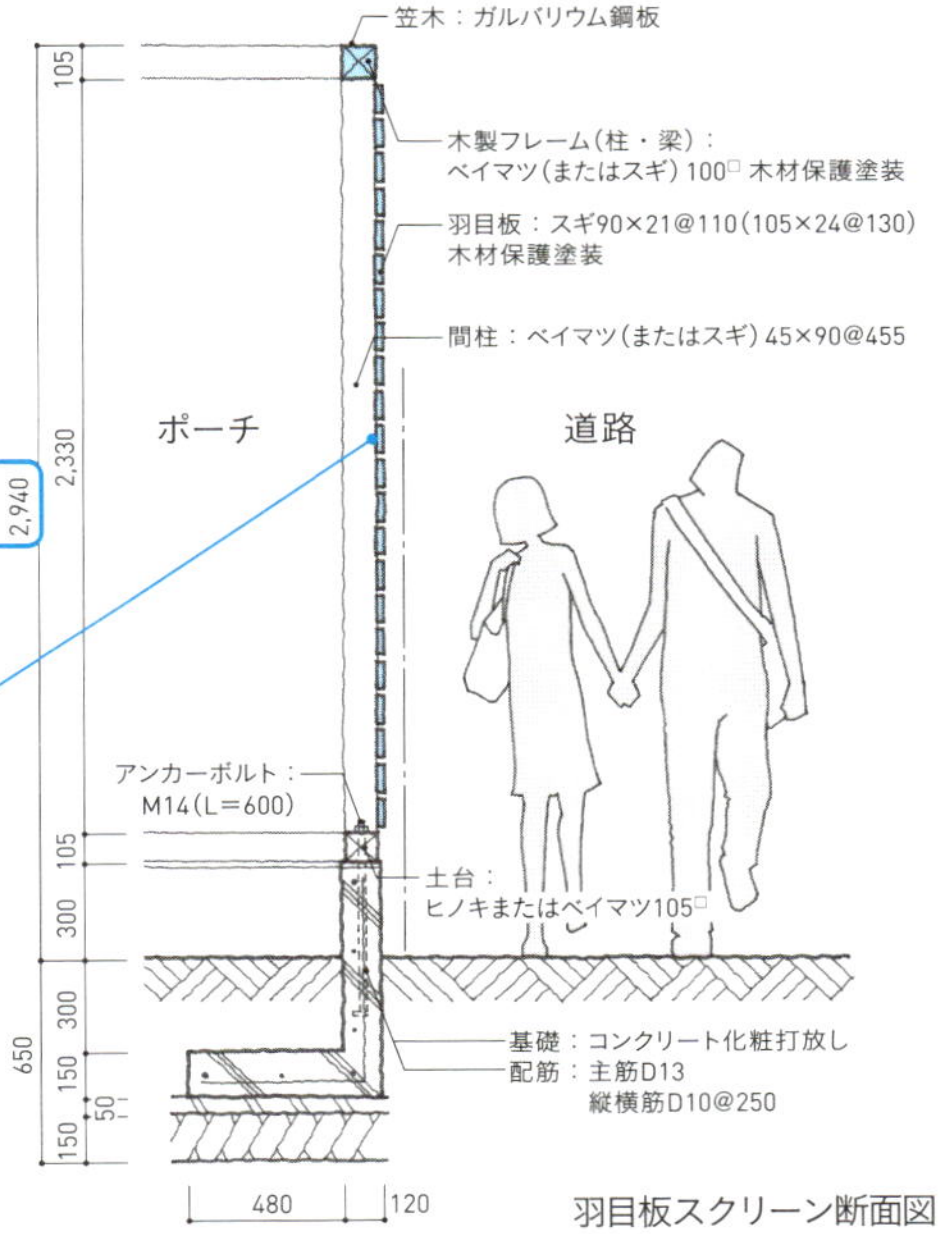

後ろにある建物が平屋なら、塀は2.1m程度の高さにして圧迫感を和らげます。建物や道路幅とのバランスを考えることがポイント

スギ板は木材保護塗装。隙間寸法は奥を見せたいか見せたくないかで調整

羽目板スクリーン断面図

既製品のポストは、投入口のサイズが羽目板の隙間に納まるもの

地震や風圧に対応できるよう、火打（ひうち）を入れます

デザインを壊さないように、通用口は枠なしの羽目板張りドア

室外機も隠せる大きな板塀

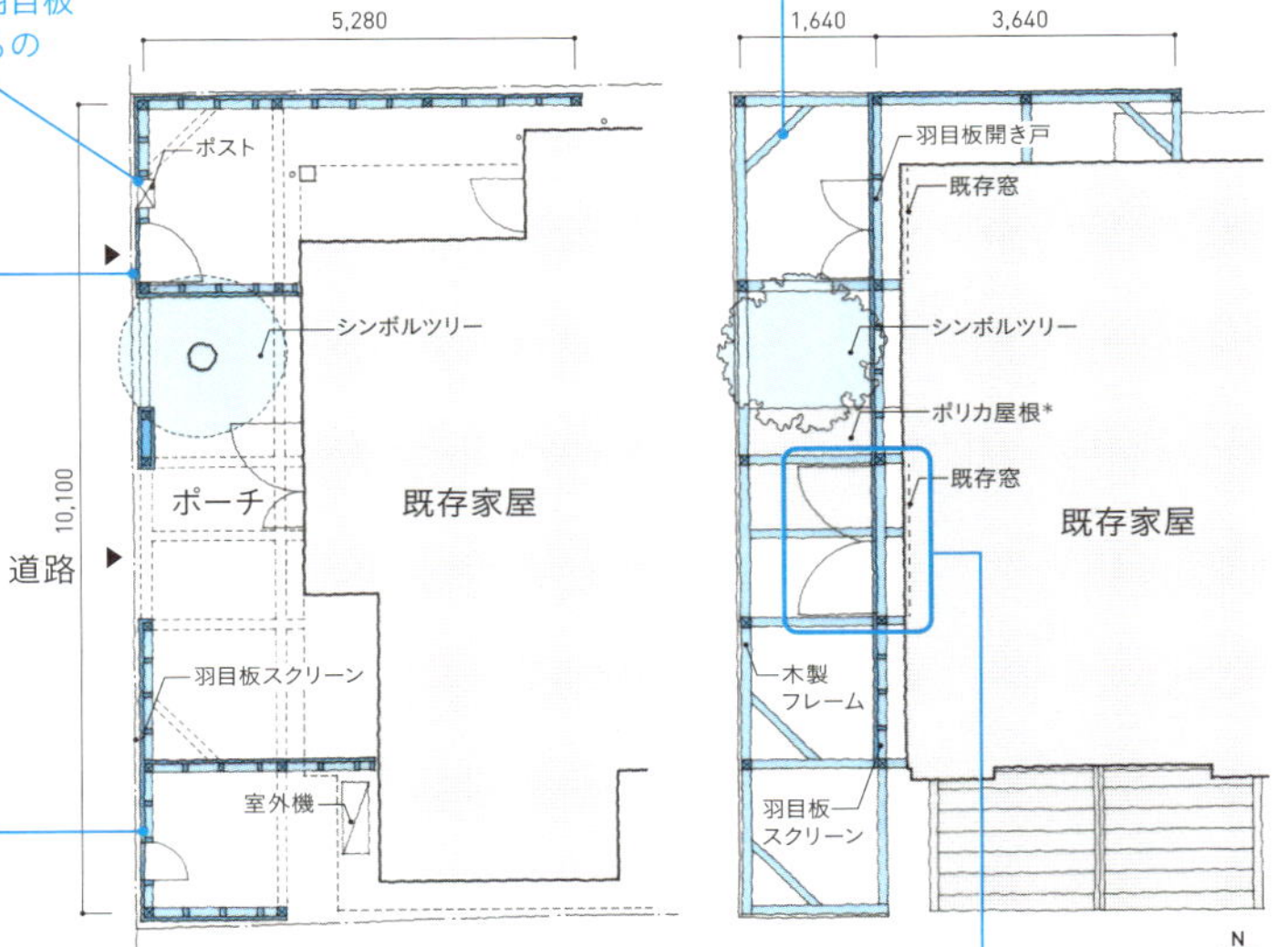

窓前など明るさがほしい部分はスクリーンを開閉式にしたり、羽目板を外したりします

平面図（左:1階・右:2階、部分）

＊：屋根をつける際は、建築面積に注意が必要

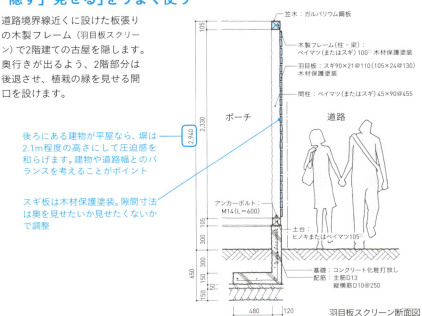

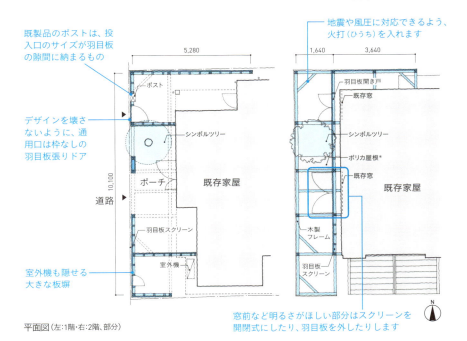

サイディング出《で》隅《すみ》はすっきりと

外壁のなかでも最も人目につくのが角の出隅部分。すっきりきれいに納めたいところです。

サイディング※で仕上げる場合、外壁材どうしはシーリングでつなぎ、防水します。ところが出隅はシーリングが難しく、既製品のコーナー役物を使って納めるのが一般的です。とはいえ、余計な部材が1つ増えると、それが目障りになりますし、外壁全体の一体感も損なってしまいます。ここではコーナー役物を使わずに出隅を納める方法を紹介します。

コーナー役物の無粋な納まり

窯業系サイディングの場合

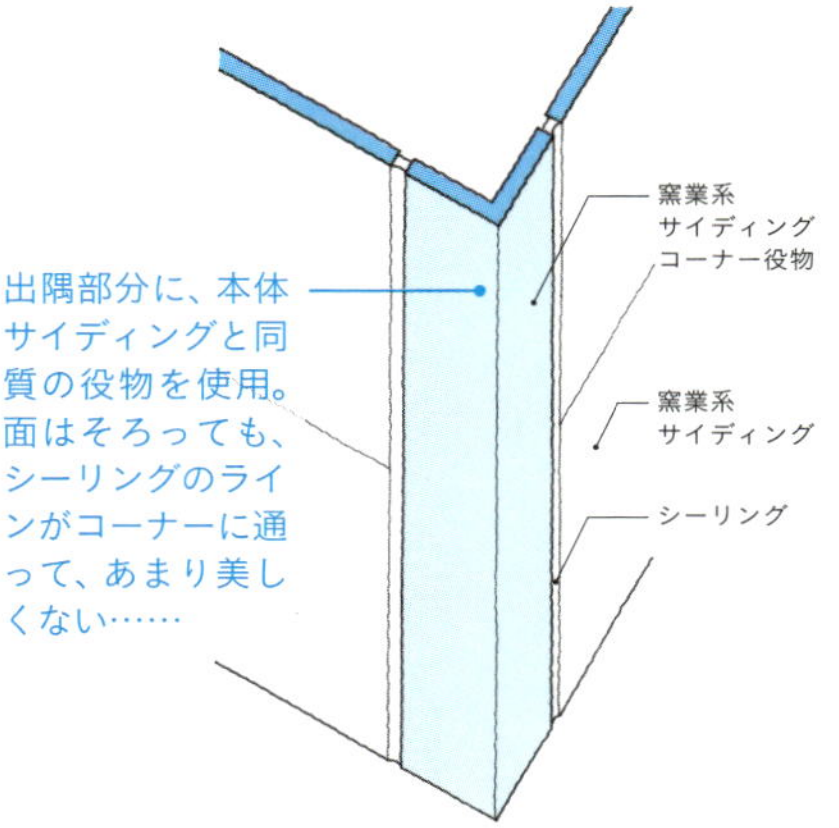
出隅部分に、本体サイディングと同質の役物を使用。面はそろっても、シーリングのラインがコーナーに通って、あまり美しくない……
窯業系サイディングコーナー役物
窯業系サイディング
シーリング

金属系サイディングの場合

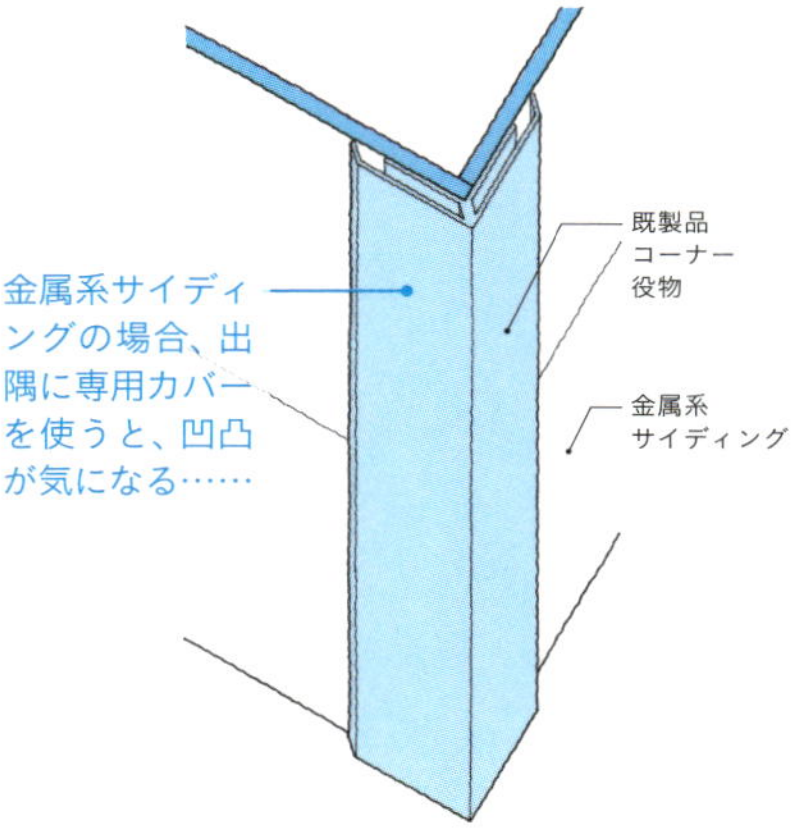
金属系サイディングの場合、出隅に専用カバーを使うと、凹凸が気になる……
既製品コーナー役物
金属系サイディング

↓

コーナー役物を使わず、すっきり出隅を納められれば、角の多い建物や独立柱などにも効果的！それをするにはいったいどうしたら……

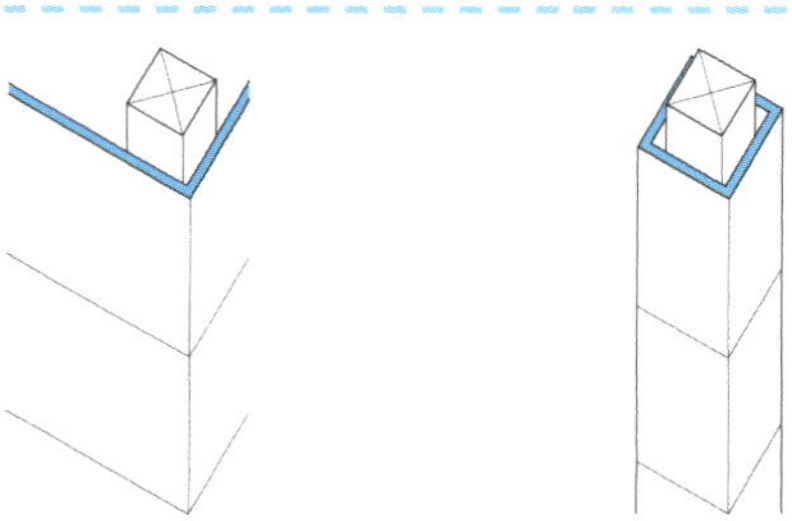

※：サイディングとは耐水・耐候性に富む外壁材。窯業系と金属系のものに大別されます

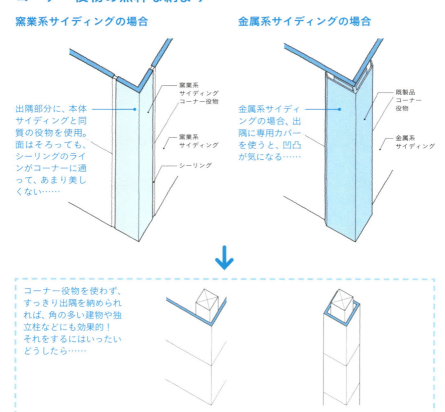

出隅をきれいに見せる納まり2つ

シンプルなのは、サイディングの小口を見せる納まり。ただし、小口は欠けやすいところ。人が通行する場所や自転車などが当たる可能性がある場所では、アルミの型材《かたざい》を使った納まりをおすすめします。

サイディングの小口を見せる

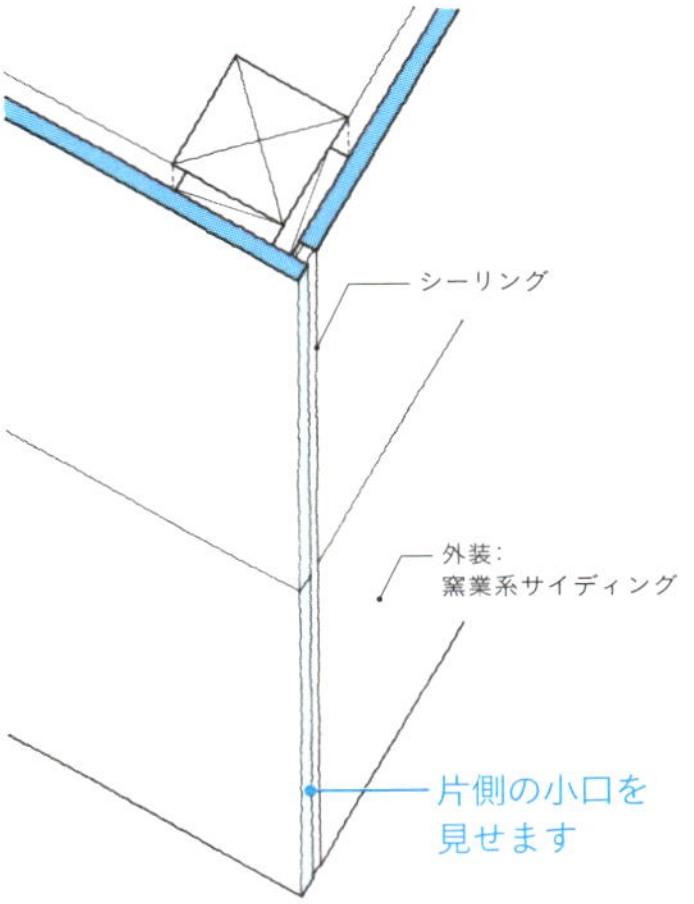

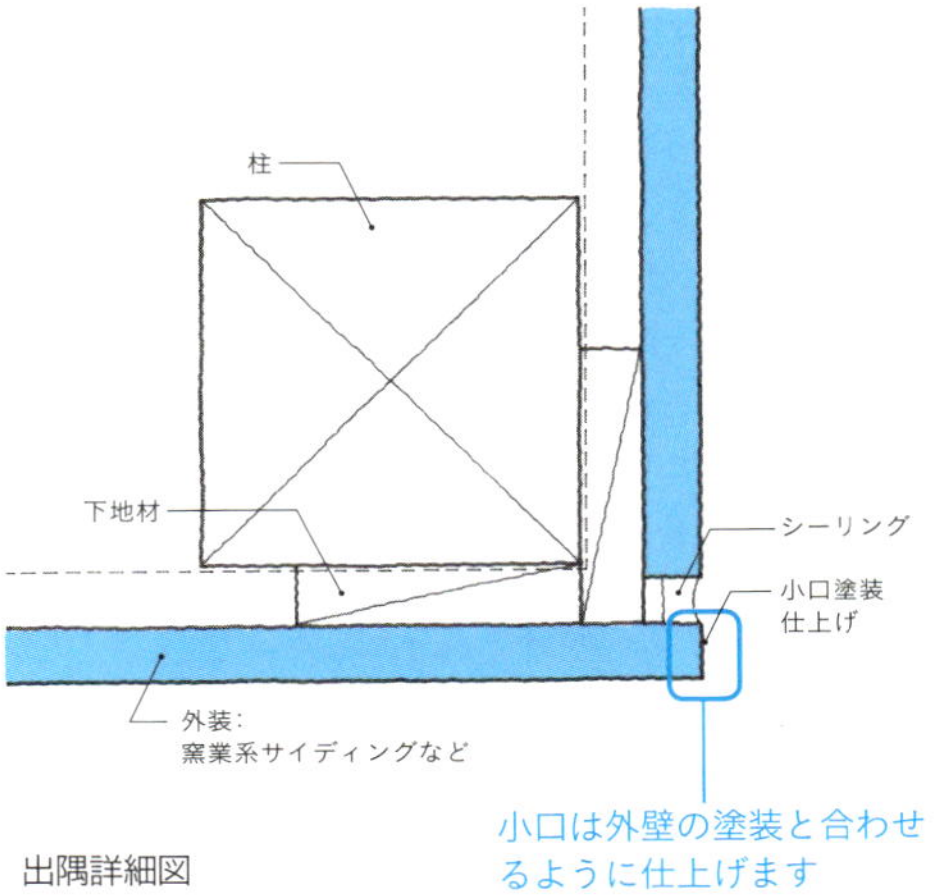

出隅詳細図

アルミの型材を利用する

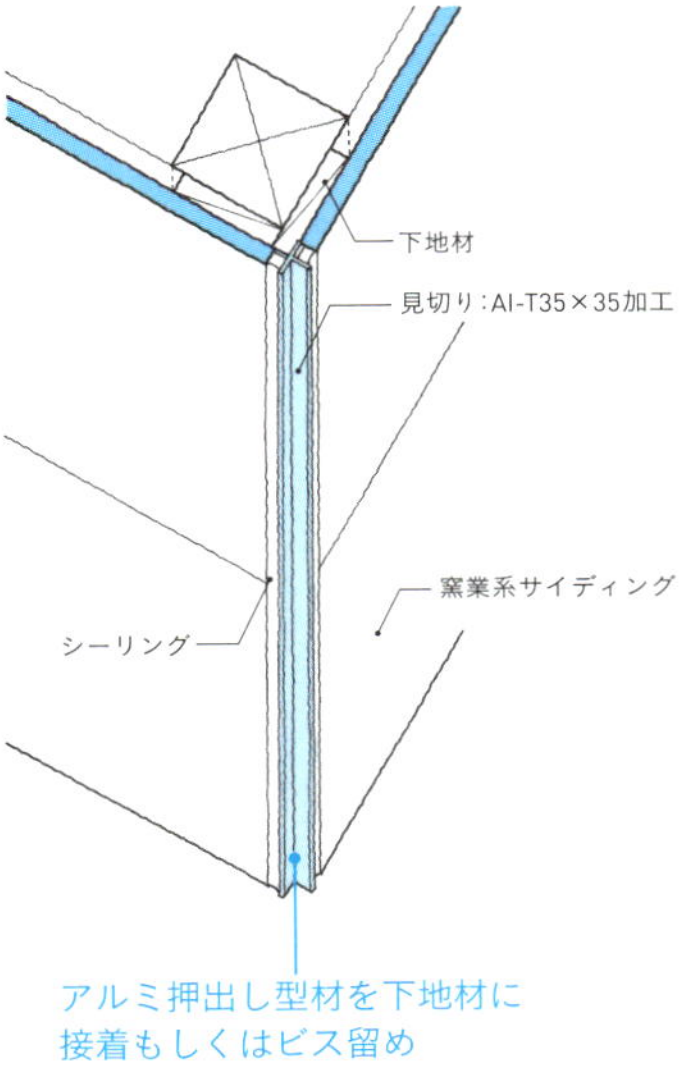

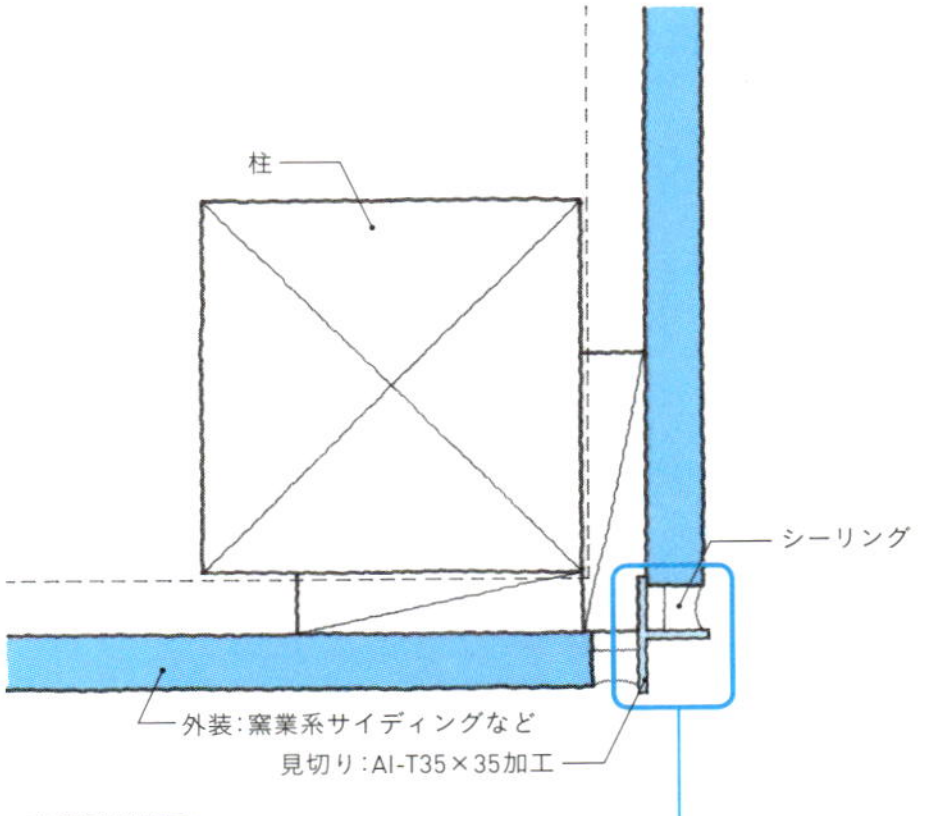

出隅詳細図

出隅にアルミ押出し型材（T－3×35×35mm）を使用。サイディングの厚みに合わせ、一部をカットしておきます

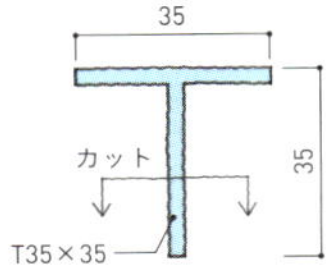

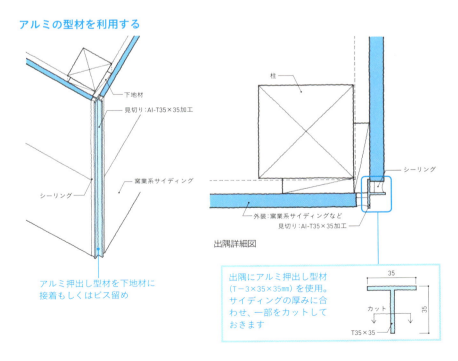

素材感を強調して窓に魅力を

古くから日本には、素材を強調した窓があります。たとえば、土壁を塗り残し開口にした下地窓。茶室などで見られるこの窓は、竹や木で編んだ小舞《こまい》といわれる壁下地が重要な意匠になっています※。

外壁と窓のガラス面をそろえると、壁面の凹凸が減り、建物に新しい表情が生まれます。窓からは枠が消え、ガラスの素材感が際立ちます。ガラスと外壁という異素材が直接ぶつかり合うのも、魅力の1つです。

小さな工夫で窓の見え方が変わる

外壁とガラス面がそろわない窓

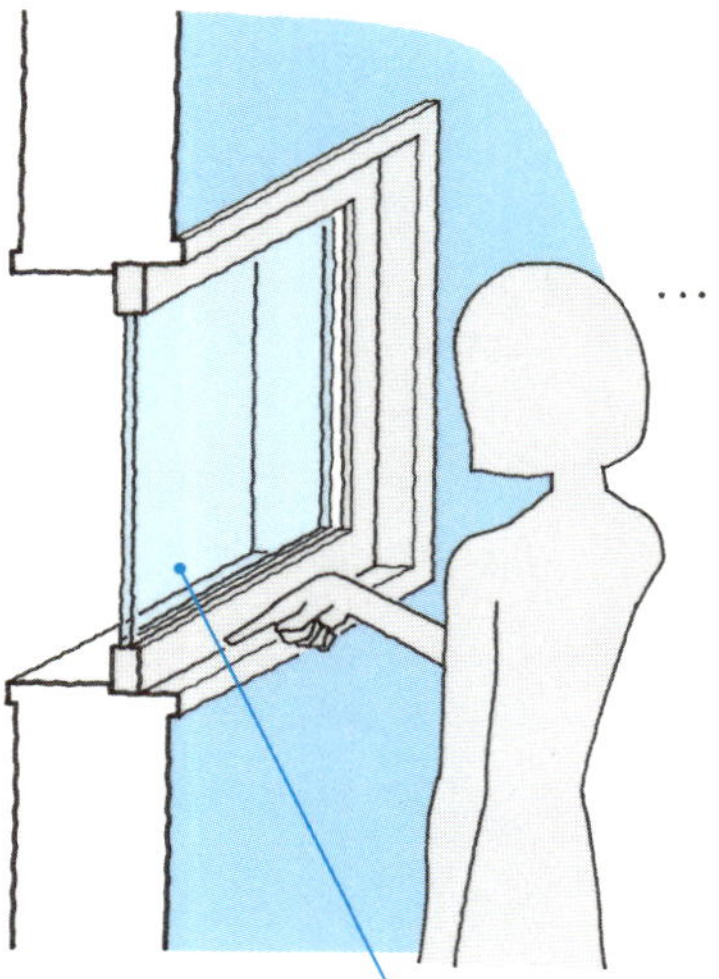

一般的なアルミサッシの窓。外側から見ると、アルミの窓枠がぐるりと回っています。窓ガラスよりも金属の質感が強くなってしまうことも

外壁とガラス面がそろった窓

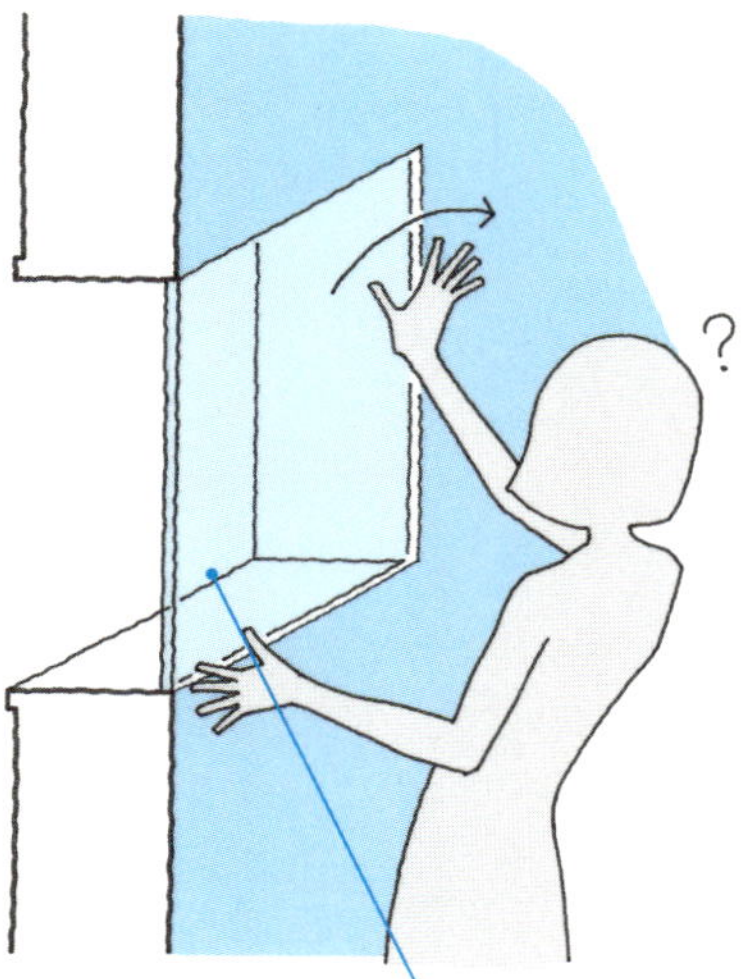

金属部分の枠が見えなければ、ガラスの透明感が強調されます

※：石積みが主であった西洋建築では、開口を設けるのも一苦労でした。新しい構造が生まれた後も、アーチによる開口を思わせるキーストーンを窓廻りにモチーフとして使うなど、窓そのものを強調するデザインが主流だったといえます

ガラスの素材感際立つ「つらいち窓」

サッシのガラスと外壁を同面《どうづら》に納めるには、枠廻りのディテールの検討が必要です。ここではガラスにも工夫を加えています。

一般的なアルミサッシ窓

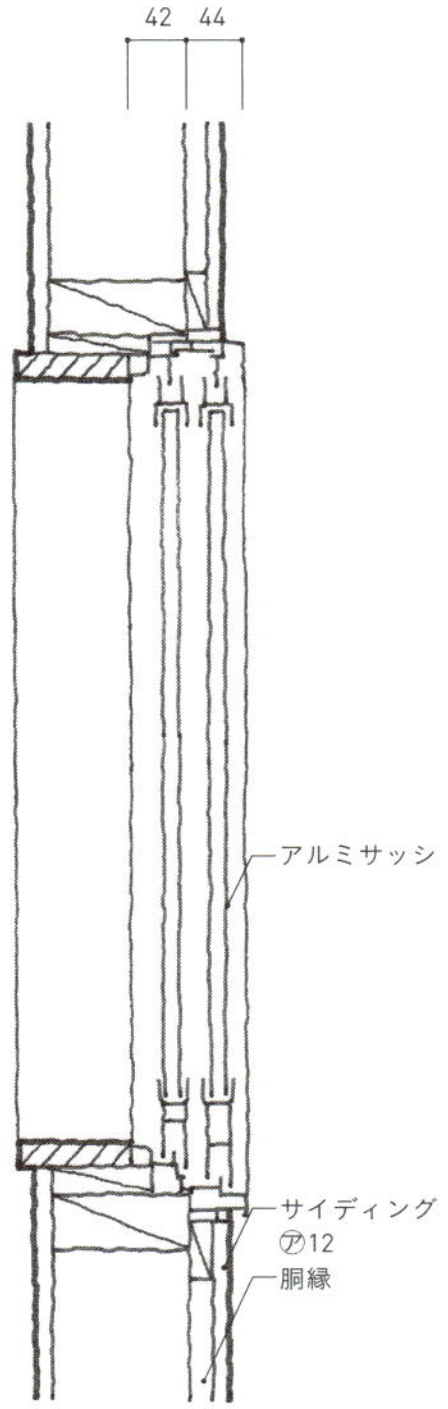
42
44
アルミサッシ
サイディング
㋐12
胴縁

一般的なアルミサッシを使った窓の納まり。外部からサッシ枠が見え、外壁から凸状に飛び出しているのが分かります

アルミ枠を見せないよう、外壁を枠にかぶせた納まり。シーリング材が壁と同面になるので、油分を含んだシーリング材を使うと壁面を汚すので要注意。またガラスの交換は屋内側から行う必要があります

外壁材と窓のガラス面をそろえた外観

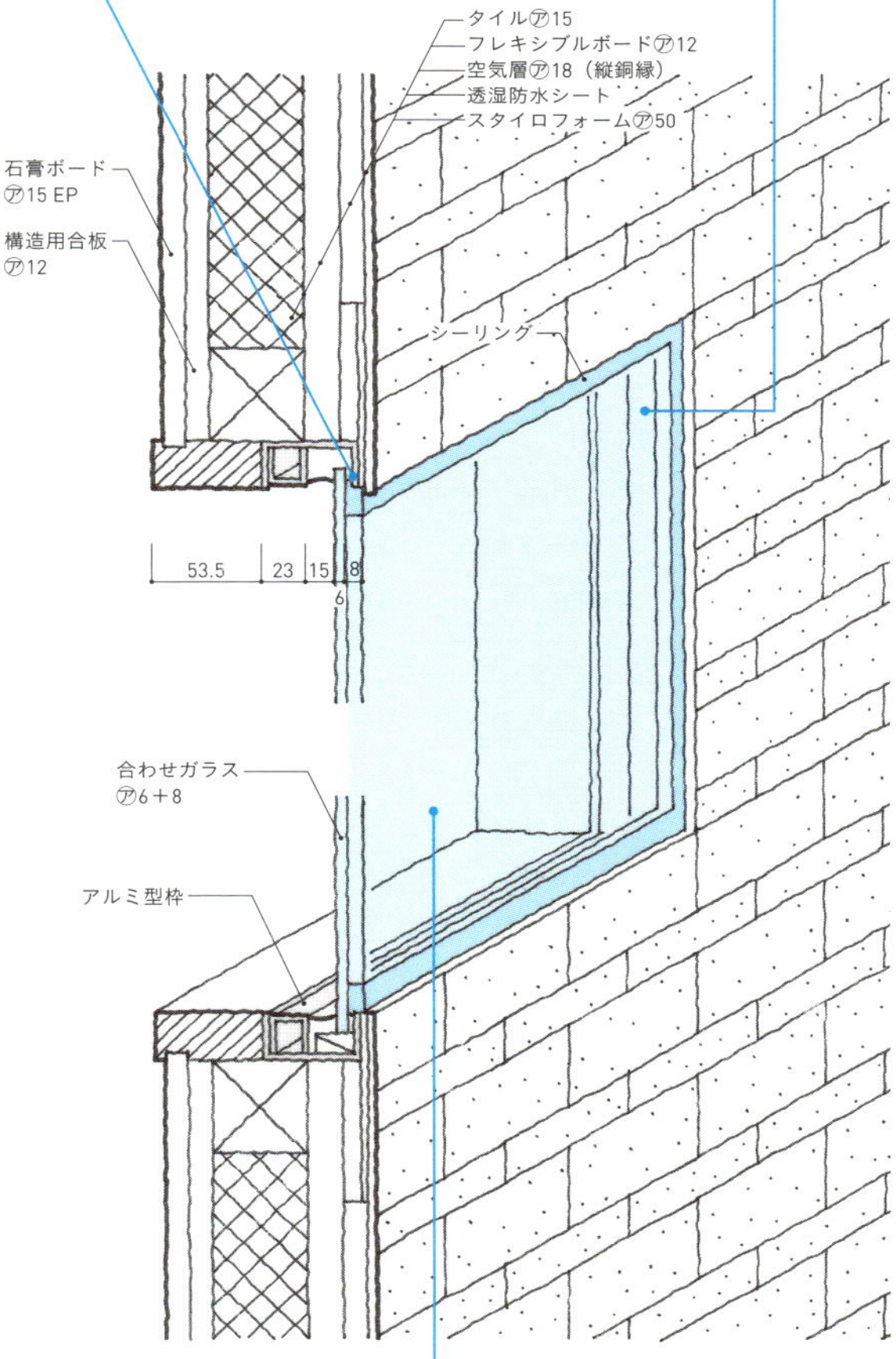
タイル㋐15
フレキシブルボード㋐12
空気層㋐18（縦胴縁）
透湿防水シート
スタイロフォーム㋐50
石膏ボード
㋐15 EP
構造用合板
㋐12
シーリング
53.5
23
15
8
6
合わせガラス
㋐6＋8
アルミ型枠

窓には合わせガラスを使用。屋外側のガラスを一回り小さくし、屋内側のガラスのみをアルミ枠に収めます。そうすることで、ガラスを外壁面に近付けることが可能に

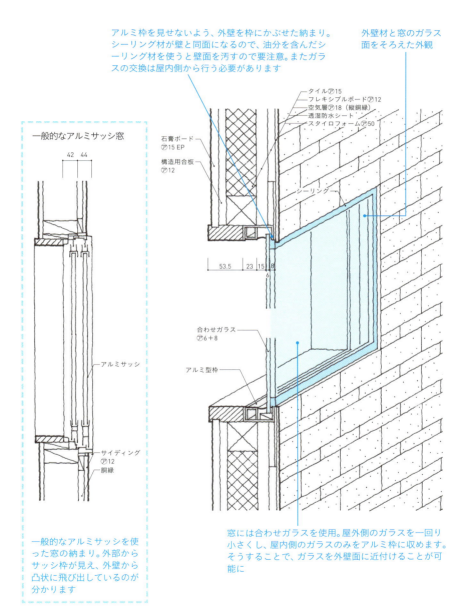

積雪地の天窓には要注意

積雪地では、トップライト（天窓）の上方や周辺部に雪が溜まりやすく、漏水につながることがあります。漏水は建物を痛める要因なので要注意です。

また、トップライトをはじめ積雪地の窓は2重窓にして、冬季の結露を軽減しましょう。内側の窓の気密性を高めるとより効果的です。なおトップライトは、夏の日差しが問題になりやすく、設置する方角によっては、電動スクリーンを内蔵した製品を選ぶのがおすすめです。

豪雪地におすすめトップライト

鋼板屋根＋天窓は△

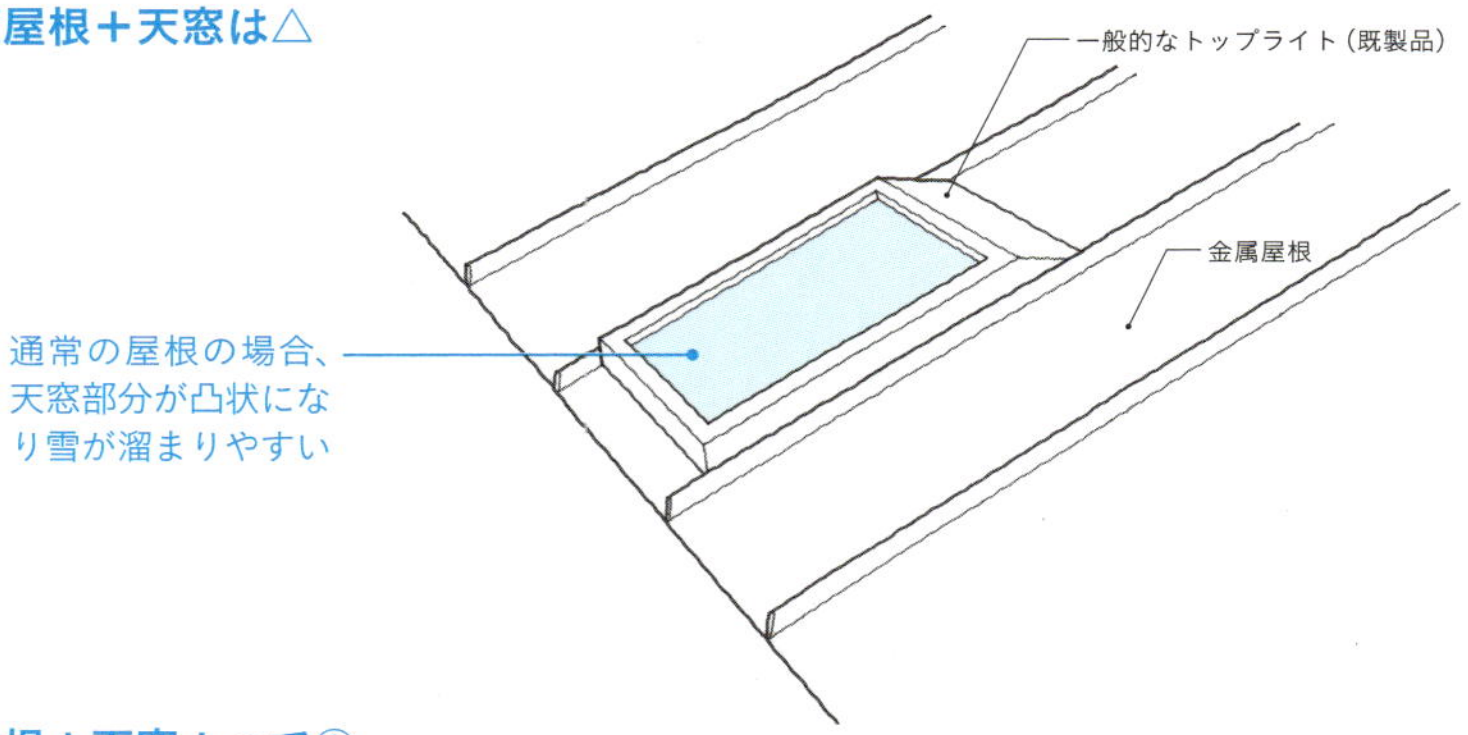
一般的なトップライト（既製品）
金属屋根
通常の屋根の場合、天窓部分が凸状になり雪が溜まりやすい

腰屋根＋天窓＋αで◎

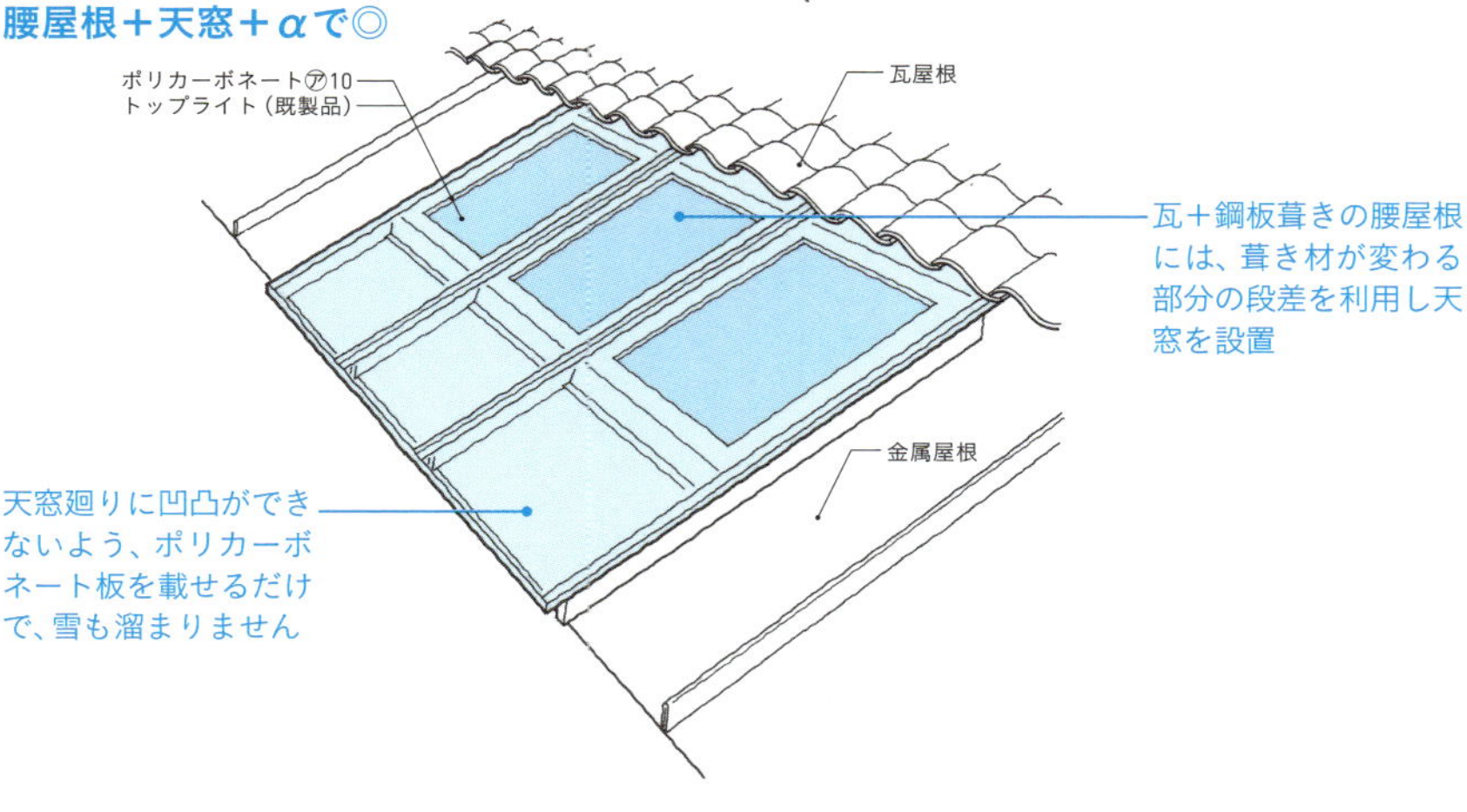
ポリカーボネート㋐10
トップライト（既製品）
瓦屋根
瓦＋鋼板葺きの腰屋根には、葺き材が変わる部分の段差を利用し天窓を設置
金属屋根
天窓廻りに凹凸ができないよう、ポリカーボネート板を載せるだけで、雪も溜まりません

天窓の上で雪を滑らせる

安価な材料で簡単にできる「寒冷地対応の天窓」。既製品の天窓の上にポリカーボネート板を置くだけで、雪が滑り、溜まることはありません。

瓦とガルバリウム鋼板を使った腰葺き屋根。屋根材の切替え部分に天窓を設ければ、ポリカーボネート板の納まりも容易です

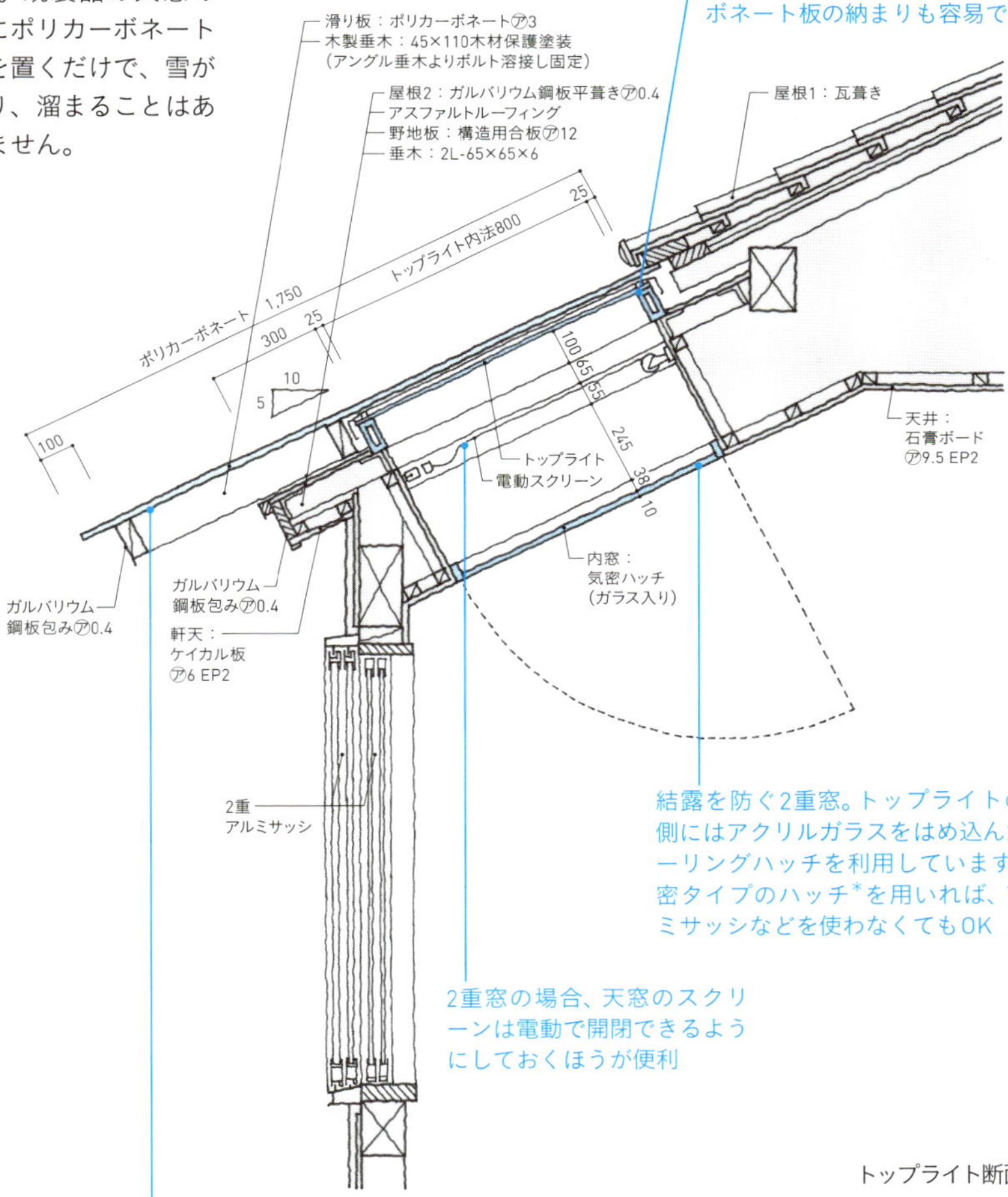

結露を防ぐ2重窓。トップライトの内側にはアクリルガラスをはめ込んだシーリングハッチを利用しています。気密タイプのハッチ*を用いれば、アルミサッシなどを使わなくてもOK

2重窓の場合、天窓のスクリーンは電動で開閉できるようにしておくほうが便利

トップライト断面図

落雪用のポリカーボネート板は、屋根の先端よりも伸ばしておきます

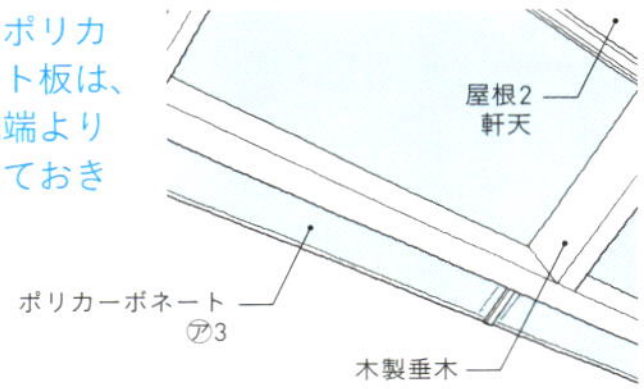

*：ゴム系の気密材を枠と仕上材の4周に入れた既製のシーリングハッチ

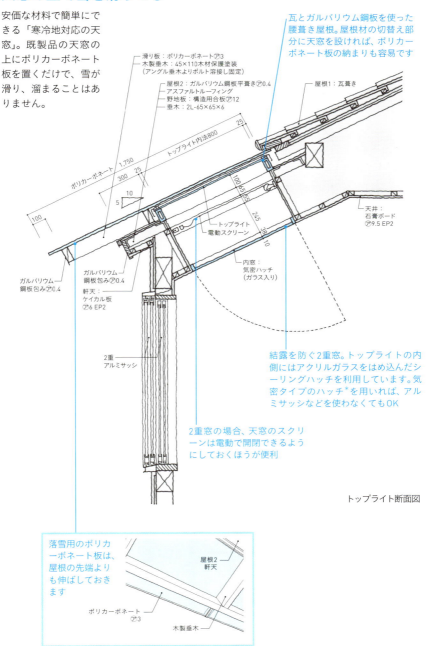

5 美しい外廻りには秘密がある

普段使わないガレージを美しい水盤《すいばん》に

来客や将来のため、「車庫」をつくるケースがあります。とはいえ、普段使わないスペースにしておくのはもったいない話。車庫に水を張って「水盤」をつくれば、建物や明かりが水面に映り、住宅に風趣を添えます。もちろん、車庫としての急な利用に対応できるよう、水深は浅めにし、水抜きの方法も検討しておきます。

ここでは室内から水盤を楽しめる車庫を紹介します。

飛び石のある水盤車庫

タイヤが通る部分は飛び石状にコンクリートの平板を並べ、その周りは川砂利を敷いています。普段は、平板の上端ぎりぎりまで水を張って水盤としています。

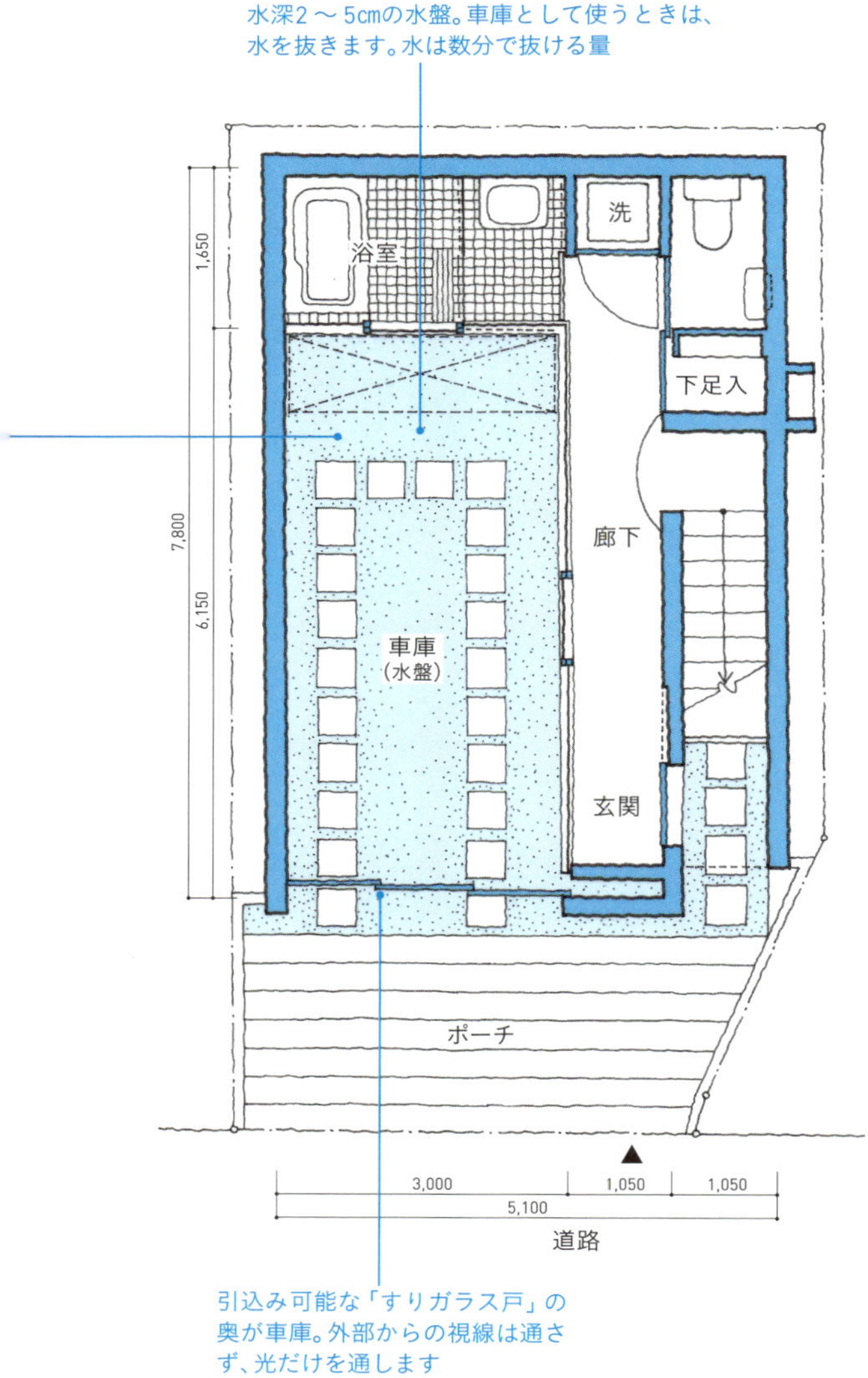
水深2～5cmの水盤。車庫として使うときは、水を抜きます。水は数分で抜ける量
浴室
洗
下足入
廊下
車庫
（水盤）
玄関
ポーチ
1,650
7,800
6,150
3,000
1,050
1,050
5,100
道路
引込み可能な「すりガラス戸」の奥が車庫。外部からの視線は通さず、光だけを通します

平面図

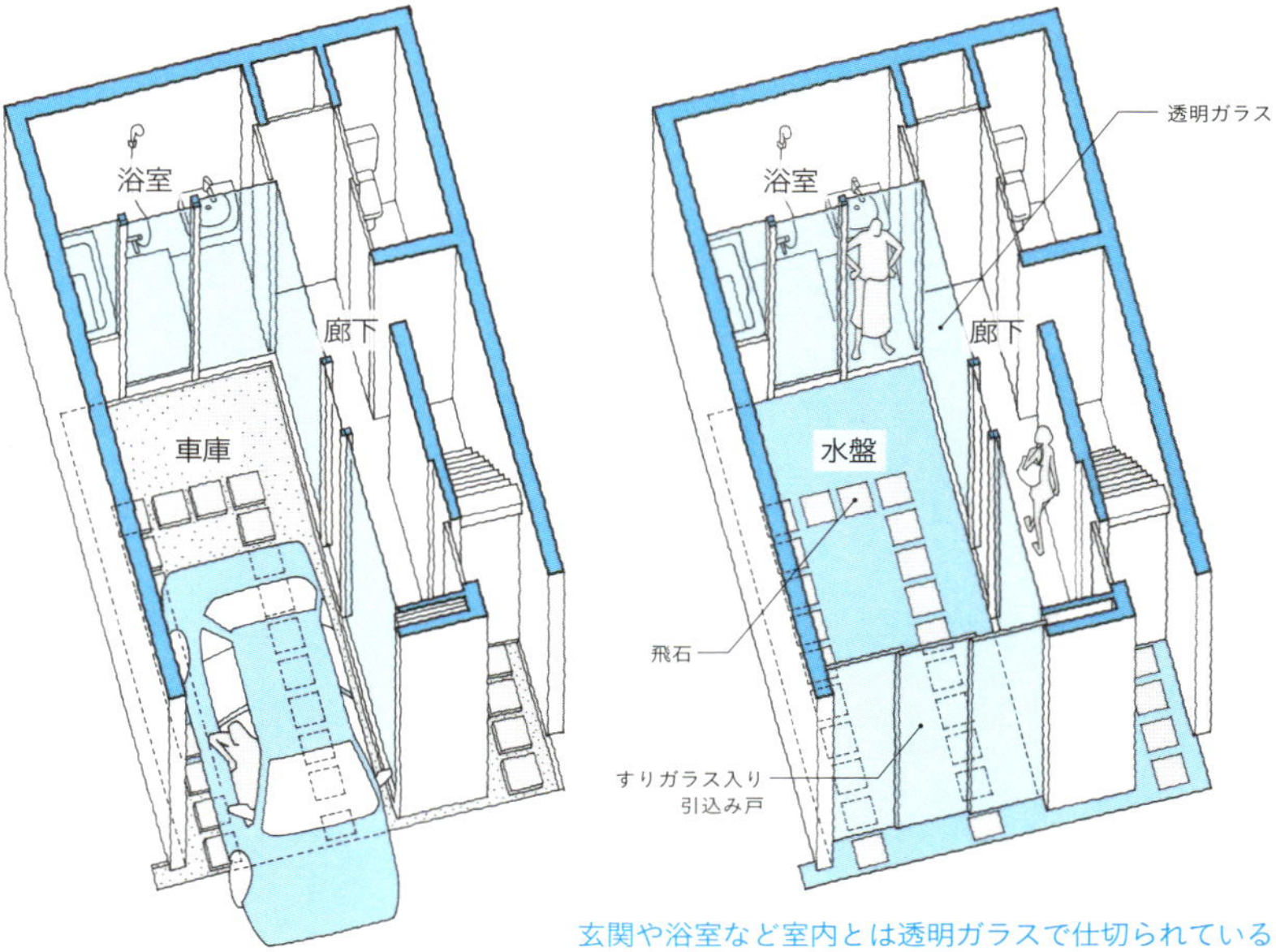

玄関や浴室など室内とは透明ガラスで仕切られているだけ。車がないとき(右図)には、水盤が豊かな空間をつくり出します

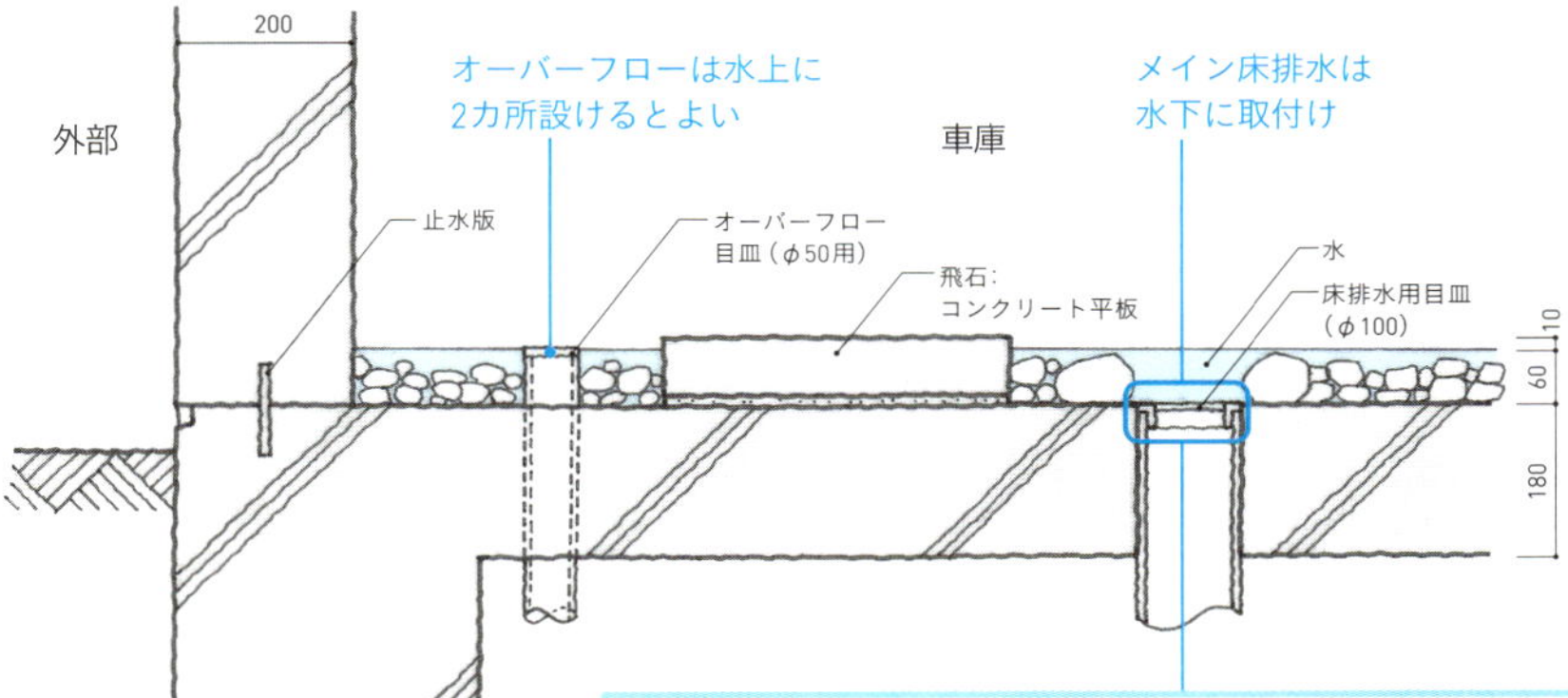

φ100㎜の床排水用目皿。水を張るときは、目皿を掃除口キャップに変えます

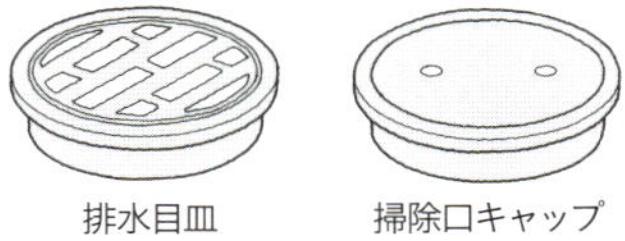

車庫(水盤)床廻り詳細図

緑化して駐車スペースを庭にする

植物の生育は日射量によって大きく影響を受けます。駐車スペースを緑化する際には、立地条件はもちろん「車を利用する頻度」を考慮しましょう。休日利用のみの場合、平日は車を停めたままなので、日射量は不足がち。日陰でも生育できる植物※を車止めの先など限定的に植えるのがおすすめです。毎日車を利用する場合は、日照が十分期待できるので面状緑化も可能。コンクリート舗装に適宜スリットを設け、芝などを植えるとよいでしょう。

何か足りない？　殺風景な駐車スペース

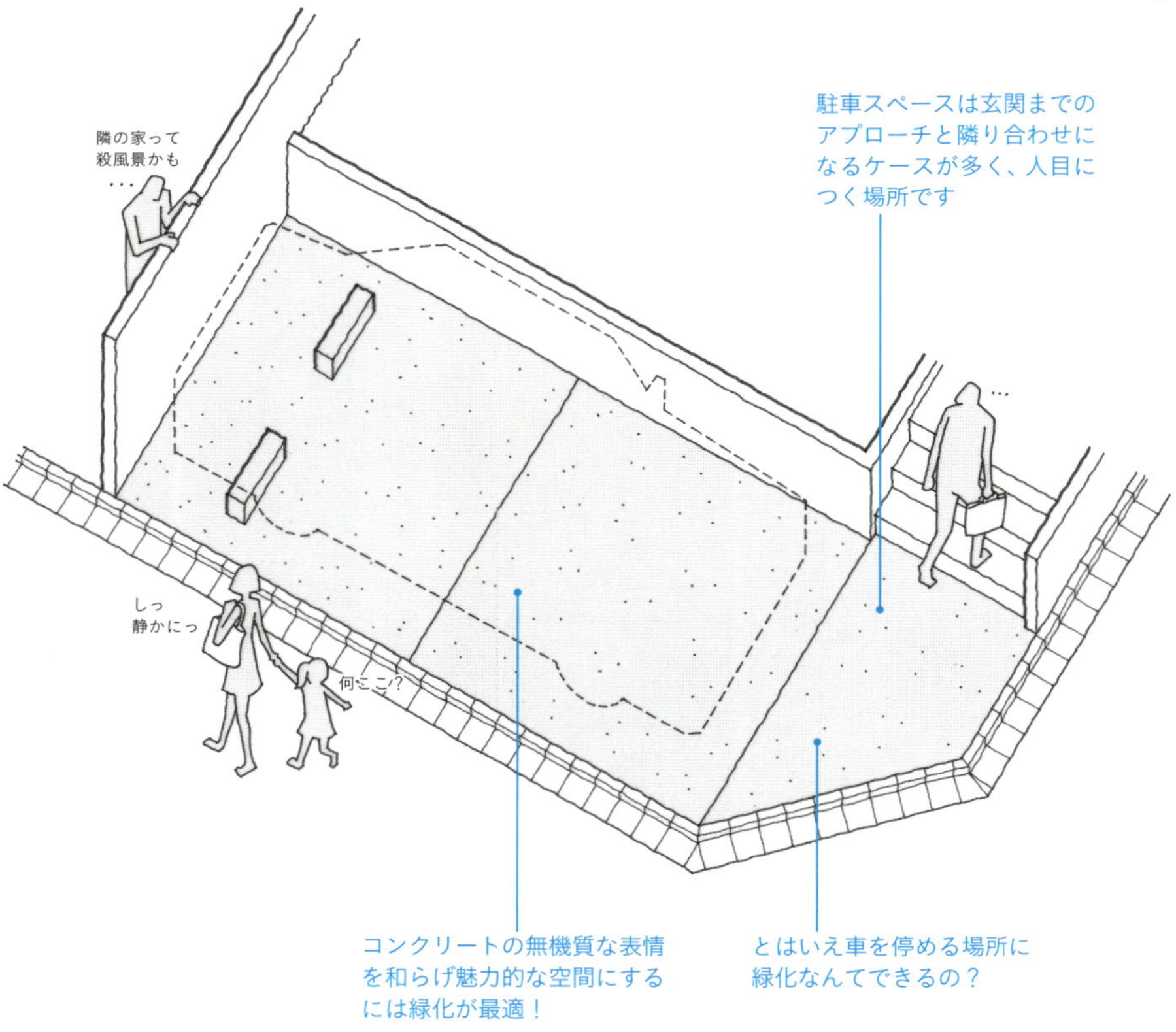
隣の家って
殺風景かも
・・・
駐車スペースは玄関までのアプローチと隣り合わせになるケースが多く、人目につく場所です
・・・
しっ
静かにっ
何ここ？
コンクリートの無機質な表情を和らげ魅力的な空間にするには緑化が最適！
とはいえ車を停める場所に緑化なんてできるの？

※：光が比較的少なくても生育できる植物を陰地植物といいます。反対に日当たりのよい場所を好んで生育するのは陽地植物

緑化方法は車の利用頻度で異なる

休日利用なら「最小限＋周辺緑化」

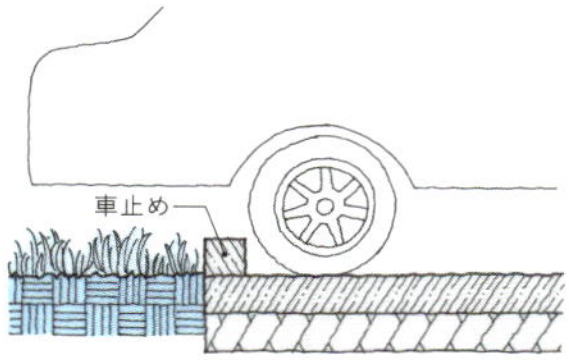

車止めの先は立地の日照条件に合わせて下草などを植栽します。影地ならオオバジャノヒゲ。半影地ならタマリュウ、クリスマスローズは花も楽しめます。日当たりがよいならディコンドラで地表を覆っても

駐車スペースそのものの緑化が難しいので、周辺部にオオイタビカズラ（常緑樹）などを植え「緑の壁」をつくります

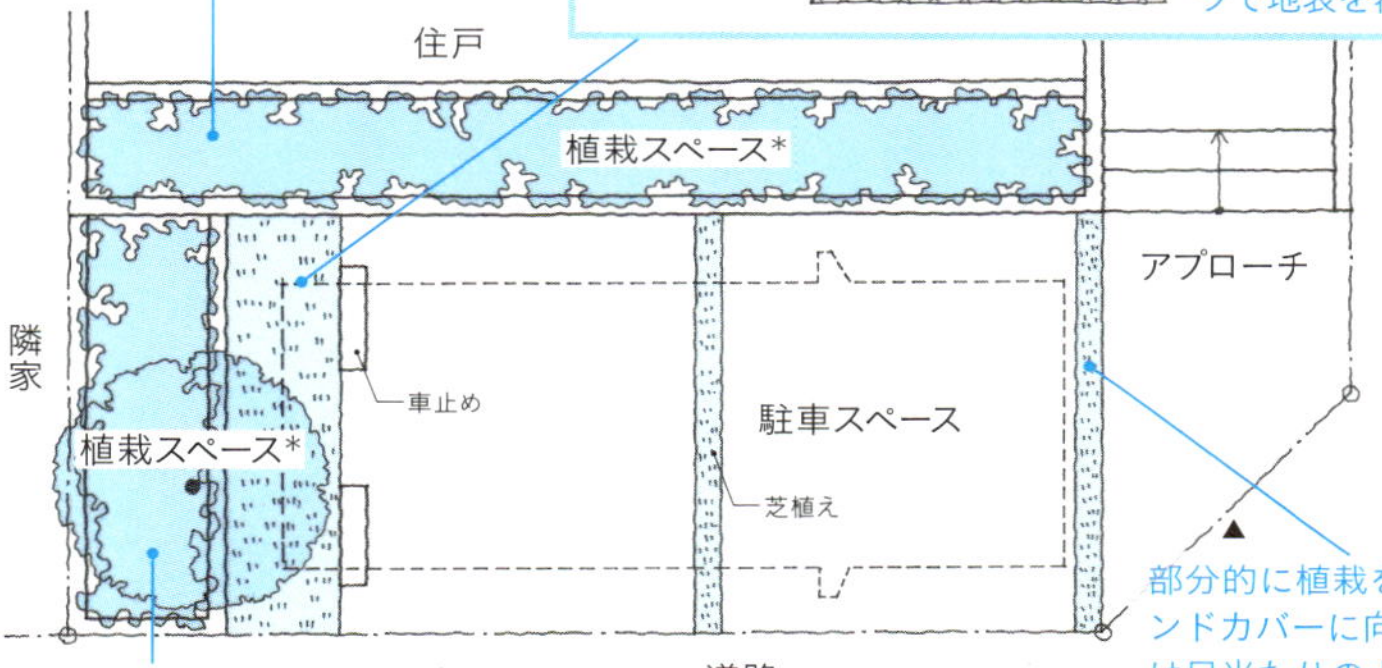

多少高さのある常緑樹*

部分的に植栽を施します。グランドカバーに向くディコンドラは日当たりのよい立地で、タマリュウなら半影地でもOK。街角に少しでも緑のスペースを！

全体図

毎日昼間に利用するなら「緑化は全体的に」

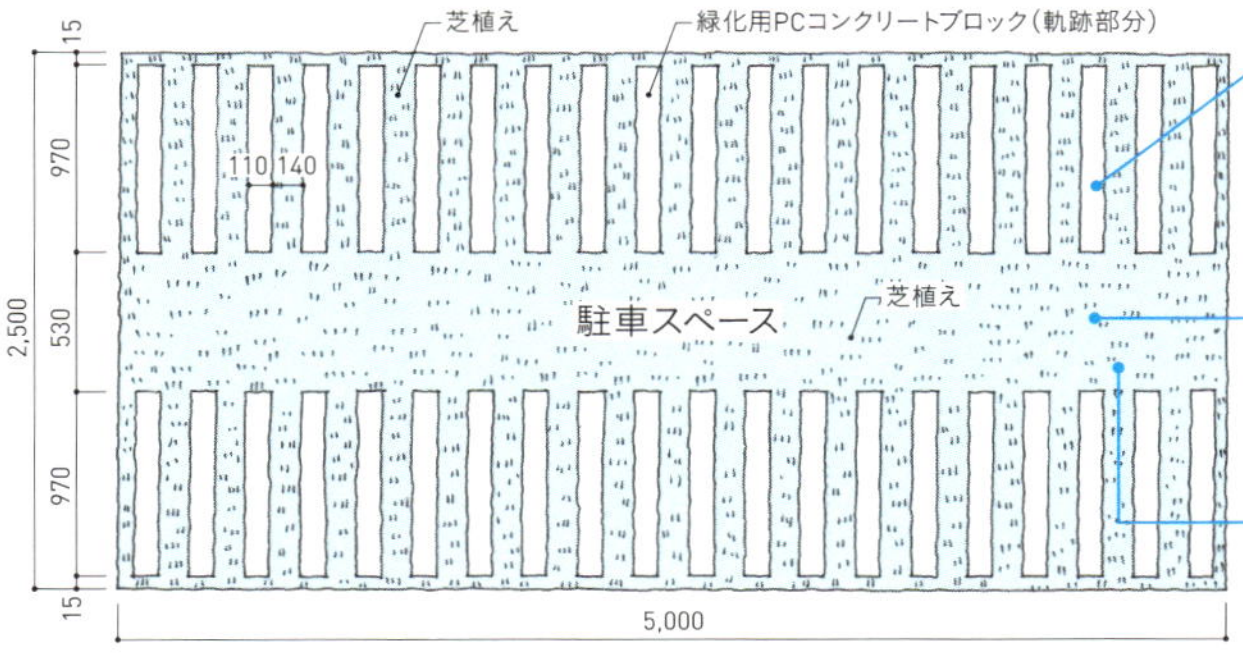

図のように、駐車場用として開発された既製品の緑化ブロックを使えば、軌跡部分の緑化も簡単

タイヤの通らない部分はグランドカバー植物で全面的な緑化が可能

車が停まるのが夜だけなので駐車スペースにも緑化できる！

駐車スペース平面図

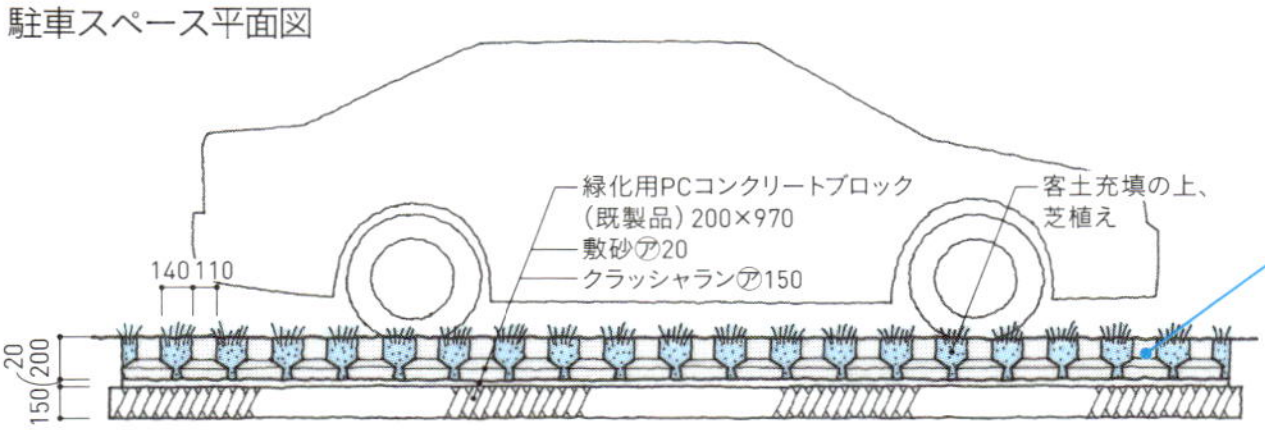

コンクリートのブロックが車の荷重を受けるので、その隙間に植物を植えることができます

駐車スペース断面図

＊：街なかの狭い駐車スペース廻りに植栽するなら、株立ち（145頁参照）の小高木類（モミジ、オトコヨウゾメ、アオハダ、ウメモドキ、マルバノキなど）がおすすめ。株立ちなら大きくなり過ぎた幹のみを根本から切るといったメンテナンスも可能

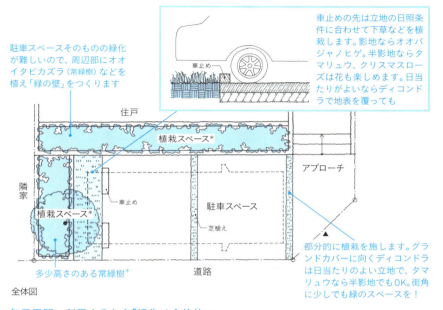

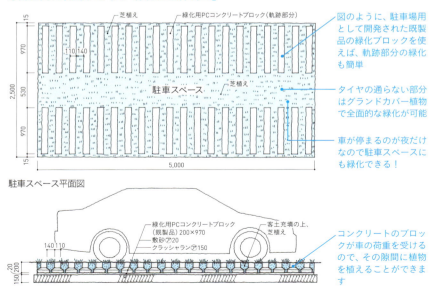

アプローチはくずして落ち着きを

格の高いしつらえで客人をもてなすのは古くからの伝統。道路から玄関へと至る「アプローチ」も、格を最重視してつくるのが定石《じょうせき》です。とはいえ、今日の都市化した住まいには必ずしも当てはまりません。基本をあえてくずすのも1つの方法です。街なかにありながらも山あいの風情を思わせる、「市中の山居」の佇まいをアプローチにつくり出すと、意外にしっくりくるものです。

真《しん》・行《ぎょう》・草《そう》で見るアプローチ

日本庭園には「真・行・草」といわれる3つの格があります。真が最も格が高く、草が最もくずした形、行はその中間です。本来、真であるべきアプローチも行や草でしつらえて、わが家を草庵のように見立てるのもよいでしょう。

これが王道、「真」のアプローチ

形状	直線
材料	御影石などの花崗岩を加工した切石

曲がり角には「道が曲がる理由」になるような添景物を据えます。添景物には石灯籠（図）や樹木などがあります

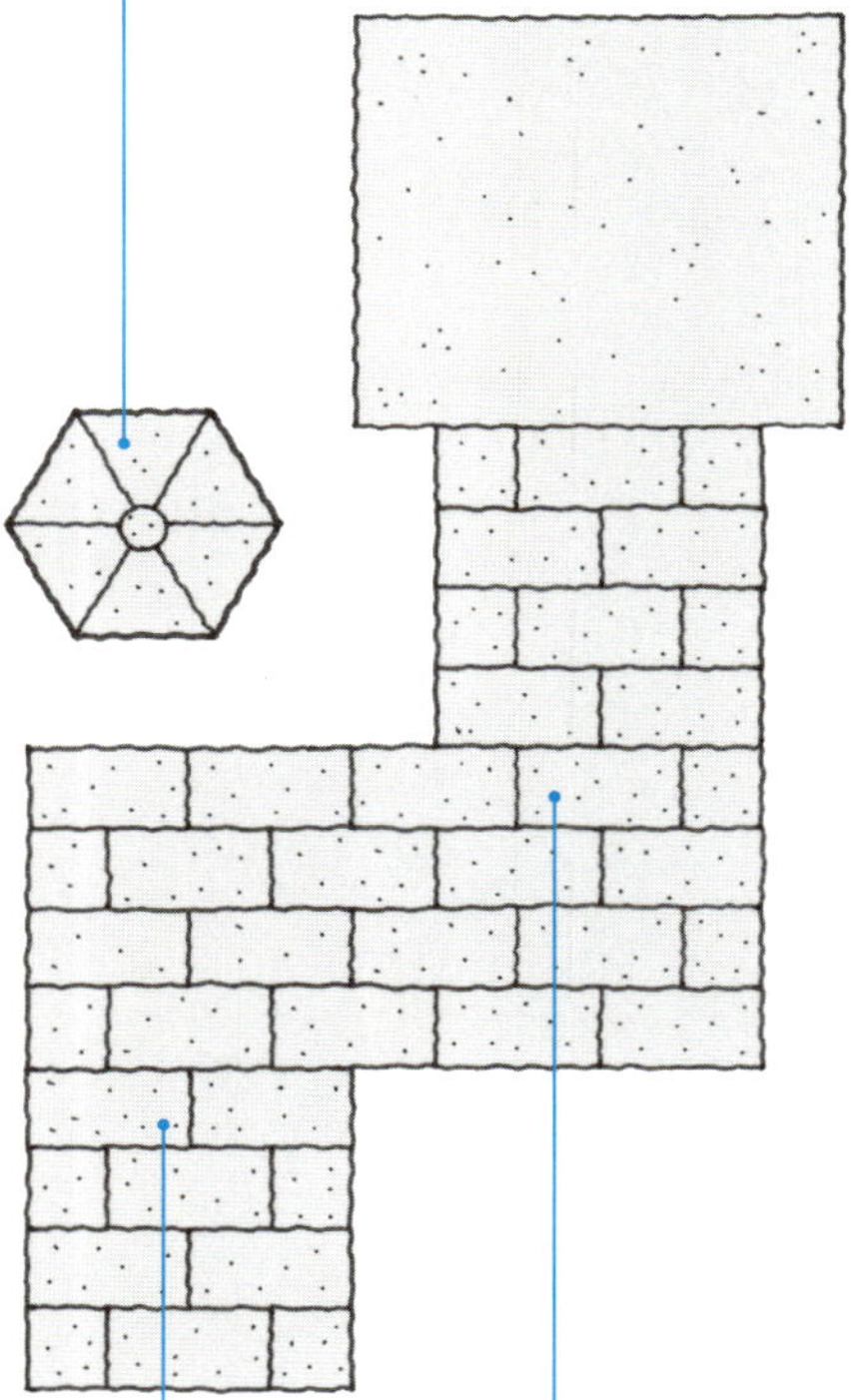

目的地に至るルートは直線状にせず、折り曲げて奥行きをつくり出します

真のアプローチは御影石などの花崗岩を加工[*1]した「切石」で直線をつくります。風化した材は貴重で、中古品が高値で取り引きされることも。近年は外国産材が多くなりました

＊1：表面加工はノミで切ったノミ切りや、ビシャンという道具を使ったビシャン仕上げなどがあります

少しくずすなら、「行」のアプローチ

形状　基本的には直線

材料　自然石＋切石

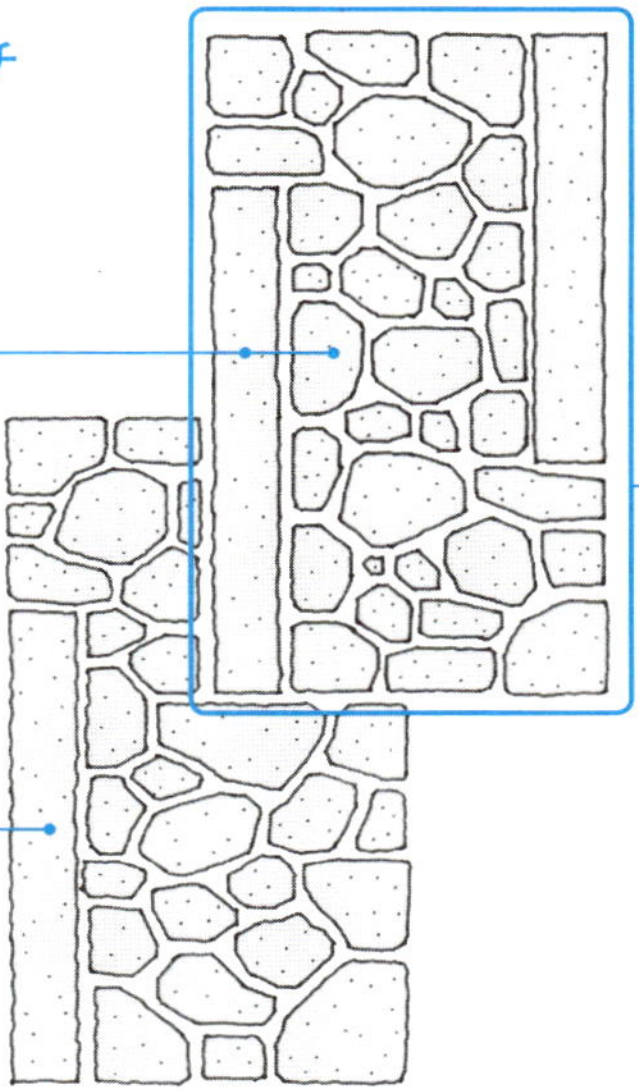

行のアプローチは自然石と切石で、基本的には直線をつくります

図のように長方形をずらした形にする場合、いずれかの長方形の形を残すように模様をつくるのが基本です

図は延段(のべだん)*2と呼ばれる「伝い」。茶庭でいうと、外腰掛けの前やつくばいへのアプローチに用いられます。「歩行」だけでなく「鑑賞」できる添景物としても有効です

カジュアル感あり、「草」のアプローチ

形状　曲線

材料　自然石

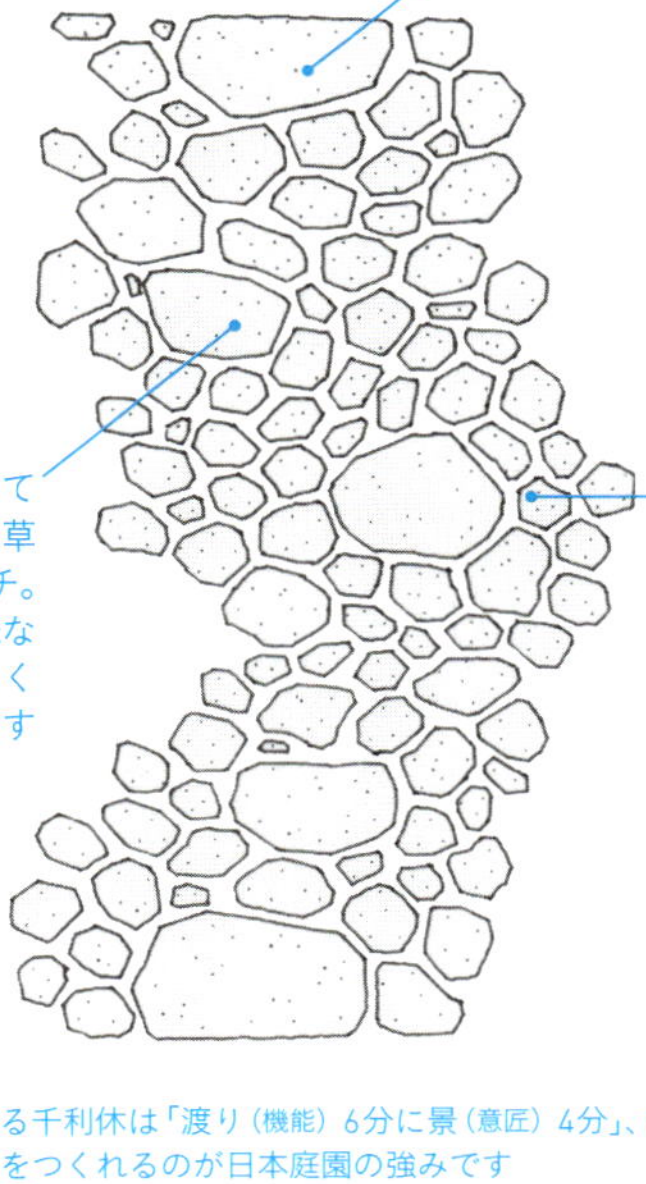

バランスよい石の組み合わせでよりよい模様を描きましょう。特にNGなのは下記の3つ、絶対に避けたい

①四つ目地
文字通り4つの石が十字路のような目地をつくってしまうこと。非常に目立つ

②八つ囲い
大きな石を小さな石で囲うように据えること。小さい石を多用しているようでバランスが悪い

③通り目地
目地が長く通ること。石が並んで見えてしまう

自然石を使って曲線をつくる草のアプローチ。大きさや色味などバランスよく石を配置します

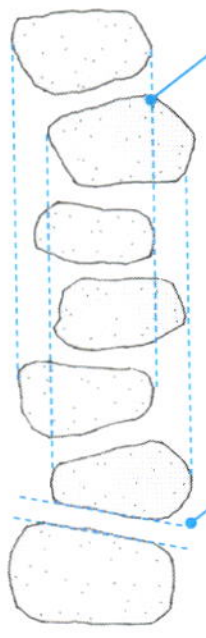

飛石*2も草のアプローチ。飛石は、複数の平行な軸線に沿って右足の石、左足の石と歩きやすいように打ちます。形式にとらわれ過ぎず、歩きやすく、バランスよく、そして格好よく石を据えたい

合端(あいば)を合わせる(石どうしの隣り合う面を平行にする)のが肝。合端の距離はこぶし1～2個程度

＊2：茶人である千利休は「渡り(機能)6分に景(意匠)4分」、古田織部は「渡り4分に景6分」といったそうです。飛石や延段1つで景色をつくれるのが日本庭園の強みです

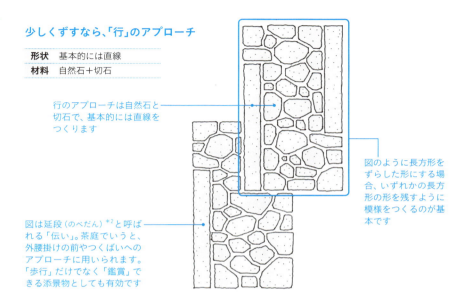

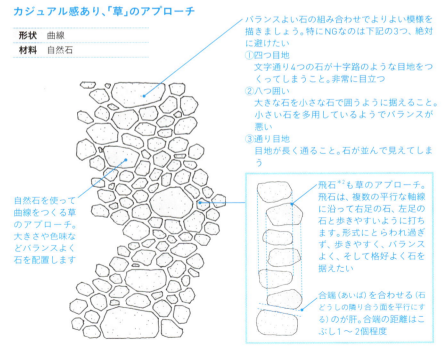

狭い庭では樹種を限定しよう

庭づくりとなると、面積にかかわらず好みの花や樹木を詰め込んでしまいがち。狭いのに広く見える、そんな優れた庭には「景色」があります。

狭い庭に「景色」をこしらえるにはまず樹種を限定し、素材のばらつきをなくします。小さくとも同じ樹種による美しい木立《こだち》はまとまりがあり、庭に奥行きを生み出します。狭い庭を広く見せるには、樹木1本1本を鑑賞できるように植えるよりも、木立のある景色をつくることが重要なのです。

配色の基本はアシンメトリー

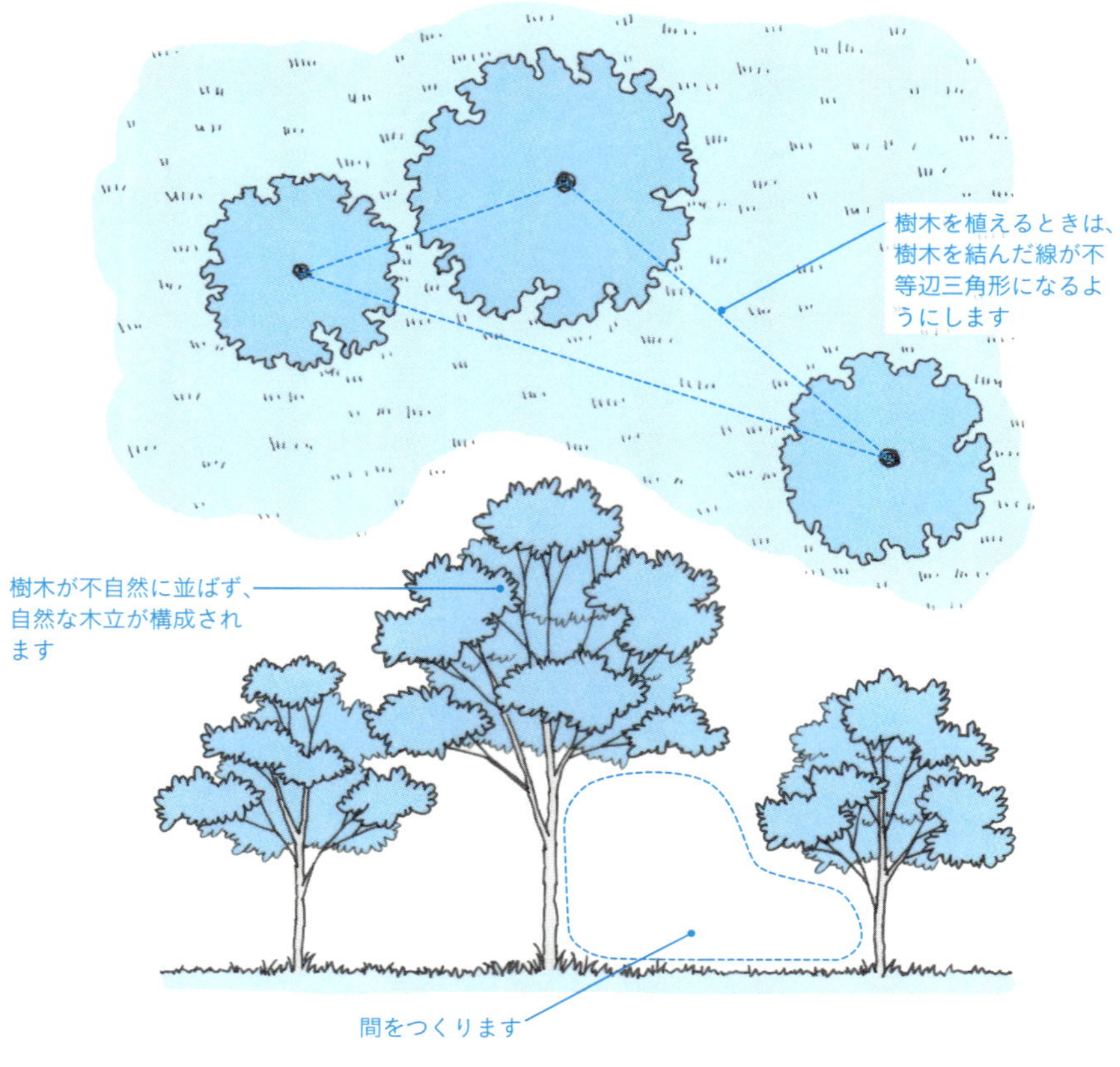
樹木を植えるときは、樹木を結んだ線が不等辺三角形になるようにします
樹木が不自然に並ばず、自然な木立が構成されます
間をつくります

木立をつくり出す手法

小さな樹木でも複数植える

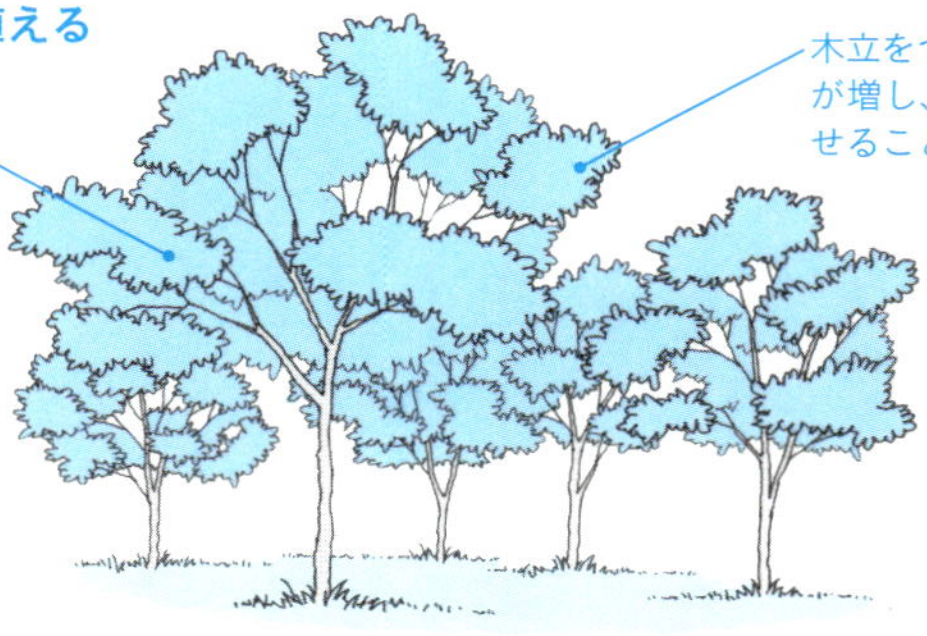

同樹種の樹木を複数植えて木立をつくります。狭い庭では思い切って1種だけを数本植えるだけで奥行きが増します

木立をつくることで奥行きが増し、狭い庭でも広く見せることができます

小さな樹木を株立ちに見せる

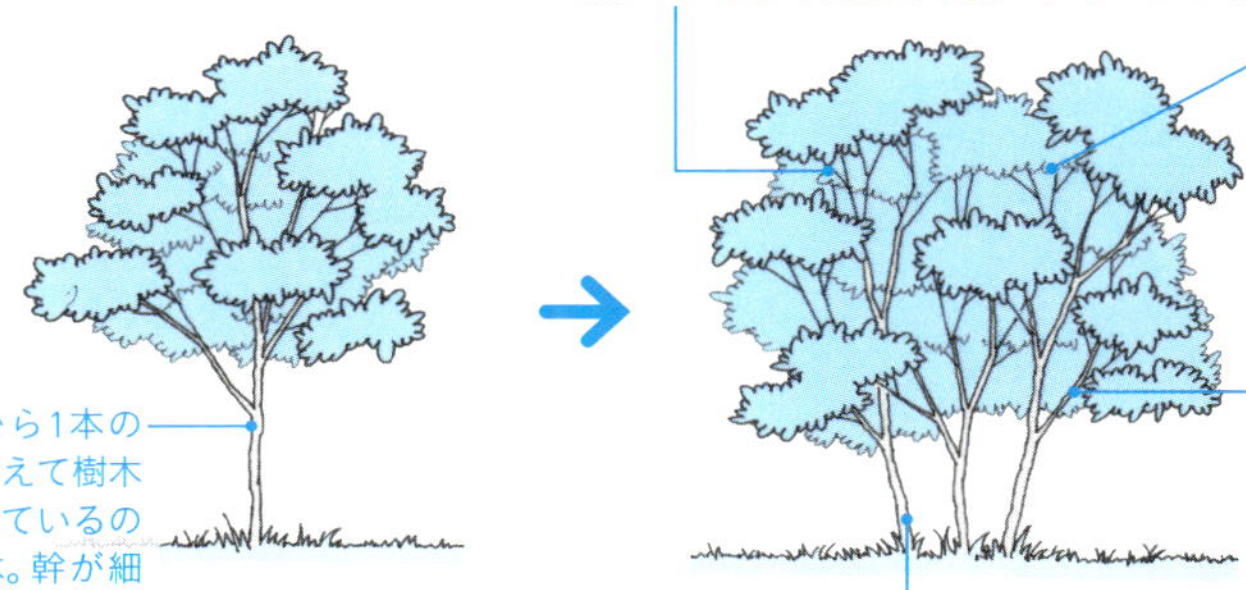

地際から1本の幹が生えて樹木になっているのが単木。幹が細く、下枝もありません

樹木は寄せて植えることで、それぞれの欠陥を補い合い、より魅力ある姿にすることが可能

単木を集めて植えると、地際から複数の幹が生えた「株立ち」に見せることができます

モミジやコナラ、クヌギ、ナツハゼなどの雑木が最適

安価な細い樹木でも集めれば高価な株立ちのように見せることができるワザ

同じ樹木でも役割を変える

同じ種類の樹木を植えるとき、それぞれの役割をはっきりさせる必要があります

①幹を見せる木

②枝葉を見せる木

③葉の緑量を見せる、または目隠しに使う木

④樹形そのものを見せる木

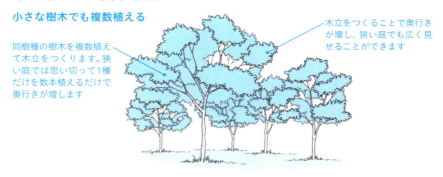

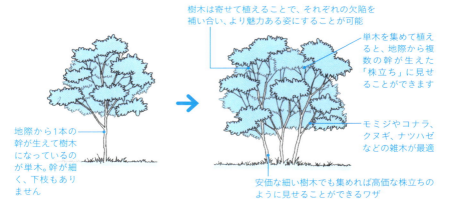

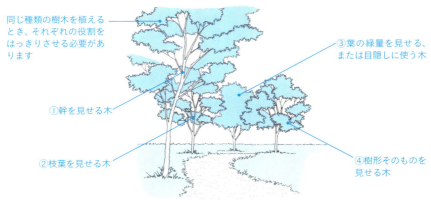

機能性も楽しみもあるパーゴラを

夏場に心地よい小陰をつくってくれるパーゴラ。つる性の植物を這《は》わせれば緑陰の下で憩うことができます。せっかくなら、果物や野菜を収穫できるものや花を楽しめる樹種を選んではどうでしょうか？　果物などの栽培※1にはワイヤ※2製のパーゴラが作業もしやすくおすすめです。

またパーゴラは日除けだけなく視線のコントロールにも使うことができます。見せたくないものを遮る、「景観を整えるツール」にもなるのです。

おいしい！　きれい！　おすすめ植物

目的	樹種	ワイヤの間隔	備考
食べる	キウイ （常緑樹）	□400mm （ワイヤメッシュ）	・冬は、3〜4芽残して剪《せん》定《てい》しておく
	ブドウ （落葉樹）	□400mm （ワイヤメッシュ）	・冬は、3〜4芽残して剪定しておく ・育てやすい品種はベリーA、ステューベン
	オカワカメ （アカザカズラ） （宿根草）	100〜150mm （ラインワイヤ）	・カーテンのようにライン状にまっすぐ伸びる ・成長旺盛に付き、切戻しが必要 ・葉を少し湯通しすれば、サラダや和え物などに使える
花を楽しむ	クレマチス・アルマンディ （常緑つる性植物）	□250mm （ワイヤメッシュ）	・5月に花を咲かせる

キウイ

オカワカメ（アカザカズラ）

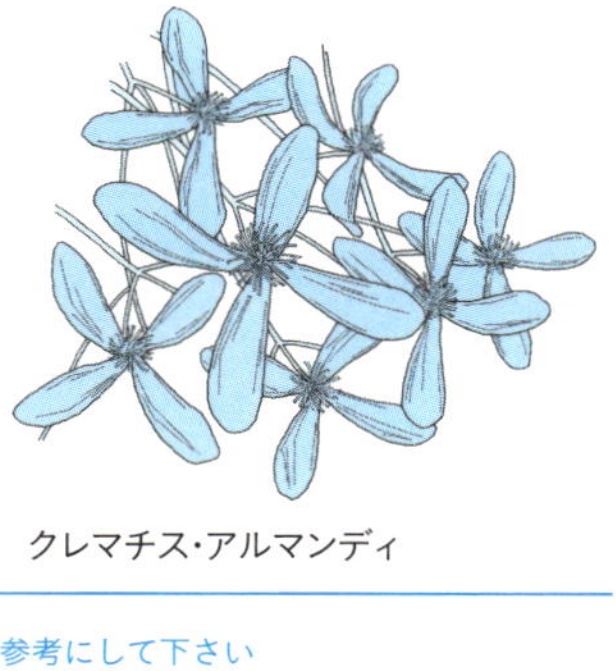
クレマチス・アルマンディ

※1：果実などの栽培には病気などに対する知識も必要です。専門書などを参考にして下さい
※2：ワイヤロープ

ワイヤ製のパーゴラをつくろう

植物は成長に時間が掛かります。パーゴラは植物が茂るまでと茂った後も含めての耐久性も重要です。その点、木造のパーゴラでは限界があります。ワイヤ棚は比較的に簡単につくれます。主な材料は単管とワイヤ、コンクリートの平板とアンカー材。農業用資材店などで購入可能です。

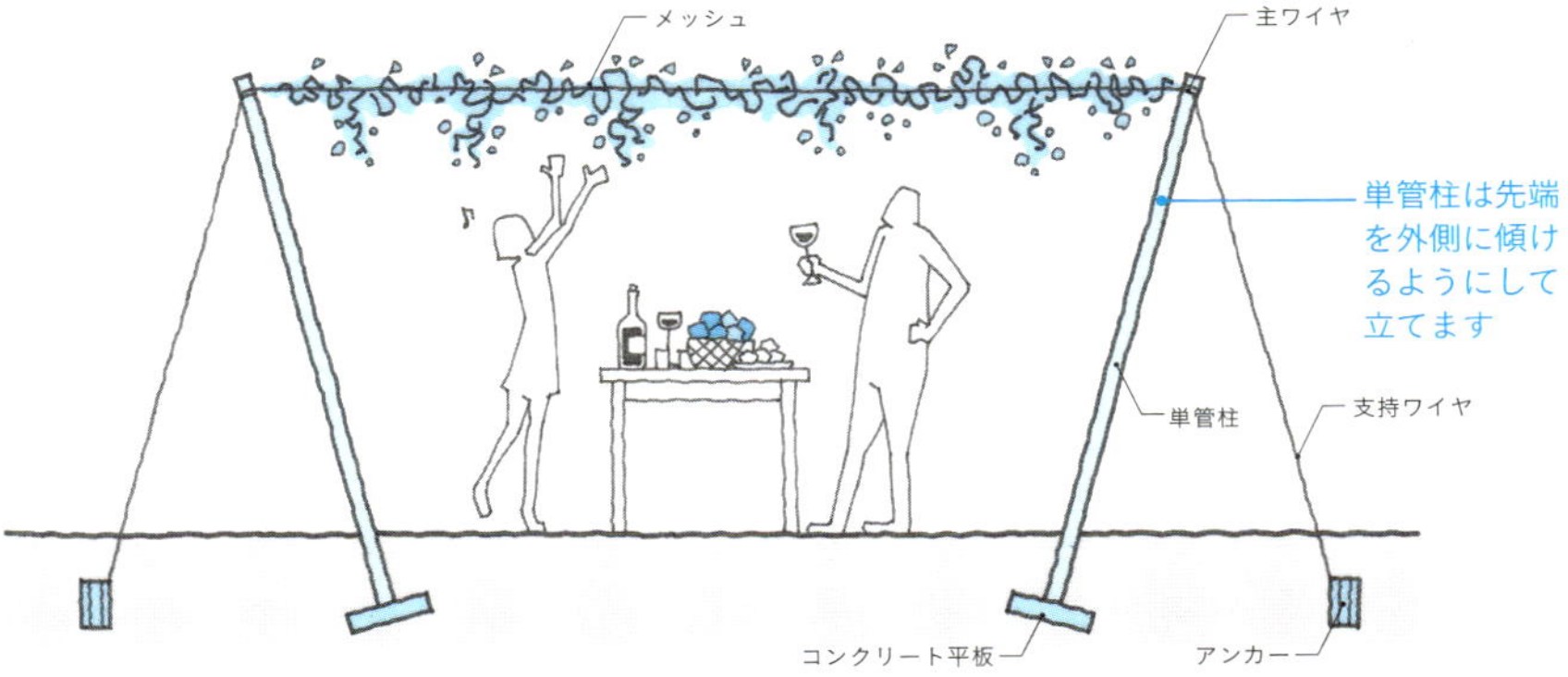

Ⅰ アンカーを打つ

土壌の状況に応じて、アンカーを選択。農業用資材店などでさまざまな製品が売られています

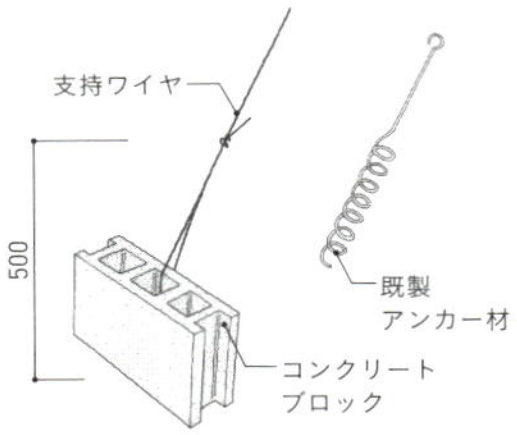

Ⅱ 柱を立てる

先端にキャップを付けた単管を①～⑧の順に立てます。4周に回した主ワイヤ（φ8㎜）に張線器である程度のテンションを加えると、アンカーにつながっている支持ワイヤも安定します

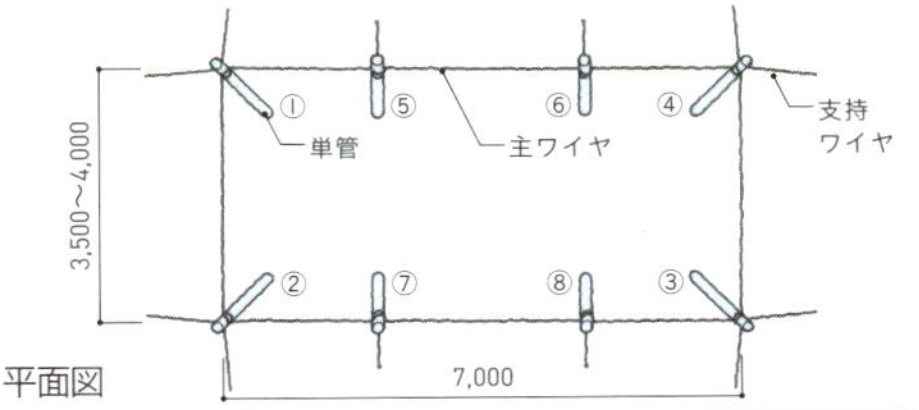

Ⅲ ワイヤを固定

単管柱の支持ワイヤを張線器で少しずつ固定（4隅の単管柱、残りの単管柱の順）。これにより周囲の主ワイヤがより強固になります

Ⅳ メッシュをつくる

主ワイヤにビニル被覆線（φ2㎜）を取り付け、メッシュをつくります。網目の大きさ（ワイヤ間隔）は栽培する植物の種類によって決定

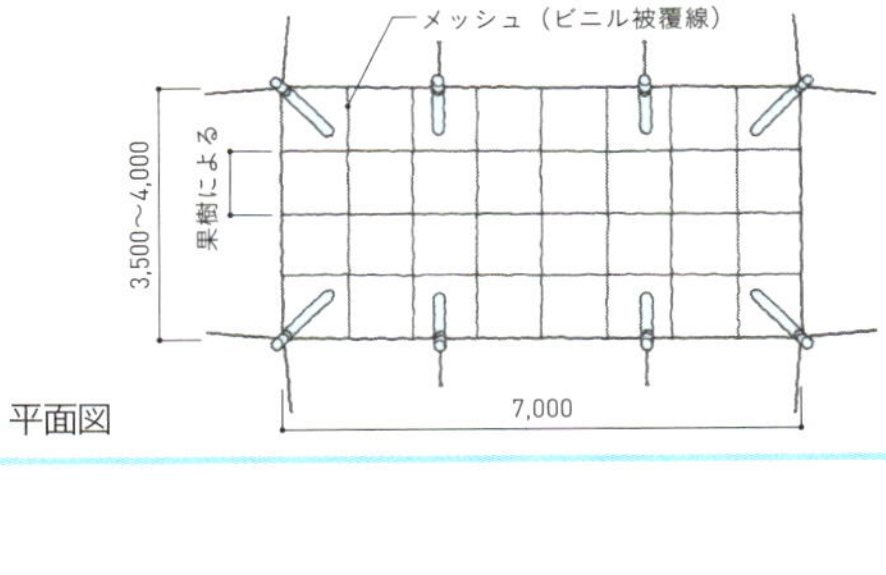

外への視線は通します。隣戸は植栽で隠されています

一般的なパーゴラに幅の狭い縦格子スクリーンをいくつも設置

縦格子スクリーンが平面的に視線を遮ります。その先には寝室や水廻りなどプライベートスペースが

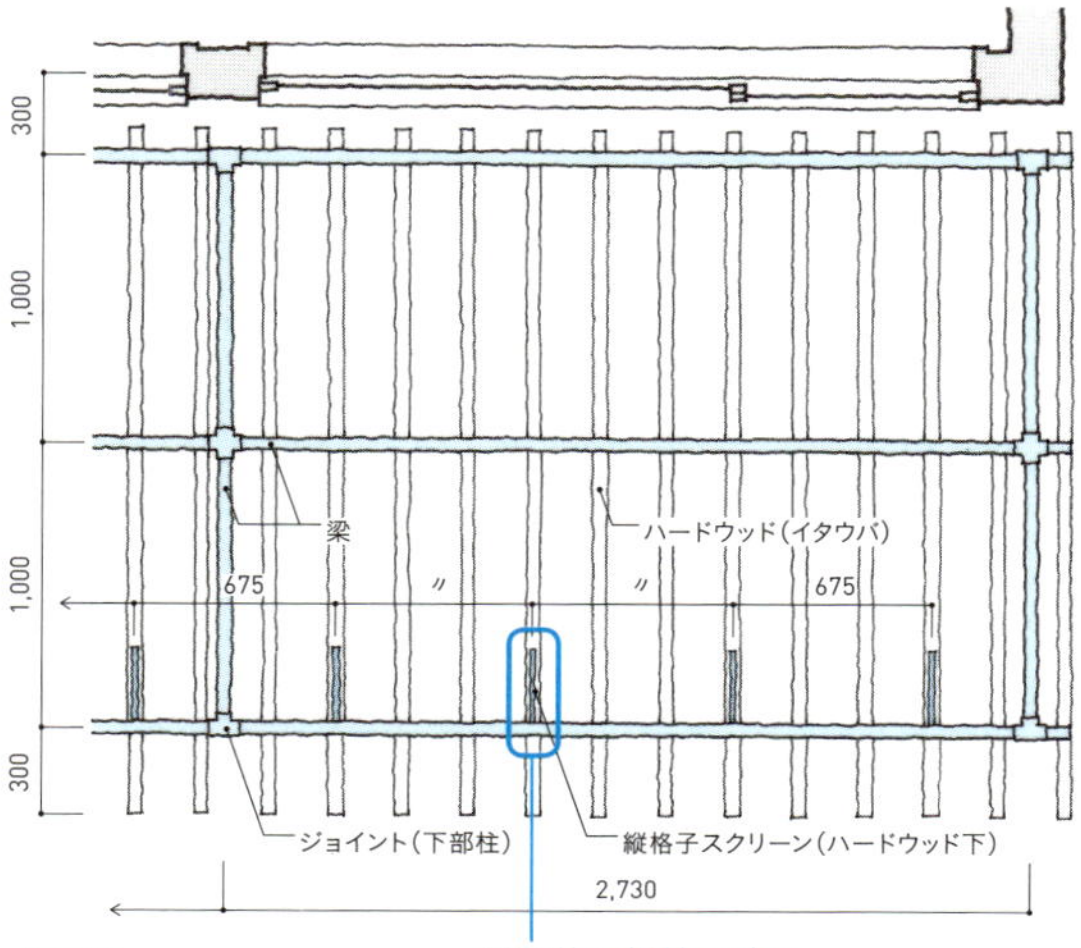

平面図

平面的に視線を遮る縦格子スクリーン

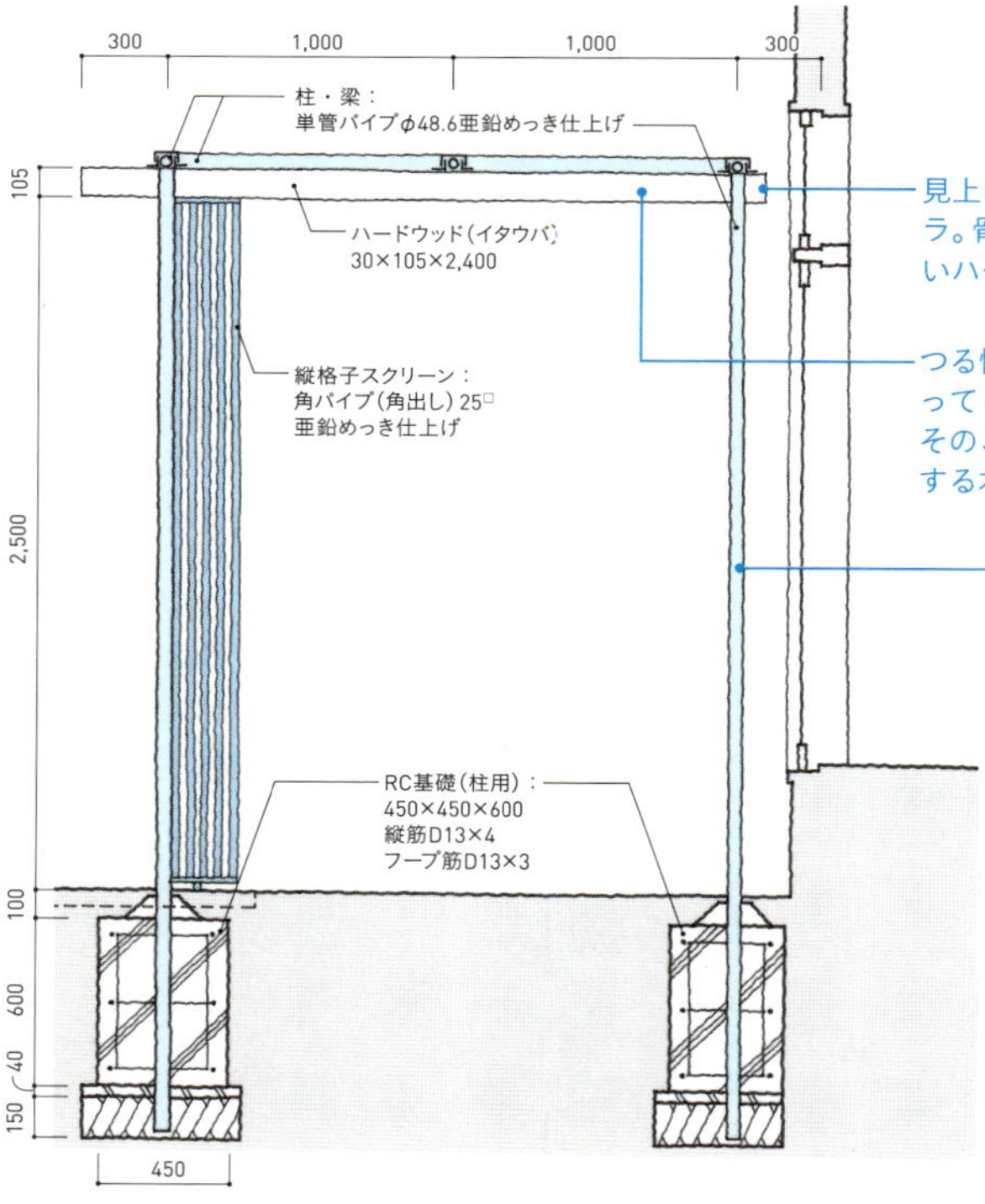

断面図

見上げの視線カットに有効なパーゴラ。骨組みは単管で、木部は水に強いハードウッドを使用

つる性植物が成長して目隠しをつくってくれるようになるまで5〜10年。そのことを踏まえてパーゴラに使用する木材の樹種を選びます

高価なステンレス製パイプにする必要はありませんが、鉄パイプなどはできるだけ亜鉛めっきしたものを選びます。オイルペイントなどによる塗装では塗変えが必要で、植物を這わせるパーゴラには不向き

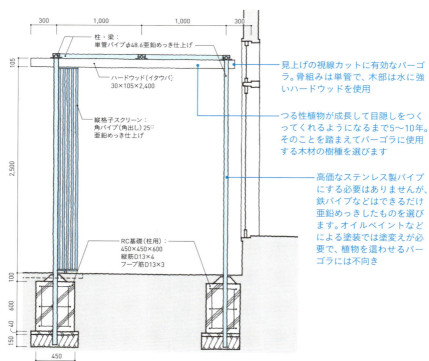

視線コントロールに使うパーゴラ

見上げの視線コントロールに使えるパーゴラ。正面や斜め方向の視線を遮るのも「プラスワン」するだけで十分なんです。

見上げの視線をカットする

一般的にいわれる人間の仰角（見上げ）の目の運動範囲は25°。隣家2階のバルコニーの洗濯物などはパーゴラで見えなくすることができます

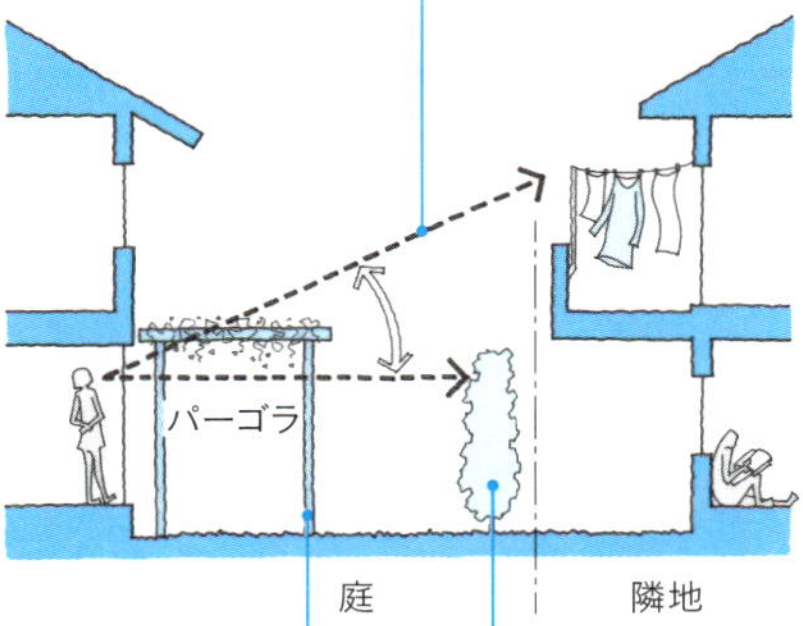

隣家との離れを考慮してパーゴラの奥行きを決めます

真正面に見たくないものがある場合は、植栽で目隠しすればOK

単管パイプで視線を立体的に遮る

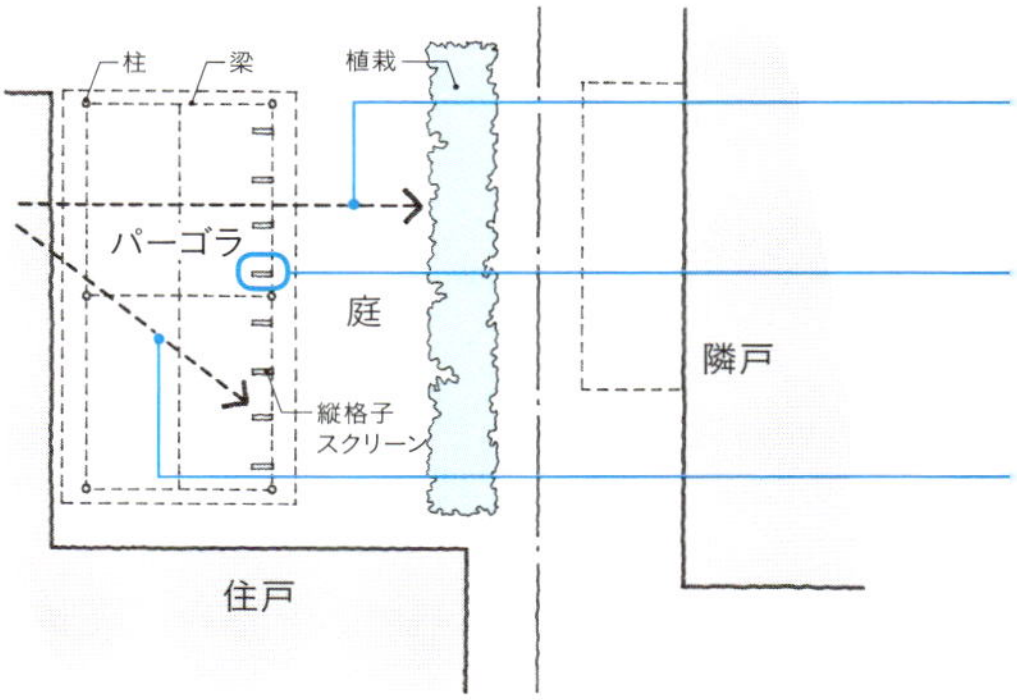

パーゴラ配置図

単管を数本並べて格子状のスクリーンをつくれば、斜め方向への視線もカットできます

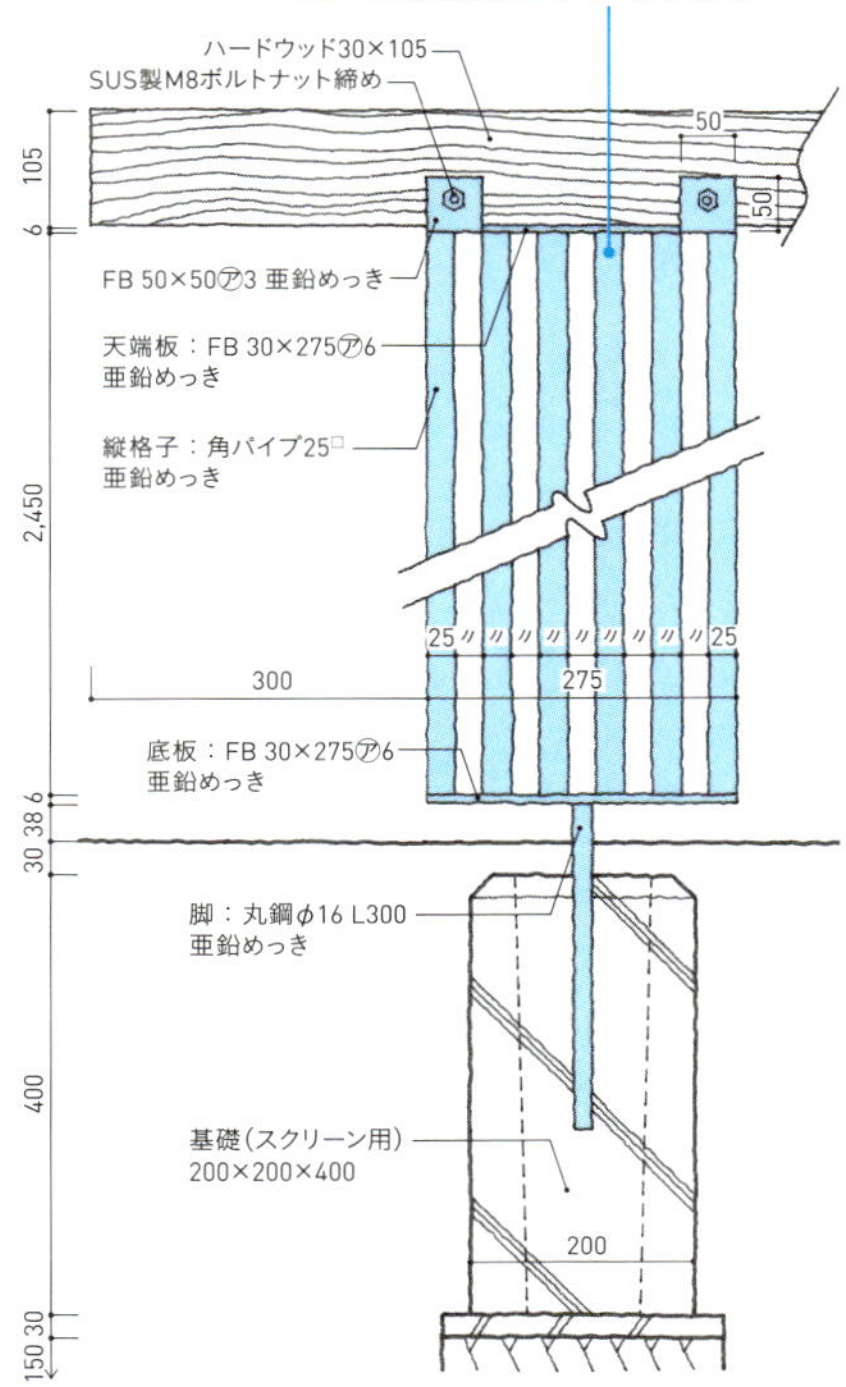

縦格子スクリーン詳細図

簡単メンテ！庭に癒やしの水辺をつくる

水のある空間は人を豊かな気持ちにさせてくれるもの。住宅の庭に水辺をつくるのもおすすめです。

水は循環させないと腐るので、水辺空間は維持管理が必須です※。大きい池だと大変ですが、小さな水盤なら水をきれいに保つのもさほど難しくありません。ポンプとタイマーで毎日少しずつ水を入れ換えればOK。水盤の周辺に生じる藻も重要で、水を透明に保つのに役に立ちます。メダカを飼えば夏場の蚊も防げます。

庭にある小さな水辺が癒やしの空間

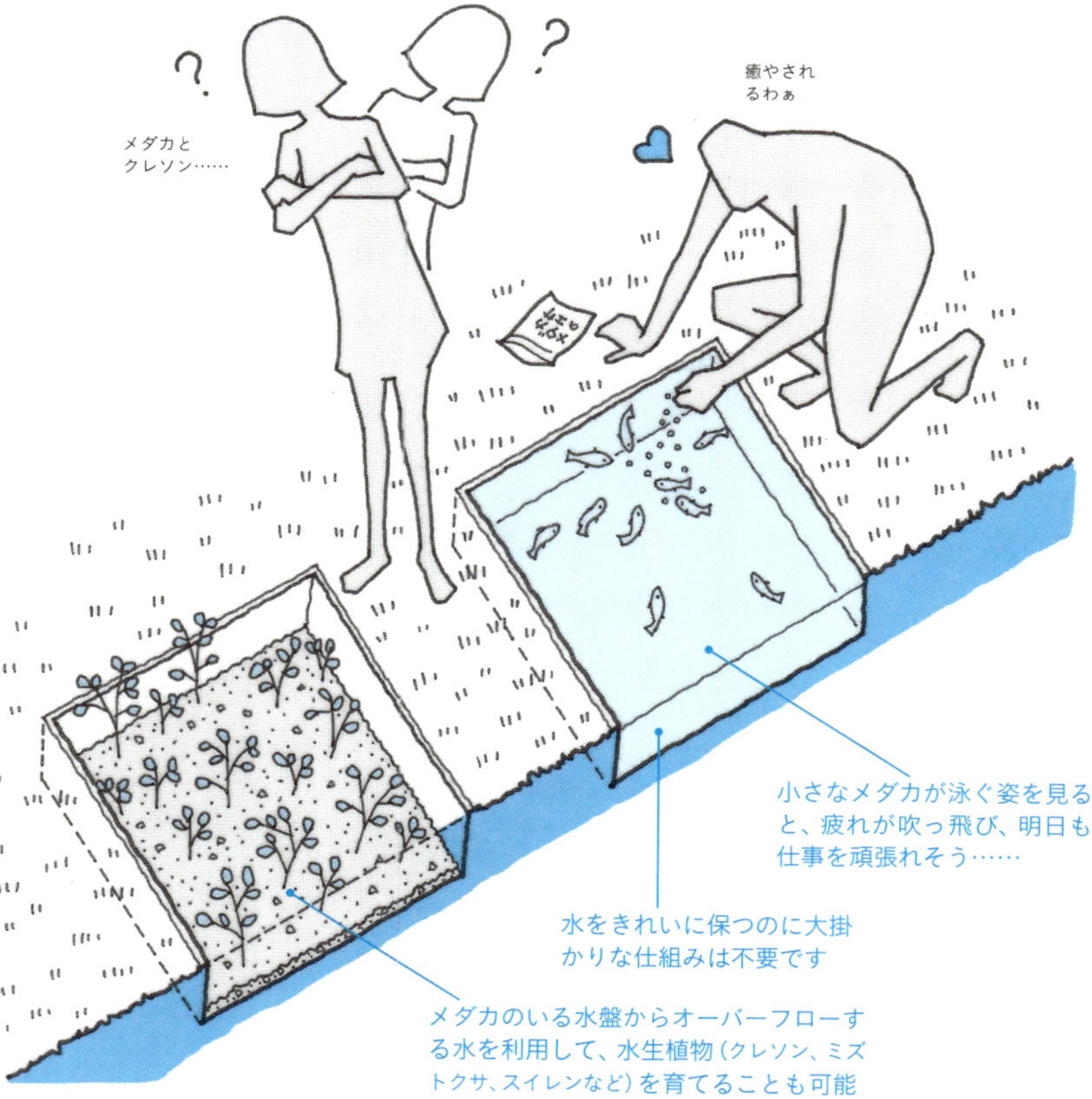
メダカと
クレソン……
癒やされ
るわぁ
小さなメダカが泳ぐ姿を見ると、疲れが吹っ飛び、明日も仕事を頑張れそう……
水をきれいに保つのに大掛かりな仕組みは不要です
メダカのいる水盤からオーバーフローする水を利用して、水生植物（クレソン、ミズトクサ、スイレンなど）を育てることも可能

※：維持管理が大変だといって、池などの水を抜いてしまうと、水を循環させるためのポンプも錆び付いてしまいます

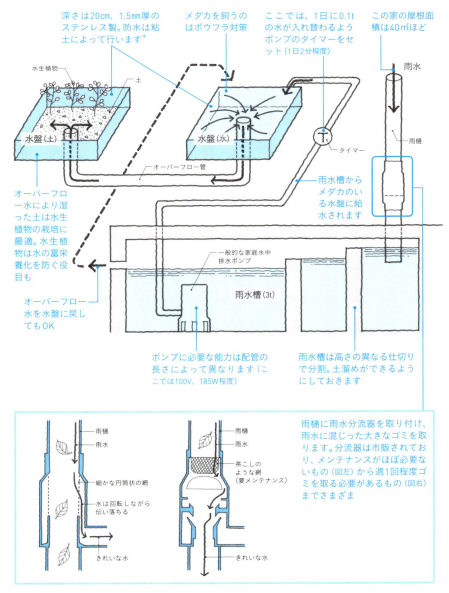

雨水利用！　メンテも少ない水盤のつくり方

1.2m角の水盤を2つつくります。雨水槽からメダカのいる水盤にタイマー付きのポンプで配水し、土を入れたもう1方の水盤と管でつなぐだけの簡単な仕組みです。

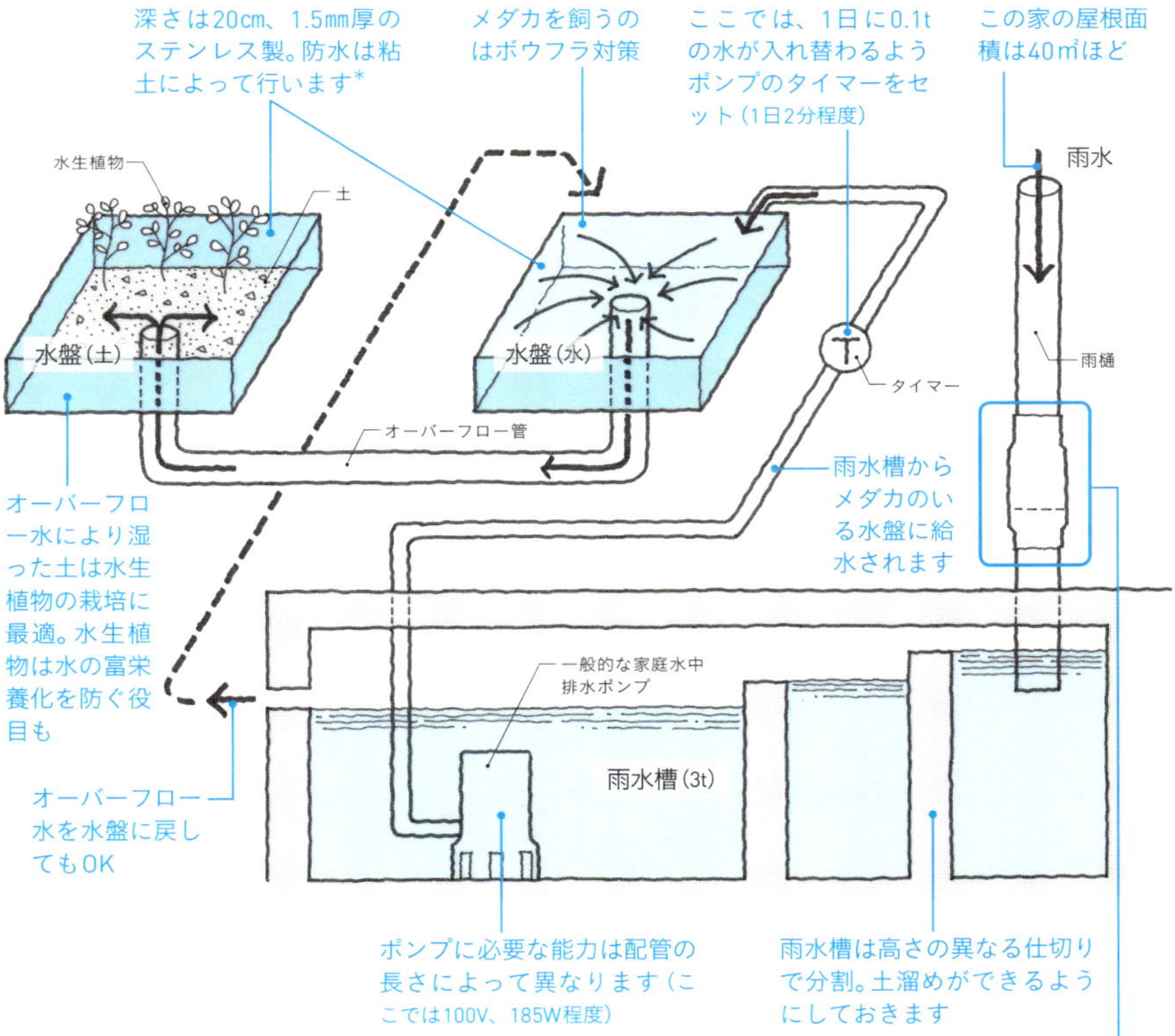
深さは20cm、1.5mm厚のステンレス製。防水は粘土によって行います*
メダカを飼うのはボウフラ対策
ここでは、1日に0.1tの水が入れ替わるようポンプのタイマーをセット（1日2分程度）
この家の屋根面積は40㎡ほど
水生植物
土
雨水
水盤（土）
水盤（水）
タイマー
雨樋
オーバーフロー管
オーバーフロー水により湿った土は水生植物の栽培に最適。水生植物は水の富栄養化を防ぐ役目も
雨水槽からメダカのいる水盤に給水されます
一般的な家庭水中排水ポンプ
雨水槽（3t）
オーバーフロー水を水盤に戻してもOK
ポンプに必要な能力は配管の長さによって異なります（ここでは100V、185W程度）
雨水槽は高さの異なる仕切りで分割。土溜めができるようにしておきます

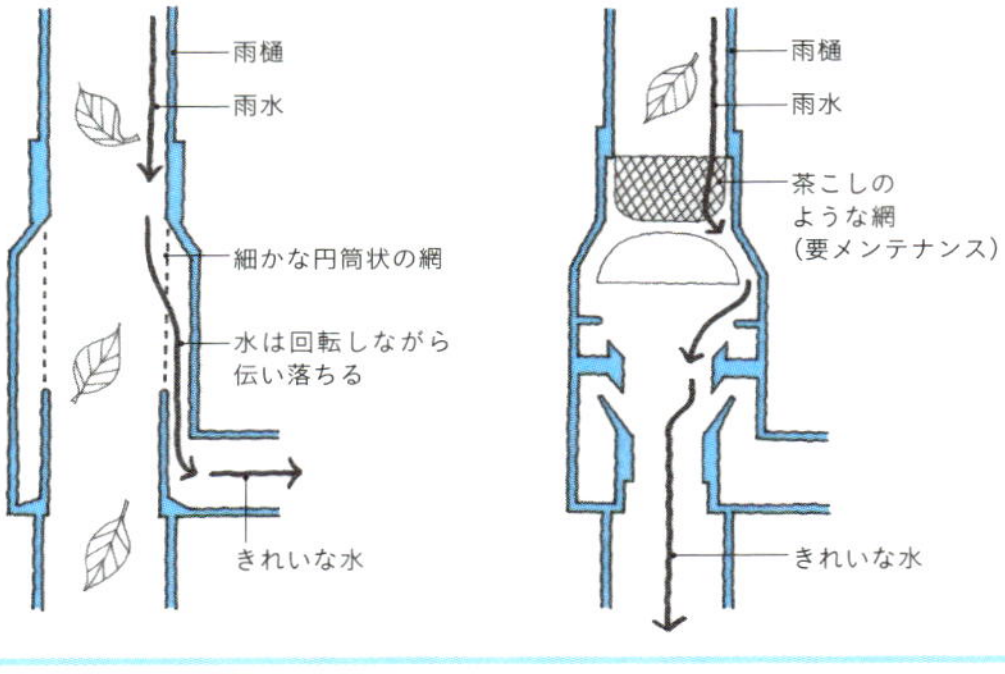
雨樋
雨水
細かな円筒状の網
水は回転しながら伝い落ちる
きれいな水
雨樋
雨水
茶こしのような網（要メンテナンス）
きれいな水

雨樋に雨水分流器を取り付け、雨水に混じった大きなゴミを取ります。分流器は市販されており、メンテナンスがほぼ必要ないもの（図左）から週1回程度ゴミを取る必要があるもの（図右）までさまざま

＊：粘土による防水は100％ではなく、土壌にゆっくり水が染み込むことになります。使用する粘土は荒木田土など自然粘土が望ましいのですが、土とベントナイト剤などを混ぜてつくる粘土（建築の杭工事などで用いられる）でも可

デザイン：細山田デザイン事務所（米倉英弘）／組版：有朋社／印刷・製本：大日本印刷

執筆者プロフィール

［五十音順］

SOFT UNION ［ソフトユニオン］

建築や都市にかかわる専門家集団。個人の能力、個性を集積することによってより高度な建築的性能を求めることを目的としたLLP(有限責任事業組合)。下記執筆者がメンバーとして参加。主な著書に『最新版 木造住宅納まり詳細図集コンプリート版 CADデータ付き！』、『建築家の名言』、『世界で一番やさしいエコ住宅 改訂版』(いずれもエクスナレッジ) など。

http://www.softunion.jp/

井上洋司 ［いのうえ・ようじ］

登録ランドスケープアーキテクト。主な作品は、長野冬季オリンピック選手村、幕張センターコア周辺、鶴岡アートフォーラム等のランドスケープ。著書に『世界で一番幸せな国・ブータン』(共著、エクスナレッジ)、『緑の空間』(彰国社) がある。

大塚 篤 ［おおつか・あつし］

1996年工学院大学大学院修了。設計事務所等勤務を経て、現在、工学院大学建築学部実習指導教員、博士(工学)。主な著書は『実務初心者からの木造住宅矩計図・詳細図の描き方』(共著、彰国社) など。

海谷 寛 ［かいや・ひろし］

1970年工学院大学建築学科卒業。1973年東京芸術大学大学院美術研究科建築修了(環境設計第一研究室：天野太郎)。1973～1985年に天野・吉原設計事務所在籍後、1985年に(有) 海谷設計事務所を設立する。現在、日本建築家協会会員、木の建築フォラム会員、日本住宅会議会員。

青木江美 ［あおき・えみ］

武蔵野美術短期大学デザイン科卒業。店舗設計を経て建築設計事務所勤務。藤田建築設計研究所にて木造和風建築担当。工学院大学伊藤鄭爾研究室研究生の後、1990年青木建築設計事務所を設立。NPO法人シニア居住文化研究所理事。著書に『特別養護老人ホームにおける職員参加の施設建築計画』(共著、一橋出版) がある。

猪野 忍 ［いの・しのぶ］

1970年法政大学大学院工学研究科修士課程修了。1968年河原一郎建築設計事務所。1976年猪野忍建築設計(現、猪野建築設計)。法政大学エコ地域デザイン研究所兼任研究員。主な住宅作品は、「海部別邸」(紫影舎)、「橋本邸」(北鎌倉の家)、「真田邸」(上馬の家) など。主な著書は『世界で一番くわしい木造詳細図』、『世界で一番幸福な国ブータン』(いずれも共著、エクスナレッジ)、『小さなコミュニティー』(共著、彰国社) など。

笹原晋平 [ささはら・しんぺい]

造園設計施工家。2005年東京農業大学地域環境学部造園科学学科卒業。同年京都市の株式会社植芳造園に入社。2015年オイコス庭園計画研究所設立し同所長。

佐藤王仁 [さとう・ゆきひと]

1994年工学院大学建築学科卒業。1996年同大学大学院修士課程工学研究科建築学専攻修了。1992年に（有）菅原板金所に勤務後、林寛治設計事務所、（株）アルク設計事務所を経て、2001年に（有）海谷設計事務所に入所する。専門は、住宅・商業施設・介護老人保健施設など。

柴崎恭秀 [しばさき・やすひで]

1992年筑波大学大学院芸術研究科修了。同年日建設計に入所。1998年柴崎アーキテクツ（SAP）設立。現在、会津大学短期大学部教授。主な作品は「深沢ガレージハウス」、「長野原のアトリエ」、「猪苗代のギャラリー」など。主な著書は『まちを再生する99のアイデアー商店街活性化から震災復興まで』(彰国社)。

倉嶋洋介 [くらしま・ようすけ]

2004年拓殖大学商学部貿易学科卒業。2006年工学院大学専門学校建築科卒業。同年に家業である有限会社倉島木工所に入社。現在、建具・家具等の設計及び製作を担当する。

是永美樹 [これなが・みき]

東京工業大学社会開発工学科修了。2002～2010年東京工業大学建築学専攻助教。現在KMKa一級建築士事務所を松下希和と共同主宰、京都女子大学非常勤講師、博士（工学）、CASBEE戸建評価員。主な著書は『実務初心者からの木造住宅矩計図・詳細図の描き方』(共著、彰国社）など。

最勝寺靖彦 [さいしょうじ・やすひこ]

1969年工学院大学建築学科卒業。1975年同大学院修士課程修了。1995年にTERA歴史景観研究室を開室。現在、月刊「すまいと電気」編集委員も務める。主な仕事は、徳島県大谷川修景計画、同県脇町吉田邸古民家再生、および町づくり。主な著書は『超実用［和風］デザインディテール図鑑』(エクスナレッジ）など。

笹原 克 [ささはら・かつ]

都市プランナー。1975年工学院大学建築学修士課程終了。同年株式会社環境開発センター入社。1980年有限会社オイコス計画研究所設立。現在、同研究所代表取締役、公益財団法人川崎市産業振興財団理事、かわさきタウンマネージメント機関タウンマネージャー、日本都市計画家協会監事。主な著書は『浅田孝』(オーム社)。

執筆者プロフィール

長沖 充 [ながおき・みつる]

1989年工学院大学専門学校建築学科卒業。1994年東京理科大学第II工学部建築学科卒業。1997年東京芸術大学大学院美術学研究科建築専攻修士課程修了。1997年小川建築工房。2001年中山繁信/TESS計画研究所。2005年長沖充建築設計室設立。現在、都立品川職業訓練校非常勤講師、会津大学短期大学部非常勤講師。主な著書は『階段がわかる本』(共著、彰国社)、『やさしく学ぶ建築製図』(共著、エクスナレッジ)、『矩計図で徹底的に学ぶ住宅設計』(共著、オーム社)、『見てすぐつくれる建築模型の本』(彰国社) など。

細谷 功 [ほそや・いさお]

東洋大学工学部建築学科卒業。寺井徹設計室を経て、現在、スタジオ4設計主宰。APEC登録建築家。1991〜2012年東洋大学建築学科非常勤講師、2012年〜工学院大学建築学部非常勤講師。主な著書は『矩計図で徹底的に学ぶ住宅設計』(共著、オーム社) など。

松下希和 [まつした・きわ]

ハーバード大学大学院建築学科修了。槇総合計画事務所勤務を経て、現在KMKa一級建築士事務所を是永美樹と共同主宰。東京電機大学未来科学部建築学科准教授。主な著書は『住宅・インテリアの解剖図鑑』、『やさしく学ぶ建築製図』(共著) (いずれもエクスナレッジ) など。

家づくりの裏ワザアイデア図鑑

2015年11月1日　初版第1刷発行

著者　ソフトユニオン

発行者　澤井聖一

発行　株式会社エクスナレッジ
〒106-0032
東京都港区六本木7-2-26
http://www.xknowledge.co.jp/

問合せ先　編集　Tel：03-3403-1381
Fax：03-3403-1345
info@xknowledge.co.jp
販売　Tel：03-3403-1321
Fax：03-3403-1829